虞云国 —— 著

从中州到钱塘

虞云国说宋朝

中华书局

图书在版编目(CIP)数据

从中州到钱塘:虞云国说宋朝/虞云国著. —北京:中华书局,
2021.7
ISBN 978-7-101-15211-1

Ⅰ.从… Ⅱ.虞… Ⅲ.中国历史-宋代-通俗读物
Ⅳ.K244.09

中国版本图书馆 CIP 数据核字(2021)第 091853 号

书　　名	从中州到钱塘:虞云国说宋朝
著　　者	虞云国
责任编辑	常利辉
出版发行	中华书局
	(北京市丰台区太平桥西里 38 号　100073)
	http://www.zhbc.com.cn
	E-mail:zhbc@zhbc.com.cn
印　　刷	北京瑞古冠中印刷厂
版　　次	2021 年 7 月北京第 1 版
	2021 年 7 月北京第 1 次印刷
规　　格	开本/880×1230 毫米　1/32
	印张 14¾　插页 2　字数 380 千字
印　　数	1-8000 册
国际书号	ISBN 978-7-101-15211-1
定　　价	58.00 元

自序

一

　　首先，说说自己在治史历程中的心径转换。

　　我是 1977 年通过刚恢复的高考才进入专业学习的。由于经历过史无前例的"艰难探索"的十年，当年"渴求对中国历史的深入反思，明显压倒了对古典文学的浓厚兴趣，终于决定报考历史专业"（《古今多少事·代序》）。也就是说，入行之际，我就决心以史学作为终生的志业。我的专业是宋史，作为最先着手的学术专著，那册《宋代台谏制度研究》"呈献了我对中国历史上分权制衡初步尝试与最终失败的全部思考"（三版题记）。治史四十余年，我虽也出过十余种著作，但一来不限于宋史范围，二来不投合考核标准，与前辈大家和当世先进相比，在宋史领域，我的专著有限，专业论文的数量也不算多，这是无以为辞的。好在十年之前早早退出了现行科研体制，当时也有过如何继续以史学为志业的思考，开始质疑那些为应付体制考核而拼凑少有新见的专著与论文，究竟能拥有多少读者，发挥多大功用。下面这段话也许蕴涵着我当年的思考：

> 历史学何用？对每个历史从业者而言，都是一个不断自诘与再三请教的命题。毫无疑问，史学的学术功能是历史学自身发展的推动力，而史学的社会功能主要是对人类社会所起的作用与影响。史学的学术功能是实现其社会功能的前提与基础，社会应该向史学前沿研究提供条件，表达敬意。而史学的社会功能则是其学术功能的延伸与补充，社会更有必要让当今全体国民知晓历史，敬畏历史，这是造就现代公民素养的必要前提。（《敬畏历史·自序》）

我之所以将自己的历史随笔集取名《敬畏历史》，也有意在延伸史学学术功能的基础上更自觉地弘扬史学的社会功能，尤其在你认定我是宣扬历史虚无主义、我指斥你才鼓吹历史虚无主义的是非淆乱的当下。在那篇《自序》里，我还强调：

> 对于总体历史过程的解释绝不会是单一的。正如波普尔指出："既然每一代都有它自己的困难和问题，因而也都有自己的兴趣和自己的观点，那么每一代就有权按照自己的方式来看待历史和重新解释历史。"也就是说，历史的解释无可避免地蕴涵着历史学家独有的思想视角与价值评判，这是史家所秉持的当代意识的一种投射。

我认为，经过专业训练兼具时代意识的史学工作者，即便在远离现实的宋史领域，也应该责无旁贷地展现自己"独有的思想视角与价值评判"。于是，这十余年来，我虽然也写过几篇正儿八经的专业论文，但更多投入历史（尤其宋史）走向社会的普及工作。相比那些只有少数圈内人查阅的窄而专的论文，倘若能让社会大众真实了解两宋史的繁荣与风雅，是非与曲折，不也自有其价值与意义吗？

二

承蒙中华书局多年来关爱，十余年前就出过我的《水浒乱弹》，如今又邀我搜辑旧文，编为新帙，这才有了这册小书。

先交代下书名吧。现在，书业界追求书名能抓人眼球，也许超过为新生亲娃的命名。我近年也一再为新作取名，在拿捏与推敲书名上，简直快被逼疯。就说这册新著吧，想过几个书名，但都因不亮眼而淘汰出局。斟酌再三，只能偷古人的，既然入集的都是两宋史文章，便联想到宋词名篇里那些人所尽知的名句。

首先想到的是李清照《永遇乐》下阕首句："中州盛日，闺门多暇，记得偏重三五。"这是建炎南渡后女词人追忆北宋汴京元宵盛景的名作。"中州"原指豫州，因其地处九州正中而得名。广义上说，"中州"可以扩大到整个中原地区；狭义上说，特指北宋都城汴京。汴京既然作为都城，也能兼指在此建都的北宋，南宋史家王称把自撰北宋史题名《东都事略》，就是以"东都"指代北宋的。"中州"自然也可用以称呼北宋。当然，北宋并非都是"盛日"，就拿李清照无比怀念的宣和年间来说，隐藏在香车宝马虚假表象的背后，有几个清醒者能未卜先知那日渐逼近的靖康之变呢！

其次想到的是柳永《望海潮》开篇那句："东南形胜，江吴都会，钱塘自古繁华。""钱塘"原是秦朝设立的古县，后代诗文典故都用来借指杭州。南宋建炎三年（1129），杭州升为临安府。宋高宗名义上仍称其为行在，以示不忘中原失地，实质上就将其当作货真价实的都城。准照"中州"借喻北宋都城之例，"钱塘"当然也能代称南宋都城，进而兼指整个南宋。宋元易代不久，刘一清有部史料笔记即名《钱塘遗事》。《四库总目提要》评价说："其书虽以钱塘为名，而实纪南宋一代之事。高、孝、光、宁四朝，所载颇略；理、度以后，叙录最详。"既然刘一清以钱塘概称南宋，我何妨借来指涉本书说及的南宋史呢。

《钱塘遗事》有作者题识云："高宗不都建康，而都于杭，大为失策。士大夫湖山歌舞之余，视天下事于度外，卒至丧师误主，纳土卖国，可为长叹惜也。观是书不能无所感云。"倘若不追究宋高宗有享乐主义求和派的个人考量，南宋建都杭州比起建都建康（今江苏南京）来，却有其合理性。（详见拙文《江南最忆是杭州》，载《江南纪》，学林出版社 2020 年）南宋的症结在于，宋高宗一手打造了专制极权的绍兴体制，在政治上从北宋急遽倒退，这也是观我是书而"不能无所感"的。

总之，借"中州"喻指北宋史，借"钱塘"隐括南宋史，删去"盛日""遗事"乃至"繁华"之类含有褒贬色彩的评价，《从中州到钱塘》的书名也还算切题吧。至于副题《说宋朝》，则与《细说宋朝》有关。在我的著作中，此书印数最多，影响也大些，但旨在述论宋、辽、夏、金的历史概貌；而本书只从两宋史上某些事件、人物、现象、制度或专题切入，试图作进一步叙述或议论，兼之诸文作年多在其后，故不妨视为更换体式再说宋朝。

三

对我来说，本书是学术论文外宋史文章的全面结集，唯有关于宋高宗朝的文章，既已编入《南渡君臣》（上海人民出版社 2019 年），自然不宜重复辑入。检阅入集之文，命笔的年代前后逾越二十年；其体裁，以学术书评与读史札记为主打，也有媒体邀约的历史评论与专题访谈，还有诗文名篇的重新解读，有一篇竟在网络直播中玩了次穿越回"中州盛日"。由于文体各异，文风也不免随体而变，难以划一。盘点全书内容，涉及两宋史诸多方面，为便阅读，据论题粗略分为四辑。第一辑《大势追踪》按北宋立国到南宋覆亡的轨迹论说政治史变迁中的若干要事，或能勾画出两宋大势。第二辑《人物留真》入选的既有君主，也有将相，有大学者，也有小人物，以正面肖像或侧面剪影再现两宋史的细节或面相。第三辑《文化掠影》包括太学生运动、科举制度、科学技术、社会风俗、宋学思想、民间宗教、民族意识与文学艺术等领域，尝鼎一脔，其庶几乎？第四辑《朝代纵论》是对通贯两宋史的若干大问题的放言纵论或激浊扬清，主题涉及祖宗家法、政治生态、监察制度、流言管控、民族关系与"中国模式"等等，作为两宋史总论，既是重点所在，更有感兴存焉。附录两篇，一篇自道《水浒》寻宋的甘苦；一篇与黄宽重先生的《对谈南宋史》，由衷感谢他在学术上对我的启迪与支持。

白居易在《致元九书》里喊出："文章合为时而著，歌诗合为事而作。"史家落笔当然也应有其人文关怀与现实关注，所谓"任何历史都是当代史"是也。我的文章说不上"为时而著"，但也颇有应时激发之作，例如《宋代的流言与管控》就写在 2020 年初春流言四起而莫衷一是的疫情汹涌之际。这些文章大都在纸媒与网媒上刊布过（这次适当恢复了当时因故删略的词句），其间自然离不开媒体与编辑的厚爱与鼎助，冷暖自知，感铭在心，恕不列举，就此谢过。

既然面向大众再说宋朝，我力图说出点己见与新意。针对当前历史写作，在一次座谈会上，我提出三句话：贴着历史说，揣着良知讲，记着读者写。展开来说，就是阐释必须契合历史实相，论断必须坚守现代价值，写作必须顾及阅读兴趣。这册新书是否达到了这一鹄的，付印之际，忐忑期待读者打分。

目录

大势追踪

也说"更无一个是男儿"

最近常见引用的"更无一个是男儿"诗句，全诗如下：

君王城上竖降旗，妾在深宫那得知。
十四万人齐解甲，宁无一个是男儿！

在《"更无一个是男儿"考辨》一文（见《东方早报·上海书评》，2013年8月25日）里，陈尚君先生深入辨析了近来走红的这首诗，指出其原作者应是前蜀文士王仁裕，论证绵密，煞是过瘾。文章胪列了后蜀花蕊夫人向宋太祖陈诵此诗的宋人文献，"怀疑此事只是文人的编造，假托才女的作品和轶闻"，但仍留有余地说："若宋人所载属实，则花蕊夫人费氏只是略改王诗以答宋太祖，也属急智。"

陈寅恪论及晋代王、阮关于周孔名教和老庄自然的异同之问，并不拘泥于王究竟是王衍还是王戎，阮到底是阮修还是阮瞻，进而开示说："其实此问若乃代表当时通性之真实，其个性之真实虽难确定，然不足致疑也。"（见《隋唐制度渊源略论稿》）他还举唐代笔记《剧谈录》

为例，"所记多所疏误，自不待论"；但"以通性之真实言之，仍不失为珍贵之社会史料也"。（见《唐代政治史述论稿》）准此而论，花蕊夫人向宋太祖诵诗事，其个性真实虽难确定，但后蜀亡时，"更无一个是男儿"作为"当时通性之真实"则"不足致疑也"。国亡前夕，后蜀主长叹，"吾父子以丰衣美食养士四十年，一旦遇敌，不能为吾东向放一箭"，便是有力的佐证。

宋灭后蜀，花蕊诵诗，与我研究的宋史有交集，无意中也逗惹起我的兴趣。而若欲获得这首诗折射出的通性真实，还应遵循陈寅恪在《元白诗笺证稿》里提撕的诗史互证法，即与"现存之史籍参证并读，始能得其真解"。我与尚君先生一样，也完全无意讨论与这首诗"本身无关的是非"，只想从历史角度进一解，说明后蜀为何落得"更无一个是男儿"的结局。

后蜀创立者孟知祥原为后唐宿将，他在前蜀灭亡后奉命入川，不失时机地建立了割据政权。立国半年，他就去世，传子孟昶，昶时年仅16岁，史称后主。由此看来，后蜀政治，基本上就是后主之政。在君主制下，一代人君往往代表他所统治的时代。孟昶的统治可分前后两期。即位之初，将相大臣都是先君故旧，他们自恃有功，又受托命，骄横跋扈，压根不卖后主的账。孟昶先是宽纵隐忍，行将失控时才施展引黑驱虎的伎俩，将业已坐大者或诛杀，或解职，直至"故将旧臣殆尽，帝始亲政事"。故史学大家吕思勉公允地评价道："凡十五年，乃克尽除其逼，其事亦非易易，昶实非全无能为。"清代史家吴任臣也说，"后主初袭位，颇勤政事"，"孜孜求治，与民休息"。他颁下官箴，告诫郡县官："无令侵削，无使疮痏。下民易虐，上天难欺。""尔俸尔禄，民膏民脂。为人父母，罔不仁慈。"剪除威胁当年，有鉴于"事多壅蔽"，还设置了匦函，后改称献纳函，接受官员百姓对朝政的投书。四川易守难攻，五代时未经大乱，故史称"百姓饶富"，"金币充实"，后蜀经济发展势头不错。

孟昶亲政以后，倘能励精图治，也可以做到"实非全无能为"。但故将旧臣威胁剪除，后蜀之政反而江河日下。据《十国春秋·后蜀七》，955年，龙游令田淳有段上疏，大体概括了孟昶后期之政：

> 三年以来，民颇怨嗟，谓陛下求贤失道，为政不平；重纂组，夺女工，贵雕镂，损农事；法令不信，赏罚无诚；纳谏之心，微自满假；驭朽之年，渐乖始卒。载舟覆舟，不可不惧。

这年，后周世宗雄心勃勃，发兵窥蜀。后蜀形势诚如田淳所喻，不啻以朽索驾驭车马，正处于危急存亡之秋，但后主之政却逐渐悖离善始善终的轨辙。其后期衰政集中表现在三方面。

其一，耽溺享乐，穷奢极欲。后主前期，自奉尚称节制，但放纵物欲已露兆头。他沉迷方士房中之术，即位不久，便"多采良家子以充后宫"。943年，孟昶再次大选13岁至20岁民间女子，老百姓人心惶惶，"立嫁其女，谓之惊婚"。有官员进谏，他一边赏银嘉奖，一边却采择不止。某年元宵，孟昶召一舞伎入宫，宽绰地赏给她家十万钱。他雅好诗词，一次就赐诗僧可朋钱十万。

及至后期，正如《新五代史·后蜀世家》所论定，"君臣务为奢侈以自娱"。大规模选女活动虽未见史载，后主与妃嫔忘情游燕，恣意声色，仍见诸其《木兰花》"敧枕钗横云鬓乱"的自承。在物质享受上，孟昶更以侈靡为乐。每到腊日，内官各献圈金花树，"所费不赀"。他经常命织工一梭到底织成大至三幅帛的锦被，上镂二穴，名曰"鸳衾"，供其与妃嫔床第之用；而张挂其上的"芙蓉帐"，帐幔以芙蓉花染缯做成；更有甚者，连溺壶都以七宝装饰。宋太祖后来召见他时，当面怒斥道："你用七宝装饰这玩意儿，那该用什么器具来盛食物呢？自奉如此，不亡何待！"

其二，刻剥百姓，民心浮动。在豪奢极侈的同时，孟昶大行其侵削扰民之政，将御制官箴中"下民易虐，上天难欺"的警告彻底置诸脑后。见用度不足，他先是"立诸色科徭"，输纳苛繁；继而铸行铁钱，禁榷铁器，"用以专利，民甚苦之"。他还分遣使者赴四镇十六州，催索历年欠税，其中952年至957年，更是另行追督。田淳指出，这种扰民聚财之举，既犯天意，更损君道："夫百姓，六军之主也。百姓足则军莫不足，百姓不足，军孰与足？务夺百姓，专赡六军，此其损君道者二也。"后主全然不以为意。

后主晚年之政，让老百姓日渐失去安全感。原先号称"蜀中久安"的政局，在赵宋代周后竟谣谶蜂起，在貌似荒诞的谣言背后，凸显的却是民心的流失。961年，有人接连两日在道上披发奔走，大喊神人让他唱言"无爷无母救汝"；民间也讹传"国家东迁天水"，而"天水"正是北宋赵氏的郡望。963年，在一根破木里发现紫色隶书，上写"太平"两字，一时誉为祥瑞，夸饰太平。其时宋军尚未攻蜀，成都却传开了所谓识者的说法："须成都破了，方见太平。"正是老百姓的这种疏离与失望，构成了蜀亡之际"更无一个是男儿"的深层内因。

其三，求贤失道，典兵非人。后主亲政，顾忌到枢密使"权重难制"，起用王昭远知枢密院事。无非其人原是侍候他的潜邸近臣，值得信赖，便于控制，故"委以机务，府库金帛，恣其取与，不复会计"。孟昶还让自幼与他亲狎的表兄弟伊审征也知枢密院事，"政之大小，悉以咨之"，审征也摆出"以经济为己任"的做派，实质上却"贪侈回邪，与王昭远相表里，蜀政由是浸衰"。右补阙章九龄对后主说，"政事不治，由奸佞在朝"，并点名宰相李昊、知枢密院事王昭远，后主却以"毁斥大臣"将其贬出。在《资治通鉴》这段纪事下，南宋史家胡三省慨然评曰："临乱之君，各贤其臣，卒之亡蜀者，昊、昭远也。"《十国春秋·后蜀本纪》更是一针见血："用匪其人，坐致沦丧。"

鉴于旧将专兵跋扈，考虑分割兵权，后主命李廷珪等十人分典禁军，但这些人都非统兵之才。后周来攻，后蜀"勇将精兵，不死即逃"，其中就包括李廷珪、韩继勋等统兵节度使。但后主对李廷珪不予追究，仍让其执掌兵权。据《资治通鉴》，连李太后也"以典兵者多非其人"，告诫儿子道：

> 先帝（指孟知祥）在太原，平二蜀，诸将非有大功，无得典兵，故士卒畏服。今王昭远出于厮养，伊审征、韩保贞、赵崇韬皆膏粱乳臭子，素不习兵，徒以旧恩寘于人上。平时谁敢言者，一旦疆场有事，安能御大敌乎？以吾观之，惟高彦俦太原旧人，终不负汝，自余无足任者。

但后主连其生母的忠告都听不进去。

在《隋唐五代史》里，吕思勉有一论断颇堪玩味："知祥在蜀，全恃客兵，客将尽而蜀人不与同心，所恃以自立者先拨。""先拨"即预为之谋。这一论断大义略谓：作为后蜀建立者，孟知祥仰仗着外来兵站稳脚跟，这些客将连同麾下客兵自有五代骄兵悍将的通病，其故将旧臣也因之成为后主前期之政的大患，孟昶隐忍用智，尽除其逼，不能说一无作为。问题在于，客将既除，但客兵对新遣之将既无依附感，对孟昶政权也就缺乏认同感，不可能为之拼死卖命。后主不察时转势移，未能做到欲自立者应预为之谋，让客兵完成蜀地化的转型，重塑一支赖以立国足以御敌的军队，在军政上与自己同心同德。尽管孟昶也玩些分散兵柄、援用亲近等故伎，对根本大计却无所用心，反而沉溺于后宫纵乐。吕思勉继续点评道："况复荒淫为武家积习，昶亦渐染之而不能自拔，区区小慧，又何益邪？"其结局也如对手宋太祖所逆料："孟昶都无股肱爪牙，其亡不远矣！"

最后，不妨回放"更无一个是男儿"的历史现场。964年岁末，宋太祖从北线与东线两路发动灭蜀之战。后蜀主派王昭远出任抵御北线宋军的行营都统，宰相李昊饯行成都城外，王昭远手执铁如意指麾军事，自比诸葛亮，酒酣耳热，攘臂对饯行者大言炎炎："此行何止克敌，当领此二三万雕面恶小儿，取中原易如反掌耳！"岂料三战皆败，剑门失守，王昭远竟吓得瘫在胡床上一时起不来。他随即免胄弃甲，逃匿在老百姓的仓舍下，悲嗟流涕，双目尽肿，还一个劲儿吟诵罗隐"运去英雄不自由"的诗句，最终成为俘虏。

接闻败绩边报，后主命太子元喆为元帅，李廷珪等为副，率兵万余，前往驰援。这位皇二代尽管判六军诸卫事已达15年，但后蜀诸卫只是装点皇帝门面的空架子，既无军队可统，也无战事历练，"素不习武"。出兵时，他车载爱姬，携伶人数十，带上乐器，路人见状，无不窃笑。一路上，这位太子"晨夜嬉戏，不恤军政"，行至绵州，听说已失剑门，便仓皇逃归成都，"所至焚掠庐舍仓廪"。

后主这才大梦初醒："虽欲坚壁，谁与吾守？"无奈之下，只得"君王城上竖降旗"，宰相李昊奉命起草降表。历史似乎在重演，前蜀亡国时，降表也出自李昊的大手笔。成都市民闻讯，夜间在其门上愤然大书"世修降表李家"。降表既下，接着就"十四万人齐解甲"了。

当然，诚如署名花蕊夫人诗所说"妾在深宫那得知"，要说后蜀国灭之际，也未必"更无一个是男儿"。据《续资治通鉴长编》，后蜀夔州守将高彦俦在副将败走城池失陷的情势下，力战不胜，身负十余创，左右已作鸟兽散，有属下劝其单骑遁归，他表示："不能守此，纵人主不杀我，我何面目见蜀人？"劝他归降宋朝，答曰："岂能一身偷生，举族负罪。今日止有死耳！"便面向国都，西北再拜，登楼自焚。高彦俦血战到底，视死如归，不乏男儿气概。而这个男儿正是李太后当年唯一推荐的不负后主之人。但国已不国，仅此一人，岂能挽狂澜于既倒，更何况宋初统一战争裹挟着沛然莫之能御的历史大势呢！

再说宋真宗及其时代

　　《大宋宫词》正在各大平台热播，每集都打出"本剧依据史料与传奇改编"的字幕，类似免责告示：契合历史者来源于史料；有悖史实者推诿给传奇。剧中宋太宗召赵德昭回京参加其父宋太祖的十年祭典，赵德昭因襄王赵元侃邀饮而毒毙襄王府；秦王赵廷美随即在宫廷会宴上谋刺乃兄宋太宗。历史上，宋太祖死于 976 年，十年祭应是雍熙三年（986），而德昭早死于 979 年，赵廷美在 984 年也被太宗贬死。这一叙事，年份大悖史实还在其次，把赵廷美从受害者变为谋逆者，尺度未免大了些，也打消了我追剧的兴趣。根据"帝后 CP 携手打江山"的字幕，想来这是以宋真宗赵恒与其皇后刘娥为人设的宫廷电视剧。电视剧前有宋太宗立储传位的曲折情节，宋真宗撒手后还有刘娥以皇太后垂帘听政的重头戏份，但主体部分是以宋真宗时代作为大背景的。

　　在北宋政治史中，一般将真宗与太祖、太宗三朝划入前期，但其历史面相给人有点不尴不尬的印象，诸多方面值得重新评说。

一

宋真宗是北宋第三代皇帝，至道三年（997）三月继位，乾兴元年（1022）二月去世，在位跨越26个年头，实为25年。相比太祖以陈桥兵变从前朝手里夺取政权，太宗继位留下洗不白的烛影斧声，真宗算是首位正常登基的北宋君主。真宗朝可分前期与后期。前期十年，从其即位到景德四年（1007）；后期十五年，从大中祥符元年（1008）到其辞世。

真宗前期面对前朝留下的诸多负面遗产：太宗在皇位传承中激化的皇室信任危机；开国以来川蜀地区深度存在的社会矛盾；雍熙北征惨败所造成的贫弱困境与边防危局。

即位次月，宋真宗就为贬死的赵廷美平反，恢复其秦王封爵与原任职位；同时追赠太祖之子、已故皇兄赵德昭与赵德芳分别为太傅、太保。真宗乃排行第三，次兄赵元僖死于太宗晚年。最有资格继承大统的长兄赵元佐，目睹叔父赵廷美贬死，解救未成而发狂纵火，被废为庶人，真宗也复其王爵，允许他养病不朝。对赵元份等在世诸弟，他都逐个封王加官，以兄友弟恭的姿态强化皇室凝聚力。

川蜀远处西南，晚唐至宋初郁积了复杂的社会矛盾，便在太宗晚年激成王小波、李顺起义。起义虽被镇压，深层次问题却积重难返。第一个千禧年元旦，益州（今四川成都）戍兵聚众起事，推举王均为领袖，建立了政权。这是王小波、李顺起事的余波。朝廷派兵平定，再派治蜀名臣张咏（他在太宗末年赴蜀，曾转化大批李顺之徒为良民）前往，宽严相济，恢复民生，整顿吏治，结束了宋初川蜀反侧不靖的局面。

除了王均事变，整个真宗朝少有群体性民变，这与当时休养生息的政策大有关系。咸平元年（998），免除全国亏欠税额达两千余万。咸平二年（999），允许无田客户垦种国有荒地与长年无主荒田，免税五年再年缴收获十分之二，作为定额。咸平四年，减省全国冗吏十九万五千人。咸平五年（1002），严禁在各种税额外加征羡余。景德二年（1005），颁布《农田编敕》。景德三年，设立常平仓作为救荒赈饥的储备粮库。

经过短短六七年的调整恢复，北宋内部矛盾暂时缓和，社会经济大有发展，国家政权渐趋稳定。真宗前期称得上是合格的守成之主。

在对外关系上，真宗面临更大的挑战。在处理与西夏的关系上，宋太宗无大作为，坐视李继迁尾大不掉。就在北宋皇位嬗代之际，李继迁上表请降，却以退为进要求恢复其统治权。宋真宗无暇西顾，仍封其定难军节度使，放任他重领党项故地，但进扰仍然不断。直到景德元年李继迁去世，继任者李德明执行其父遗言，中止反宋，西边压力始告缓解，北宋这才可能专力应付咄咄逼人的辽朝攻势。

宋太宗雍熙北征以大败告终，不仅物力损耗惨重，更暴露了孱弱的军事短板。宋辽均势彻底打破，军事主动权转手辽朝。真宗初政，辽军几乎每年放马南下。宋真宗调整边防政策，力争和平相处，同时改善边将配备，部署防御体系；招募民间壮勇，加强军事实力，取得了一定成效。

辽军连年南牧，显然为致命一击作试探性预演，这才有了景德元年的澶渊之役。不必复述较量的细节，只作几点评论。其一，以结果而论，宋朝显然险胜，但战争拼的是综合实力，没有前期的经济恢复与军事措置，连险胜也无从谈起。其二，宋真宗亲征澶渊前有过动摇与惶恐，朝堂上更不乏出都避难的谬见，都是雍熙败北引发深度恐辽症的应激反应。其三，寇准等力挽狂澜力主御驾亲征，真宗最终听从成行，既是险胜的原因之一，也是其前期主政的亮点。其四，在略占上风的情况下，宋朝仍急切求和，主动缴纳岁币，既有恐辽症魔咒般的效应，也有前不久西夏连年侵扰与川蜀兵民变乱等内外不稳的考量。其五，澶渊之盟开创了岁币模式，成为宋朝其后对夏对金妥协的惯用手段；但澶渊之盟是平等的盟约（绍兴和议不宜与其混为一谈），也奠定了南北百余年的和平格局，无疑应该肯定。

真宗前期用吕端、张齐贤、李沆、吕蒙正、向敏中、毕士安、寇准与王旦相继为相，李沆任期最长，也最获信任。他告诫真宗"不可用新进喜事之人，中外所陈利害皆报罢之"。真宗采纳其为政之道，故其前期未见折腾。王夫之赞扬李沆"以道事君"的大臣典范，评价他与真宗的君相合作无愧"一人之识，四海之藏"。（《宋论·真宗》）

二

澶渊之盟前一年，宋真宗询问国家钱谷积储数，三司使陈恕迟延不报，回复执政追诘说："天子富于春秋，若知府库充实，恐生侈心，是以不敢进。"当时李沆在位，真宗表示赞许。次年，李沆逝世；澶渊之盟订立，宋与辽夏关系渐次正常。眼见内忧外患终告解除，经济发展也势头喜人，真宗感觉日渐良好，宰相寇准也有自得之态。王钦若乘隙进"城下之盟，《春秋》之耻"的谗言，离间君相立马奏效：寇准随即罢相，王旦取而代之，王钦若再任执政。

王钦若的挑唆重创了宋真宗的尊严。作为个体存在与君权化身，君主权威与个人自尊从来就难分难解，宋真宗痛感宣示君权的必要性与迫切性。于是，天书封祀乘势上演，贯串整个真宗后期。涉及国家层面的大典与营造就有：大中祥符元年（1008）正月天书下降，四月京城始建玉清昭应宫，五月封禅泰山；二年全国兴建天庆观千余所；四年汾阴祭祀后土；五年追尊子虚乌有的赵玄朗为圣祖；七年亳州拜谒老子。

以往讨论这场神道设教，过多强调真宗的自尊心，这里对其深层动因再作评断。

其一，向朝野声明其继统合法性。即位之初真宗尽管借助平反与追封，力图消泯太宗与自己在皇位传承上的负面影响，但内心纠结始终挥之不去。首份天书上特地标明"赵受命，兴于宋，付于恒。居其器，守于正"云云，就旨在昭告他继统是"守于正"的。

其二，在东亚文明圈宣示宋朝的领先地位。《宋史·真宗纪》推断真宗君臣是在获知契丹故俗"一岁祭天不知其几"的情况下，才打出天书封祀这张牌的，"欲假是以动敌人之听闻，庶几足以潜消其窥觊之志"。宋朝当然企望以封禅祭天在文化正统性上压契丹一头，但宣示的对象却不限于辽朝，也包括西夏在内的周边政权。据《宋史·真宗纪》，大中祥符年间，甘州回鹘、三佛齐、大食、注辇等先后朝贡祝贺封祀，正是这一诉求期待的回报。

其三，提升君权的地位。包括澶渊之盟在内的真宗前期政治，吕端、李沆与寇准等名相功莫大焉，真宗却以"无大臣体"罢免寇准，折射出君权的严重失落感。真宗发起天书封祀，迫不及待地张扬君权、压制相权。他之所以频繁举行国家层面的祭祀大典，因为决策者、主祭者都是君主，庄重的典礼借重繁文缛节的仪式感，君主本人可以从中享受到前所未有的巨大存在感，也让全体臣民最大程度上瞻仰君权的至高无上。

其四，借以凝聚民情人心。回顾前代五次封禅，都在天下一统的所谓盛世。尽管不自量力，但祥符封祀的用意显然宣扬比肩前代的太平盛世业已到来。据《青箱杂记》说，东封西祀时"中外臣民，协谋同欲"，哲宗前期这一追述虽有夸大成分，却也反映出企盼盛世、祈望太平的普遍心态。诚如刘子健研究宋代封禅时指出："这种信仰和仪式，现代人看来也许是迷信，但在当时确有它的功能，可能鼓舞人心，可能维系民情。而分析到这里，就可以推论君权的提高，并且士大夫无从异议。"（《两宋史研究汇编·引言》5页）

真宗后期的这场闹剧，其恶劣后果与深刻教训触目惊心。

经济上劳民伤财，国力耗竭。天书封祀开场当年，三司报告"大计有余"，但仅过三年即告"经费不给"，闹腾到真宗晚年，"内之畜藏，稍已空尽"。财政窘困引起物价高涨，天禧年间（1017—1021），

"谷帛之直（值），比祥符初增数倍矣"。

政治上朝局逆转，政事不修。神道设教既然出自真宗主张，后期宰执无不奉承帝意，顿失前期贤相刚正直言的立朝风范，连宰相王旦也缄口附从，寇准则有失晚节才再度入相。至于王钦若、丁谓，作为这场丑剧的作祟者与操办者，与陈彭年、刘承规、林特俱受眷顾而并称"五鬼"。正如叶适浩叹：真宗后期，"纪纲之失犹其粗者耳，并与人材皆坏"（《水心别集·纪纲二》）。咸平初政时，真宗曾严禁天下进献祥瑞，大中祥符时，却一反常态而热衷祥瑞，晚年更沉溺道教而坠入迷狂状态，对国政自然"不思修本"而少有用心。

社会风气上朝野装神弄鬼，上下愚人自愚。从真宗到王钦若、丁谓，作为主谋者都自编自导，一手造假；各地进献天书祥瑞的官吏与父老，作为追随者也争先恐后，参与造假。正如《宋史》所说"一国君臣如病狂然"，朝野上下都在自欺欺人，"为此魑魅魍魉之事"（李贽语），整个社会的诚信度跌落到立国以来的最低点。

三

纵观真宗朝政局，后期与前期反差之大实在出人意料。那么，应该怎样总评宋真宗时代呢？

王朝周期律是考察中国帝制时代兴亡盛衰的不二铁律。任何王朝都会呈现各自的新生期、上升期、繁荣期、衰变期、没落期，尽管各期的年代长度与曲线峰谷或因王朝政策而各有不同。据此而论，宋真宗时代总体上仍处于北宋上升期。

在社会经济上，真宗后期较之前期虽受打击，但有利农业的政策仍在颁行，例如大中祥符六年，免除全国农具税；天禧二年引进推广高产的占城稻。在以农立国的传统时代，户口数与垦田数是衡量社会经济的重要指标。倘若分别统计太祖晚年（976年）、太宗晚年（997年）与真宗晚年（1021年）这两组参数，若以太祖晚年数据为指数100%，全国户数在太宗晚年增至134%，真宗晚年激增到281%；全国垦田数在太宗晚年仅增至105%，真宗晚年也增至178%。这两组数据充分证明宋真宗时代经济增长的速率。

学界多把以厢统坊的厢坊制确立，视为唐宋之际城市管理体制转型的完成，这一转型虽是渐进的，但《宋会要辑稿》首次系统登录真宗天禧五年开封府新旧十厢隶属的坊数、户数与人吏数，表明厢坊制在真宗时期已然成型。厢坊制取代坊市制，有力推动了城市经济与工商贸易的繁荣，商税可以用来测试这一繁荣度。若以太宗后期数据为100%，真宗前期的景德中仅增至112%，而到真宗后期的天禧末竟激增至301%。这组数据也间接说明了厢坊制在太宗、真宗两朝的进展力度。

在政治制度上，太祖太宗两朝固然多有创立，但不少制度却在真宗朝才得以完善的。即以中枢权力制衡中举足轻重的台谏制度而论，祖宗两朝少有留意，直到天禧元年真宗颁诏：谏官、御史自此各置六员，增其月俸，不兼他职，每月须有一员奏事，倘有急务特许及时入对。天禧诏书是宋代台谏系统正式确立的标志。科举制在真宗朝更趋严密：景德四年，实施考卷糊名制；大中祥符八年，推行试卷誊录法。这些制度严格而公正，北宋取士水准随之进入了最佳期。

祖宗家法作为宋代政治文化的核心命题，正式提出虽在宋仁宗亲政之初，但真宗朝正在酝酿培育之中，"其实质精神已经在当时的政治生活中逐渐发展起来"（邓小南《祖宗之法》282页）。真宗初年，臣下就有"三圣相承"的吹捧，把真宗与太祖、太宗相提并论。但宋太祖开国立制，砥定大局，宋太宗虽不及太祖，却也完成统一，弘扬文治。真宗尚有自知之明，深感祖宗功业难望项背，故有"保祖宗基业"与"守祖宗典故"的提法，却植入了"祖宗之法"的早期胚胎。

士大夫政治堪称宋代政体的底色之一，这与隋唐以来的科举制在宋代进一步改善息息相关。继太宗扩大取士规模之后，真宗咸平三年（1000）

录取进士、诸科与特奏名高达2 100余名，景德二年（1005）更超过3 000人，成为宋代取士最多的两榜。宋初进士一旦金榜题名，便能直接跻身官场，他们在真宗朝崭露头角，左右时局。即以参决朝政的宰执群体而论，无论前期以吕端、李沆、寇准与王旦为代表的正面人物，还是后期以王钦若、丁谓为代表的负面角色，都是科考出身的士大夫。新型的士大夫政治正是在真宗朝徐徐拉开大幕的。南宋吕中概述士大夫自觉意识在宋真宗时代的苏醒：

> 自李文靖（沆）、王文正（旦）当国，抑浮华而尚质实，奖恬退而黜奔竞，是以同列有向敏中之清谨，政府有王曾之重厚，台谏有鲁宗道之质直，相与养成浑厚诚实之风，以为天圣、景祐不尽之用。（《大事记讲义》卷六《真宗》）

在君主官僚专制政体下，士大夫政治能否良性运行，最终取决于君主的政治取向与个人好恶。真宗前期谦谨，君权慎用，遵从李沆等名相贤臣的治国方针，故朝局大政相对修明，后期固执，君权滥用，连王旦、寇准都不能独善其身而曲意顺从。但宋人认为：太祖太宗朝，"治体类于严"；真宗、仁宗、英宗朝，"治体类于宽"。（《大事记讲义·论治体》）正当北宋版"皇帝的新衣"粉墨登场时，龙图阁待制孙奭是少数戳穿真相的朝臣之一，他批评真宗："将以欺上天，则上天不可欺；将以愚下民，则下民不可愚；将以惑后世，则后世必不信。腹诽窃笑，有识尽然，上玷圣明，不为细也。"倘在宋代以后的极权体制下，对如此妄议圣上者轻则廷杖，重则极刑，但真宗仍能"容之而不斥"。由此可见，即便真宗后期，治体也还算宽忍。而士大夫政治正处在育成之中，其刚健正气未遭摧毁性戕伐，终于在仁宗中期迎来了以范仲淹为代表的巅峰时期。

同理，宋真宗时代既然处于王朝上升期，尽管后期有一场大折腾，因尚未进入一经折腾碍难收拾的衰变期或没落期，随着真宗驾崩而改弦更张，后继主政者以宽仁治国，上升期跌入低谷的运行曲线触底上扬，逐渐进入繁荣期。

四

宋真宗与刘娥的帝后关系，在两宋宫廷史中确实最富情节性，也为后世小说戏剧的再创作留下了虚构的空间。关于刘皇后的婚姻八卦与历史地位，拙著《细说宋朝》有专节述评，这里略作补充。

自景德四年郭皇后去世，真宗就一心提高刘娥的名位，却因其出身寒微而一再遭到抵制，到大中祥符五年才册封为皇后。这一过程，既印证了士大夫政治的顽强存在，也说明真宗对刘娥感情的执着。其时，刘氏四十五岁左右，依旧能赢得真宗的倾心，显然不仅倚仗美貌，为人才慧强敏或许更关键。大中祥符九年起，真宗"自是不康"，刘皇后渐预外政应该不早于此年；天禧四年，真宗一度"不豫"，朝政从此打上了刘氏印记。乾兴元年（1022）真宗去世，刘氏以皇太后权处分军国事，听从王曾等建议，将天书伴随先帝入葬永定陵，终结了真宗后期的昏悖之政。

北宋共有四位垂帘听政的皇太后，而真宗刘皇后与英宗高皇后对朝局的影响不容小觑。高氏以太皇太后听政九年，主持元祐更化，不仅未能消弭新旧两党的政治隔阂，反而使之势同水火，致使哲宗亲政就绍圣绍述，发动全面清算，北宋政治就此转入衰变期。相比之下，刘氏听政十余年，不仅使真宗后期的政治危局消解于无形，士大夫政治虽一波三折却回归正轨；随着皇权的平稳移交，终于开启了后人追怀的宋仁宗时代。在宋真宗时代向宋仁宗时代的过渡中，说刘皇后为赵家守护了江山，其言似不为过。

一千年前的中国

华东师范大学出版社的《大学活叶文库》准备编一册《1000年前的世界》，让当今的大学生们回顾一下上一个千禧年世界与中国究竟发生了什么？中国部分选了两篇文章：第一篇是王禹偁的《论灾异奏》，第二篇是钱若水的《上真宗论备边之要有五》。一千年前，中国恰当北宋真宗咸平三年（1000），正在我的专业范围之内，让我给写一篇解读。

先来说王禹偁（954—1001）吧。他字元之，济州巨野（今属山东）人。进士出身。历任直史馆、知制诰、翰林学士，因直言进谏或直书史事而三次黜任地方官，历知滁州、扬州、黄州。他是宋初著名文学家，诗文编为《小畜集》。咸平三年，黄州发生了天变和物异现象，时任知州的王禹偁向宋真宗上了这份《论灾异奏》。灾异就是超乎常规的天文、自然和社会现象。先秦以来流行的天人感应学说把分属阴阳五行的不同灾变与相关的社会变动、人事吉凶对应起来，认为这些灾变能起一种警示作用，此即王禹偁所说的"天以文象告人"。对这种融汇进传统儒学的天人感应说，当时人囿于学识多深信不疑，并冀以见微知著。咸平元年（998）的彗星，就曾引起宋真宗的巨大疑虑，令大臣各抒己见。王禹偁也将其作为观察问题、提出主张的一种思想武器。

实际上，传统儒家思想在上一个千年之交也面临着重大的调整，理学作为传统社会后期的儒学正宗正在育成之中。理学形成以后不仅渗入了中国人的精神世界，还影响了整个东亚文明圈。理学产生的前提之一就是儒家社群中"以天下为己任""为万世开太平"的自觉意识的凸现。在王禹偁的这一奏章里，已能发现这种自觉意识。

北宋前期社会经济的恢复发展并不能掩盖深层次社会矛盾的存在。就在宋真宗即位的至道三年（997），黄河两岸饥民变兵数十上百结伙生事多达十余起。公元1000年的元日，益州（今四川成都）戍兵在王均率领下聚众数万，建立大蜀政权，坚持十月终遭镇压，谱写了王小波起义的续章。

社会危机是社会变革的第一推动力。早在三年以前，王禹偁就上疏论冗兵冗官之弊，力主变革，他也被视为北宋政治改革派先驱。在《论灾异奏》中，他不仅自劾"化人无状，布政失和"，并且再次强调，灾变警示时变，"亦恐应在他时，即合先有制置"，"要在臣下无隐，帝王尽知，或修德以答天心，或设备以防时难"。王禹偁奏议里的所谓的"制置"和"设备"，实际上都是呼吁改革的同义词，而推行庆历新政的范仲淹和推行熙宁变法的王安石在某种程度上也都是他的后继者。

再来看钱若水（960—1003）。他字澹成，一字长卿，河南新安人。也是进士出身。历任知制诰、翰林学士，还担任过主管军政的副相同知枢密院事。晚年他在河北、陕西等地任兵马部署、经略使等职，措置边事。咸平三年（1000），他正在知开封府任上，应诏上书，为宋真宗解决边患出谋划策。

北宋自建隆元年（960）立国以后，经过四十年恢复和发展，在上一个千年之交，社会经济已经走出晚唐五代衰败的低谷，迎来了中国古代史上又一个繁荣发达的新时期。在公元1000年前后，宋朝因经济的推动和贸易的需要，交子作为世界最早的纸币已经在川蜀地区出现；明州（今浙江宁波）因新设市舶司而与广州分别成为东海航路与南海航路的两大外贸港，是与日本、高丽和南洋、西亚诸国进行经济文化交往的窗口。北宋社会经济文化的先进程度，不仅在当时的东亚文明圈里，即便在全世界，都无可争议地居于领先的地位。然而，农业经济繁荣的宋朝政府在北方游牧民族所建立的政权的打压下，军事上几乎从未操过胜券，给人以一种积贫积弱的印象。

自宋初起，由契丹民族建立的辽朝就成为宋朝的心腹之患，公元1000年前后，辽军几乎年年南下，屡屡得手。约略同时，党项民族的领袖李继迁在西北攻陷了灵州（今宁夏灵武），为后来西夏的立国奠定了初基，宋、辽和西夏三国鼎峙的格局已初现端倪，而北宋在边患问题上则将处于辽夏夹击、腹背受敌的不利态势。总之，上一个千禧年，对北宋来说并不是一个安分的年份。

钱若水虽被真宗称为"儒臣中知兵者"，对边境防务有自己的见解，但他的"备边五要"，首先是未见切实地付诸实施，其次是即便实施也未必能够彻底改变军事对抗中宋弱辽强的局面。宋代经济发展水平与军事作战能力不成正比，固然有重文国策下制度和组织上的弊病（钱若水的建议对此也许能够起些作用），更有政治地缘学的深刻原因，此即钱若水所指出的，五代后晋石敬瑭将燕云十六州的关塞要地割让给契丹，使中原政权在游牧民族的骑兵面前处于门户洞开、被动挨打的境地。钱若水上奏四年以后，景德元年（1004），宋真宗不得不亲率大军在黄河北岸与辽圣宗亲率的大军相对峙，订立澶渊之盟，以岁币换取和平，就是明证。而后来金朝女真军长驱直入击垮北宋的历史，也再次印证了燕云战略要地的得失才是问题的症结所在。

有趣的是，钱若水在奏折结尾自称"逢千年之运，受二圣之知"，

"二圣"是指他先后受知于宋太宗与宋真宗父子。他所说的"千年"当然与我们现在所说的"千禧年"不同。钱若水并没有意识到他正处在所谓的"千年之交"。但这种巧合仍值得我们深思：再过一千年，后人将会怎么看待我们现在正逢的千年相交之时呢？

天书闹剧中的抗争与暗默

　　宋真宗正为宋辽澶渊之盟而沾沾自喜时，大臣王钦若却别有用心地挑唆道："这可是寇准以陛下为赌注，孤注一掷换来的城下之盟。"城下之盟，《春秋》所耻，宋真宗是知道的，立马像吞吃了苍蝇。不久，寇准罢相，王钦若执政，他揣摩迎合，鼓动宋真宗"神道设教"，把皇帝哄抬成"天命所归"的伟大君主。

　　这年正月初三，天书祥瑞如期而至，降落在皇城承天门楼上，上写"赵受命，兴于宋，付于恒。居其器，守于正。世七百，九九定"。大意是说，赵宋受命于天，"付于恒"就是传给宋真宗赵恒，他才是"守于正"的正统所在，而"世七百，九九定"无非形容赵家国祚绵长。宋真宗当月改元为大中祥符元年（1008），"大中"即天书说的"守于正"，"祥符"就是"天瑞"之意。一时间天下争言天书，群臣竞贺祥瑞。

孙奭的正气与担当

　　孙奭是北宋著名经学家，他为汉儒赵岐的《孟子注》作的疏解流传至今。《宋史》说他"守道自处，即有所言，未尝阿附取悦"。晚年，他以翰林侍讲为少年宋仁宗授课，尤重立身"端庄"。上课时，小皇帝难免左顾右盼，甚至足蹴御座，他便拱默不讲，仁宗不得不"竦然改听"。这里只说他在天书封祀时的正气与担当。

皇帝打算借天书搞封禅，召问孙奭，他径引孔子的话作答："臣只知道'天何言哉'，岂有天书？"一点没给皇帝面子。

大中祥符三年，继泰山封禅后，宋真宗又动议赴汾阴（今山西万荣西南）祭祀后土。孙奭列举十条理由，上疏坚决反对。他提醒皇帝，兴师动众远祀地祇，是"轻弃京师根本，而慕西汉之虚名"；天下连年灾害，陛下理应修德，岂能听信妄议，远劳百姓，巡游不已，忘乎社稷；圣王都先恤人民，后祀神祇，如今大兴土木，水旱交至，饥馑居多，却劳民事神，神灵岂会接受！陛下所为，不过效法汉武帝与唐明皇，崇尚虚名，夸耀后世而已。唐明皇不惜太平，终致祸败，现在有人竟援为故事，倡导仿效，我深为陛下不取。

在尖锐批评后，他请皇帝"少赐清问，以毕臣说"。宋真宗派内侍去征求意见，孙奭再次上疏，言辞更加激烈。他警示皇帝：倘若执意远巡，祭祀汾阴，不念民瘼，不恤边患，怎么知道今日戍卒里就没有陈胜，饥民里就没有黄巢呢！撰造祥瑞，假托鬼神，才毕东封，便议西幸，轻劳车驾，虐害饥民，指望安然往返，便自以为成就了大勋绩。陛下以祖宗艰难之业，为奸邪侥幸之资，这是我所以长叹而痛哭的啊！《春秋》说，国之将兴，听于民；将亡，听于神。我不敢妄议，请陛下裁择。

其时，气象异变，秋旱冬雷，皇帝仍恬然受贺祥瑞，孙奭忍无可忍，上奏责问：陛下这样做，打算欺罔上天吗，则上天不可欺；打算愚弄下民吗，则下民不可愚；打算迷惑后世吗，则后世必不信！有识之士，腹诽耻笑。皇明之玷，不堪其忧啊！

大中祥符六年，皇帝崇道，花样翻新，拟议赴亳州祭奠老子，孙奭又上书，批评他事事慕效唐明皇。在历数明皇无道之举与祸败之迹后，吁请抑损虚华，罢兴土木，不蹈危乱之辙，免召不及之悔。宋真宗亲撰《解疑论》，强词夺理地文过饰非，同时摆出宽容的姿态，也不罢黜他，"容之而弗斥"，令其上言自生自灭。

天禧三年（1019），天书闹剧波澜再起。京师巡检朱能与内侍主管周怀政串通，预将天书放在永兴军境乾祐山（今陕西南部）上。寇准自罢相出掌永兴军后，大有失落感。有女婿王曙暗通内线，他虽知其中猫腻，却难耐寂寞，奏报了这一"祥瑞"。皇帝照例下诏，煞有介事地派人远迎天书，送入大内时，"屈至尊以迎拜，归秘殿以奉安"。孙奭听说，上疏再斥祥瑞虚妄，仍以唐明皇为例，论其"曲奉鬼神，过崇妖妄"，终致民心离散，变起仓促，希望宋真宗"鉴明皇之召祸，庶几灾害不生，祸乱不作"。

所谓"天书"闹剧，纯粹是皇帝自树权威的自娱自乐，却劳民伤财地前后持续十余年，是两宋史上近乎疯魔的宗教狂热与政治笑话。满朝群臣出于名利的拿捏，各自作出了选择，或积极参与做政治交易，或佯装不知求明哲保身。其中，不仅有丁谓那样的佞邪之臣，也有杜镐、陈尧叟、陈彭年这样的儒学之士。就说陈彭年吧，尽管博通书史，却"急希进用"，就妄赞符瑞，为东封西祀参订仪制，把学问连同良知都卖与了帝王家。

有个叫张知白的人，曾经建议刚登基的宋真宗禁止各地奏"祥瑞"，但天书闹剧拉开大幕，一看主角竟是皇帝，便识时务者为俊杰，觍然改口：那年奏禁符瑞乃西北有事，如今天下太平，请在玉清昭应宫绘制《泰山诸瑞图》，副本入藏秘阁。张知白明知孰是孰非，却出于私利而放弃原则。

那些迎合圣意鼓吹符瑞的臣子与皇帝之间的微妙关系，正像有段绕口令说的那样：臣子知道皇帝在说假话，皇帝也知道自己在说假话，皇帝知道臣子知道皇帝在说假话，臣子也知道皇帝知道臣子知道皇帝在说假话；反之亦然：皇帝知道臣子在说假话，臣子也知道自己在说假话，臣子知道皇帝知道臣子在说假话，皇帝也知道臣子知道皇帝知道臣子在说假话。吊诡的是，在专制集权体制下，尽管双方都心知肚明，皇帝出于自塑圣君的需要，臣子基于身家名利的考量，任何一方都不愿正视与说破事实真相，听凭这种假话祸国殃民。

当天书闹剧以风行草偃之势一边倒时，孙奭却挺身而出，对"皇帝的新衣"大声说出真相，堪称"疾风知劲草"，更与张知白辈适成鲜明的对照。当时虽有个别人也发过异议，却远不及他执着与无畏。孙奭敢言直谏，与北宋士大夫群体中"以天下为己任"的新儒家人生观正在形成大有关系，当然也须个人有担当的勇气。他要求弟子"始于章句，终于德行"，自己也是这么做的。他履践的也许只是孟子的两句话：一是"我善养吾浩然正气"（《孟子·公孙丑上》）；一是"无为其所不为，无欲其所不欲"（《孟子·尽心上》）。在"一国君臣如病狂"时，他能秉持浩然正气，坚守有所不为与有所不欲的底线，无愧于南宋史家王称在《东都事略》中的点赞："劲正挺特，忠言剀切，贤矣哉！"

名相王旦临终的愧悔

平心而论，王旦还算是一代名相，《宋史》赞他："伟哉，宰相才也。"有一次，他以翰林学士奏事，宋真宗目送下殿时对人说："为朕致太平的，一定是这人。"拜相以后，他以俭约治家，有"门庭清肃"之誉；尽管相府里宾客满座，却没人敢以私事干谒；有人受到他推荐，甚至终身都不知荐者为谁。政声如此，也算难能可贵。《孔氏谈苑》说："外抚诸边，内安百姓，官吏得职，天下富庶，颂声洋溢，旦之力也。"此说尽管有水分，却不至于太离谱。

宋辽澶渊之盟不久，在佞臣王钦若的撺掇下，宋真宗决定上演神道设教的连台本戏，借以掩饰城下之盟后君主权威的失落，内心却忌惮宰相王旦的态度。王钦若代达圣意，王旦听后仅表态尽力而为。真宗还不踏实，召他入宫，君臣欢宴后特赐酒一尊，叮嘱他回家与妻儿共享。王旦归府，打开酒尊，见满是明珠，领悟到皇帝让他在即将开演的大戏上不要抗旨。纵观王旦一生，似也不太看重财货，也许只是圣意难拂的考量，一坛珍珠就此堵住了他的嘴巴，在其后神道设教的连续剧上，他"不复异议"，放弃了做贤相的担当。

一切停当，正月初三，宋真宗向群臣讲了一个天方夜谭式的故事。说去年某月某日夜半，有神人告诉他："来月正殿做一个月道场，将降下《大中祥符》天书三卷。"今日果然奏报天书悬曳在承天门南的鸱尾上。王旦心知肚明，这是事先做的手脚，却带头再拜称贺道："天赐符命，盛德之应！"与朝臣随驾前往，内侍取下天书，王旦跪着进呈，皇帝再拜接受，改当年为大中祥符元年（1008）。

宋真宗趁热打铁，筹划封禅泰山，指望借助秦皇汉武举行过的祭天大典来为自己的权威加分。他哪有秦皇汉武的大功业呢，总得有臣民为封禅请愿吧。这次舆论紧紧跟上，王旦出了大力。他率文武百官、诸军将校乃至藩夷、僧道、耆寿二万四千余人，先后五次上表请求封禅。为了展现请愿的代表性，他把少数民族代表（藩夷）、宗教界代表（僧道）和德高望重的民间人士代表（耆寿），都恰到好处地拉上了。

十月，王旦以宰相之尊任封禅大礼使，以天书为前导，扈从皇帝封禅泰山，还奉诏撰写了《封祀坛颂》，历时57天，靡费不计其数，终于为宋真宗圆了念兹在兹的"帝王之盛事"。大中祥符四年，皇帝车驾再往汾阴祭祀后土地祇，他再任大礼使，仍受命撰《祠坛颂》。途经陕州（今河南三门峡），隐士魏野赠诗王旦：

> 昔时宰相年年替，君在中书十一秋。
> 西祀东封俱已了，如今好逐赤松游。

诗里讥刺他暗默失责，不谏封祀，规讽他莫再恋位，及早抽身。王旦将此诗呈送皇帝，上表辞位，未获同意，便不再坚持。从内心讲，他虽萌进谏之念，但既表赞同，难改其口；也生求退之心，但皇帝厚遇，难拂其意。

大中祥符五年，宋真宗又伪托玉帝传言，称授其天书的赵玄朗是赵家始祖，理应尊为圣祖（赵家先祖实无此人）。下诏先在外地铸造玉皇、圣祖、太祖与太祖的塑像，再在京师造景灵宫与玉清昭应宫供奉，王旦任奉圣像大礼使、景灵宫朝修使与玉清昭应宫使，又负责在宫内刻天书而兼刻玉使。

大中祥符七年，宋真宗再赴亳州（今属安徽）太清宫拜谒老子，王旦仍兼大礼使。祥符期间（1008—1016），所有天书祥瑞、祭祀巡幸、宫观营造之事，王旦都参与其间，兼任莫名其妙的使职之多，让他苦不堪言；最闹心的是，每次大礼，他都必须奉天书随行，令其"恒悒悒不乐"。

宋真宗对他礼遇备至，也少不了时有赏赐。每见赐物陈列相府庭下，王旦内心有愧，总闭目叹气："生民膏血，哪里受用得这许多！"他也"心知得罪于清议，而固恋患失，不能决去"。退朝以后，他总冠服不解，默坐静室，家人惶恐不明，问其政府同僚，说他一定是想阻止的政事没法实现，而私下忧心朝廷吧。

祥符、天禧年间（1008—1021），在王钦若、丁谓等鼓动下，宋真宗出于欺蒙本朝人心与耸动敌国听闻的虚骄心理，自造天书祥瑞，配上极具仪式感的大祭典、大巡幸、大庆祝、大建筑，以期达到神道设教的目的，近乎中国版的"皇帝的新衣"。为演好这场系列闹剧，朝廷不惜"竭天下之财，伤生民之命"，仅东封泰山就耗费 800 余万贯，西祀汾阴更增至 1 千万贯。《宋史·真宗纪》评价这场闹剧说："及澶渊既盟，封禅事作，祥瑞沓臻，天书屡降，导迎奠安，一国君臣如病狂然，吁，可怪也。"

王旦有宰相之才，对大规模、不间断的封祀崇道活动带来的恶果，内心一目了然，但拘牵于私心杂念，却一无作为，不敢发声。王旦晚年忆起曾与李沆同在政府，李沆常奏报些全国水旱变乱，便劝他别把鸡毛蒜皮事烦扰皇帝，李沆郑重道："太平天子，应让他知四方艰难。否则不是留意声色，就是热衷祷祠。我已年老，你主政会看到的。"王旦这才叹服这位科举同年有先见之明，特地摹挂其遗像，"每胸中郁郁"，便在像前一边绕行，一边"文靖，文靖"呼他的谥号，盛赞"李文靖真圣人也"！

天禧元年（1017），王旦终于辞相，不久去世。弥留之际，御驾亲临探病，赐白金五千两。王旦扪心有愧，遗表说："益惧多藏，况无所用，见欲散施，以息咎殃。"命家人把白金随即送还。

对没能阻止天书闹剧，王旦深怀着难以言说的愧疚悔恨。撒手人寰之际，他对家人说："我别无过失，只有不谏天书，愧悔莫赎。死后入殓时，为我削去须发，穿着缁衣，以弥补我平生之过。"削发衣缁意味着遁入空门救赎前愆，儿子们准备执行遗言，慰解其父的无尽悔恨，最后被父执杨亿劝阻。

王旦有"远大之器"，立朝颇有好政绩，为人不乏好声誉，也想做个好宰相。但面对皇帝眷顾，纠结一己名位，缺乏"为生民立命"的风骨与担当，《宋史》也说他"以遂天书之妄，斯则不及李沆"。到了人生尽头，王旦仍在愧悔自己把持不住，顾恋得失，一朝失足，遗恨青史。不知后来的从政者能否由此引发沉重的思考呢？

再说王安石变法

——读《北宋政治改革家王安石》

2009 年逢十的大事特多。熙宁二年（1069），宋神宗任命王安石为参知政事，拉开了变法的大幕。推算起来，2009 年恰逢 940 周年，也是可以作为话题的。

2007 年，为纪念邓广铭先生诞生 100 周年，北京三联书店推出了《邓广铭宋史人物书系》，其中《北宋政治改革家王安石》是据其去世前一年（1997）改定本排印的，可视为邓公的学术绝笔。

几年前有过一本《王安石变法研究史》，仅梳理研究史，就多达600 页。翻完《研究史》，反倒坚定了我原有的想法：绝不可能为这次变法做一个盖棺论定的评价。从变法当时直到今天，始终没有定论，无论肯定的，还是否定的，或者折衷的评价，都可以毫不费力地举出足够的史料；任何后人对这次变法的解读，都有其个人见解与时代因素搀杂其间。不言而喻，本文也只能是一家之言。

一

　　北宋立国，迎来了中国古代史上又一个繁荣发达的新时期。但到宋真宗、仁宗时期，宋代统治在对内对外上都出现了问题。（详见拙著《细说宋朝》）社会危机是社会变革的第一推动力。于是，就有了庆历三年（1043）范仲淹主持的新政。这是北宋王朝的一次自改革。新政最终夭折，深层次的社会问题未获解决。接替仁宗的英宗，在位仅4年。接着就是他的儿子神宗即位，即位第三天，三司使（财政部长）韩绛报告：自宋夏战争以来，"百年之积，惟存空簿"。有一数据，庆历以后每年赤字在300万贯，1065年，也就是神宗即位前二年，差额扩大到1570万贯。改革和变法都是逼出来的，古今无不如此。

　　自20世纪50年代以来，史学界习惯把这场改革称为"王安石变法"，这是因为列宁盛赞王安石是"中国十一世纪时的改革家"。王安石在这场改革中的关键作用不容置疑，但设若没有宋神宗的坚决支持和断然发动，他绝不可能有所作为。熙宁改革是这对君臣共同推动的，称其为熙宁新法似乎更客观公正。宋神宗在其第二个年号元丰的八年间，在王安石罢相的状态下继续变法，故而历史上也将其合称"熙丰变法"。

　　新法陆续出台。理财方面共七项，按颁布顺序为均输法、青苗法、农田水利法、免役法、市易法、免行法、方田均税法。强兵方面共四项，为保甲法、保马法、军器监法、将兵法。育才方面共三项，为科举新法、三舍法与《三经新义》。新法涉及政治、经济、军事、文化、教育诸多方面，但其关注点是富国强兵（14条中占11条）。从变法的侧重面来看，富国明显重于强兵，而理财是富国的根本手段，理财新法（11条中占7条）接二连三地出笼，其原因即在于此。

　　元丰年间，变法由宋神宗一手掌控。当时就有人指出，"元丰之政，多异熙宁"，说明变法颇有转向。主要表现有二：一是富国的变法内容加强了国家专利的分量，而发展经济、抑制兼并的成分则进一步弱化；二是强兵的倾向压倒了富国的内容，保甲法、保马法、将兵法成为变法的重头戏。另一方面，他对立国以来的官制进行了全面改革，史称"元丰改制"。这次改制，职官制度有所理顺，行政效率也有所提高，但绝不是政治体制上带根本性的改革（至多是机构改革）。元丰八年（1085），宋神宗病逝，严格意义上的王安石变法或熙丰变法画上了句号。

二

这篇短文不可能论及变法的方方面面，先说说今人还感兴趣的两大问题。

第一，变法由谁埋单，是谁得利？

熙丰变法主要局限在经济、军事和教育领域，经济更是重中之重。以免役法为例，差役原本是乡村上三等户的特权与肥缺，个别因当差服役而赔钱乃至破产的情况也有，却非本质现象。变法以此为由，改差役为雇役，按理役钱不应该分摊到乡村下户（四五等户）头上。现在却不论上户下户，一律按财产每贯摊派 10 文，上户虽也有所支出，但不构成大负担；下户一般要承担几百到一二千文，则不胜苛重。

再看青苗法，原先虽规定"不愿请者，不得抑配"，但无论乡村户，还是坊郭户（相当于城镇户口），无论乡村上户，还是乡村下户，无不据户等与财产强制抑配青苗钱，青苗息钱实际上成了国家变相征收的财产税。由于是国家政权的强制抑配，就具有超经济强制的性质；比起原先的高利贷来，也是一大倒退，因为借高利贷毕竟还是一种经济关系，必须出于自愿。说到底，青苗法无非是把"兼并之家"的高利贷放贷权强制收到国家手里，难怪梁启超称之为"以国家而自为兼并"。

变法的兴奋点聚焦于理财，其最大成效也就是国家财政明显好转。变法确使国用丰饶：熙宁六年的青苗钱利息达 292 万贯，熙宁九年的免役宽剩钱（即支付役钱后的纯结余）达 392 万贯，两者相加约 700 万贯。变法不仅抹去了积欠多年的财政赤字，还建立起 52 座战备物资库。元祐更化时，朝臣认为，变法增加的收入可供国家 20 年之用；直到徽宗时还是"余财羡泽，至今蒙利"。倘若以财税增长作为全面肯定变法的充足理由，显然有失斟酌。变法在实际上把富国与富民对立了起来，走入了国富而民困的怪圈。

变法之初，有过一场争论。司马光认为，天地所生货财是一个定数，不在民间，就在国家，所谓善理财者，不过是头会箕敛。这一说法停留在简单再生产的立场上，固然不足取。王安石反驳说："真善理财者，民不加赋而国用饶。"但变法中财政收入的增长，主要不是依靠发展生产，恰恰是以青苗、免役等名目"加赋"的结果。所以司马光一语中的："不取诸民，将焉取之？"宋神宗也声称：变法是"取民之财，还以助民"。后半句话只是空口许诺，人民没有从变法中得到多少好处；前半句话说明了从变法得利的是国家（当时还倒真的是国家，很少有落入改革派私囊的），而为变法埋单的主要是老百姓。

第二，北宋灭亡是不是变法惹的祸？

前几年有一本《帝国政界往事：公元 1127 年大宋实录》，把北宋灭亡那年作为坐标点，认为这年的苦果与王安石变法直接有关，有一章标题就叫《都是王安石惹的祸》。严格说来，宋神宗去世，就标志着熙丰变法的终结。虽说历史是割不断的，但王安石变法是否要为靖康之变直接负责呢？

神宗死后，先是元祐更化，以司马光为首的旧党全面清算新党及其政策。如果说，熙丰变法还是旨在解决国家社会问题（虽然没完全解决好），元祐更化则使这些问题治丝而棼。其后，哲宗亲政，对旧党以牙还牙而变本加厉。六年以后，哲宗去世，其弟赵佶即位，就是鼎鼎大名的宋徽宗。他的第一个年号叫建中靖国，倾向性很明确："建中"就是在新旧之间不偏不倚，做到大公至正；"靖国"就是强调安定团结是压倒一切的头等大事。倘真长此以往，其后政局恐怕另是一番气象，可惜他转眼就改了初衷。次年即改元崇宁，表明将崇尚熙宁之政。他与宰相蔡京尽管还打着新法的旗号，但所作所为，与熙宁新法已了无关系，诚如王夫之指出，王安石精心擘划的新法"名存而实亡者十之八九"。北宋灭亡固然有外敌因素，但就内政而言，元祐是一次折腾，绍圣是又一次折腾，崇宁则是一次更大的折腾，朝政混乱越发不可收拾。而蔡京却始终拉变法为大旗，令朝野生出"多少坏事借变法之名以行之"的愤慨。正是在这种情势下，靖康之变前一年，杨时上书，把王安石与蔡京并列为蠹国害民的奸臣；南宋更有人认定，变法破坏了"祖宗家法"，这才导致了靖康之难。这种评价，有失公正。也在靖康之变前夕，有人指出："祖宗法惠民，熙丰法惠国，崇观法惠奸。"祖宗法惠民，虽然未必；熙丰法惠国，还是较客观的评价；至于崇观法之不同于熙丰法，就在于征敛所得多入蔡京一伙私囊。

但毋庸讳言，变法以后，政治空气迅速恶化，是非善恶观念日渐沦丧，人心风气有一个明显的转向。在王安石变法到蔡京专权之间，之所以导致国家管理层的彻底分裂，就在于两党将不同派别的政策分歧，转化为党同伐异的行为模式与政治斗争。这种积淀在传统文化中的排他性心理，以王安石为代表的新党有，以司马光为代表的旧党有，即便宋代以后的中国政治中也未见得完全绝迹。

三

变法的教训与启示，也是见仁见智的，但以下几点值得一说。

第一，必须把握好改革力度与社会承受力之间的张力。

王安石明知改革"缓而图之，则为大利；急而成之，则为大害"，却在实践中仍操之过急。正如反对派所批评的："二三年间，开阖动摇，举天地之内，无一民一物得安其所者……数十百事，交举并作，欲以岁月，变化天下。"他是一个抱负远大的改革家，但有些改革方案脱离实际，急于求成。在短短数年间将十余项改革全面铺开，恐怕社会各阶层都不见得有这种精神的和物质的承受能力，于是变法反而陷入了欲速则不达的困境。神宗也有同样毛病，苏轼就说他"求治太急，听言太广，进人太锐"。

第二，防止改革中动机与效果的背离，条文与执行的偏差。

即以双方争执最激烈的青苗法与免役法而言，旧党多就执行效果言，新党则多就立法本意言，双方立论也就大相径庭。青苗法条文规定取息二三分，以抑制"兼并之家"的加倍之息；但实际执行中，取息竟高达六分，绝对不是初衷所谓的"薄其息"。免役法由差役改为雇役，不失为历史的进步，但其要害并不是"免役"，而在于役钱。按理说，差役原是乡村上等户的事，如今却规定乡村下户也必须缴纳原先所无的役钱，无论如何是额外的负担。其结果只能"纵富强应役之人，征贫弱不役之户，利于富不利于贫"，也完全违背了安民的初衷。

第三，在立法与用人的双向关系上，不能有所偏颇。

用人不当，是熙宁新法不得人心的重要原因。变法派中，除王安石个人操守无可非议，吕惠卿以下直到蔡京一干人等，个人品质多有问题，有的当时就被视为小人，不少人后来名列奸臣传，也绝非偶然。而以司马光为首的反对派，多是口碑极佳的贤者。陆佃曾反映放青苗的官吏收受贿赂，变法派竟声称"私家取债，亦须一鸡半豚"，公然放纵腐败。变法由这样一批贪官污吏、卑劣小人在推行，势必声誉扫地，阻力增大，应由行政技术层面解决的议题转化为道德层面的问题。而变法派在后一层面上与反对派相比，立即陷于劣势，变法的前景也就不言而喻了。

以王安石为代表的变法派最大弊病，就是只看重死的法制，而忽视了活的人事。他有一个理论："善吾法而择吏以守之。"即完善法制是第一位的，而后只要选个官吏去执法，一切问题就迎刃而解。与此相对，司马光也有一个理论："苟得其人，则无患法之不善；不得其人，虽有善法，失先后之施矣。故当急于求人，而缓于立法也。"即人治是第一位的，用现在的话说，干部队伍的建设急于法令制度的创立。两人各执一词，各有其合理因素，这与近来讨论中国改革到底是制度决定论还是文化决定论似有一种对应性。正确的路向应该是既重立法，也重用人。

第四，得君行道的体制局限。

胡适等海内外学者都认为，在历代改革家中，唯有王安石能"得君行道"，堪称幸运。这里涉及一个君主政体问题。"得君"，就是改革大臣得到君主重用、信任，这是"行道"（道，可以是政治理想，也可以是改革主张）的唯一前提。王安石是幸运的，但也有他的悲哀。

以他们的君臣关系而论，可分三段。第一阶段，大约在熙宁变法初期（熙宁四年前），神宗在变法的大计方针上对王安石言听计从。这是这对改革派君臣的蜜月期，也是变法最大张旗鼓、狂飙突进的时期。当时，反对派阻力最大，但因"得君"，却相继被罢政出朝。

第二阶段，大约在熙宁四年后到第一次罢相（熙宁七年四月）前。王安石已看出神宗"刚健不足"，即对变法不是"力行不倦"，而是采取走钢丝的"平衡"策略，就以健康为由自请辞职，神宗宽慰道："朕与卿岂他人能间？"但君臣之间已有缝隙。

第三阶段，王安石再相（熙宁八年六月）以后。王安石明白，变法说到底是皇帝家的事，最后主张只能由皇帝拿。他执拗而有个性，表明自己"投老余年，岂能久事左右，欲及时粗有所效，望陛下察臣用心"。神宗勉慰他："固所望于卿，君臣之间，切勿存形迹。"但形迹既有，遂难泯灭。王安石一再称病求去，神宗终于同意，一段君臣际会的佳话打上了终止符。王安石再次罢相而"十年不用"，也可见神宗态度的转变。

　　总之，王安石能够变法，变法能够推进，元丰变法有所转向，以及变法有所成功也好，变法深度不够也好，变法在神宗死后立马被元祐更化一风吹也好，都与"得君"与否命运攸关。一句话，变法的命运由君权（无论是宋神宗，还是后来代行君权的高太后）来决定，由君主政体来决定。这个政治体制问题在当时是无可奈何的，却值得后人深长思之。

四

　　熙丰变法的功过得失与是非成败，始终莫衷一是。

　　这次改革主要是一种应对社会危机的政治需要，而不是一种经济发展的内在驱动。熙丰时期社会经济有显著的发展，变法在局部调整生产关系以期推动生产力发展上，在解决国家财政危机的富国目标上，取得一定成效。从这些方面看，也可以说变法是成功的。

　　但就改革内容来看，这次变法丝毫没有从根本上触及政治体制问题，只是对制度的某些环节（例如职官制度）进行了局部改革，其政治勇气甚至比起以整顿吏治为重点的庆历新政来都有明显的倒退。不仅冗官冗兵冗费问题、吏治问题与军队战斗力问题，没有一项得到根本解决，连经济领域里抑制兼并、平均税役等问题也没有用心去解决。

　　变法指导思想可以概括为两句话：理财以富国，富国以强兵。但熙丰变法在军事改革上成效相当有限，以至有人说新政富国有术而强兵无方。军队素质低、战斗能力差的弊病也未见有大的改观，最好的证明就是数十年后上演的那场女真铁骑灭亡北宋的悲剧。唯一有成效的是保甲法，但保丁替代募兵也无法彻底实现，倒是主要用来控制民众反抗。从这些方面看，熙丰变法只能是一次不成功的改革。

　　刘子健有一本书，名叫《中国转向内在》，认为熙丰变法已就有这种转向的端倪。他指出："在变法体制下，政府变得自信而武断。"从总体上说，熙丰变法在政治、经济与思想文化上都强化了国家行为的集中管制，使宋初至仁宗朝相对开放与宽松的社会体制又逆转了回去。谓予不信，有例为证。

在政治体制上，宋初确立的文明体制虽有局限性（例如事权分散、效率低下），但仍有其合理性（分权制衡、权力制约等），变法改革却在某种程度上发展了局限性而遏制了合理性。例如，变法中君权反而强化，元丰改制以《唐六典》为蓝本，则是退到唐代文明体制上去，不仅看不到宋代开国体制中蕴涵的合理性因素，官员素质的"劣化效应"反而进一步制度化、合法化。而保甲法的负面影响也确实深远，直到近现代还被专制政府奉为至宝。

在经济政策上，主要表现为政府对经济活动的强制干预（青苗法、免役法、市易法、均输法），以强化官营禁榷搜刮民财为特征，打击与限制了民间商品经济的发展，"看得见的脚"踩住了"看不见的手"，阻碍了客观经济规律的正常作用。

在思想文化上，熙宁间在京城设置巡卒，巡查人们是否对新法散布不满言论；在思想言论上，首开党同伐异的政治解决做法，以致把苏轼打入大牢（乌台诗案），对后来的文字狱与文化专制开了恶劣的先例，仁宗朝言论自由、思想开放的环境也至此为之一变。

从王安石的"非常相权"说开去

谙熟中国政治的美国学者李侃如（Kenneth Lieberthal）指出："中国的政治体制中充满了尚未成为制度的组织。"在王安石变法初期，有一个仅存在 16 个月的制置三司条例司，正是这样尚未成为制度的组织。关于它的创设，在推崇变法的传统语境下，往往不吝赞词而高度肯定。但倘若结合宋代君主政体转向内在的动态进程，制置三司条例司的是非得失，以及由此引起的负面异动，似有重加考量的必要。

一

宋神宗即位之际，变法与改革已成君主与士大夫官僚的共识。借用余英时的说法，宋神宗以"一个少年皇帝一心一意在追寻重新塑造世界的伟大构想"（《朱熹的历史世界》238 页，生活·读书·新知三联书店 2004 年，下引此书仅注页码）。他先寄望于元老大臣，收获的却是"安内为先""信赏必罚"之类空泛的告诫；失望之余，越发赞赏王安石的经世致用，期望与他共成一代治业。

熙宁二年（1069）二月，王安石出任参知政事，标志着他"得君行道"推行变法的发轫。王安石首先倡设置制置三司条例司，以便有力推动变法。这对君臣当时有番议论。王安石认为："今欲理财，则当收利权。"宋神宗深表赞许。北宋财权归三司执掌，其长官三司使号称"计相"。王安石收利权之说，显然有其预判：变法既以理财为主旨，必与三司旧体制□格不入，有必要将利权紧攥在手。他向神宗设譬道："十人理财，倘若做坏一二件事，反对之论就会乘机而起。尧与群臣共择一人治水，尚且不能不败事。何况选用的不止一人，岂能没有失误，关键要考量利害多少，不为异论所惑。"宋神宗认同其说，毫不犹豫地批准设立制置三司条例司，让王安石以参知政事身份与知枢密院事陈升之同任提举。

宋代立国以来，中枢权力结构形成了相对完善的制度程序，陈亮在《论执要之道》里有一段概括性议论：

> 自祖宗以来，军国大事，三省议定，面奏获旨，差除即以熟状进入。获可，始下中书造命，门下审读。有未当者，在中书则舍人封缴之，在门下则给事封驳之。始过尚书奉行。有未当者，侍从论思之，台谏劾举之。此所以立政之大体，总权之大纲。端拱于上而天下自治，用此道也。

这里的"三省"，即指中书门下，是由全体宰相班子组成的最高行政机构。其所议定的所有军国大事与重要任命，不仅先应得到皇帝批准同意，还要经过中书舍人与给事中的封驳（即审议通过），才能交付尚书省执行。倘若侍从官与台谏官认为不妥，仍可议论与弹劾，及时加以纠正。这样，最高权力层面就形成了相应合理的制衡机制。

变法之初，王安石仅是参知政事（副相），不过是宰相班子的成员之一，其上至少还有左右宰相。其时五位成员，舆论曾各有一字评，合起来是"生老病死苦"："生"指王安石，生气勃勃地锐意新法；

"老"指右相曾公亮，他因年老而首鼠两端；"病"指左相富弼，他不满新法而称病不出；"死"指参知政事唐介，他也反对新法，不到两月就去世了；"苦"指参知政事赵抃，每见新法出台，他便不停称苦。这样，王安石的变法主张，在"三省议定"环节就可能受阻搁浅而送不到宋神宗那里。王安石后来反对撤废条例司时，曾托出其创设的初衷："令分为一司，则事易商议，早见事功。若归中书，则待四人无异议，然后草具文字，文字成，须遍历四人看详，然后出于白事之人，亦须待四人皆许，则事积而难集。"由此足见，之所以迫不及待创设制置三司条例司，根本目的还是最大限度扩张变法派的权力，"患同执政者间不从奏"，减少变法推进时可能出现的阻力。

结合"当收利权"的说辞，这一以制置三司条例命名的机构，最初出台的又多是关乎"利权"的新法，却并非只是整顿财政的变法机构。漆侠在《王安石变法》中指出："实际上，这个机构在1070年废除之前，不仅是整理财政的机构，而且是主持变法的总枢纽。"余英时不仅所见略同，还更具卓见地揭示，这实可视为"非常相权"："王安石熙宁二年任参知政事，其所拥有的相权属于非常的性质。此可由三司条例司的设立见之。……三司条例司是为变法而特增的机构，易言之，即发号施令的总部，争议最烈的青苗、免役都从此出。这是王安石在神宗全力支持下独断独行的所在，人事的安排也由他一人全权做主。……这种非常的相权在实际运作中才充分显出它的威力，从制度方面作静态的观察尚不足以尽其底蕴。"（234—235页）在他看来，"神宗的变法热忱及其最初对王安石的无限信任才是后者取得非常相权的根据"，而"神宗无保留地以君权配合王安石相权的运行是基于一种崇高的理想"，"彼此之间的权力得失至少不是主要的顾虑，故君相之间脱略形迹，君权相权也几乎有合一之势"（238、239、243页），从而打造出宋代士大夫政治"得君行道"的最佳绝配。

对王安石的"非常相权"，余英时认为，"在宋代政治史上有划时代的意义"，这种意义"必须从正反两方面去理解"。其负面意义留待下文讨论，这里先征引他对正面意义的精彩论述：

> 正面的意义是它象征了士大夫治天下的权力已得到皇帝的正式承认。依照当时的政治理想，皇帝与士大夫虽然以政治地位言有高下之别，但却共同负担着治理天下的责任。在分工合作的原则下，皇帝和士大夫都必须各尽职守，为人民建立一个合理的生活秩序。在这个理想之下，王安石因变法而取得的非常相权尽管是神宗所授予的，然而却绝不能看作是后者对前者的特殊赏赐。因为神宗授权王安石是履行皇帝本身的公共职务，而不是一项私人的行为。同样的，王安石的相权也不是属于他个人的；他所以取得非常的权力是由于他代表士大夫接受了变法这一非常的任务。神宗和王安石对于君相关系的认识不但都同时达到了这一新的高度，而且还相当认真地加以实践，这才是他们超越前代的地方。（242 页）

二

制置三司条例司创立不久，作为变法总部的性质便凸显无遗。《宋史·食货志》指其"专一讲求，立为新制，欲行青苗之法"；《宋史·职官志》说其"掌经画邦计，议变旧法，以通天下之利"。"专一讲求，立为新制"，"经画邦计，议变旧法"，正是强调其作为主持变法总枢纽的职能，至于"欲行青苗之法""以通天下之利"云云，无非点明这次变法的重点所在。

在宋神宗的特许下，即所谓"亲命近臣，辟选官属"，王安石掌控了条例司成员的任命权，使其成为得心应手的变法总部。知枢密院事陈升之与王安石共同提举条例司，宋神宗命中书与枢密院各差一人同领，或隐含制衡的私衷。史称陈升之对王安石变法"心知其不可，而竭力赞助"，王安石引其共事，显然是拉其作为暂时的同路人，以期达到"凡所欲为，自条例司直奏行之，无复龃龉"的目的。王安石向宋神宗极力称荐盟友吕惠卿，让其出任条例司检详文字，成为变法总枢纽的主心骨，"事无大小，必谋之，凡所建请章奏皆其笔"。王安石又让另一盟友章惇担任三司条例官。同时担任三司条例官的还有王子韶，其人外号"衙内钻"，是一个巴结权要精于钻营之辈，苏辙与其共事时，对其"谄事王安石"深为不齿。

变法之初，包括三司条例司的运作上，为争取变法支持者，王安石做过努力与尝试，例如吸纳苏辙、程颢进入条例司。据朱熹说："荆公（王安石）当时与申公（指吕公著）极相好，新法亦皆商量来，故行新法时，甚望申公相助。又用明道（指程颢）作条例司，皆是望诸贤之助。"但苏辙出任条例司检详文字不久，就与新法派"商量公事，动皆不合"，便以自己"固执偏见，虽欲自效，其势无由"，向皇帝主动请辞。宋神宗考虑让苏轼取代其弟，王安石明确反对，说苏家兄弟"好生异论，以阻成事"。正是有鉴于条例司若不能统一发声，必将严重削弱其总枢纽的功能，王安石开始摒除有异议者入选条例司。在陈升之迁居相位拒绝同领后，王安石改让其盟友枢密副使韩绛同领，确保自己能继续掌控这一机构。据张戬弹劾，自此以后，条例司"左右徇从安石，与为死党"。张戬的话，虽有强烈的偏见，但王安石为确保变法总部指挥如意，"所建议惟门生属吏而已"，排斥异见的用人倾向确也无可否认。

作为坚定的改革家，为减少变革阻力，顺利推进新法，王安石把坚定的盟友安排进变法总部，就其初衷而言，似也无可厚非。在条例司的实际运作中，王安石还往往凭借"得君行道"的特许，轻而易举地绕过既定的程序。且举苏辙亲历的证据。有一次，王安石召吕惠卿与苏辙等会食私第，拿出一卷文书交待说："这是青苗法，你们看看，有问题可以提出来详议，不要对他人说起。"这种在私第处理国事的做法，肯定有违宋代典制。正如余英时所说:"神宗与王安石是在变法的共同理想上结合在一起的。但理想一落到权力的世界,很快便会发生种种难以预测的变化。"(238、239页)

三

制置三司条例司甫一创立,不仅迅速出台了一系列新法方案,而且成为推动变法的权力中心。其权力之大,主要体现在四个方面。

其一,成为新法制定机构。制置三司条例司设立当年,就相继推出了均输法(七月颁行)、青苗法(九月颁行)、农田水利法(十一月颁行)与免役法(十二月试行)等新法,堪称立竿见影,雷厉风行。曾任条例司检详文字的吕惠卿承认:"制置条例司前后奏请均输、农田、常平等敕,无不经臣手者。"这就表明,条例司已然成为中枢立法机构,其地位凌驾在原专主立法的详定编敕所之上。

其二,有权奏遣使者出巡。据苏辙说,自条例司创设后,"有事辄特遣使"。他在职时,就有"使者八人,分行天下",查处农田水利与徭役利害。这些特使以不信任的眼光看待地方官,致使"使者一出,人人不安。能者嫌使者之侵其官,不能者畏使者之议其短"。最多时奏遣"使者四十余辈,分行营干于外","冠盖相望,遇事风生"。遣使出朝巡行,宋代虽有先例,但须经中书议决,皇帝批准,现在却由条例司"欲有兴作",随事奏遣,实际上成为条例司的特派员,这在制度上是史无前例的。

其三,主宰中央财政大权。北宋元丰官制前,财权归三司使执掌,其初衷在于分割相权。但相权作为最高行政权,缺失了财权,从统筹全局来说确有诸多不便。神宗即位之初,司马光就建议"以宰相领总计使之职",即相权要管财权。针对国用不足,他提议:"必须陛下与两府大臣及三司官吏深思救弊之术。"但熙宁三年条例司"始议取三司簿籍,考观本末,与(三司)使、副同商度经久废置之宜,一岁用度及郊祀大费，皆编著定式"。制置三司条例司实际上侵夺了三司的财权，不仅三司长贰只是"同商度"的陪客，而且没让两府大臣全体过问。王安石领三司条例司，表面上仿佛兑现了司马光的主张，但司马光却毫不领情而力论其非。正如南宋汪应辰指出："名虽若同，实则大异，此天下之事疑似几微之际，所以不可不察也。"关键在于，司马光认为整个相权（即两府大臣）应该集体过问与统筹处分财权与国用，而条例司侵夺的财权仅仅听命参知政事王安石一人。

其四，有权弹劾异见官员。在青苗法推行过程中，王安石借助条例司反击异议，扫除阻力。权陕西转运副使陈绎叫停了环庆等六州给散青苗钱，条例司便以"坏常平久行之法"弹劾其罪。韩琦时判大名府，上疏力论青苗法之非，王安石将其奏议交条例司疏驳，并颁之天下。韩琦不胜愤懑，再次上疏力言。御史中丞吕公著也认为，"条例司疏驳韩琦非是"。这里的"非是"，既指疏驳内容的"非是"，更指疏驳权力的"非是"。就制度层面而言，有宋一代，唯有台谏官有权弹劾百官，如今条例司动辄"劾不行之官，驳老成之奏"，竟也侵紊弹劾大权，显然有违赵宋王朝的祖宗家法。

综上所述，条例司自创立起，就染指了中枢层面的立法权、行政权与监察权，呈现出集诸种权力于一身的趋向。凭借着"得君行道"，由王安石主持的三司条例司，"辅弼大臣异议不可回；台谏从官力争不能夺；郡县监司奉行微忤其意，则谴黜随之"，其权柄之重已达到前所未有的程度。

四

绝大多数士大夫官僚出于憧憬改革的良好愿景，条例司创设之初，"虽致天下之议，而善士犹或与之"。正如朱熹所说："是时想见其意好，后来尽背了初意，所以诸贤尽不从。"不仅韩琦、司马光等元老大臣与侍从台谏相继传达了反对的声音，连条例司委以要职显任的七八人，出于"事悉乖戾"的考虑，也都"恳辞勇退"。

熙宁二年十月，陈升之一拜宰相，就公然宣称：既不能再签书条例司公文，也不便再提举条例司公事，更明确要求将其撤罢"归之三司"。针对王安石"制置条例使宰相领之，有何不可"的诘问，陈升之反驳："待罪宰相，无所不统，所领职事，岂可称司！"意思是说，让无所不统的宰相去领条例司的具体部门，岂非屈尊就卑，上行下事？王安石从文字学"司者臣道"之说回敬他："人臣称司，何害于理？"陈升之反击道，"若制置百司条例则可，但今制置三司一官则不可"，回到宰相应该"无所不统"上。面对双方的激辩，宋神宗也感到陈升之此前任职枢密院，如今与王安石同在中书，从政体言确有不便，便征询将其"并归中书"如何。王安石坚决反对，其时他还没升宰相，既不愿苦心经营的变法总部一朝撤销，更不希望划归中书而掣肘于陈升之之辈，便提议由盟友、枢密副使韩绛与自己共领，经宋神宗同意，条例司作为变法总枢纽的功能得以延续。陈升之挑起这场争论，既有作为投机派首鼠两端的个人因素，也有诉求自身相权最大化的揽权成分，但他强调"体不便"（即不合体制），确也点到了问题实质。

条例司改由枢密副使韩绛提举，化解了陈升之抛出的难题，却未能平息其存在合理性的争论。限于篇幅，且举名人为例。

苏轼时监官告院，上奏说："陛下欲去积弊而立法，必使宰相熟议而后行。事若不由中书，则是乱世之法。圣君贤相，夫岂其然？必若立法不免由中书，熟议不免使宰相。"次年初，他指出，条例司的存在造成"中书失其政也。宰相之职，古者所以论道经邦，今陛下但使奉行条例司文书而已"。他敦请宋神宗"首还中书之政"。

鉴于条例司行事"上既不关政府，下又不委有司"，甚至制置条例这样关乎国家安危、生民休戚的大事，连宰相都不得参与，御史中丞吕公著一月两次请罢条例司。他首先从名分与国体入手，批评条例司之设：“本出权宜，名分不正，终不能厌塞舆论。盖以措置更张，当责成于二府；修举职业，宜倚办于有司。若政出多门，固非国体。”继而从统治术角度，意味深长地提醒道：“宰相不任其责，则坐观成败，尤非制世御下之术。”

司马光时任枢密副使，他主要从“变更祖宗法度，侵夺细民常产”立论，坚主废罢条例司。相比之下，判大名府韩琦一针见血。他指出：条例司只是定夺部门，“自来未有定夺之司，事不关中书、枢密院，不奉圣旨，直可施行者。如是，则中书之外又有一中书也。中书行事，亦须进呈，或候画可，未尝直处分。惟陛下察其专也！”韩琦毕竟三朝名臣，“中书之外又有一中书”，一发击中要害所在。他请求宋神宗将条例司“事归政府，庶于国体为便”。

继韩琦之后，另一重臣文彦博也吁请撤废条例司。宋神宗“不欲亟罢，恐伤王安石意故也”。但正如余英时指出：宋神宗与王安石“君臣二人虽志同道合，但在权力世界中却分别是君权和相权的中心，周围各自形成了不同的权力集团。安石的左右有人提醒他必须加强相权集团以防人窥其‘间隙’，正如神宗身边有人要他注意君权不可旁落一样”。“浸润既久，神宗对安石的信心便难保不发生动摇；权力的计虑终不免会超过理想的执着。”（240、244页）

熙宁三年五月九日，宋神宗再问三司条例司“可并入中书否”，王安石表示，等中书条例司大端就绪，僚属置备，自可合而为一，眼下还有应与韩绛“请间奏事，恐未可”。但仅隔六天，宋神宗就断然下诏，宣布三司条例司罢归中书。他同时以手札安抚王安石，给出一个缓冲期，让“有司结绝所施行事，久之乃罢”。

五

制置三司条例司罢废后，其主要职掌改由司农寺承担，部分功能则划归中书条例司。中书条例司的筹设，应在三司条例司广受非议之后，或是王安石未雨绸缪之举。不仅如此，熙宁三年九月，王安石还设立了检正中书五房公事，与中书条例司共同构成其"非常相权"的组成部分。据《大事记讲义》说，青苗、免役、保甲、方田均税、免行、市易、农田水利等新法，"始则属于三司条例司，后则属于司农寺"，而考课、铨选、学校、贡举、荫补、磨勘、试刑法、州县编类等，"始则属于中书条例所，后则属于检正五房"，则熙宁新法中科举新制与三舍法应出自中书条例司。南宋吕中指出："中书条例司乃法度之所自出，议者不知言其非也。"也就是说，它在制度层面上比较不易招致非议，故而除司马光，一般朝臣都说三司条例司不应设置，"而中书条例一司罕有论其非者"。司马光则反对说："中书当以道佐人主，焉用区区之条例，更委官看详，苟事事检例，则胥吏可为宰相矣。"他洞察到"非常相权"下中书条例司属员权力的急遽膨胀。

尽管中书条例司与检正中书五房公事也尚未成为制度性组织，却有效代偿了业已撤废的三司条例司的职能。王安石让盟友曾布任中书五房公事都检正，他自当年岁末拜相后，曾布"每事白王安石即行之，或谓布当白两参政。指冯京及王珪也。布曰：丞相已议定，何问彼为！俟敕出令押字耳！"这一做法，有御史中丞杨绘的劾奏可为佐证。值得注意的是，王安石为相的熙宁期间，检正中书五房公事往往兼判司农寺，这样，三司条例司尽管撤罢，其"非常相权"仍连续运作，不过换个平台而已。

正如余英时指出："王安石在任参知政事时运用三司条例司发挥他的非常相权，正式任宰相后则往往在实际运作中扩张相权。"（238页）史称王安石秉政期间，"凡司农起请，往往中书即自施行，不由中覆"，即不再奏禀皇帝。熙宁七年，有鉴于相权对君权的这种侵夺，宋神宗"自是有旨，臣僚起请，必须奏禀，方得施行"。次年十月，他进一步下诏，将中书条例司与司农寺条例司一并撤罢。按余英时的判断，

"在神宗与安石合作的后期，权力意识在双方都已浮现"（244页）。

熙宁九年十月，王安石再次罢相，在其后八年多里，宋神宗再也没有召见过他。反对派在肯定王安石出处大节的同时，对其个性另有评价，刘述等台谏官说他"专肆胸臆，轻易宪度"，司马光说他"用心太过，自信太厚"。这种个性，导致王安石在"得君行道"时少有顾忌，好以三司条例司、中书条例司与检正中书公事等制度外的组织，来行使并扩张"非常相权"。在双方合作后期，宋神宗觉察到其中隐含的问题，尝试着制衡相权，以回归祖宗家法的正常轨辙。其后，宋神宗推行元丰官制，业已罢相的王安石"见之大惊"："上平日许多事，无不商量来。只有此一大事，却不曾商量。"余英时据此认为，宋神宗"亲定元丰官制寓有削减相权之意"，而"这是王安石扩展非常相权的一种自然反响。理想与权力之间终于出现裂痕"（245页）。

<h2 style="text-align:center">六</h2>

宋神宗去世后，元祐更化全面否定王安石变法。宋哲宗亲政，绍圣绍述又彻底清算元祐更化。其后直到宋徽宗晚年，变法措施大多重付实施，海外宋史学家刘子健将这一恢复变法期称之为"后变法时期"，在其《中国转向内在》里有一总体性鸟瞰：

> （后变法时期）丧失了王安石的理想主义初衷，改革精神化为乌有，道德上毫无顾忌，贪赃枉法肆意公行，拒绝革除任何改革体制的弊端，对那些继续反对改革的保守派进行史无前例的残酷迫害，皇帝好大喜功、奢侈无度，整个社会道德沦丧，所有这些，使得恢复变法时期聚集了一批声名狼藉之辈。（37页）

宋徽宗上台，经过一年多的折衷调停，建中靖国元年（1101）十一月，便宣布明年改元崇宁，表明其崇尚熙宁新政的国策取向。以崇宁元年（1102）七月蔡京任相为界限，其后虽仍高张变法的旗幡，但与熙宁新法已无多关系。诚如王夫之所说，王安石精心擘划而"名存而实亡者十之八九"。

蔡京拜相当月，宋徽宗就令"如熙宁条例司故事，都省置讲议司"，命其提举，让他"遴柬臣僚，共议因革"，有意再铸王安石式"得君行道"的克隆版。南宋史家这样点评蔡京及其讲议司："推其所为，则又托熙宁之迹以为奸者也。置讲议司于都省，因中书条例之弊而甚之也。"史家李心传尤其揭示讲议司与条例司的因袭关系："自王荆公（指王安石）秉政，始创制置三司条例司，以行新法。其后蔡儋州（指蔡京）当国，踵其故置讲议司。"

讲议司下设详定官、参详官与检讨官，蔡京从侍从、卿监中汲引亲信党羽四十余人安插其间。讲议司名义上讨论熙丰已行法度和神宗欲行未行的举措，但蔡京"阴托绍述之柄，箝制天子"。他一边罗织元祐党籍，"讲议司编汇章牍，皆预密议"，使其成为打击政敌的趁手工具；一边将重大政事，例如宗室、冗官、国用、商旅、盐泽、赋调、尹牧等，每事派三人主管，"凡所设施，皆由是出"，使讲议司成为扩展其"非常相权"的私人机构。蔡京仿效王安石故事，也从宋徽宗处为讲议司争来了"随事分委"使者的特权。尽管宋徽宗与蔡京标榜讲议司"讨论裕民富国之政"，实际上无非变着法子，"取民膏血，以聚京师"，满足"丰亨豫大"的私欲享乐。史称："置讲议司，官吏数百人，俸给优异，费用不赀。一日，集僚属会议，因留饮，命作蟹黄馒头。饮罢，吏略计其费，馒头一味，为钱一千三百余缗。"连清康熙帝也在《御批通鉴纲目续编》里批道，"徽宗置讲议司，以敛天下之财"；蔡京"所为皆私"。蔡京还在枢密院另设讲议司，染指宋代家法列为禁脔的兵柄。崇宁三年三月，枢密院讲议司撤销；次月，都省讲议司也相继废罢。

宣和六年岁末，宋徽宗重新起用蔡京，仍在尚书省设讲议司由其提领，旗号还是"遵行元丰法制"。蔡京轻车熟路，故伎重演，"听就私第裁处，仍免签书"，"又分武备一房，别为枢密院讲议司"，把"非常相权"用到极致。有太学生揭露宣和讲议司道："天下之事，聚十数辈亲附之人，观望阿谀，所论皆毫末之细；议罢一事，夺于权幸，则朝言而暮复旧矣。何尝有一大利害及于生民哉！"讲议司一味听命权幸，彻底沦为门吏。次年八月，撤罢讲议司。但蔡京在扩展"非常相权"上，如此熟练地借用王安石条例司的先例，却是发人深省的。

其后，金军兵临城下，北宋危在旦夕，靖康元年（1126）四月，尚书省再设详议司，以宰执徐处仁、吴敏与李纲提举。反对者认为，详议司"与熙宁条例司、崇宁讲议司相似，非当今所宜"，完全不必再设。详议司仿效讲议司，鉴于后者声名狼藉，"故避讲议之名"，改称详议。数月以后，北宋灭亡，详议司也不复存在。

在通向权相之路上，南宋秦桧牛刀初试，仍用王安石故智。绍兴二年（1132）五月，秦桧时任右相，见左相吕颐浩督军在外，"欲夺其柄，乃置修政局"，自领其局，让参知政事翟汝文同领，下设参详官、参议官与检讨官，"置局如讲议司故事"。秦桧其时尚未完全赢得宋高宗的信任，而"修政局所讲多刻薄之事"，议者借彗星天变一举将其论罢。时隔数年，秦桧卷土重来，由宋高宗授权，终成南宋第一代权相。但倘若追寻来路，他的修政局翻用蔡京讲义司旧方，而讲义司则袭用王安石条例司故伎，谋求"非常相权"的轨迹仿佛草蛇灰线，不绝如缕。

七

现在，应该来讨论王安石"非常相权"的负面意义。余英时指出：

> 王安石为了推行"新法"，在神宗的支持下，取得越来越大的

相权。但权力对他来说只是实现"治天下"理想的手段，而不是满足个人野心和私利的工具。因此他虽大权在握而居之不疑，直到他第二次去相位为止。从这个意义上说，安石绝无"权相"的嫌疑，有宋一代批评他的人，并未强调他弄权。但是他扩张相权的种种策略（可能多出于僚属的献议），却为以后的权相开启了方便之门。（245页）

　　王安石"得君行道"推行变革，对他以三司条例司为中心扩展"非常相权"，不妨肯定其初衷与效果都有利于变法与改革。然而，在原有制度外，王安石这种谋求"非常相权"的运作，或者宋神宗那样授予"非常相权"的裁断，都给业已相对完善的宋代士大夫政治带来不测的隐患与难料的危机。熙宁前期，韩琦、司马光、吕公著等一再吁请废罢三司条例司，其中固然有派别的偏见，但国体不便的指责与忧虑，还是触及到问题的症结。而从蔡京到秦桧，他们先后以讲议司与修政局来扩展相权，时论无不追溯到王安石的条例司，这也说明在扩展"非常相权"上，王安石才是名副其实的始作俑者。

　　作为熙宁变法的决策者与首倡者，在中国改革史上，宋神宗与王安石无疑占有显要的席位。宋神宗赋予王安石"非常相权"，王安石终于"得君行道"进行改革，不啻是宋代君主士大夫政治的最大亮点。但具有讽刺意味的是，自蔡京以后，降及南宋，先是秦桧，中经韩侂胄、史弥远，直到宋季贾似道，权相专政竟成南宋政治挥之不去的梦魇。倘若将"得君行道"的"非常相权"称之为"王安石模式"，用以对照自蔡京起到贾似道止的宋代权相，仅就他们与在位君主的权力关系与运作方式而言，其实质却是一脉相承的。这些权相，有哪一个不是拥有"非常相权"（秦桧、史弥远与贾似道甚至长期得以独相，这种"非常相权"也都出自当时君主的授与、配合或至少是默许），又有哪一个不在声称"得君行道"（只不过"君"已非奋发有为之君，"道"却是维护权相利益集团的歪门邪道）。归根到底，权相政治的不治毒瘤，仍然寄生在宋代君主士大夫政治文化的母体之上。

刘子健把君主政体分为四种运行模式：一是中央控制（the central control）模式，即宫廷与官僚有效控制军队与各级地方政府；二是宫廷的集权（concentration of power at court）模式，即皇帝或其代理人独立行使中央控制权，官僚只能例行公事地从旁赞助；三是专制（autocracy）模式，即决策由皇帝或其代理人独断或共谋，官僚虽能分享行政权力却无权参与决策；四是独裁（absolutism）模式，君主或其代理人大权独揽，压制甚至镇压持反对意见的其他官僚与在野知识分子。而恰恰自王安石变法起，宋代君主政体急速经历了这四种模式的全过程，在不断下坠中，最终导致了中国转向内在。

按余英时的说法，宋神宗起用王安石变法，"这不仅是出于他对王安石个人的信任，同时也是对士大夫集体的一种尊重。因为在他的理解中，王安石的变法构想也代表了士大夫的一种共识"。在余英时看来，"'士大夫以天下为己任'的一般意识虽已早由范仲淹点出，但皇帝'与士大夫治天下'观念在政治实践中的具体化则是熙宁时代的新发展"（241—242页）。也就是说，宋神宗即位之初就措意改革，意在将皇帝与士大夫共治天下的观念付诸具体的政治实践。一开始，宋神宗与王安石确也试图维持"中央控制模式"，即由君主与士大夫官僚共主政局。王安石曾援引苏辙、程颢进入变法机构，并尝试争取吕公著等支持，宋神宗始终有意调停新旧两党，都是这种意图的有力证据。

但宋神宗个性"好大喜功"，王安石为人"自信太厚"，他们都主张进行釜底抽薪的彻底改革，以期国家一劳永逸地走上正轨。在这种思路的主导下，更兼旧党元老的不合作态度，宋神宗就毫不迟疑地对其理想的宰相赋以"非常相权"。而王安石这样的激进改革派，按刘子健的说法，"这类人思路开阔、眼界极高，容易偏向固执、不妥协，变得具有侵略性"；尤其在自以为"得君行道"却横遭阻力时，"在他的新政或称变法体制下，政府变得自信而武断"（《中国转向内在》36、45

页)。他会把"非常相权"运作到极致，进而排斥持有异见的其他士大夫官僚，让君主政体从"中央控制模式"位移，滑向"宫廷的集权模式"。也就是说，在熙宁变法时，已出现宋神宗与其代理人王安石独立行使中央控制权的不良端倪，"宫廷的集权模式"已露兆头。宋神宗尽管支持与默许了这一倾向，却仍保持着应有的警惕，熙宁时撤罢三司条例司与元丰官制取消检正中书五房公事，都是他试图将君主政体拉回"中央控制模式"的努力。

但是，权力的潘多拉匣子一经启封，就再难杜绝其后的权奸之相窥伺"非常相权"的美味禁脔。在"后变法时期"，宋徽宗与蔡京这对君臣的权力模式已经完全转入"宫廷的集权模式"。宋高宗南渡，绍兴八年（1138），出于权力与皇位的算计，最终选定秦桧，授意他全权和谈，专制君权空前膨胀，已无须官僚机构的介入，而自行作出不可逆转的"圣断"，"专制模式"宣告形成。紧接着，秦桧独相 18 年，宋高宗与秦桧一而二，二而一，君主政体彻底堕入"独裁模式"。其后韩侂胄、史弥远与贾似道等权相政治，不过是这种"独裁模式"在君主官僚政体下轮回搬演而已。

当然，这绝不意味着让王安石及其变法来为其后的权相专政承担原罪，权相政治的出现，归根结底是君主专制政体的不治痼疾。然而，诚如余英时指出："宋代君权与相权的关系，以熙宁变法为一划时代的转变，但主旨仍在展示士大夫世界的内部构造。"（241 页）宋代立国以来，君权与相权之间业已形成相对完善的制衡格局；正是在熙宁新法的历史变局中，在"得君行道"的理想追求下，由宋神宗亲自授与并由王安石实际运作的"非常相权"，却是导致这一制衡格局开始欹侧的第一推力，而制置三司条例司这类制度外的组织总是"非常相权"的重要抓手。至于蔡京以后的权相专政，何尝不是余英时所指出的"君权相权合一之势"，何尝不是士大夫政治在专制君权下的变异形态呢？

海上之盟作为金宋关系起点的再审察

一

后代对元修《辽史》《宋史》与《金史》颇多批评，但元朝史官对辽、宋、金三朝一视同仁，各予正统，虽有承袭辽金统绪而同为少数民族主政的自身考量在内，客观上仍值得充分肯定。元修三史保存了10世纪至13世纪中国历史的最基本资料，相对说来，《金史》质量最好，评价也最高。

早在20世纪40年代，金毓黻就强调："治本期史，惟有三史兼治，乃能相得益彰。"（《宋辽金史》）在中国宋史研究会第二届年会论文集《前言》里，邓广铭先生更是强调，"宋史研究会的会员同志们所要致力的，是十至十三世纪的中国历史，而决不能局限于北宋或南宋的统治区域"，首倡"大宋史"观。其后，也有辽宋西夏金通史问世，但似乎仍是按时段与分专题的辽史、宋史、西夏史与金史的汇总。由此引发两个感想：其一，从字面上看，"大宋史"总让人产生这一时段中国史以宋朝为主导的感觉。其二，"大宋史"虽早有登高一呼的引领者，但在后继者那里，因学力不逮或识见所囿，仍不免各司其职而分多于合，诚可谓任重而道远。

20世纪末叶，相继有学者倡导"中华一体"论（张博泉）与"中华民族多元一体"论（费孝通），这是出于维护统一的中华民族的政治考量，为中华民族构建的古代共同体，当然有其必要性。而10至13世纪中国境内诸民族政权，也确实都有自称"中国"的文献证据。但这里的"中国"，其内涵实即"夷狄入中国则中国之"，毕竟不能等同现代国家意义上的"中国"概念。在这一长时段里，与北宋相继并峙的辽朝、西夏与金朝，与南宋先后共存的金朝、西夏及后来蒙元，都不是当时中国境内周边附属性的民族政权，而是在政治、军事、经济诸方面都能与宋朝长期抗衡的独立政权；它们之间的关系实际上是中国境内不同独立国家之间的对等关系，而不再是前朝曾有过的中原王朝与北方周边民族的关系。我在撰写《细说宋朝》时尽可能地贯彻这一认识，并在《试论十至十三世纪中国境内诸政权互动》（《两宋历史文化丛稿》，上海人民出版社2011年）中有过集中的阐述。

已故辽金史家刘浦江自序《辽金史论》时指出："尽管有不少宋史研究者声称他们兼治辽金史，可深究起来，他们感兴趣的无非是宋辽、宋金关系而已；而所谓的宋辽关系史，实际上是宋朝对辽关系史，所谓的宋金关系史，实际上是宋朝对金关系史。"他并不掩饰自己的不满，却言之有理。反躬自问，作为宋史学者，我入门之初读过《辽史》与《金史》，在其后研究中也一再查阅与利用过《辽》《金》二史；《细说宋朝》也述及辽朝、西夏、金朝的史事，对宋辽关系、宋金关系与宋蒙关系的关注则更深入。好在我从没敢自称"兼治辽金史"，确如他所说，我"感兴趣的无非是宋辽、宋金关系而已"；在论说宋辽关系与宋金关系时，尽管也较自觉秉持"中国境内诸政权互动"的平等意识，但仍习惯以宋朝视角加以考察，论述的更多确是"宋朝对辽关系史"与"宋朝对金关系史"。

继廿四史点校本《辽史》修订本出版之后，中华书局新近推出了修订本《金史》，将有力推动辽金史研究，对宋史研究也贡献了后出转精的最佳点校本。作为宋史学者，我也仍将从金宋关系史视野利用新校本。金宋关系长达两个甲子，其中可分若干时段，每个时段开端都构成新的节点，限于篇幅，本文仅以金宋关系起点"海上之盟"作为切入点，重新审察这一事件如何深刻影响中国境内乃至东亚诸政权互动，进而浓墨重彩改绘地缘政治版图的。题目之所以称"金宋关系"而不作"宋金关系"，一方面当然试图摆脱原先立足于宋朝的局限，一方面揆诸双边关系，较之宋朝，金朝确实在包括海上之盟在内的更多节点与时段上占据主导地位。而反观海上之盟的金宋关系，已远远超出双边关系，在当时中国境内乃至东亚连锁搅动了其他政权参与的多边角逐。

二

1114 年，女真族领袖完颜阿骨打以宁江州（今吉林扶余石头城子）之战拉开反辽序幕，随即取得出河店（今黑龙江肇源西南茂兴古城）大捷。就在这年，燕山大族马植见辽朝败相已现，密见赴辽的宋使童贯，献"取燕之策"，童贯约其伺机归宋。1115 年，金朝正式立国；马植则易名李良嗣，弃辽投宋，受到宋徽宗召见。他的"联金复燕之策"，鼓荡起宋徽宗、童贯、蔡京等君臣久蓄于胸的"燕云情结"，大获赏识，赐姓赵。1118 年，宋派马政率使团横渡渤海，进入辽东女真控制区，与金太祖阿骨打商议联金攻辽的可能性与具体细节，是为"海上之盟"。

从表面上看，海上之盟由宋朝主动发轫，但接受与否的决定权却在金朝。史书记载，阿骨打与心腹大员"共议数日"（《三朝北盟会编》卷二，下称《会编》），才下决心订立联宋攻辽的盟约。金朝虽欲借宋朝之力对付辽朝，1120 年进入正式谈判时却首先坚持国与国之间的对等原则，拒绝以上行下的宋朝"诏书"，表示只接受对等交往的"国书"。金太祖随即让宋使赵良嗣前往观看金军攻取辽上京（今内蒙古巴林左旗南波罗城）之战，以轻取上京的军事实力作为主导金宋谈判的筹码，并在结盟条款上明确规定：金取辽中京（今内蒙古宁城西），宋取燕京（今北京）；灭辽以后，"许燕京七州"归宋，"而不许云中及平、滦地"（《建炎以来系年要录》卷一），而并非宋朝一厢情愿的原"燕云十六州"；宋朝将原交付辽朝的50万岁币转致金朝；订盟之后"不可与契丹讲和"（《会编》卷四）。由此可见，在确立盟约条款中，金朝完全占主导地位，为自己争取最大利益。

相比之下，宋朝在决策海上之盟时毋宁说是轻率而颟顸的。其始初动机只是出于民族主义的"燕云情结"，试图借金反辽之机轻松收回后晋割让辽朝的燕云十六州，对这一决策必然引发的多方连锁反应缺乏缜密深入的全局分析与长远预判，不仅严重低估辽朝的抗衡能力，而且忘乎所以地高看自己的军事实力，对最大变量的金朝更是掉以轻心。宋朝一意打算收回的是全部燕云十六州故地，但宋徽宗在付与缔盟使者赵良嗣的御笔里却交代："据燕京并所管州城原是汉地，若许复旧，将自来与契丹银绢转交。"（《会编》卷四）这道御笔有两大失误：一是结盟谈判未开，已先将辽朝在辽宋关系中的既得利益与主导优势拱手转送金朝；二是将宋人所指的"燕云十六州"故地混同于"燕京并所管州城"，浑然不知后者仅指辽朝南京析津府（即燕京）管辖的"燕京七州"。在边界谈判前，一国之君竟出此荒唐无知的指导性御笔，足见决策行事之懵懂草率。尽管在谈判中赵良嗣力图扩大燕京的辖区，要求将西京（今山西大同）等其他诸州都包括进去，却被金人以不属燕京管辖为由断然驳回。赵良嗣复命，宋朝再派马政出使交涉，尽管这次在国书中逐一注明燕云十六州，却遭到金朝断然拒绝，不惜解约了事。两国关系从来以实力发声，宋朝只得服软。

1122年，金人约宋履约攻辽。宋朝由领枢密院事童贯主兵，他刚镇压方腊不久而踌躇满志，两次率师北上伐燕，孰知一败再败。面对覆亡在即的辽朝，宋军竟也露出了银样镴枪头，不得不请求金朝出兵。尽管宋军无能，但金宋结盟压缩了辽朝的生存空间，更对辽天祚帝形成心理威慑，他先后拒绝西夏约攻宋朝与联手抗金的请求，最后放弃燕京向西出逃。与此同时，辽朝统治集团的内部矛盾也随之激化：燕山地区汉人实力派另立天锡帝耶律淳，号称"北辽"，在和宋与降金之间首鼠两端；耶律大石则审时度势，毅然脱离天祚政权，突围西行，建立西辽。

1122年岁末，金太祖攻克燕京。宋军因未能履约自取燕京，宋徽宗不得不照单全收金朝追加的苛刻条件，接收了燕京及其下属六州；对内却命王安中撰写歌功颂德的《复燕云碑》（值得指出的是，云州等地未归宋朝实际接收，但宋徽宗集团对内隐瞒了这一信息，北宋军民庆贺的却是收复"燕云"），似乎真的由他完成了太祖、太宗的未竟伟业。至此，金宋海上之盟全部交割完毕，金朝却看穿了宋朝麒麟皮下的马脚，"自此有南牧之意"（《会编》卷一六引《秀水闲居录》）。

宋朝仍不自量力而自作聪明，次年竟私下接纳了由金朝任命的燕京留守、原辽朝旧臣张毂，唆使他叛金为宋朝火中取栗，收复全部燕云故地，全然不顾盟约条款有"不得密切间谍，诱扰边人"（《大金国志》卷三七）。金朝讨伐张毂，缴获了宋徽宗"御笔金花笺手诏赐毂者"（《会编》卷一八引《北征纪实》），援约向宋朝索取张毂。接到朝廷指令，前线主事者"斩一人似毂者"以搪塞金人问罪，金朝识破李代桃僵，扬言兴师自取。徽宗闻讯，立马认怂，密诏杀死张毂，函首金朝。这一出尔反尔背信弃义之举，让已获金朝特许归宋统辖的原辽朝常胜军彻底寒心。1124年，就在灭辽大局铁定的当口，宋徽宗却命一番僧为使者，"赍御笔绢书"，去招降危在旦夕的辽天祚帝，或许想再玩一把联辽抗金的儿戏。金军截断了天祚帝南下之路，遣使援引"海上元约不得存天祚"，责问"中国（指宋朝）违约"（《会编》卷二一引《北征纪实》）。宋朝自以为得计，一再背盟违约，日渐引起金朝最高统治集团的严重反感。出于诸种因素的叠加，1125年，金太宗在灭辽之后，彻底终结金太祖与宋结盟的基本政策，正式向宋朝开战。次年，金东路军南攻燕京，郭药师统领常胜军虽有守土之责，却阵前反戈，倒向了金朝。燕地复为金有，宋徽宗的"燕云"梦也终成烟云，但金宋关系再不可能回归海上之盟前的原点，先前的盟友已转化为今日的敌手，等待宋朝的是灭顶之灾的靖康之变。

三

倘若跳出中原王朝与汉族政权的狭隘立场，将视野放宽到 12 世纪初叶中国乃至东亚的大格局下，对海上之盟引发诸政权的多边互动及其应对得失，很有必要再作客观理性的历史评说。

海上之盟前夜，辽朝稳据当时中国境内与东亚的霸主地位。在澶渊之盟后，辽朝与北宋和平相处，虽以兄称宋，但每年都接受对方的岁币，明显处于强势。辽朝与西夏既是宗藩关系，又有政治联姻，结盟以抑制宋朝。10 世纪末，辽朝已取代宋朝对高丽行使册封权，明确了宗藩关系；澶渊之盟后，高丽对宋朝国书中表达的宗藩关系仍予默认；辽朝容忍北宋高丽间的朝贡关系，未多加干预，也缘于自己对高丽的影响力在宋朝之上。

然而，辽朝未能善处与境内女真民族的关系，激怒完颜阿骨打举兵反辽，海东青便成为打破东亚政治平衡的黑天鹅。出于地缘政治的考量，金宋随之谋划订立联手灭辽的海上之盟，对金宋双方来说，都有其合理性与必要性。关键在于，订盟与履约过程中双方之间的斗智与角力是否具有道义合法性与策略可取性。综上所述，金朝最高决策层在订约前慎重权衡，在订约中坚持结盟的对等性，以明确的条款规定各方的权利与义务，掌控着结盟的主导权；在履约过程中既承担了约定的军事责任，对条款确定的应得利益也寸步不让，行事上无可厚非。其后，宋朝虽在军事上未有实际助力，但金宋结盟在声势上鼓舞了金军的斗志，重创了辽朝的士气人心。面对辽朝顽抗与宋朝失信，金朝凭实力说话，不断扩大战果，获取利益，不仅灭亡了辽朝，也洞烛了宋朝的腐朽。金朝灭辽前一年，已威慑西夏，迫使其审时度势，以事辽之礼承认金朝的宗主地位。高丽在文化认同上虽"乐慕华风"（郑麟趾《高丽史》卷一五《仁宗世家一》）而倾向宋朝，但靖康之变前一年，目睹在金军凌厉攻势下北宋已命在旦夕，也不得不终止自金朝立国以来依违于宋金之间的观望态度，改奉金朝正朔，确认金丽之间的宗藩关系。1127 年，金灭北宋，继辽之后成为中国境内与整个东亚的霸主，在声威上也更高出辽朝一头。在金宋关系起点上，金朝无疑是海上之盟的最大获益者。

不言而喻，辽朝则是海上之盟的最大受害方。辽朝在军事上虽未受到宋朝多大的威胁，但昔日兄弟之国与当下敌对之国结盟对付自己，对其军心民心的瓦解作用不容低估，又未能借助藩属国西夏主动援辽之请，增强制宋抗金的实力，始终陷于被动应付之局。作为金宋海上之盟的直接牺牲者，辽朝不仅终结了昔日霸主的地位，而且吞下了覆亡的苦果，从政治地图上抹去；西迁中亚的大石政权虽承契丹余绪，但已黯然退出了东亚。

最后来看宋朝，出于"燕云情结"起意海上之盟，虽未可厚非，但决策轻率，对结盟后可能出现的各种变局也未有远虑。宋朝在订盟之际便未争取主导权，在条款措辞上行事昏愦，履约过程中还一再失信。更因高估自己的军事实力，在北伐失利出乖露丑后，仍执着于"复燕"梦，措置乖张，乃至频出昏招，虽以高昂代价换来了几座空城，随着辽朝覆亡，宋朝唇亡齿寒，金朝却从盟友变为敌国。金太宗南侵灭宋，在道义上当然有其非正义性；但宋朝自海上之盟起就一步步踏上了不归路，不仅未从中获益，反而留下靖康之变的亡国惨痛。建炎南渡虽延国祚于东南，却退出了中原；在中国境内的地位，也从与辽朝基本对等的兄弟之国屈辱倒退到与金朝的君臣之国，成为仅次辽朝的大输家。

后人往往认定，对宋朝来说，海上之盟无异于玩火自焚而自取其祸。这一说法，看似有理，却值得商榷。据王夫之分析，当时宋朝不外乎三个选项："夹攻也，援辽也，静镇也。""夹攻"就是海上之盟的联金灭辽，即"自蹈于凶危之阱，昭然人所共喻"。"援辽"旨在"辽存而为我捍女直（即女真）"，但从童贯攻辽一再惨败，便足以推断：既然"攻之弗能攻也，则援之固弗能援也"。"静镇"就是"守旧疆以静镇之"，即"拒契丹而勿援，拒女直而勿夹攻，则不导女直以窥中国之短长"；但他随即指出，金朝挟灭辽之锐气，也必然"以吞契丹者龁我"，宋朝仍不可能"划燕自守"。据王夫之所见，以当时宋朝的财富实力，"尽天下之所输，以捍蔽一方者，自有余力"；以兵力论，从建炎初年的两河抗金到渡江之后的江南周旋，若非童贯之流掌兵，官军也"犹堪厚用"；而宗泽、张浚、赵鼎等"俱已在位"，中兴四将"勇略已著"，论将相人才，也可谓"用之斯效，求之斯至，非无才也"。据他所论，宋朝"有财而不知所施，有兵而不知所用；无他，唯不知人而任之。而宋之亡，无往而不亡"。质言之，无论当时抉择哪个选项，宋朝都无往必亡。在他看来，倘若"庙有算，阃有政，夹攻可也，援辽可也，静镇尤其无不可也：唯其人而已矣！"也就是说，只要庙堂决策高明，将相政略得当，任何选项无不可行，"静镇"更是上选，关键在于主国之人。那么，宣和年间（1119—1125）主宰庙算与阃政的是哪些人呢？他在另一处直斥道：

> 君不似乎人之君，相不似乎君之相，垂老之童心，冶游之浪子，拥离散之人心以当大变，无一非必亡之势。（《宋论·徽宗》）

其激愤的抨击虽不无情绪化倾向，但仍比那种皮相之见更中肯綮。仅仅七年，宋朝就从海上之盟一路狂奔，跌入靖康之变的惨境，究其根本，宋徽宗与蔡京等"六贼"的最高统治集团才是这"必亡之势"决定性的内因与主因，金宋海上之盟充其量只起因缘际会的催化剂作用。船山史论倒也颇有外因通过内因才起作用的辩证因素。

历史有时似乎会重演。即以南宋而论，出于靖康之耻的民族主义情绪，复有 1234 年的联蒙灭金之举。但近乎重演的历史毕竟不是全息克隆版，我曾将北宋末年的联金灭辽与南宋后期的联蒙灭金做过比较：

> 毫无疑问，民族主义情绪和收复失地情结在两个决策中都起了推波助澜的作用。但海上之盟完全是徽宗集团出于对三国关系和实力的盲目估计，主动作出了错误轻率的决策。而联蒙灭金的选择，南宋无疑较理智地分析了当时三国关系的既有现状，虽明知唇亡齿寒，却出于被迫和无奈，以便两害相权取其轻，因而不能简单将其与海上之盟混为一谈。（《细说宋朝·金哀宗》）

由金宋海上之盟延展开去，必然涉及北宋覆亡的沉痛教训，虽已超出海上之盟作为金宋关系起点的预定论域，却仍值得后人深长思之。

宋高宗的绍兴体制与南宋的转向内在

——答《澎湃新闻·私家历史》

　　问：得知您新出了大作《南宋行暮》，是讲南宋中期宋光宗宋宁宗时代的；您近来几篇关于南宋高宗朝的长篇书评也引起过学界的关注。宋朝在中国历史上无疑占有重要的地位，甚至被有的史家当作中国古代向近世的转折时期。不过，宋有南北之分，有的史家主张两宋断裂说，有的史家则强调两宋传承的一面。您的意见如何？

　　虞云国：一说到宋代，人们就会联想起史学大师陈寅恪的评价："华夏民族之文化，历数千载之演进，造极于赵宋之世。""天水一朝之文化，竟为我民族遗留之瑰宝。""造极说"着眼于整个宋代文化（包括物质文化、精神文化与制度文化）曾经达到过的高度，给出的总体评价当然没错，而这正是宋朝在中国历史上所占有的重要地位。

　　至于日本学者内藤湖南首倡的"唐宋变革论"，其核心观点认为，唐宋之际是中国古代向近世的转折期。尽管对所谓"宋代近世说"持保留态度，中国史学界基本上也认同唐宋之际确实有牵动全局的深刻变动。当然，随着研究的推进，中国史学界对这种带全局性的社会历史的变化，认识也逐渐深化。具体说来，一是认为，这种变化与其称之"变革"，毋宁称之"转型"来得更恰当，而无论"变革"还是"转型"，都不是断裂式的，而是渐进式的，新变化中仍有旧因素延续的一面；二是相对于"唐宋变革"，学界也有"宋元变革"与"宋元明变革"的新观点。

倘若以一姓王朝而论，南宋当然是北宋的延续。宋高宗作为南宋第一代君主，乃是北宋徽宗的第九子，宋钦宗之弟，在帝统宗脉上远比东汉光武帝之于西汉帝系来得贴近，他也确是以北宋正统继承者自居的。另外，在政治制度与祖宗家法上，南宋也承袭北宋，总体上没有全局性与颠覆性的更革。

不过，倘若细加推究，在立国形势上，南宋与金朝的对峙，相较于北宋与辽朝的对峙，从表象看来似乎类似，实际上却大异其趣。南宋疆域远比北宋逼仄，仅及北宋五分之三；在军事形势上更是险要尽失，金军的战力气势也更胜于辽朝，致使南宋始终处于金骑南牧的严重威胁之下。严峻的外部环境迫使南宋王朝在内外政策上应激性地做出了重大的调整。对外，更加缺乏自信；对内，进一步强化专权独裁，彻底关闭了自改革的大门。

美国学者刘子健最早洞察到从北宋末至南宋初在政治文化上发生了至关紧要的根本性转折，正是这一转折导致帝制中国从此彻底转向了内在。这一洞见在他的名作《中国转向内在：两宋之际的文化内向》里有全面展开，"转向内在论"不仅对宋史研究，而且对整个晚期中国史研究，都具有范式性的指导意义。不过，也不能就此说，刘子健是主张两宋断裂的，他认为，这种转向有一个从宋徽宗朝发轫到宋高宗朝定局的演进过程，尽管其间有靖康之变那样的突发性事变，但作为政治文化的转向，仍是一种内外势运合力推衍的过程；而这一转向的最终推手就是那位号称中兴之主的宋高宗。

总之，植根于体制内的专制集权基因，为着因应生存空间的收缩与外部环境的恶化，再加上宋高宗的个人作用，无论总体的政治生态，还是具体的大计方针，南宋都呈现出有别于北宋的特色，两者不仅不能等量齐观，而且发生了重大的变异。我们在考察南宋史时，一方面应该关注异中之同的承袭性，另一方面更应抉发同中之异的裂变性，尽管这种裂变不是那种陡崖式的断裂。

问：您近年一再强调"绍兴体制"，其内涵究竟怎么把握，与刘子健的"转向内在论"之间的关系又是如何的呢？

虞云国：绍兴体制这一命题，应该说是借鉴并提炼了日本学者寺地遵的提法。他在《南宋初期政治史研究》里提出了"绍兴十二年体制"的概念，有时也称之为"和议体制"，但他对"绍兴十二年体制"的内涵指涉却有点模糊与紊乱。一方面，他意在以"绍兴十二年体制"来概括宋高宗朝的政治体制，所以主张宋孝宗朝还有一个"乾（道）淳（熙）政治体制"；但同时又认为，绍兴十二年体制一经确立，"以后的一百五十年间，贯穿南宋朝的基本架构与国家运营大纲"。（上书230页）至于他称以"绍兴和议体制"，则旨在强调这一体制包含着致力和议与固守和议的因素。然而，无论当时，还是其后，"绍兴和议体制"的实际内涵已经超出了军事与外交的领域。所以，我倾向用"绍兴体制"来指称宋高宗打造的专制集权的政治体制，也许更概括，更到位。而政治体制一经确立，势必对南宋政治、经济、军事、文化诸领域都具有全局性的覆盖功能，深刻影响着整个南宋的政权格局与历史命运。

近期我一直在思考，既然刘子健把"中国转向内在"的历史坐标点最终定位在宋高宗时期，而"绍兴体制"又是宋高宗一手打造的专制集权体制，这一体制的确立、延续与影响正是刘子健所说的两宋之际文化内向在政治体制上的具体表现，两者之间存在着互为因果的关系。在传统帝制时代，政治体制是最重要的政治文化，而政治文化对其他文化领域乃至整个社会经济都起着统领的作用。由此我想，"转向内在论"与"绍兴体制"两相结合，也许不失为是对南宋史作出通贯性解释的一种架构。

问：历朝历代的开国之君都相当受瞩目，因为他们往往奠定了本朝历史的走向。在您看来，宋高宗朝的政治在两宋诸朝中有何特色？

虞云国：作为南宋第一代君主，宋高宗的自我定位感可谓充分自觉与相对清晰。一方面，他自许为北宋帝统的唯一合法的继承者，始终打着祖宗家法的大旗，意在向上直接媲美太祖、太宗；另一方面，他通过秦桧高调宣传自己是"中兴之主"。宋高宗尽管不是赵宋王朝的开国之君，却一手再造了南宋政权，他留给整个南宋史的政治遗产，就是与秦桧联手打造的"绍兴体制"。

如果说，从1127年的建炎南渡到1132年的驻跸临安（今浙江杭州），南宋政权的政治主题是为生存立足谋取可能性，那么，从1132年驻跸临安到1142年绍兴和议最终成立，其政治主题则是打造绍兴体制。这十年间，南宋最高统治层以政治走向为中心进行了多方博弈，宋高宗也一度有过观测犹疑而举棋未定。所以王夫之说，"高宗之任二相（指赵鼎、张浚）也不专，谋和与战也不定"，直到最后才决定让秦桧"执诛赏之大权，诚有以致之者，而不足深怪也"（《宋论·高宗》）。也就是说，宋高宗决心抛弃赵、张二相，起用秦桧专权，打造绍兴体制，是他深思熟虑的最终决策。

北宋立国以后，中国的君主官僚政体逐渐进入最成熟的发展期，构建起包括对君权、相权与监察权等中枢权力的制约机制，使其免于滑向专制集权。在宋代文官体制下，这种制约机制的运营成本之高与行政效率之低，是不言自明的。而在应对南渡初期存亡继绝的危局时，这种受制衡的君权明显有力不从心的症状。另一方面，面对内外大变局，宋高宗对"人主之权，在乎独断"，尤其有清醒的认识与高度的自觉。出于向金朝求和的"国是"诉求与对再削兵权的政治需要，他迫不及待地谋求逆转既有的中枢权力制衡结构。在君主官僚政体下，君权不可能代行全部的官僚行政权，必须借助相权作为最高行政权来运作整个官僚机器。而倘若容许原有制约机制继续对相权实施制衡，专制君主的权力意志势必不能顺利地经由相权指令各级官僚机构有效地推行下去。反之，由皇帝与其钦定的唯一代理人掌控相权的独裁模式，则足以彻底阻断其他官僚介入朝廷大政的决策程序，而仅仅以执行者存在，君主的独裁意志却能借由官僚系统而畅行无阻。

以帝王术而论，宋高宗绝对是少有其比的高手。他之最后选择了秦桧，并且默许他登上权相之位，就是亟须有一个言听计从而强干有力的权相帮他确立并打理与绍兴体制有关的一干棘手政事，成则"圣意"独断，败则宰相代罪。所以刘子健将这对君相的权力关系精准概括为"君权独运，权相密赞"。绍兴体制借此大功告成，不仅成为宋高宗朝的最大特色，而且深刻左右了南宋史的政治走向。

反观整个南宋政治史，绍兴体制确立的专制集权格局，尽管在不同时段有强弱隐显之别，却几乎没有本质的变化。秦桧、韩侂胄、史弥远与贾似道的南宋权相专政，累计长达七十年，令人侧目，也为其他朝代所罕见。四大权相又可分为两种类型。如果说，秦桧之为权相，完全是宋高宗出于打造绍兴体制之需君权独运而主动授权的，那么，韩侂胄、史弥远与贾似道的权相擅政，都是专权之势已成，而由在位的宋宁宗、宋理宗与宋度宗无奈让渡。这种专制集权格局在有的时段以君权独运的形态出现，在更多时段则以权相专政的形态出现。但无论出以何种形态，归根到底，都是皇帝与其代理人独断或共谋决策权的独裁模式，也可以说是宋高宗及其绍兴体制留下的政治遗产。

问：宋高宗与秦桧联手确立的"绍兴体制"对士大夫政治是不是一个剧烈的冲击，甚至可以说是一个致命的打击？

虞云国：士大夫精英以儒学为立命之本，构成了官僚的主体，对现实政治天然有用世的热情，正是这种入世之心，整个官僚系统才得以有效运转。不过，士大夫官僚的用世心态与经世实践又具体取决于现实的政治生态，尤其是国家权力的运作状态。文彦博那句"为与士大夫治天下"的名言，一再为后人引用，可以视为北宋中期士大夫官僚对参与国家权力的政治自信，这与当时较为良好的政治生态是密不可分的。然而，专制集权的绍兴体制一经确立，既标志着宋朝政治文化彻底转向内在，也昭告着官僚士大夫对政治权力的能动分享实际上已经归零。一叶落知天下秋，对现实政治极度敏感的官僚士大夫当然心知肚明，不仅原先拥有的参政议政权已经剥夺殆尽，还随时可能遭到体制的整肃与贬黜，文彦博推崇的"共治"梦早已化为泡影，哪有实现的可能呢！

在传统君主政体下，士大夫阶层只有依附于君权才能有所作为。当君主官僚政体处于中央控制模式（the central control）的相对理想状态时，君权较自觉地接受权力制衡，士大夫官僚才有可能分享政权，管理国家。但绍兴体制确立的是独裁模式（absolutism），权相作为君权的唯一代理人，而且享有权力制衡的豁免权，尽管权相及其驱使的官僚门客身份仍是士大夫，却只在为独裁的皇帝治天下。在绍兴体制与其后年代里，尽管仍有少数士大夫官僚，依旧"以天下为己任"而敢言直谏，批判朝政的恶化，但等待他们只是冷遇、贬黜乃至整肃。更多的士大夫官僚只能采取喑默旁观的疏离态度，好在他们即便赋闲家居，仍拥有退为乡绅的经济基础，而优待士大夫官僚的祖宗家法也未改变，故而仍能在与官僚体制若即若离的状态中安顿自己。而那些卖身投靠的士大夫官僚仍足以保证官僚体制继续运转，他们也得以从专制政治中分一杯羹。由此可见，"绍兴体制"对士大夫精英政治的冲击是致命的。

问：著名宋史专家刘子健先生在《中国转向内在》一书中指出："国家权力始终处于传统中国舞台的中心。中国文化的命门存在于政府和意识形态（政教）当中，其混合体决定着其他一切，包括经济领域。"那么，在绍兴体制下展开的南宋政治对经济究竟产生了多大的影响？如果反过来问，在绍兴体制下，南宋社会的经济与文化仍有其向前发展的那一面，当作如何解释呢？

虞云国：从长时段看，刘子健的论断，是深刻而正确的。即以南宋而论，尽管在后宋高宗时代，生产力仍在持续发展，海外贸易也有长足的拓展，商品经济依然生机蓬勃，城镇化进程继续前行。但所有这些进步，并未有力摇撼君主独裁模式的顽固内核，使其改变既定的路向。所以，在专制极权统治下，以为随着经济的发展必然会引起体制的变革，只能是一厢情愿的痴人说梦。相反，政治体制，尤其中央政权的结构模式在传统中国总是决定一切的。君主专制集权王朝在外力打击下的政权更迭（例如宋元鼎革与明清易代），或者专制统治出于政治考量而对经济政策的乖张改易（例如明清两代在海外贸易上厉行闭关政策），必然导致社会经济领域的逆转或倒退。

然而，也应该承认，在以农业立国的帝制时代，只要国家政策与各级官吏在人民负担上不为竭泽而渔的过甚之举，经济或许是受政权命门波及最弱的领域（即便像明清两代的海禁政策对当时整个农业社会的冲击也不是全局性的）。尽管在宋高宗朝君权统治模式发生了重大变异，并影响了整个南宋政治史，但南宋历朝对北宋确定的主要经济政策未作根本性变动，兼之经济重心彻底南移，所以从总体上看，南宋社会经济的前行势头未见有明显的中断，反而仍有诸多值得称道之处。

前面说过，绍兴体制的影响主要集中在士大夫政治文化的领域。一方面，我们应该强调士大夫政治文化在整个时代中的核心地位与引领作用；一方面，也应该承认，绍兴体制下的思想控制毕竟还在前现代阶段，尚未如其后的独裁政体那样水银泻地，无孔不入，达到全方位与全覆盖的程度。其他社会阶层（尤其一般市民与工商阶层）与文化领域（尤其与政治较疏离的文化范畴）尽管也能感受到冲击波，但波及的力度仍是有限的。正因如此，其他文化领域（例如科学技术、美术工艺等领域），在南宋仍有令人瞩目的不俗成就；依托于城市经济的持续繁荣，市民文化较之北宋也百尺竿头更进一步。当然，肯定这些文化领域在南宋继续有可观骄人的创获时，仍不难发现绍兴体制确立的政治文化基色对整个南宋社会与文化带来的弥散性影响。总的说来，相对北宋文化，南宋文化进取精神缺乏，气象不够阔大。难怪刘子健在比较两宋文化时强调，"北宋的特征是外向的，而南宋却在本质上趋向于内敛"。

问：南宋与北宋的士风是否有很大的差异？这种差异又是如何造成的？反过来，这种士风对政坛产生了怎样的影响？

虞云国：从总体上看，南宋的士风与北宋相比，确实大有差异。北宋士风的主调是激切昂扬、刚直明朗，南宋的士风则渐趋于圆熟周致、谨慎阴翳。当然，这种士风的差异从北宋徽宗朝至南宋高宗朝有一个推衍变化的过程，而南宋士风在不同政治生态下，在不同士大夫群体那里，还是应该具体而论的。这种南北宋的士风差异，说到底，与绍兴体制确立以后，宋高宗为维护体制、打击政敌，放任权相秦桧动用文字狱的手段，大规模整肃持异见的官僚士大夫，无情践踏他们的人格与尊严，存在着密不可分的因果关系。

文字狱全靠深文周纳，专政者也唯有纵容诬告。面对这种残酷的政治生态，官僚士大夫先是试图将率直的抗议打磨成精致的批评，但随着迫害的升级与告讦的盛行，只能被迫噤若寒蝉，连细微的批评都不再发声。这与北宋立国后对官僚士大夫的宽松政策大相径庭，逼迫其中大多数退守到洁身自好的底线，随之而来的便是"以天下为己任"的使命感明显低落，关注政治与忧心国事的热情全线消退，到后来连远离政治雷区的纯技术议题也没有人哨声了。所以，在绍兴体制下，正如王夫之在《宋论》里所说，先是南宋高宗朝的士大夫官僚在秦桧专政下"群情震慑，靡所适从"，其后叠经韩侂胄、史弥远与贾似道专政，"取天下之士气抑之割之者且将百年矣"。

士气的重创产生了两方面的恶果。一方面，还知道羞耻而自持操守的士大夫为避祸而噤声，致使正气不张；另一方面，鲜廉寡耻的那些士人反而因诬告或谄媚而如鱼得水，官运亨通，导致政风大坏。这种相反相成的政风，尽管以权相秦桧专政时期最触目惊心，却也持续影响了整个南宋：官僚士大夫惩于绍兴的前鉴，已少有人再为政权的长治久安而畅所欲言，整个官场弥漫着言不由衷、无所作为乃至见风使舵、阿谀逢迎的风气。从总体上看，南宋政风呈现苟且萎靡之势，已不复有北宋全盛期那种刚直劲挺的锐气。

在绍兴体制的阴影笼罩下，士大夫的文化心态与精神意识大受压抑与戕害，知识生产的环境与知识产品的质量遭到严重破坏，创造性学说与独立性思想也转入相对停滞状态。就总体学术而论，刘子健就认为，北宋"从百花齐放透过多元化以臻成熟"，南宋则"大多数学术研究都难免相对狭隘、受制于正统、缺乏原创性"。其中原因尽管相当复杂，但绍兴体制下这种"前现代的思想控制手段"，不能不说是主要原因之一。

问：既然绍兴体制负面影响了整个南宋史，但其立国也一百五十余年，抗御蒙元南侵竟达四十五年，这又该如何解释呢？

虞云国：就政权维持而论，南宋王朝有其成功之处。其中原因，不妨从多方面作综合性思考，不应该仅仅局限在绍兴体制与政权模式的框架内。

首先，南宋立国的江南地区，在完成经济重心南移后，物产丰盈，经济繁荣，已成为当时中国最发达富庶的地区，足以为生齿日繁的百姓提供必要的衣食保障。南宋当然不像某些"宋粉"讴歌的那样，是"广大民众的黄金时代"。但唐宋之际社会变迁全面调整了生产关系，有研究者指出，南宋佃农在法律上与经济上的地位是有所提高的；若无重大的天灾人祸，一般农民也基本能维持最低的生存条件。

其次，较之北宋，南宋政权加于民众的负担，向来被苛议为重税，尤以南渡之初为筹措军费而征收经总制钱等附加税最为扰民。不过，整个南宋，农业上的两税，征榷上的专利税，商业上的商税，总体上仍在土地所有者、工商经营者可以承受的弹性限度内。即便经总制钱等附加税，随着和平实现与经济恢复，抗议之声也渐趋消减。这都说明，绍兴体制确立后，尽管宋孝宗也承认"税赋太重"，但政府对民众财富的掠夺攫取基本控制在他们尚能容忍的维度内。

再次，绍兴体制确立，许多士大夫或失望于朝政，或困顿于仕进，主动或被迫以乡绅身份下沉民间，以组织义役，创设社仓，建立义庄等形式，投身于宗族与社区的公益慈善事业，致力于地方秩序的重建，反而成为乡村社会中疏离国家政权的另一种协调力量，客观上对阶级矛盾与社会冲突有化解与消弭的功能，有效加强了南宋基层社会的凝聚力与稳定性。

最后，绍兴体制逆转了政治生态，感受最为直接也最为敏感的是士大夫官僚与精英，这是缘于他们更高层次的政治追求明显受阻；相对而言，下层民众与政治生态的切身关系较为疏离，与他们休戚相关的是衣食温饱的生存权。自宋光宗以降，虽有庸聩之君，却无暴虐之君；与晚明相比，基层吏治也未污浊到全面失控，故而下层民众也少有揭竿而起的。在传统王朝的农业社会里，乡村的安定构成了社会的安定，农民的稳定确保了国家的稳定，这些正是南宋政权得以长期立国的基础。也许，没有来自蒙元的最后一击，还能继续延命下去。

至于南宋之能与蒙元的长期抗衡，若从南宋方面考察，有这么几点值得指出。首先，南宋政权凭借着当时中国境内最强盛的经济基地，其综合国力不仅能够支撑起与金朝的长久对峙，也足以支持长期抗御蒙元的军事开支。其次，尽管宋蒙双方早在端平入洛的 1234 年，已进入交战状态，但蒙古主力随即再次转向西征，南宋政权也充分利用这一相对间歇，改变此前与金一味求和的总政策，在战略上立足于防御，全面强化了东中西三大战区的总体防御战略。再次，南宋军队充分发挥火药武器的先发优势（这一优势到宋蒙战争晚期才被蒙古军追平）与战船水军的战术特长（直到襄樊之战时，蒙古才用南宋降将之策，训练水军，逐步扼制了南宋的水战优势），兼之南宋在地理环境上占据山水交错的地利之便，在战术上立足于加固城防、联络声气，构建了以钓鱼城为代表的山城防御体系。最后，在与金蒙长期抗衡的防御战中，也涌现了诸如赵方、孟宗政、孟珙、杜杲、余玠、彭大雅、王坚与张珏等一批将帅之才。惟其如此，自端平入洛到厓山之战，南宋抗击蒙元前后长达四十余年，较之于蒙古军征服西亚与东欧过程中的战无不胜，其防御抵抗确实堪称顽强有效，从而也相对延长了南宋的立国期。

问：南宋毕竟只占据东南一隅，以您所见，在明清时代，能看到多少南宋的负面遗产？

虞云国：这个论题的内涵与论域太过丰富与宏阔，我迄今很难说有成熟的见解。不妨说点肤浅的感想。

严复有个论断也一再被宋史学者所引用："若研究人心政俗之变，则赵宋一代历史，最宜究心。中国所以成为今日现象者，为善为恶，姑不具论，而为宋人所造就，什八九可断言也。"严几道说的"人心政俗"，范围过于宽泛，时代也泛指宋代。刘子健在《略论南宋的重要性》里却强调说："中国近八百年来的文化，是以南宋为领导的模式。"不过，刘子健属于思想型学者，许多精彩独到的见地往往点到为止，未及充分的展开。他说的"以南宋为领导的模式"，也许可以联系他的另一处论述来旁证：

> 分期该从各种角度来看。从经济，从君主极权，从科举官僚来看，唐末五代到宋初，是一个大变化。假定再从次要一方面来看，

看官僚的政治作风，南宋也许是定型的关键期，以后各朝，始终没有改变这形态。这里面也许还有地理区域的关系。(《南宋的君主与言官》)

所谓"官僚的政治作风"就是政风，与我们已经讨论到的南北宋士风与政风的差异密切相关。而南宋政风的改变与定型，与绍兴体制确立的大前提下，专制极权的君主一方面动用类似文字狱之类的专政大棒震慑官僚阶层，一方面圆滑地玩弄制度，娴熟地掌控官僚，都是显然息息相关的。这种极权君主的两手伎俩，我们在明太祖与明成祖，清代康雍乾祖孙三帝那里看得还少吗? 因此，在黄仁宇所说的第三帝国的明清两代，自明太祖在《大诰》里颁布"寰中士大夫不为君用，是自外其教者，诛其身而没其家，不为之过"，科举官僚实际上都已沦为皇帝的奴才。而追根溯源，也许就可以追到宋高宗的绍兴体制，当然明清还有各自的创造性发展。

说到文字狱，宋史学者王曾瑜认为，绍兴体制下的绍兴文字狱是"中国历史上第一次比较正规意义的文字狱"。这种以言论、文字与思想治罪的恶例一经开启，对帝制时代科举官僚与一般士人来说，不啻是一柄高悬头上的达摩克利斯之剑，对他们独立人格的戕害与自由思想的摧残可谓贻害无穷。且不说宋宁宗朝权相韩侂胄在代行君权的情势下，为打击道学派政敌，便悍然罗织庆元党禁，堪称绍兴文字狱时隔半世纪的新版本。元朝最高统治者起自漠北，文治疏阔，未谙此道，只能视为过渡期。及至明太祖，便重祭这一利器，令朝野官僚士人无不重足而立。清朝康雍乾三朝，文治突过元朝，以文字狱慑服汉族官僚士人，不仅变本加厉，简直有一种轻车熟路的路径依赖。回顾文字狱的历史轨迹，为维护绍兴体制而大兴绍兴文字狱，堪称是恶劣的始作俑者。

在南宋留给后世的遗产中，尊为官学的程朱理学也是必须正视的思想遗产。理学在北宋创辟期间呈现出兼容思想、批判精神等原创活力，遂为传统儒学注入了新内容而构成新儒学的主流。朱熹在理学思想的集大成上有其不可取代的巨大贡献，在政治哲学上，他的"内圣"之学也仍以"外王"之政为其诉求的、企望回归君臣"共治"的理想。但这种形而上的理想设计一旦遭遇形而下的政治生态，在专制极权政体面前便不能不取退守之势。从宋宁宗晚期发端到宋理宗中期告成的理学官学化进程中，理学原先设计的"内圣外王"经世路径，便随之发生了由外向内的转向与断裂，鉴于"外王"空间在专制君权（在南宋中后期首先表现为权相专政的面相）的打压与拒斥下几乎为零，便使"外王"之道逐渐淡出，"内圣"之学日益凸显。而无论南宋当时还是其后王朝的专制政权，尽管一脉相承地都将新儒学（实际上主要限于程朱理学）尊为国家统治思想，却绝对不会真正推行新儒学的理想架构（仅仅将其作为主流意识形态的话语宣传系统而已），在实用政治层面则向臣民灌输新儒学中固化既有政治秩序、反省自身道德心性的那部分内涵。当理想建构的政治主张在专制极权下绝无可能"得君行道"时，新儒家一再寄望于前途未卜的未来；但自新儒学尊为官学后，任何背离君主专制极权的变革要求，在独裁体制那里都是绝无可能的。这也是南宋原先正面的思想遗产在专制极权体制下终致变异的历史命运。

（整理：饶佳荣）

为什么关注南宋光宁时代

《南宋行暮——宋光宗宋宁宗时代》并不是一本完全意义上的新作，是笔者 20 多年前旧著《宋光宗 宋宁宗》的增订新版。当年撰著时，因他们父子的个人史料存世有限，便立意"以帝王传记的形式来表现光宁时代"，"力图把光宁时代作为南宋历史演进的不可或缺的一环"，有心写一部以光宗、宁宗为传主的时代史。

还原历史：宋光宗宋宁宗时代的全景图

光宁父子的统治时代共 36 年，上承孝宗，下接理宗。孝宗是南宋唯一欲有作为的君主，但南宋历史恰是以孝宗禅位为分界线滑向下坡路的，光宁父子正处在"欲有为"到"抵于亡"的历史转折期上。父子两人，父亲是精神病患者，发病前迫不及待地准备禅代皇位，发病后恋恋不舍地拒绝交出君权，以一个精神病患者君临天下近三年；儿子则是一个智能庸弱者，作为普通人可非议处虽不多，作为君主却是绝对不合格与不胜任的，被拥立时尽管连呼"做不得"，却终于被赶鸭子上架。君主世袭制把这样两位君主置于南宋史的转捩点上，其结局不言而喻。光宗的统治导致孝宗"乾、淳之业衰焉"，宁宗的统治由韩侂胄和史弥远相继专政，最后连皇储国统"亦得遂其废立之私，他可知也"。一代权臣韩侂胄为排除异己而罢朱熹、行党禁，又欲立"盖世功名"、保住专权地位，便平反岳飞，笼络陆游、辛弃疾，轻率发动"开禧北伐"。南宋历史走向的逆转定形于"光宁时代"，如果将宋孝宗淳熙内禅时1189年与宋宁宗驾崩时1224年的政治、军事、经济与文化作一对比，就能发现，经过三十余年缓慢顿渐的变化，南宋王朝已不可逆转地从治世折入了衰世。

当年一家出版社想推出《宋帝列传》，知名度很高的皇帝，比如宋太祖等都先被选走了，剩下光宗、宁宗这两个皇帝，于是，我就接下了这本《宋光宗 宋宁宗》。在写作时，我思考了一个问题，尽管这两个皇帝一个最后发神经病，一个是智能庸弱者，但在传统帝制时代，每一个皇帝既是历史的坐标，又是他统治时代的象征或缩影。从这个角度来看，能把这两个皇帝、这一段历史原原本本写出来，也算为宋史学界提供一份新东西吧。

我的第一本专著是《宋代台谏制度研究》，完稿于1988年；我主编的第一本工具书是《宋代文化史大辞典》，完稿于1993年。尽管两部书正式出版都在2000年之后，但也算为写《宋光宗 宋宁宗》做了学术准备。编《宋代文化史大辞典》的最大好处，就是对宋史全貌了解得更透彻，把握得更全面，总体上能更好地把握这两个皇帝的定位。于是，1997年版《宋光宗 宋宁宗》反倒成为我正式面世的第一本专著。

此次新版《南宋行暮》的增订主要有这几个方面：首先，纠正了初版的讹误。当年出版社没让作者看校样，初版错字一塌糊涂，当时我把书寄呈徐规先生，老先生把书里所有错字，包括个别史料的失误全都写出来，写了好几张纸，让我既惭愧，又感动。这次修订，我尽可能地订正了发现的手民之讹与史料之误。其次，在表述方面，增加了叙事可读性。对个别人物的评价也做了点微调，比如说对韩侂胄与史弥远的评价，这是吸收现在学界的看法后做出的调整。最后，新增了一篇总论性的长序，体现了我现在对南宋史，尤其对光宗、宁宗时代的新认知。

解释历史：南宋光宗宁宗时代的总体观

进入新世纪以来，我国宋史学界对南宋史研究成绩斐然。杭州的南宋史研究中心出了八卷本《南宋全史》，还有数十种的南宋专门史（诸如政治史、经济史、科技史等等），南宋重要人物传记与重大专题研究也都有专著。我是20世纪80年代初进入宋史学界的，当时的研究状况是北宋强、南宋弱，这种局面现在基本上已得以改观。但我个人还有些困惑，即相较于北宋，南宋政治史总令人感觉有些憋屈暗弱，不如北宋全盛期那么刚健、明朗。但在社会经济方面，包括文化领域，南宋也还在继续前行，而南宋立国也不算太短。上述两者之间如何统一起来做出总体性解释，始终感到有一个难解之结。

历史学的功能主要有两个方面，一个是还原历史，另一个就是解释历史。南宋历史为什么会这样走向？光宗、宁宗为什么会造成这样一种局面？在整体建构性的解释方面，是否还欠缺什么东西。应该说，这一两年，我在这方面的思考还是比较多的。包括发在《东方早报·上海书评》上对寺地遵《南宋前期政治史研究》与蔡涵墨《历史的严妆》的长篇书评，实际上都反映了我对南宋史的总体思考，其中也包括《南宋行暮》这篇长序。

当然，我将南宋光宗宁宗时代定为由治世折入衰世的转捩点，主要还是立足于政治史层面。尽管对政治与军事直接波及的社会经济（例如纸币危机）与思想学术（例如伪学党禁与理学官学化）也都有所论述，但限于当初撰述的结构与体例，未曾做深入细致的展开。而社会、经济与文化诸领域的运行轨迹，与政治上的折入衰世也未必那么同步与一律，它们仍有自己独特的路径，甚至在政治上折入衰世之后，在相当长时段内仍会惯性地前推或滑行。

惟其如此，法国学者谢和耐才断言，"在蒙古人入侵的前夜，中华文明在许多方面都处于它的辉煌顶峰"；在13世纪，"在社会生活、艺术、娱乐、制度和技术诸领域，中国无疑是当时最先进的国家"。然而，他还是强调，"13世纪中国南方之安定繁荣的印象只不过是幻象。在此幻象背后的，却是国库之连年悲剧性的空虚，农村之贫困和不满，以及统治阶层内部的党争"。

值得提醒的是，13世纪开端那年，也就是宋宁宗继位的第六年，庆元党禁尚在进行中。既然在传统中国时代，政治总是决定一切的，政治史的转捩也或迟或早必然波及整个社会的其他层面。这种全局性影响在宋宁宗在位期间也业已显现。迄今认为，我在初版自序中那段结论性概括依然成立：

> 南宋历史走向的逆转正是定形于光宁时代。以政治史而论，南宋皇权的一蹶不振和权相的递相专政始于这一时期。以经济史而论，嘉定初年爆发的纸币信用风潮标志着南宋社会经济自此跌入了全面失衡的困境。以军事史而论，开禧北伐的溃败和嘉定之役的支绌预示了南宋在即将到来的宋蒙战争中的败局。以思想史而论，嘉定时期理学官学化的前兆折射出统治阶级在社会危机面前向新的统治思想求助乞援的迫切性。

南宋正是这样折入衰世，并最终走向覆灭的！

评价历史：北宋史与南宋史的承袭与变异

我对南宋史的总体看法主要有这么几点。首先，很明显，两宋史是一个整体，既不能用南宋史去否定北宋史，也不能用北宋史来涵盖南宋史。但是，南北宋有着明显的差别，尤其在政治生态方面，从北宋末期到南宋前期，政治体制有一个明显的转向。对于两宋史，研究者一方面必须关注异中之同的承袭性，毕竟都是赵家的天下。另一方面，更应该抉发同中之异的裂变性，这样对历史的解释才会到位。

在《中国转向内在》里，刘子健认为，北宋学术"令人耳目一新，具有挑战性和原创性"；相对说来，南宋学术"都难免相对狭隘、受制于正统、缺乏原创性的问题"。这一说法有其独到之见，但也不尽然，南宋浙东学派诸家，就提供了某些北宋未有的学术成果与思想体系。这是由于浙东学派的学术建构，还有赖于北宋以来士大夫阶层的事功实践充实其思想资源，也与宋孝宗时代的政治生态的相对改善有着内在的关联。也正是利用了乾道、淳熙年间相对优容的政治环境，朱熹才有力推动了道学派的扩容，完成了理学的集大成进程；张栻也自成一派，张大了湖湘之学。

继北宋中期以后，这一时段以朱熹为领袖的程朱理学，以陆九渊为开山的心学，与以吕祖谦、陈亮、叶适为代表的浙东事功学派几成鼎足之势，涌现出自己时代的学术大师群体。无论思想上，还是人才上，正是宋孝宗时代，宋学进入了又一巅峰期。继北宋中叶的文学鼎盛期之后，这一时段的陆游、辛弃疾、范成大与杨万里等各领风骚，宋代文学也形成了第二个高峰期（虽然比起欧阳修、三苏与王安石等领军的北宋高峰来略见逊色），而代表人物都成长并活跃在这一时段。史学家李焘也在宋孝宗朝完成了当代史《续资治通鉴长编》的编纂，继司马光之后令宋贤史学再放异彩。

所有这些，都出现在宋孝宗时代，显然绝非偶然现象。南宋曹彦约认为，南宋乾道、淳熙期间堪与北宋庆历、元祐时期相媲美：

朝廷无事，四方宁谧；士浑厚而成风，民富饶而知义。负者歌，行者乐，熙熙侃侃，相期于咸平、庆历、元祐之治。

本朝人赞美难免掺有水分，但明代史家柯维骐也有好评，说宋孝宗"有君人之度，其系人心成乾（道）淳（熙）之治"。纵观宋孝宗时代，显然迥异于南宋理宗以降内有权臣接踵擅政、外有蒙元铁骑压境的高危期，确是政局相对稳定、政治相对清明、社会经济相对繁荣的最好时段，堪称南宋史上的鼎盛期。如此一对照，南宋光宗宁宗时代的全面逆转就更显得触目惊心。

自我评价：叙事方面的努力与社会层面的欠缺

试对这本书做一番自我评价。先说肯定的方面。一个是叙事。我是跟随程应镠先生学宋史的，先生是传记名家，他的《范仲淹新传》与《司马光新传》对我的写作有很大影响。《南宋行暮》作为一部帝王传记，我勉力学习先生的表达方法，在叙事方面下了工夫。先生在《范仲淹新传》自序里认为，只要叙事做得好，整个作品就能够凸显出来。我也是努力这样做的。一个是评论，因受光宗、宁宗父子传世材料的局限，很难凸显其全貌，我便在叙事中适当插入了旁白性的评论。再者，我力图对南宋中期历史做了比较完整的廓清，宋光宗、宋宁宗时代除了庆元党禁和开禧北伐这两个事件一般人略有关注，其他史事几乎是模模糊糊的，我在这方面做了努力。也许可以说，迄今为止，《南宋行暮》还不失为对光宁时代论述相对全面的一本专著。

书出以后，我也有所反思，还有不足之处。尽管写作的初衷是试图从时代史角度去写帝王传记，但主要还是关注政治史层面。比如经济方面，我虽也写到了嘉定会子危机，但整个经济层面没有全面展开。再就是社会阶层的活动，在叙述过宫风波时，我也写了底层民众与军队在王朝政权危机下的躁动不安，但对这一时段的社会阶层，也还没能作出细致的勾画。当然，客观上也有困难，这段历史仅有 36 年，要确定哪些社会阶层的活动是发生在这一时段，哪些经济活动是这一时段所特有的，具体界定也确有难度。好在宋史学界在某些方面对宋光宗宋宁宗时代的研究更深入了。日前读到黄宽重先生的《孙应时的学宦生涯》，传主孙应时属下层官员，最高做到县令，他在庆元党禁的严酷政局下，在官场上表现出来的观望、犹豫、挣扎、痛苦等情况，《孙应时的学宦生涯》就写得真实生动。对我的欠缺，不啻从个案角度提供了一种补充与深化。

最后，对书名略作交代。如前所述，这本书旨在展现南宋王朝不由自主地走向衰落的历史进程。然而，中国史上长时段王朝几乎都有类似时段或事件，标志其折入衰世的。为了凸显朝代的定位，含蓄呈现不由自主走向衰弱的曲折内涵，斟酌再三，书名定为《南宋行暮》。陆机《叹逝赋》云"世阅人而为世，人冉冉而行暮"，感叹人生行将进入暮年，或是"行暮"较早的出典，"行"即是"行将、将近"之意。及至唐宋，"行暮"既有用以形容一天行将日暮的，例如骆宾王《钱宋三之丰城序》说"白日将颓，青山行暮"；也有用以譬喻一季将近尾声的，王安石《春行》说"冉冉春行暮，菲菲物竞华"，秦观《宿参寥房》说"乡国秋行暮，房栊日已暝"，就分别指春季与秋季即将结束；还有用以比况一年行将岁暮的，例如苏轼《与顿起孙勉泛舟》说"萧条岁行暮，遒此霜雪未"。准此而论，"行暮"也可用于王朝即将进入季世。当然，"行"也不妨别解"行走"。回顾南宋光宗宁宗时代，不正是走着走着就踅入暮色的吗？

绍熙内禅前的时局与谣言

南宋前三代皇帝宋高宗、宋孝宗与宋光宗，分别都在生前传位给继承人，史称"三朝内禅"。上古时期，尧、舜、禹三代禅让，向来被儒家学说推崇为大公无私选贤与能的理想典范。而所谓内禅，只是南宋人为歌颂本朝"圣德"而自造的说法，说穿了，就是家天下体制内的皇位交班。这里只说第三次的绍熙内禅。

一

宋孝宗有三个儿子，都是原配郭皇后所生。他即位以后，久未立太子，一方面因忙于隆兴北伐，另一方面对第三子颇有属望。乾道元年（1165）四月，老三赵惇率先得子，老大赵愭的儿子两个月后才姗姗来迟。为争皇嫡长孙的名分，赵惇与大哥较上了暗劲，想在皇三代的地位上占据先手。孝宗不得不循例立长子为皇太子，岂料他两年后就一命归天。其后东宫一直虚位，按立嫡立长的建储惯例，理应立老二赵恺，但孝宗实在看好老三"英武类己"，乾道七年，断然立其为皇太子。淳熙七年，赵恺病死，孝宗譬解说，当年越次立储，正因他"福气稍薄"，借以证明"圣断"的正确。

淳熙十四年（1187）十月，太上皇高宗去世，孝宗一反君主以日代月的守丧规制，坚决要守三年之丧。主因之一是他长期处于太上皇掣肘之下，雄心早已销蚀殆尽，对朝政也渐生倦勤之意。淳熙十六年，孝宗正式禅位给皇太子，此即宋光宗。孝宗当上了南宋第二代太上皇，入住第一代太上皇颐养天年的德寿宫，改名为重华宫，其地在大内之北，故也称"北内"。

光宗的独子时封嘉王，作为唯一的皇二代，理所当然是皇位继承的不二人选。不料太上皇却对光宗说："当初理应立你二哥，因你英武像我，才越位立你。而今你二哥的儿子还在。"意思很明白，老大既然绝后，皇位便应回到老二一脉。太上皇隔代指定接班人，一是弥补对老二的亏欠；二是发现嘉王赵扩"不慧"，而赵恺之子嘉国公赵柄"早慧"。光宗不便回驳，内心却是老大的怨怼。在一次宫廷内宴上，皇后李凤娘借机发作，力图为儿子争回继承权："我，是你们堂堂正正聘来的；嘉王，是我亲生的。为什么不能立为太子？"太上皇勃然大怒，宋光宗默不作声。

太上皇知道光宗心脏不好，搞到秘方合了一丸药，打算在儿子来时让他服用。李凤娘得知，便挑唆道："太上皇打算废掉你，准备给你的那丸药，就是为了好让赵柄早点继位。"光宗信以为真，把原定一月四朝太上皇的规约也抛诸脑后。

李凤娘是个悍妒酷虐的醋坛子。一天，光宗洗手，见端盆宫女的双手白如凝脂，嫩似柔荑，大为愉悦。几天后，皇后送来一具食盒，装的竟是宫女那双纤手，杀个把宫婢，对她来说不过是小菜一碟。绍熙二年（1191）岁末，趁着皇帝出宫祭天，李凤娘虐杀了最受光宗宠爱的黄贵妃，再派人到斋宫报告死讯。碍于祭天大礼，光宗不能赶回后宫，他深知皇后的歹毒，哭泣个不停。事也凑巧，次晨祭天时猝不及防发生了火灾，差点没把他烧死，转瞬间大雨冰雹又劈头而下，诸多变故交织一起，光宗自认"获罪于天"，吓得从此神经失常。

直到次年春天，光宗才勉强上殿听政，却经常目光呆滞，言行乖张。就这样，一个精神病患者恍恍惚惚君临天下达两年多，君权世袭制的荒谬绝伦无过于此。

二

每月四朝之日，光宗不赴北内重华宫已经司空见惯，其根由是太上皇不同意立嘉王为皇太子引起的，进而担心对自己也会废黜或加害。他对亲近侍从透露过这种疑虑：惟恐舜被父亲暗算的事情会再现，也忧虑唐明皇晚年猜疑肃宗的故事会重演，更担心春秋卫侯辄与世子蒯聩父子争国的悲剧会重新登场。然而，"军民籍籍，妄生谤议，转相倡和，无所不有"，政治谣言却开始孳生流传。

绍熙四年（1193）的太上皇生日那天，光宗仍拒绝过宫上寿。"外而居民，内而禁卫，上而缙绅，下而走隶，相顾叹息，形之言语"，谣言的范围迅速扩大。太学生也加入了进来，汪安仁 218 人赴登闻鼓院，投匦上书，请皇帝朝见太上皇；龚日章等百余太学生以为投匦太慢，准备策动伏阙上书。当政者担心太学生一卷入，将会"鼓众倡乱，事起叵测"，忧心忡忡之下，谏诤益趋激烈，光宗却依然故我。

十一月八日起，太阳呈现黑子，十日太白昼现。朝臣与都民便把天象与人事相联系，认为将有大变动。监察御史黄度上疏警告："太白昼见犯天关，其占主乱兵入宫。"光宗这才再朝重华宫。两天后黑子消失，"群氛消除"，谣言暂告消歇。绍熙五年正月初一，光宗自发病后首次升大庆殿，举行元日大朝会。

谁知新年一过，太上皇染疾，光宗疑心再起，再也不去北内探病。太上皇萌生到吴越某地"自泯其迹"的念头，与他的病危消息不胫而走，也把请愿活动逼上了高潮。听说光宗深居后宫饮酒燕游，却拒不过宫问安，有太学生散发了《拟行乐表》的游戏文章说，"周公欺我，愿焚《酒诰》于通衢；孔子空言，请束《孝经》于高阁"，辛辣讽刺了皇帝无德不孝的行径。

五月十五日，又是一月四朝的日子。市民们夹道伫候出朝北内的光宗车驾，但"迁延至午，禁卫饮恨，市廛军伍，谤诽籍籍"，军民们群情激愤。有史料勾画出流言与民心的前后变化："向也心自私怒，今也勃勃然怒形于色矣；向也口自私言，今也嚣嚣然传于道矣！"而据朝臣奏札披露："众而群臣，次而多士，次而六军，又次而百姓，家有家喙，市有市哄，莫不怨嗟流涕，疾视不平。"从"家喙"到"市哄"，谣言已经彻底公开化；传谣信谣的社会群体，不仅有官僚们与士大夫，而且波及军队，甚至深入老百姓中。临安（今浙江杭州）及其周边的州郡和戍军中充斥着离奇的谣言。都城之内，"居民摇动，迁徙太半。居城内者，则移居村落；居近郊者，则移居旁郡。富家竞藏金银，市价为之倍长。甚而两宫阁分囊橐，潜归私室，自谓乱衅只在目前"。连后宫妃嫔都打点细软送回娘家，应付即将可能发生的社会动乱。有人痛心疾首道："此皆乱世亡国气象！"

五月二十三日，起居舍人彭龟年再次上殿苦谏："我有忠言而不能上达，只有叩首龙墀，表明心迹。"说完匍匐在班位上以额击地，久扣不止，鲜血从他的额头渗出，渍红了甃甓与朝笏。光宗赖在后殿依旧无动于衷。弥留之际，太上皇已说不出话，却"数顾视左右"，希望能见到儿子。也不知此时的他，是否还认为老三"英武类己"。

一次次的过宫风波，演成了绍熙政局的连台本戏。那些在过宫风波中苦言直谏者，以那一时代的道德伦理去要求他们的君主，这种规范既是儒家政统合法性的础石之一，也是君主赖以治国平天下的根本准则。今天看来，对一个精神病患者苦言直谏，无乃无聊而滑稽。但症结在于：在君主世袭制下，一个精神病者不仅可以合理合法地君临天下；

而且臣民们唯认其君而不知其病，或虽知其病而讳言其疾，把一出中国版的《皇帝的新衣》，从讽刺剧改编为严肃的正剧，深刻揭露了君主专制政体的荒诞愚昧。

三

六月九日凌晨，重华宫送来了太上皇的讣闻。朝臣力请皇帝即刻过宫治丧。但直到日头西斜，光宗依旧闭宫不出。大丧无主之际，太皇太后吴氏（宋高宗皇后）传来御札，命宰执率百官赴重华宫发丧，对外却宣布皇帝有疾可在大内成服，以掩饰朝廷体面，平息朝野义愤。吴氏年已80岁，还能处变不惊。实际上，光宗并没有服丧，他不仅"起居服御，并如常时，视父之丧，如他人事"，而且"宴饮如故，宣唤俳优"。出于疑忌畏惧的病态心理，怕有人暗算，他"亲挟弧矢，欲以自防"，内心深处还以为太上皇之死妄不可信，说不定都是算计他的圈套。

史载，成服这夜白气贯天，占书认为主兵象。政治谣言再次蜂起，而且越传越离谱。宫中谣传说，太上皇今春召见过一个疯道僧，他开口就说："今年六月，好大雪啊！"有内侍嗤笑他疯癫，他睨了一眼道："你浑身是雪，还笑我狂？"这不，太上皇死在夏历六月九日，朝堂宫禁不都披缟着素了吗？民间也传说，早有算命者认为，孝宗生日称重华节，光宗生日称重明节，都非吉兆，"重"字拆开，只有二千日，这不，太上皇从内禅到大行，不正合其数吗？中外流言汹汹：或说某将奔赴来朝，或说某军私相聚哭。"朝士有潜遁者，近幸富人，竞匿重器，都人皇皇"。

这种乱象危局倘若继续下去，大有可能"一夫鼓倡，指目问罪，大义所迫，千百从之，顷刻之间，人心瓦解，覆亡祸变，倏在目前"。实际上，祸变已在酝酿中：京口诸军跃跃欲动；襄阳士人陈应祥准备了数千缗巾，联络兵民，"结约已定"，拟代皇帝为太上皇执丧，后因内禅诏书颁到才偃旗息鼓，竟被指控谋逆而悉遭诛杀。

四

在叶适等朝臣的建言下，宰相留正上札子说："皇子嘉王应早正储位，安定人心。"光宗看了上书，脸色陡变道："储位不能预建，一建就会取代我。我要你明白：这种建议是谬妄的！"过了六天，留正再请建储，光宗却批道："甚好。"次日，宰执拟就立太子的札子，光宗御批："依。付学士院降诏。"不料当晚他却另封御札给留正，上书八字："历事岁久，念欲退闲。"皇帝白天同意立皇太子，而晚上却说"退闲"，让留正大惑不解而无所适从。

官宦未显前，留正曾算过一卦，预卜流年，说他年至甲寅有"兔伏草、鸡自焚"的凶象。当时不知所云，现在恍然大悟：今年是甲寅年，皇帝卯年所生，属兔，"念欲退闲"，岂非隐含"兔伏草"之意；自己酉年所生，属鸡，难道"鸡自焚"之象，真要应验在身吗？他恰巧在上殿时扭伤了脚踝，更坚信流年不利，拿定了走为上计。七月二日，留正上朝时佯仆倒地，借机归第，五更时分，上表乞请致仕，等不及皇帝的允准，更顾不得明天是太上皇大祥之日，乘上肩舆，连夜出京。

危急关头，宰相宵遁，朝臣与都民无不骇愕。工部尚书赵彦逾对知枢密院事赵汝愚说："听说皇帝有御笔，何不就立嘉王？"一旁的讲读官转述市井流言："外间传嘉王出判福州，许国公判明州。还听说三军士庶都推戴相公主持这件大事。"赵汝愚吃惊道："日前有立储之请，尚且担心皇帝不高兴。这内禅事谁敢承当？"赵彦逾道："上天付这一段事业给知院，岂可迟疑不决？"赵汝愚自觉任重，脱口而出："是啊！几天前梦见孝宗授我汤鼎，背负白龙升天。"庆元党禁时，这句话却成为其政敌诬陷他的罪名。

五

　　知阁门事韩侂胄是太皇太后吴氏的外甥，其妻还是吴氏的侄女。赵汝愚通过韩侂胄的关系，获得了太皇太后对拥立新君的首肯。赵汝愚函告起居舍人兼嘉王府直讲彭龟年：明日是除去丧服的日子，嘉王不能不到。次日嘉王赵扩由彭龟年陪同，在军队的护卫下，首先来到北内。许国公赵抦也来了。他早听说自己有可能位登九五，太上皇内禅不久，就传出了由他承继大统的说法。宋代习俗，皇太子一旦在大内即位，市民可以进入他的潜邸，见到什么都可以取归己有，时称"扫阁"。今晨出发前，许国公已预作防备，以免扫阁时损失太多。

　　接着，事先策划好的内禅戏依次过场。太皇太后命赵汝愚宣布诏旨："皇帝因病至今未能执丧，曾有御笔，'自欲退闲'。皇子嘉王扩可即皇帝位。尊皇帝为太上皇帝，皇后为太上皇后。"内侍扶掖着嘉王入帘内，只见他泪流满面，退避不已。太皇太后也放声恸哭，泣不成声。稍停，她对许国公说："外间议论都说立你，我考虑万事应该从长。嘉王比你年长，且教他做，他做了，你再做。自有祖宗例。"太皇太后再次指定了下一轮的皇位继承人。嘉王惊惶欲走，被韩侂胄扶持住，便连声大喊："告大妈妈，臣做不得，做不得！"

　　太皇太后取出黄袍说："我来给他穿上！"嘉王绕着殿柱逃避不止。太皇太后喝令他站定，数说道："我见你公公（指高宗），又见你大爹爹（指孝宗），见你爷（指光宗），今天却见你这模样！"说着，眼泪又不住地流了下来。她称得上是一部南宋史的见证人，高宗、孝宗、光宗做皇帝，她都看在眼里，没想到皇位危机竟然折腾到这步田地。嘉王见太皇太后发怒，知道她主意已决，无可违逆，只得披上黄袍，机械地拜个不停，嘴里仍喃喃道："做不得，做不得！"

　　韩侂胄等夹扶着嘉王走到素幄前，传太皇太后谕旨，让赵汝愚等大臣劝进。嘉王还自言自语："我无罪。恐负不孝之名。"赵汝愚道："天子应以安社稷、定国家为孝。现在中外人人忧乱，万一有变，将置太上皇何地？还称得上孝吗？"好说歹说，他这才收起双泪，侧身就御座之半。赵汝愚已率朝大臣跪拜新君，他就是宋宁宗。

一场太上皇缺席，新皇帝勉强的内禅大礼草草收场。南宋高、孝、光、宁四朝，内禅倒有三次，历史似乎一再重复，却一代不如一代。比起绍兴、淳熙的两朝内禅来，绍熙内禅从策划到行仪，都在流言汹汹与人心惶惶中进行，完全是迫不得已情势下的皇位更迭。这一事件不啻是一种象征，意味着从此以后的南宋王朝，连淳熙内禅时那种表面涂饰的人君之德和升平之象都一去不再。只有嘉王府被都民扫阁一空，算是为绍熙内禅添上了一个闹哄哄的尾声。

嘉王原已治装准备出判福州，连做皇帝的心理准备都没有。这位才具庸弱的南宋第四代君主，即位不久，就在韩侂胄的蛊惑下，罗织了庆元党禁，铸就了南宋政治史大逆转的拐点。

大逆转

——从新政到党禁

淳熙十六年（1189），宋孝宗传位儿子光宗，这位南宋第二代皇帝也步宋高宗的后尘，做上了第二代太上皇。谁知宋光宗即位不到三年，就患上了精神病。在专制政体下，既然不能说皇帝没穿新衣，当然更不能说他脑筋有毛病。于是，第三代皇帝继续君临天下，充分凸显了君主世袭制荒谬绝伦的那一面。绍熙五年（1194）六月，太上皇驾崩，光宗却越发疑神疑鬼，拒绝出主大丧，上演了君主制下前所罕见的人伦闹剧。在参知政事赵汝愚与知阁门事韩侂胄的敦请下，由太皇太后吴氏决策并主持，尊这位"疯皇"为第三代太上皇（南宋无愧为盛产太上皇的朝代），拥立其唯一的儿子为宁宗，总算暂时化解了皇权传承危机，史称"绍熙内禅"。

一

八月，新君任命宗室出身的赵汝愚为右丞相。为防范宗室之尊与相权之重相结合以威胁君权，宋代有"同姓可封王不拜相"的家法，但宁宗其时真心倚任赵汝愚，命他不必顾忌"同姓之嫌"。

入掌中枢前十年间，赵汝愚历任数郡，亲有闻见，深感赵宋王朝"如大厦然，岁月深矣"，"栋挠梁折，曾风雨之不庇"，而"兴滞补弊，正有赖于今日"。新皇帝即位不久就征召他所推荐的大儒朱熹入朝，朝中还有陈傅良、彭龟年、叶适等正直之士，也足以共事而图治。既然屡辞不获，赵汝愚便受命为相。以他为政治领袖，以朱熹为精神领袖，"众贤盈庭，人称为小元祐"，似乎真透露出那么一点治世的气象。

赵汝愚先从吏治入手，请皇帝颁诏诸路，强调自今"郡邑文武任职之臣，廉必闻，污必纠，毋惮大吏，毋纵私昵"，在全国倡廉肃贪，以期"州县无不治"。在中央官吏任命上，一是延揽在外人才入朝，担任馆阁清贵之职，作为推进改革的得力助手；二是恢复侍从推荐台谏的旧制，防止君主因知人不明而直除失当，确保监察系统的生命力。

尽管多出于赵汝愚、朱熹等人的建议与影响，宁宗初政倒也有善可称。他向治心切，诏求直言："事关朝政，虑及边防，应天之实何先，安民之务何急？毋惮大吏，毋讳眇躬。傥有补于国家，当优加于赏赉！"他还悉数罢遣光宗召入大内的乐人、俳优与伶官，贬窜了干乱绍熙朝政的那些宦官。

当然，对宁宗初政不能估计过高；即便赵汝愚的改革，也还未见有庆历新政那样的总纲领和大举措出台。尽管如此，还是"海内引领，以观新政"。而赵汝愚也"锐意庆历、元祐故事"，有自信成就范仲淹、司马光那样的相业。闰十月，在他的建议下，宁宗下诏改明年为庆元元年，改元诏书充满了对庆历、元祐之治的无限向往："亲君子，远小人，庆历、元祐之所以尊朝廷也；省刑罚，薄税敛，庆历、元祐之所以惠天下也。朕幸业承祖武，而敢一日忘此乎？掇取美号，于以纪元。"

二

在绍熙内禅中，除去太皇太后，赵汝愚以首席执政主其事，韩侂胄在内外朝间穿针引线，另一位宗室朝臣赵彦逾也参预了决策。新君推恩时，赵汝愚对赵彦逾说："我辈宗臣，不当言功。"对韩侂胄则说："我是宗室之臣，你是外戚之臣，怎么可以论功？"韩侂胄仅升为枢密都承旨，只是枢密院属下执掌传达皇帝密命的从五品武臣。朱熹与叶适都曾提醒过："侂胄怨望殊甚，宜以厚赏酬其劳，处以大藩，出之于外，勿使预政，以防后患。"但史称赵汝愚"为相，尤重惜名器，不以朝廷官爵曲徇人情"。然而，人心吏风已非庆历所能比，这种正直招来的唯有嗜进者的嫉恨怨望。人们可以说赵汝愚不通权变，以己律人，"忠有余而智不足"，却不能不肯定他为人之正、为政之直。

与赵汝愚较量时，韩侂胄有两个优势。其一，他是宁宗韩皇后的外族。在外戚与宗室之间选择时，君主往往认为，对皇位的威胁，同姓宗室要比异姓外戚来得直接切近，多亲外戚而忌宗室。其二，韩侂胄知阁门事与枢密都承旨等职，"获联肺腑，久侍禁密"，比宰相更有接近皇帝、交通内廷之便；而宁宗往往绕过颁诏的正常程序，好用内批御笔，更令其有染指之便。

膨胀的权位欲与失衡的报复心，驱使韩侂胄决意挑起政争。他首先假借御笔，汲引台谏，让党羽谢深甫为御史中丞，死党刘德秀为监察御史。宋代台谏拥有议政与弹劾的双重权力，为左右舆论，打击异己，政争双方都势必借重其力。不久，韩党鱼贯而进，言路已占先手。

岁末，赵彦逾出朝外任，眼见执政梦断，便投入了反赵派营垒。殿辞时，他递上一张名单，对宁宗说："老奴今去，不惜为陛下言，此皆汝愚之党。"赵彦逾和赵汝愚都是宗室，同为定策者，他的诬陷很有杀伤力。

朱熹作为改革派的灵魂，还是给皇帝上课的经筵讲官，这让韩侂胄深感其威胁近在咫尺，便处心积虑地煽动宁宗对他的反感，再借御笔罢免了他的经筵官，打发他回家。赵汝愚获知，袖还御笔，不惜以自求罢相为谏请，想让皇帝收回成命。宁宗怒气愈盛，认定他为助朱熹竟拒行君命。

罢免朱熹，是韩党向革新派正面攻击的开始，顿时激起轩然大波。吏部侍郎彭龟年当面向宁宗表态，"与侂胄不能两立"。宁宗两难，韩侂胄是其皇后外戚，彭龟年是其东宫师保，便打算将双方都罢免。赵汝愚没能当机立断促成此议（以牺牲彭龟年为代价，换得斥逐韩侂胄出朝，在策略上不无可取），却建议让韩侂胄提举在京宫观，彭龟年依旧供职，坐失逐韩的唯一良机。宁宗采纳其议，但经韩侂胄活动付出的内批，却是韩侂胄与在京宫观，彭龟年出任地方。赵汝愚再请挽留彭龟年，宁宗已无商量的余地。韩侂胄名义上提举宫观闲差，实际上却左右了皇帝，经其授意，宰执班子做了重大调整，赵汝愚在其中已孤掌难鸣。

岁末年初，针对赵汝愚的流言沸沸扬扬，诸如内禅前"三军士庶准备拥戴赵相公（指赵汝愚）"；太学传言"郎君不令"（指宁宗不聪慧），太学生上书请尊赵汝愚为伯父，等等。庆元元年（1195）二月，赵汝愚自知已无可能施展抱负，正欲辞相，右正言李沐罗织各种谣言呈上弹劾状，说赵汝愚以"同姓居相位，非祖宗典故；方太上圣体不康之时，欲行周公故事，倚虚声，植私党，以定策自居，专功自恣"。得知自己被劾，赵汝愚按例待罪，乞请罢政。宁宗将风闻到的谣传与赵彦逾出朝前的诬告一联系，彻底倒向了韩侂胄，下诏将赵汝愚罢相。

这次政争，尽管韩是外戚，赵是宗室，却并不具有外戚与宗室之争的性质。韩侂胄只是揪住政敌的特殊身份，作为打击借口而已。这一口实在宁宗的转向上也起了决定性作用。即便"不令"，他的猜防之心却不弱，与皇位的威胁相比，一度标榜的"庆元新政"早就置之脑后。

三

赵汝愚罢相，朝野的反响异乎寻常，拥赵的呼声之强烈，声势之浩大，为韩侂胄始料所未及。太府寺丞吕祖俭率先上封事，警告宁宗"政权将归于幸门"："臣恐自是而后，天下或有当言之事，必将相视以为戒。钳口结舌之风一成而未易反，是岂国家之利耶？"上书以后，这位"触群小而蹈祸机"的无畏志士，坦然踏上流放之路，次年在贬所去世。

韩侂胄竭尽恫吓之能事，但防民之口难于防川。就在吕祖俭被贬后三天，太学生杨宏中对同学说："师长能辩大臣之冤，而学生不能留师长之去，于义安乎？"他倡议叩阍上书，太学生周端朝、张道、林仲麟、蒋傅、徐范等自愿加入。蒋傅起草了一篇正气凛然的上书，六人连袂署名。当夜韩侂胄侦知，扬言将处重罪。友人劝徐范不要卷入，他慨然道："既已具名，还有什么可改变的！"次日，杨宏中等六人毅然伏阙上书，其中说道：自古国家祸乱，唯小人中伤君子。党锢敝汉，朋党乱唐，大率由此。元祐以来，邪正交攻，卒成靖康之变，臣子所不忍言，陛下所不忍闻。谏官李沐，诬论前相赵汝愚将不利于陛下，蒙蔽天听，一至于此！陛下若不亟悟，渐成孤立，后悔莫及。

上书递进，如泥牛入海。学生们便将副本散发各侍从、台谏。据《四朝闻见录》，韩侂胄尽管大怒，"欲斩其为首者"，但"犹不敢杀士，故欲以计杀之"，让宁宗下诏，以"妄乱上书，扇摇国是"罪将六人各送500里外编管。中书舍人邓驲缴还诏旨，上书援救说："国家自建太学以来，累朝对上书言事的学生天覆海涵，从不加罪。最重不过押归本贯或他州听读而已。"这才改为"听读"（在监控下继续学业）。新知临安府钱象祖也是韩党，连夜逮捕了这些学生，强行押送贬所。

太学生上书是公道人心的又一次呐喊，其浩然正气与无畏勇气赢得了世人的钦敬，誉之为"庆元六君子"。宋代"自靖康以来，国有大事，诸生叩阍伏阙，不惮危言，累圣优容，类多听纳。间虽暂为权奸所抑，要之以久，公论未尝不伸"。

在韩侂胄唆使下，刘德秀上疏诬道学为"伪学"，要求对在朝士大夫"考核真伪，以辨邪正"，把思想上的所谓"真伪"之别和党争中的所谓"邪正"之分硬扯在一起，为打击政敌制造罪名。御史中丞何澹见刘德秀着了先鞭，也奏请禁道学，请"明诏大臣，去其所当去者"，即在甄别基础上对朝臣来次大清洗，以此一网打尽赵汝愚、朱熹门下的知名之士。

对赵汝愚的谣言也越造越离奇，说他准备挟持太上皇赴绍兴，称绍熙皇帝。即位时，宁宗已"恐负不孝之名"，与太上皇尽管父子，但对赵汝愚欲复辟绍熙皇帝，难免有微妙的疑忌之心。赵汝愚终于被安置永州（今湖南零陵），"安置"是宋代对犯罪官员指定居住地，并相对限制其自由的处罚措施。

踏上贬途前，赵汝愚对家人说："韩侂胄之意，必欲杀我。我死，你们还可免祸。"路上，他有点病渴，医生以为热症，误投以寒剂。舟过潇湘，赵汝愚伫立船头，思绪如潮，望着飞雪远山，外感了风寒，寒气表里交侵。庆元二年正月，行至衡州（今湖南衡阳），他病已不轻，州守钱鍪承风希旨，对他百般窘辱。赵汝愚服药暴死，一说他的药里放入了冰脑，是服毒身亡的。

四

灵车载着赵汝愚棺柩，归其故里余干（今江西余干西北）安葬，所经之地，父老都在道旁焚香泣拜。萍乡全城的老百姓用竹枝把纸钱挑挂门前，灵车行经时便焚化纸钱，整个萍乡城为之烟焰蔽空。甚至远在四川、福建的"深山穷谷，寡妇稚子闻讣莫不愤叹，以至流涕"。

讣闻传到临安，正直人士不顾高压淫威，"多为挽章，私相吊哭，至大书揭于都城观阙之上"。大内宫墙外与行在城门下，几乎每天都有悼念诗文张贴出来。韩党打算镇压，却苦于抓不到作者。这些匿名诗文大多出自太学生之手，流传最广的是太学生敖陶孙在临安酒楼上的一首题诗：

> 左手旋乾右转坤，如何群小恣流言？
> 狼胡无地居姬旦，鱼腹终天吊屈原。
> 一死固知公所欠，孤忠幸有史长存。
> 九原若遇韩忠献，休说渠家末代孙！

诗篇肯定赵汝愚扭转危局的定策之功，将其比作辅佐成王的周公，被怀王贬逐的屈原，末联痛斥韩侂胄将无颜面去见其先祖——北宋名臣韩忠献公韩琦。

即便在政治高压下，老百姓心中也有杆秤。在这场政争中，公道人心明显左祖赵汝愚。尽管他执政才两年，入相仅六月，"独能奋不虑身，定大计于顷刻"，使南宋渡过了一次君权嬗传的严重危机；他志在更革弊政，"收召明德之士，以辅宁宗之新政，天下翕然望治"。他虽然还来不及成就庆历元祐式的经世事业，朝野人心却能辨别出他与韩侂胄在从政为人上的根本差异，而寄厚望于他。尤其在经历了其后的韩侂胄专政与史弥远专政，都认为"汝愚不死，事固未可知也"。

五

赵汝愚归葬以后，党禁还在加码。韩党先是要求官员迁转、学生科考时必须具结表态"如是伪学者，甘伏朝典"；继而又将"伪党"升格为"逆党"，把思想政治上的分歧推上忠逆之辨的最高审判台。让政敌难逃诛心和诛身的双重判决，是中国专制政体下迫害反对派的惯伎。最后，韩党出笼了一张"伪学逆党"的黑名单，列名其中的59人，虽有不少道学家，但约三分之一的人与所谓道学绝无关系，无非曾直接或间接地触怒过韩侂胄或其党徒。

直到嘉泰二年（1202），长达八年的酷烈党禁才基本解冻，却已对南宋后期历史产生了极其严重的负面影响。

其前的宋代党争，大都限制在政见之争的范围内。庆元党禁的发动者使党争以道学之争的表象出现，对政敌所主张的道德规范、价值观念与行为方式，在歪曲丑化的前提下借政权的力量予以全面声讨与彻底扫荡，而所指向的正是士大夫长久以来借以安身立命的东西。于是，几乎所有的是非从此颠倒，随之而来，在一般士大夫中引起了普遍的价值危机与道德失范。不仅庆历元祐间"以天下为己任"的那种风尚荡然无存，即便与绍熙以前的政风士风也不可同日而语。"绍熙之前，一时风俗之好尚，为士者喜言时政，为吏者喜立功名"；自庆元党禁后，"世俗毁方为圆，变真为佞，而流风之弊有不可胜言者矣"。

问题还不止于此。在党禁方兴之时，宋宁宗尽管暗弱无能，却代表着专制君权，正是他的最终转向，致使位仅从五品的韩侂胄在与宰相赵汝愚的党争中站在了上风，占尽了先机。其后六七年间，宋宁宗听任韩侂胄倒行逆施，为所欲为，专断朝政，排斥政敌，走上了权臣之路。及至党禁松动之日，其权臣之势却已如日中天，不可摇撼。"君子之脉既削，小人之势遂成"，而韩侂胄擅权不过是南宋后期接踵而至的权相专政的开端。从这一意义上，说庆元党禁是南宋历史大逆转的拐点，也毫不为过。

说说韩侂胄的"有以国毙"

　　韩侂胄是南宋宁宗朝权臣，为打击政敌，他以"伪学逆党"罪对赵汝愚为首的体制自救派严加整肃与迫害，史称"庆元党禁"。党禁长达八年才弛解，却失尽了朝野人心。与党禁同步的权臣专政也招致一片反对声，大有可能随党禁松动而加剧。怎样才能保住既得权位，有人劝他"立盖世功名以自固"。而"盖世奇功"莫过于兑现几代人的恢复梦，他觉得北伐是个好主意：既能转移反对派的注意力，也能为自己专断朝政赢得傲人的资本，非议之声或会随之消歇。于是，他草率地把奇想付诸行动。

　　辛弃疾毕生期待恢复，却在北伐呼之欲出时理性表示：倘若用兵，前期备战"更须二十年"；草率出师，只能"赢得仓皇北顾"。丘崈颇有将略，也主张恢复，韩侂胄拉其共取功名，他却拒绝合作，并直言提醒："兵凶战危，胜负未知。一定有夸诞贪进之徒，侥幸以求万一。"丘崈没有点名，但知阁门事苏师旦正是这样的贪进之徒，他迎合韩侂胄用兵，进拜节度使，背地里却定价贿卖将帅之职。以如此军队仓促北伐，尚未开战就败局已定。北伐前夕，有人把南宋譬为一条行驶了八十年的船，外观看似坚固，实质到处纰漏，"苟安旦夕，犹惧覆败"。但韩侂胄罔顾异议，刚愎自用，执意驾着这艘漏船疾驶向战争的狂澜。

开禧二年（1206）四月，宋军三路出击。东路军先发制人，一举克复泗州。次月，韩侂胄让皇帝发表北伐诏，以国家名义宣布："天道好还，盖中国有必伸之理；人心助顺，虽匹夫无不报之仇。"但东路军随即因内部倾轧而溃败宿州；中路统帅皇甫斌纸上谈兵，也数战不利；西路统帅吴曦更心怀叵测，不久便叛宋降金。开打不久，宋军就全线崩溃，转攻为守。韩侂胄这才明白，他梦想"盖世功名"，倚用的都是怎样的酒囊饭袋，乃至乱臣贼子。他敦请丘崈出山，主持东路主战场，力图收拾败局。十月，金军由战略防御转为战略进攻，很快逼近长江防线，宋军左支右绌，全面挨打。见战局和舆论日渐不利，韩侂胄这才"自悔失图"，"盖世奇功"原非想象那样可以手到擒来。据《四朝闻见录》，他一筹莫展，"为之须鬓俱白"，竟然愁白了头发。在一次御宴演出上，优伶看似失手实则有意将果桌上生菱打翻在地，一人忙说："不好，不好，坏了许多生菱（生灵）！"以谐音讥抨韩侂胄轻率用兵，涂炭生灵。

金军尽管占了上风，但战争代价毕竟沉重，便释放出和谈意向。韩侂胄误认为，只要宋朝提出议和，金朝就会不附条件地欣然接受。岂料对方掌握着战争主动权，开价便十分苛刻：南宋必须称臣割地，岁增贡币，缚送开战首谋，首谋更直指韩侂胄。为有利谈判，丘崈建议在和谈公文上韩侂胄暂不署名，一下惹毛了他，便撸去了丘崈之职，悻悻道："天下难道只有一个丘崈吗？"

接获南宋"不复以和为意"的情报，金军统帅挟战胜之余威，有意张扬将率师亲取襄阳。韩侂胄大为恐惧，担心上流屏障一失，南宋将岌岌可危，被迫折回谈判桌前。他在全国招募和谈使臣，好不容易有萧山县丞方信孺临危受命。但战败国无外交，方信孺尽管发挥了智勇兼具的外交才华，仍不得不带着敌国的底价回朝覆命：

"金国要求五件事：割两淮，第一；增岁币，第二；犒军，第三；索还被俘者与归正人，第四；至于第五么，我不敢说！"

韩侂胄厉声追问："若不说，朝廷将有行遣！"

他这才慢悠悠道："欲得太师头罢了。"韩侂胄怒不可遏，诟詈方信孺，随即将其夺官贬居。

再度激怒的韩侂胄"复锐意用兵"。他再让宋宁宗颁诏天下：和议之所以未达成，乃金国"多要索之故"，将责任推给对方；至于后续应对，则说"凡我和战，视敌从违"，承认主动权全在敌国之手。与去年北伐诏高调张扬"兵出有名，师直为壮"相对照，不啻构成极大的反讽。韩侂胄不愿以自家头颅充当议和筹码，再次中断议和，发狠话说："有以国毙！"用现在话说就是：不惜以国家为代价与对方同归于尽。

这一决定，与前年贸然北伐一样，都出自轻率与任性；随即引起了朝廷上下对国家命运与自身前途的极度惶恐，"常若祸在旦暮"。其时，有位贬黜家居的官员分析说："今日欲安民，非息兵不可；欲息兵，非去侂胄不可！"（《宋史·林大中传》）这一分析，大体反映了朝臣对局势的共识：以韩侂胄的主政能力与南宋将士的实战素质，倘若继续与金朝战争，后果殊难预料，议和不失为最现实的选项；但权相却断然将国家与人民都绑上战车死磕到底，已成为宋金和议的最大障碍；庸暗软弱的宋宁宗素无主见，内外大政一贯听韩侂胄的，当然不可能主动将其罢免。在这种困局下，内廷杨皇后与朝臣史弥远终于联手，发动了宫廷政变，诛杀了韩侂胄。南宋继续与金和谈，最终仍以函首韩侂胄为代价之一，换取了嘉定和议。

这里暂不展开诛韩政变的过程与嘉定和议的评价（详见拙著《南宋行暮》，上海人民出版社 2018 年），只讨论韩侂胄在开禧北伐中的是非责任。

作为朝政的实际决策者，开禧北伐当然是权相韩侂胄拍板的。从始发动机看，韩侂胄纯粹"患失之心生，立功之念起"，企图借北伐"立盖世功名以自固"。为把私欲堂皇地包装成义举，他利用民族感情，鼓吹恢复情结，最终让国家与军民为其私欲埋单，而全不思量先哲告诫："兵者不祥之器，非君子之器，不得已而用之。"（《老子》）"兵者，国之大事，死生之地，存亡之道，不可不察。"（《孙子》）总之，开禧北伐只是韩侂胄为确保其专政权力而作出的私利性决策。

从大势判断看，且不论韩侂胄从未认识到，借由绍兴和议与隆兴和议，宋金双方已确立了地缘政治的平衡态势，任何一方暂时都不具备打破这一平衡的实力。即便对敌我双方的综合实力与基本国情，他也偏听偏信，只听夸大金国危机的情报，对当时金章宗"治平日久，宇内小康"的敌国形势却视而不见。对自身存在问题，他不是闭目塞听，就是懵然无知：缺乏强大而足额的骑兵与女真抗衡；将领不知军政，不治军旅，只知聚敛财贿，刻剥部下；兵士缺额严重，冒名顶替，缺乏训练，斗志涣散，等等。惟其如此，晚宋学者吕中认为：决策北伐完全是"不度事势，妄启兵端"。

开禧北伐开始以后，作为实际主政者，韩侂胄的全部措置显得乖张而任性。且不说诸路主帅多所用非人，致使开战不久就全线败衄。其后，面临和战抉择时，纵观韩侂胄，欲战却容不得丘崈，欲和也不善待方信孺，致使战既不成，和也不得。至于和战大计，他更是放纵情绪而摇摆不定，直到最后固执"有以国毙"，无不都是情绪化举动。所谓"有以国毙"，更是他作为实际主政者对国家与民族极不负责的妄言。近代外交家顾维钧说过："一个民族，一个国家，是子孙万代的事。……个人还可以'玉碎'，一个民族，是'玉碎'不得的。"即以儒家文化强调"民为贵，社稷次之，君为轻"的立论，君主也不应捆绑生民（人民）与社稷（国家），不惜一切代价来为其"玉碎"。即此而论，韩侂胄"有以国毙"，也确如宋元之际周密所论："任情妄动，自取诛戮。"

最后，从北伐后果看，由于韩侂胄轻率决策与乖张应对，将国运与生灵压在毫无胜算的一场战争豪赌上，其破坏是惨烈的，后果是严重的。十年之后，痛定思痛，一个叫程珌的士人概括了这次北伐的负面影响："百年教养之兵一日而溃，百年葺治之器一日而散，百年公私之盖藏一日而空，百年中原之人心一日而失。"

在中国历史上，凡事关恢复与统一的战争，总不乏民族情绪与社会基础的支持。韩侂胄正是利用了这一点，出于专政固位的私欲计算，却以国家的名义把人民拖入一场战争，他的"不度事势"，"无谋浪战"，既开启了南宋折入衰世的加速度，也锁定了自身走向覆灭的倒计时。

政变老手史弥远

　　宫廷政变，从动机到手段都有见不得人的地方，即便政变成功，也很少有大肆张扬的主儿，故而内幕往往隐秘。这就越发吊起后人的胃口。后人之中，一种是政治家，例如林彪，据说当年就对政变经特有兴趣，虽然最后还是玩完，那只是他火候还不到家。不过，以政变手段上台的政治家，一般都出在专制集权国家；还没听说过美国立国二百多年来有靠政变上台的总统，这里的制度原因大可推求。另一种人，纯粹出于好奇心（说得不雅，就是窥探癖），历史学者与小民百姓都难免有这点私好。

　　宋代比较讲礼义道德，政变不像其前的魏晋南北朝与隋唐五代那样频繁，好不容易有一个斧声烛影，宋太宗一上台，就把蛛丝马迹也打扫得干净利索，只留下一团谜。不过，南宋宁宗朝还是有过两次宫廷政变，策动者居然都是史弥远。

一

　　史弥远第一次宫廷政变是冲着权相韩侂胄来的。开禧二年

（1206），韩侂胄贸然发动开禧北伐，却一败涂地。获悉金朝议和的先决条件是以他的头颅为代价，韩侂胄恼怒之下声称"有以国毙"，准备把整个国家绑在战车上同归于尽。在选择和战成为头等大事的形势下，宁宗杨皇后本来就在立后时与韩侂胄有过节，因而力主对金议和而决心除掉他。她捏准了宋宁宗软弱游移而懵懂颠顶的生性特点，认为只要既成事实，就能迫使皇帝认可。杨皇后选中礼部侍郎史弥远作为外朝的同盟者，他是宁宗皇子赵曮的老师。赵曮在他的影响下，也对开禧北伐持反对立场，正好起联络内外朝的作用。

开禧三年（1207）11月20日前后，政变正式启动。一开始，史弥远并没有起杀心。其死党张镃是大将张俊之孙，建议说："誓不两立，不如杀了他，以绝后患！"史弥远听了，抚案叹道："不愧是将种！我决心下了。"

23日，杨皇后亲自准备好御笔："已降御笔付三省：韩侂胄已与在外宫观，日下出国门。仰殿前司差兵士三十人防护，不许疏失。"宁宗大权旁落，御笔原出韩侂胄之手，近来却渐由杨皇后代笔，政变者得以上下其手。

政变的同谋钱象祖是参知政事，看了御笔，打算奏准宁宗再举事。史弥远不同意，尽管他还不是执政，但地位特殊，钱象祖还得听他的。钱象祖找到了殿帅夏震，让他诛杀韩侂胄。这位皇城最高统兵官面露难色，直到出示了御笔，他才表态："君命，自当效死！"

这天恰是韩府得宠的三夫人生日，乱哄哄闹到次日凌晨五更，韩侂胄才上车去早朝。殿前司将领夏挺早奉殿帅之命在太庙前邀截侂胄的坐车，告诉他说："有御笔：太师罢平章事，即日押出国门！"韩侂胄大惊失色说："御笔应由我发。有旨，我为什么不知道，一定是假的！"全副武装的士兵裹挟着他折向六部桥，与等候在那里的另一将领郑发及其300士卒会合，出候潮门，折入南面玉津园磨刀坑的夹墙甬道。韩侂胄知道凶多吉少，大声喝道："何得无礼大臣！"郑发叱道："你这国贼!"说着举起铁鞭,猛击他的下部,一鞭将其毙命,驰报夏震。

在韩侂胄被押往玉津园时,宁宗还没上朝,杨皇后向他透露: 今天将对韩侂胄采取行动,现已押往玉津园了。宁宗一听,立即用笺条批示殿前司:"前往追回韩太师。"杨皇后一把夺过笺条,哭诉起来: "他要废我与儿子,又杀两国百万生灵!"她进而要挟:"若欲追回他,我请先死!"宁宗只得表示不再坚持追回韩侂胄。不过,他此时仍不知道韩侂胄已经死到临头。"不是持笺能力阻,玉津园外已回车。" 这两句诗说出了杨皇后在诛韩中的关键作用,也从另一角度证明: 专制政权的运作过程往往会有许多偶然的非程序因素在起支配作用。

就在24日政变成功的当天,皇子赵曮再次上奏宁宗,列述韩侂胄擅启兵端的严重后果,请求罢其平章军国事,给予在外宫观,命日下出国门。从上奏看,赵曮虽在政变前起过传递消息的重要作用,但对韩侂胄已死却一无所知。于是,宁宗同意皇子的建议,颁诏作为对杨皇后昨日矫诏御笔的追认:"韩侂胄……可罢平章军国事,与在外宫观。陈自强阿附充位,不恤国事,可罢右丞相,日下出国门。"在《宋史·宁宗纪》《宋史全文》《两朝纲目备要》等史书里,这一真御批都与杨皇后的矫诏御笔混而为一,系于夏历十一月二日甲戌(公历 11 月 23 日),掩盖了史弥远、杨皇后背君诛韩的真相;只有叶绍翁的《四朝闻见录》明确系于十一月三日(公历 11 月 24 日)圣旨,才是揭明事实的。《宋史全文》说,"皇子荣王(即赵曮)入奏遂有此旨",则皇子入奏不可能晚于 24 日。

25日,根据上述诏书草拟罢职制词,在指责韩侂胄后,仍表示"欲存大体,姑畀真祠",即"依前太师、永兴军节度使、平原郡王,特授醴泉观使,在外任便居住,食邑实封如故"。从这份制词可知,宁宗这时并不认为韩侂胄已被处死,对他仍怀有好感,故而处分也手下留情。

史弥远以杨皇后交出的"御笔"杀了韩侂胄,按例"自当显言之",但政变发动者不想因此背上矫诏的罪名。既然庸愤的宁宗不相信韩侂胄已被处死，"犹未悟其误国"，史弥远也摸透了皇帝为人理政的致命弱点，"因佥书讽台谏给舍"，在短短几天内连珠炮似地上奏抨击韩侂胄，借所谓公论迫使宁宗转变态度。于是，就出现了咄咄怪事，从24日到28日整整五天里，政变的合谋者卫泾、王居安、雷孝友等台谏、侍从的上奏，都置韩侂胄被诛的事实于不顾，依然煞有介事一再奏请将已死的韩侂胄或"重赐贬窜"，或"明正典刑"，或"显形诛戮"。这种公然愚弄人主的举动，显然出自史弥远别有用心的操纵与安排，在宋代历史上是绝无仅有的。

《宋史·宁宗纪》开禧三年十一月乙亥（24日）说，"以诛韩侂胄诏天下"，应是史弥远专政后篡改国史、掩盖真相的记录。实际上，上引这天诏书只说韩侂胄"可罢平章军国事"，并无一字涉及其诛死，这一诏书后来又被歪曲系在十一月甲戌（23日）之下。《两朝纲目备要》十一月乙亥条"以罢逐侂胄意诏天下"，虽较近事实，但下引诏书却是丁丑（26日）的自责诏。至于宋代以后史书记载宁宗对史、杨诛韩是知道并同意的，显然都失于考证。

于是，24日以后几天，宁宗颁布的诏书，就与史实发生了严重出入。24日，宁宗对已死的韩侂胄颁布了罢政制词，还"特授醴泉观使，在外任便居住"。次日因卫泾弹劾，26日，宁宗又下诏责授韩侂胄为和州团练副使，郴州安置。这天，宁宗还向天下诏告了"贬逐"韩侂胄事。因给事中雷孝友封还录黄，27日，宁宗再下诏，令将韩侂胄改送英德府安置。诏书宣布不久，左司谏王居安又上奏劾论，请将韩侂胄财产业尽行籍没，专供战备之用。宁宗就重新下诏，命韩侂胄除名勒停，送吉阳军，籍没家财。在直到28日，宁宗才相信韩侂胄确已诛杀，下诏承认"奸臣擅朝""今既窜殛"云云。那么，此前四天诏书对韩侂胄的所有处理，岂非活见鬼！

这次政变的整个过程并不复杂。但宁宗认定韩侂胄只是被杨皇后以御笔罢免了相位，押出了国门，据《四朝闻见录》记载，他对钱象祖奏报韩侂胄已被诛殛的消息"愕然不信",其后好几天内仍"未悟其死"。而政变发动者以为其君可欺,有意将错就错,硬是要以台谏、侍从的舆论扭转了宁宗的认识,这就使得政变后几天内诏书的行文与韩侂胄已死的史实大相出入,也留下了杨皇后联手史弥远策动政变的铁证。

二

史弥远第二次宫廷政变要端掉的是皇子济国公赵竑。第一次政变以后不久,他升为宰相,赵曮也立为皇太子。嘉定十三年(1220),赵曮病死,宁宗膝下无子,次年立入嗣沂王的太祖十世孙赵贵和为皇子,改名赵竑。沂王是宁宗已故皇弟赵抦,他是宁宗二伯父赵恺的儿子。当初,孝宗没有传位给居长的赵恺,而是一反常规,立老三为皇太子,他就是宁宗的父亲光宗。宁宗之所以选立这唯一皇弟的嗣子,也有弥补歉疚的因素在内。

也许,在宁宗看来,已经安排好了继承人:因为只立一个皇子,皇位理所当然由他继承。但宁宗犯了一个常识性错误:皇子与皇太子尽管一字之差,却有重大区别,只有皇太子才是皇位唯一的法定继承人。将赵竑立为皇子,只不过承认他是自己的后嗣,由于他并非亲生,在宁宗弥留之际或归天之后,易嗣就远比废储来得容易。历史上虽也有矫诏废立太子的前例,但那样做毕竟更冒天下之大不韪。

这位皇子看不惯史弥远专擅朝政,却不懂政治上的韬晦之术,锋芒毕露地宣称:"他日得意,一定要把史弥远流放岭南的远恶州军!"从眼线那里听到这一消息,史弥远就处心积虑阻挠赵竑登上皇位。他借口沂王无后,找来太祖另一个十世孙赵贵诚,立为沂王之后,称皇侄。两年后,他对心腹郑清之说:"皇子济国公不堪大任,五六年来未正储位。皇帝与中宫听说沂邸的皇侄贤德,要选一位讲官。你忠实可靠,好好训导他。事成之后,我现在的位子就是你将来的位子。不过,话出我口，入于你耳，若有泄漏，你我都要灭族的。"郑清之答曰不敢，做了沂王府教授，尽心调教赵贵诚。

嘉定十七年（1224）9月12日，宁宗久病以后病情恶化，知道将不久于人世，当天就把史弥远为首的宰执召入福宁殿，颔首让他们走近病榻，交代了后事。其具体内容虽不得而知，但可以肯定，宁宗弥留之际绝无废立皇子的表示。《宋史全文》说："宁宗颔使前曰：疾已不可为。朕前与卿议立皇侄，宜亟行之。"似乎立赵贵诚是宁宗生前的决策。这是史弥远篡改国史所致，不足征信。

其后几天，史弥远加紧了废立的步伐。16日，史弥远应召入宫定策，再展他政变老手的伎俩。他先派郑清之前往沂王府，转告赵贵诚：即将立他为帝。赵贵诚来个闭口是金，郑清之说："丞相因为清之与他交游多年，才让我转达心腹话。你不答理，让我怎样回复丞相呢？"赵贵诚这才拱手作礼，慢慢说道："绍兴还有老母在。"郑清之回来传话给史弥远，两人认为他的回答就是意味着认可。

然后，史弥远把两府执政与专司草诏的翰林学士都隔在宫外，另召直学士院程珌连夜入宫，许诺事成之后引为执政，与郑清之共同起草矫诏。关于起草矫诏人，《宋史·郑清之传》与刘克庄的《郑公（清之）行状》都说"皆清之所定"，显然有专美之嫌。《宋史·程珌传》说："直学士院时，宁宗崩，丞相史弥远夜召珌，举家大惊。……弥远与珌同入禁中草矫诏，一夕为制诰二十有五。初，许珌政府，杨皇后缄金一囊赐珌，珌受之不辞，归视之，其直不赀。弥远以是衔之，卒不与共政云。"史弥远食言而肥，是唯恐对手分尝鼎胾后难以驾驭，但程珌起草矫诏参预政变，则无可怀疑。

在史弥远授意下，两人一夜草矫诏二十五道，与废立关系最大的有三道。第一道诏书改立赵贵诚为皇子，赐名赵昀，诏文说："（朕）尝以皇弟沂靖惠王之子为子矣，审观熟虑，犹以本支未强为忧。皇侄邵州防御使贵诚亦沂靖惠王之子，犹朕之子也。聪明天赋，学问日新，既亲且贤，朕意所属，俾并立焉。深长之思，盖欲为异日无穷之计也。"这道诏书将赵昀与赵竑并立为皇子，冠冕堂皇的理由是"本支未强"，意味深长的伏笔是"欲为异日无穷之计"。第二道诏书进封皇子赵昀为武泰军节度使、成国公。这两道诏书的颁布日期，《宋史·理宗纪》竟然前移四天，系于 9 月 12 日（八月二十七日壬辰）。这明显是政变以后，史弥远指使史官篡改日期所致，用意在于造成假象：赵贵诚立为皇子，完全出自宁宗的决策。《宋史全文》与《两朝纲目备要》将这两道诏书俱系于 9 月 16 日（闰八月丙申），保存了历史的真相。第三道诏书进封皇子赵竑为济阳郡王，开府仪同三司，出判宁国府，这道诏书将在政变之日向赵竑宣布。

紧接着，史弥远找到杨皇后的侄子杨谷、杨石，渲染了皇子赵竑对杨皇后干政的反感，让他们去说服杨皇后。杨皇后尽管对赵竑并无好感，却尊重宁宗的决定，回绝道："皇子，先帝所立，岂敢擅变！"当夜，杨氏兄弟七次往返于史弥远与杨皇后之间，见杨皇后仍不同意，只得跪请："内外军民都已归心，若不同意，杨氏一门恐无遗类！"最后通牒传达了史弥远的威胁，杨皇后不得不向废立阴谋低头。在第一次政变中唱主角的杨皇后，在第二次政变中竟只是史弥远逼迫就范的配角。杨皇后垂帘听政，宣读"遗诏"，拥立赵昀。赵竑则出判宁国府，数日后赐第湖州，被监管了起来。不久，史弥远借口他在湖州之变中心存不轨，派人胁逼其自缢而死。

借助第一次政变，史弥远当上了宰相，通过第二次政变，他继续做了十年权相，窃弄国柄连续达二十六年之久，远远超过专擅朝政十七年的秦桧，说他是宋代宫廷政变的老手，应该是实至名归的。政变成功后，史弥远也在官方记载中做过手脚，但抹拭未尽，还是留下了破绽，被细心的读史者逮了个正着。

五十年拒不昭雪的晚宋冤案

宋理宗是南宋第五代皇帝，他是凭借史弥远政变才登上皇位的。宋宁宗生前确定的皇嗣赵竑在这次政变中迫害致死，成为南宋后期的最大冤案。为了不让继统的合法性受到质疑与挑战，宋理宗及其继任者，竟然拖延五十年不给这桩弥天冤案彻底平反。说起这桩冤案，还得从头略作交代。

一

宋孝宗有三个儿子，都是同一皇后所生。皇太子早逝，他不立次子，破例立所谓"英武类己"的第三子为皇太子，即宋光宗。孝宗禅位后，以太上皇身份向光宗交代了隔代继承人："当初越位立你，想让你成一番王业。如今你二哥虽去世，他的儿子还在。"意思很清楚，皇位应还给老二家。岂料，宋光宗不久精神失常，连太上皇驾崩都不能出主大丧。在政局危机的严重当口，太皇太后吴氏（宋高宗的皇后）最后拍板，让光宗禅位其子，是为宁宗。后来，他二伯的独子英年早逝，连后代也没留下。为弥补亏欠之心，宁宗追封他为沂王，选太祖十世孙赵贵和入嗣其后。终宁宗朝，沂王始终居于特殊的地位。

宁宗先后有过八个儿子，但都冲龄夭折。他选了太祖几个十世孙入宫学习，意在遴选皇位接班人，其中以业已入嗣沂王的赵贵和呼声最高。在诛杀权相韩侂胄后，史弥远取而代之，一手遮天。史弥远不希望赵贵和入选，因他对自己专擅朝政流露出反感，便命同乡与亲信郑清之物色了另一位太祖十世孙赵与莒。不久，宁宗立赵贵和为皇子，改名赵竑。其用意很清楚：既然赵贵和早已入嗣沂邸，立他为皇子，等于把皇位还给了他二伯家。史弥远不便公开反对，提议再为无嗣的沂王立后，并把赵与莒推了上去。宁宗采纳了这一建议，将其改名赵贵诚。

次年，赵竑进封济国公，由杨皇后作伐，娶太皇太后吴氏的侄孙女为夫人。史弥远知道皇子喜欢弹琴，送上一名擅长琴艺的美人做卧底。皇子缺乏心机，不知韬晦，当着她的面大骂史弥远，说将来一定要将其决配 8 000 里。由于皇子宠昵那位美人，吴氏夫人与皇子关系紧张，常到杨皇后处哭诉，皇后对赵竑自然不满。史弥远处心积虑阻止赵竑继位，让时任国子学录的郑清之兼沂王府教授，精心辅导与调教赵贵诚。

流言蜚语日渐不利于赵竑，而有利于赵贵诚。有朝臣提醒宁宗："国事大且急者，储贰为先。陛下……失今不图，奸臣乘夜半，片纸或从中出，忠义之士束手无策矣！"宁宗虽悚然动容，却未见行动。也许，他自认为国本安排已明白不过：皇子只有一人，理所当然是唯一继承人。但他犯了一个致命的错误：皇子与皇太子尽管一字之差，却有重大区别，只有皇太子才是唯一法定的皇位继承人。将赵竑立为皇子，只不过承认他是后嗣，因非其亲生，在宁宗弥留之际或归天之后，易嗣远比废储容易得多。虽然矫诏废立太子，并非史无前例，但毕竟更冒天下之大不韪。

二

嘉定十七年（1224）闰八月，宁宗驾崩之夕，史弥远一面派人宣召赵贵诚进宫预做登位的准备，一面命郑情之等党羽起草矫诏。然后通过杨皇后的两个侄子七次穿梭于内外朝之间，极尽威逼利诱之能事，迫使原先并不赞成废立的杨皇后最终屈服其废立阴谋，矫诏立赵贵诚为皇子，赐名赵昀，封成国公。

一切策划停当，这才宣赵竑入宫听诏："皇子成国公赵昀即皇帝位。尊皇后为皇太后，垂帘同听政。"新即位的皇帝就是宋理宗。随即以杨太后名义宣诏：皇子赵竑进封济阳郡王，出判宁国府。数日后，赵竑改封济王，赐第湖州，被监管了起来。

对史弥远的废立，朝野有不少人义愤不平。当地人潘壬、潘丙兄弟联络了太湖渔民和湖州巡卒密谋拥立济王，他们派堂兄潘甫到淮北争取"忠义军"首领李全的支持。李全是翻云覆雨之人，表面约好日期进兵接援，届时却背信爽约。潘氏兄弟只得仓促起事，妆束成"忠义军"模样，夜入州城，硬把黄袍加在济王身上。赵竑号泣不从，潘壬等以武力胁迫。济王只得与他们相约不得伤害杨太后与理宗，这才即位。夜色中，起事者揭榜声讨史弥远废立之罪，连湖州地方长官也率其僚属入贺新皇帝登基。

天色熹明，济王见拥戴他的都是乌合之众，知其事难成，派人告变，并亲率州兵讨叛。待朝廷大军赶到，起事已被济王讨平。湖州之变，是民众对史弥远专政与废立的一次自发性抗议。尽管济王告变平乱有功，史弥远仍蓄意斩草除根。不久，他派亲信到湖州，说是奉谕给济王治病，暗地却胁逼他自缢身死，还杀死其子，对外宣布病故。为平息朝野非议，理宗追赠济王为少师。但不久史弥远的爪牙就发难，理宗收回成命，褫夺其王爵，追贬为巴陵县公。

三

史弥远政变不仅剥夺了赵竑既定的皇位,而且将其迫害致死。这一做法,粗暴践踏了儒家的纲常人伦,激起朝野正直之士的无比愤慨。就在权相政变,理宗夺位不久,临安书商陈起编集出版了《江湖集》,其中有敖陶孙"梧桐秋雨何王府,杨柳春风彼相桥"的诗句,史弥远的爪牙嗅出了其中的不满,说"何王"与"彼相"是"哀悼济王而讥诮弥远",滥施淫威,下令劈掉《江湖集》的书版,将陈起流放边州,敖陶孙贬逐出京。

但仍有不少知名学者与刚直朝臣为了捍卫伦理纲常,不顾罢官与流放,接二连三为济王鸣冤叫屈。

四川进士邓若水通过制置司给理宗上书,直斥史弥远矫诏政变:"揆以《春秋》之法,非弑乎?非篡乎?非攘夺乎?"他明确要求理宗"诛弥远之徒",针对史弥远策动政变与构陷冤案,他指出:"天下原以为陛下没有此心,不知其事,一定会平反昭雪。谁知至今逾年,仍未能大慰天下之望。昔日相信陛下必无其心的人,今或疑其有;昔日相信陛下不知其事的人,今或疑其知。陛下怎能容忍清明天日,而身受这等污辱?"制置司吓得不敢驿递这封上书,邓若水才幸免毒手。但内容已流传开来,史弥远在其改官状上,"取笔横抹之而罢"。

在朝的大理评事胡梦昱也应诏上万言书,不仅直言无忌,还把副本送达史弥远。他认为济王冤案"戕天理,弃人伦,对我宋立国之根本损伤太多"!进而指出:"即便追赠褒崇,对济王其实已无增益;倘欲削夺追贬,对济王其实也无减损。但陛下友爱之心或厚或薄,天理之或缺或全,人伦之或悖或合,国家安危治乱之机却将由此而判定!"史弥远恼羞成怒,撸去其仕籍,勒令其停职,贬窜象州(今属广西)。参知政事袁韶与临安府尹都认为胡梦昱无罪,拒绝在执行公文上签名。

象州，时称蛮荒之地，胡梦昱流贬之际，很多朝士不惧淫威，赋诗赠别，称颂他"危言在国为元气，君子从来岂顾名"。他也以诗明志：

非求美誉传千古，不欲浮生愧两间。

胡梦昱铮铮铁骨，为了不愧对天地，"净洗人间浊污"，矢志"忧国不怕死"，最后竟死贬所。在专制政权下，正义之士的慷慨赴死尽管未必能换来统治者对冤案的昭雪，但他们无疑是当时中国人的脊梁。

对史弥远政变与宋理宗夺位，理学家魏了翁"积忧成疾"。济王被害后，他每次见到理宗，就"请厚伦纪，以弭人言"。胡梦昱流贬，他不畏牵连，出城饯行。史弥远恨之入骨，便以"首倡异论""朋邪谤国"之罪，将其连降三官，限制在靖州居住。另一个理学家真德秀在上书中认为，朝廷对济王的处理有违纲常，未尽人伦，如今冤案已成，他之所以"进补过之说"，只希望理宗"力行众善，以掩前非，庶几将来不失为我宋盛德之主。这是愚臣之愿，也是天下之愿"！真、魏两人的委婉规劝，完全出于为朝廷消谤补过的考虑，理宗却文过饰非，声称"朝廷对济王也够仁至义尽了"。史弥远更是唆使鹰犬攻击真德秀"舛论纲常，简节上语，曲为济王地"，将其罢官。真德秀做过济王的老师，对其冤死戚戚在心，临终还对家人表示：不能为其昭雪是终身大恨。

四

绍定四年（1231）三月，临安特大火灾把太庙里列祖列宗的御像与灵位烧为灰烬，朝野无不视为"天谴"，理宗装模作样下诏求言。藉田令徐清叟就拿济王案说事："陛下与巴陵（指赵竑），同是先帝之子，陛下富贵如此，而巴陵戮辱如彼。近日京城大火，延烧太庙，恐怕就因陛下一念之慪，忍加同气，累载积年，犹未消释，所以有伤和气而召致灾异。"宋理宗仍置若罔闻。

绍定六年六月，权相史弥远病在旦夕，有朝臣乘势而动，要求追复赵竑王爵，以王礼改葬，并为其立嗣。理宗颁下御笔，虽命有关部门改葬，却依旧给济王安上"胁狂陷逆"的罪名，对于立嗣，还振振有词道："事关家国，非朕敢私。"

这年十月，史弥远病死，理宗亲政，推行"更化"。按理说，他完全可以把罪责推给故相，洗刷自己，把握住平反昭雪的绝佳契机。但理宗称史弥远"定策元勋"而"深欲保全"。洪咨夔在起草归葬诏书时说济王"虽死不朽"，史弥远余党碍于其知名度，不便拿他开刀，转而诬指周成子"与谋"，将其投入大理寺狱，大理卿徐宣"力辨其非"，两人"皆坐贬死"。如果说，在此之前，史弥远是济王覆盆之冤的元凶；那么，在此以后，理宗就是阻挠冤案昭雪的根源。诚如洪咨夔所说："上意未回，则天意亦未易回。"

端平三年（1236），谏官方大琮再向理宗上疏说："当年冤案，天地祖宗也察知陛下受挟制；泉壤亡灵也原谅陛下不得已。今将十载，天毙老妖（指史弥远）；端平改弦，威权自出，这难道还不是昭冤雪枉之机吗？"他虽然指责理宗对冤死的济王"牢关固拒，如待深仇"，对已故的权相"丁宁覆护，如抚爱子"，却仍规谏理宗："豁然开悟，特下明诏，正权臣之罪，洗故王之冤，则端平德刑之大者，明矣！……天心之悔祸有期，人心之厌乱有日，特在陛下一念间耳！"然而，理宗依然故我。

这年，行献享礼时又遇雷电雨雹之灾，架阁韩祥、司农丞郑逢辰又牵扯出济王冤案。前者说："宿草荒阡，彼独何辜？二三臣子劝陛下绍巴陵之后则弗顾。"后者说："巴陵之死，幽魂蘽葬，败冢荒丘，天阴鬼哭，夜雨血腥，行道之人，见者陨涕。"从他俩对赵竑爵位的称呼与葬地的描述，可以推断，端平改葬，既未追复王爵，也没遵用王礼。

嘉熙元年（1237），临安城再次大火，延烧的恰是济王旧邸，太学、武学与宗学的学生联合上书，说这是济王冤魂"为厉之验"。在朝官宦与在野士人也无不认为，这是"故王之冤不伸，致干和气"。殿中侍御史蒋岘为当局帮腔，鼓吹"君臣既定，父子不必言，兄弟不当问"。此言一出，激起公愤，触犯众怒，武学生二百余人在刘实甫带领下上书猛攻，把他赶出了御史台。

景定五年（1264），在位41年的理宗终于归天。终理宗朝，"群臣泛议，一语及此，摇手吐舌，指为深讳"，济王案成为既说不得、更碰不得的敏感事件。理宗丢下过一句话："留以遗后人。"他至死也不打算昭雪冤案，铁了心把棘手的难题扔给后代。在济王冤案上，理宗与他的"定策元勋"始终沆瀣一气，因为否定了史弥远，昭雪了冤案，也就动摇了自己统治的合法性。

五

度宗继位，他是理宗的亲侄。监察御史常楙旧案重提，度宗表示，既然先帝说过"以遗后人"，那就"所宜继志，以慰泉壤"，追复济王太师、保静镇潼军节度使，让有关部门讨论陵墓规制，尽快增修，至于其他问题仍按理宗亲政时御笔办，仍未予彻底平反。度宗的皇位来自理宗，他也不可能完全推翻理宗的做法，那样也会危及自身继统的合法性。

德祐元年（1275），度宗已死，他的儿子恭帝在位。其时，蒙古军已突破长江防线，南宋政权朝不保夕。升任吏部尚书的常楙再次上书，将时政危局与济王冤案挂上了钩："置之死地，过矣；不为立后，又过矣！匹夫匹妇之冤，尚能感应飞霜枯草之灾，何况曾是帝王之胄、皇嗣之选，生不得正命，死不得血食！理宗以来，疆土日蹙，灾变频至，恐怕就是他在地下祈请吧！求陛下勿惑浮议，特发英断，为理宗和度宗了却这段未了之事。"著名学者王应麟也有陈请。年仅五岁的小皇帝何来

"英断"，但朝廷终于颁诏，对赵竑恢复了王爵，特封为镇王，赐谥"昭肃"，还为其立嗣以承袭王爵，对他的陵墓也重加修缮。

在为济王昭雪的所有吁请中，以王礼改葬的呼声不绝于耳。据美国学者 Katherine Verdery 在《遗体的政治生命》中指出，所有对有争议性历史人物的重新埋葬活动与仪式，都带有强烈的政治意义，其中包括对某种体制或某个政权的否定与控诉（参见 2011 年 4 月 24 日《东方早报·上海书评》范可《遗体作为社会动员的工具》）。饶有意思的是，晚宋济王冤案为这一论点提供了一个颇具中国特色的个例。按照宋代的主流价值观，理宗夺位，已然不正，但既然称帝，就代表了社稷国家，由得位的皇帝出面，为因政变致死的皇位合法继承者彻底平反昭雪，或者更进一步，做出必要的政治道歉，还是有利于化解朝野怨气与社会矛盾的。可惜，在中国政治文化中，历代统治者恰恰缺乏这种政治传统、责任感和勇气。

济王冤案牵动了宋季三朝政局，不仅完全颠覆了新儒学惨淡经营的主流价值观，而且严重消蚀了君主官僚政体的向心力。这桩冤案，自 1225 年铸成，迟至 1275 年才最终平反昭雪，历时整整半个世纪。"天意从来高难问"，仅过一年，临安陷落，南宋覆灭。宋亡以后，学者周密反思此案，痛定思痛，感慨万千道：

　　呜呼！挽回天意，至此亦晚矣，悲夫！

《登西台恸哭记》的史事与笔意

谢翱（1249—1295），字皋羽，号晞发子，福州长溪（今福建霞浦）人。诗文结集为《晞发集》，《四库总目提要》说其"诗文桀骜有奇气，而气节亦卓然可观"，充分肯定他不仅是诗文俱佳的文学家，而且是矢志不渝的爱国者。明清之际，黄宗羲盛赞其文说："夫文章，天地之元气也。元气之在平时，昆仑旁薄，和声顺气，发自廊庙而豳洓于幽遐，无所见奇。逮夫厄运危时，天地闭塞，元气鼓荡而出，拥勇郁遏，坌愤激讦，而后至文生焉。故文章之盛，莫盛于亡宋之日，而皋羽其尤也。"谢翱的诗文事迹，之所以在明清易代之际广受关注与推挹，并非仅仅欣赏其文辞，而是将其视为弘扬民族气节的精神遗产。

一

在谢翱诗文中，最脍炙人口的就是《登西台恸哭记》。由于文章"多忌讳隐语"，元明之际张丁率先为其作注，指出"若其恸西台，则恸乎丞相也；恸丞相，则恸乎宋之三百年也"，即通过哭祭文天祥抒发亡国之痛与故国之思。黄宗羲在崇祯十一年（1638）也特为之作注。不料七年后清军入关，"所遇之境地一如皋羽"，他感喟自己的注释"不可不谓之谶也"。诚如全祖望指出，黄梨洲"晚年忽爱谢皋羽之文，以其所处之地同也"。由此可见，为深切了解这篇千古至文，把握文章涉及的历史背景，显得尤有必要。原作不长，为便解读，录文如下：

　　始，故人唐宰相鲁公开府南服，余以布衣从戎。明年，别公漳水湄。后明年，公以事过张睢阳及颜杲卿所尝往来处，悲歌慷慨，卒不负其言而从之游，今其诗具在，可考也。

　　余恨死无以藉手见公，而独记别时语，每一动念，即于梦中寻之。或山水池榭，云岚草木，与所别之处及其时适相类，则徘徊顾盼，悲不敢泣。又后三年，过姑苏。姑苏，公初开府旧治也。望夫差之台而始哭公也。又后四年，而哭之于越台。又后五年及今，而哭于子陵之台。

　　先是一日，与友人甲乙若丙约，越宿而集。午，雨未止，买榜江涘，登岸谒子陵祠，憩祠旁僧舍，毁垣枯甃，如入墟墓。还，与榜人治祭具。须臾雨止，登西台，设主于荒亭隅，再拜跪伏，祝毕，号而恸者三，复再拜，起。又念余弱冠时，往来必谒拜祠下。其始至也，侍先君焉。今余且老，江山人物，眷焉若失。复东望，泣拜不已。有云从西南来，浡溵淳郁，气薄林木，若相助以悲者。乃以竹如意击石，作楚歌招之曰："魂朝往兮何极，暮来归兮关水黑，化为朱鸟兮，有咮焉食？"歌阕，竹石俱碎。于是相向感唶。

　　复登东台，抚苍石，还憩于榜中。榜人始惊余哭，云："适有逻舟之过也，尽移诸？"遂移榜中流，举酒相属，各为诗以寄所思。薄暮，雪作风凛，不可留，登岸宿乙家，夜复赋诗怀古。明日，益风雪，别甲于江。欲与丙独归，行三十里，又越宿乃至。其后甲以书及别诗来，言是日风帆怒驶，逾久而后济，既济，疑有神阴相，以著兹游之伟。

余曰："呜呼！阮步兵死，空山无哭声且千年矣。若神之助，固不可知。然兹游亦良伟，其为文词，因以达意，亦诚可悲矣。"

余尝欲仿太史公，著《季汉月表》，如《秦楚之际》。今人不有知余心，后之人必有知余者。于此宜得书，故纪之，以附"季汉"事后。时，先君登台后二十六年也。先君讳某，字某，登台之岁在乙丑云。

二

德祐二年（1276）初，蒙元大军攻下南宋都城临安。不久，宋端宗在福州建立了流亡朝廷，飘泊海上。同年，右丞相文天祥在南剑州（今福建南平）开府，都督诸路军马，展开了气壮山河的抗元战争。谢翱倾其家赀，以一介书生组织数百乡兵前往，共赴国难，任督府谘事参军。对国事的殷忧，对文学的爱好，两人一见如故，成为知交。这就是文中所说的故人开府南方，"余以布衣从戎"。

次年初，为避开元军围剿的兵锋，文天祥移师故乡江西，两人在漳州分手。对谢翱来说，漳江话别是刻骨铭心的。文中所说"明年，别公漳水湄"，"而独记别时语"，就指这次诀别。但祥兴元年（1278）岁末，文天祥兵败被捕。次年，押解大都（今北京）途中，经过唐代张巡、许远和颜杲卿抗击安史之乱的睢阳（今河南商丘）与常山（治今河北正定），他作《许远》和《颜杲卿》诸诗明志，收入《指南后录》。三年以后，文天祥在大都慷慨就义。《恸哭记》中"后明年"至"可考也"云云，就是追述这段史事。

文天祥死后，抗元斗争转入低潮。谢翱变换姓名流亡浙东，别人甚至不知道他曾是文天祥的幕客。自元至元二十五年（1288）起，他往来于婺州（今浙江金华）、睦州（今浙江建德）、杭州一带。在元朝的高压统治下，虽仍有零星的抗元起义，但宋朝国祚绝而社稷屋，已无可挽回。中国史学有一个传统，就是国可绝而史不可灭。在这种情势下，谢翱准备仿效司马迁《秦楚之际月表》，编一个《季宋月表》，表彰民族大义与士人气节。此即方凤在《谢君皋羽行状》里所说："采独行全节事为之传，大率不务为一世人所好，而独求故老与同志以证其所得。"谢翱对故人的追思，不但没有随着时光而流逝，反而与日俱增，越来越浓烈。这种思念，不仅限于个人的友情，更出于对文天祥舍身成仁的钦慕。他在《哭所知》里说"欲哭山阳笛，邻人亦不存"，以向秀哭悼嵇康的典故，表达了思念之情。他还联想起春秋时季札解剑系于故友徐君墓树的故事，感慨"吴越殆无挂剑者"。为兑现对文天祥的许诺，谢翱拟作《许剑录》，并计划造许剑亭以为纪念。十余年间，谢翱经常白天每一动念，夜间就与文天祥在梦中会面。凡有山水池榭、云岚草木等景物，若与当时话别故友处略相仿佛，他就触景生情，"徘徊顾盼，悲不敢泣"。

　　谢翱多次登台恸吊文天祥，这在记文中也有交代。第一次是登姑苏夫差之台，文天祥曾在德祐元年（1275）出任浙西江东制置使兼知平江府，在这里首次开府。第二次是登绍兴大禹陵（即文中所说越台），与他共同哭祭的还有爱国诗人林景熙与唐珏（字玉潜），这有其《别唐玉潜》诗为证，林景熙《酬皋父见寄》所说"行行古台上，仰天哭所思"，即指此事。第三次就是登桐庐富春江边的严子陵钓台，钓台分东西两台，各高数百丈，谢翱所登的是西台。黄宗羲则说每年文天祥忌日，谢翱"必集同志于名台，野祭其下，越台、西台皆是也"。由于谢翱抱遗民之志，拒绝以元朝年号纪年，文中对这三次登台恸哭的年份，都是以文天祥"开府南服"为起始之年推算的，而哭于子陵之台恰是他侍先父在子丑登临此台以后的 26 年。子丑是宋咸淳元年（1265），下推26 年应是元世祖至元二十八年（1291）。哭于越台在此前五年，当是至元二十三年（1286）。而哭于姑苏台又在此前四年，则为至元十九年（1282），文天祥就是这年十二月九日（1283 年 1 月 9 日）殉难的。

三

共登西台恸哭的另外三人，出于政治高压，谢翱在文中以甲乙丙指代。据黄宗羲考证，甲是流寓桐庐的吴思齐，宋濂为他作传说："与方凤、谢翱无月不游，游辄连日夜，或酒酣气郁时，每扶携向天末恸哭，至失声而后返。"乙是严侣，他是严光三十五世孙，世居江岸奉守祖祠；杨维桢为其作墓志铭，说谢翱"雪夜与之登西台绝顶"。丙是冯桂芳，其墓志铭说他曾与谢翱"雪夜放舟，登子陵西台"。

在登西台前一天，谢翱与三位友人约好隔日集合。次日就是文天祥蒙难纪念日，直到中午，冬雨不止。他们雇舟江边，在钓台下系舟，登岸谒严子陵祠堂。然后在祠堂旁僧舍略事休憩，只见断垣枯井，犹如进入废墟墓地一般。见确无元兵踪迹，才再回江边，与船夫准备吊祭用品。过了一会，雨停，再登西台，在荒亭一角设文天祥的神主牌，四人伏地跪拜，祝祭以后，大声痛哭了三次，这是古代吊祭死者的全礼，再次跪拜，礼毕才起。

谢翱回忆自己成年以后，每次经过严子陵祠堂，必拜谒祠下。最先那次，还是陪同父亲来的。如今父亲已经亡故，自己也垂垂老矣。而江山人物，虽仍令人眷恋，却物是人非，不堪回首。他再次向东怅望，哭拜不已。这时，有彤云从西南急遽驰来，云团郁勃蒸腾，雾气缠绕山间林木，似乎也在烘托着悲痛的气氛。谢翱拿起竹如意，敲击着山石，长吟楚谣开始招魂。试为语译如次：

> 魂灵早晨出门啊，到哪儿才是尽头？
> 晚上归来啊，关塞一派黑黝黝。
> 即便化为朱鸟啊，找吃的地方也没有！

朱鸟是二十八宿中南方之星，隐喻南宋已亡，不能为文天祥立庙祭祀。歌毕，竹如意与山石都断裂了。大家相对叹息，再次登上东钓台，抚摸着青苍的山石，回到船中小憩。

船夫为他们恸哭失声而担惊受怕，说："刚才还有元军巡逻船经过，何不移船相避呢？"于是，移舟中流，相互举酒相嘱，各自作诗寄托哀思。向晚，凛冽的寒风卷起了大雪，江中不可久留，便登岸留宿严侣家中，夜间再次赋诗怀古。第二天，风雪愈烈，谢翱在江边与吴思齐告别，与冯桂芳踏上归途。走了三十里，过了一宿才回到了家。谢翱有《江上别友》诗记环境之险恶："戍近风鸣柝，江空雨送船。"

四

别后，吴思齐有信和诗歌寄来，说当天风吹满帆，狂驶不止，过了好久才渡过富春江，过江以后，他怀疑有神灵暗中相助，以昭示这次祭吊的不同寻常。谢翱联想到阮籍恸哭途穷的故事，感叹道："自阮步兵死后，空山听不到哭声已有千年。西台祭吊是否有神相助，固然不可知，不过，这一活动确实壮伟。但倘若著为文字，用来表达内心的意绪，却实在是很悲恸的。"他深感今人也许不会理解自己的心思，但后世来者一定会明白这种心迹的。感到应该把这次登台哭祭的情景记下来，附在自己发心撰写的《季宋月表》之后，于是，就蘸着血泪写下了这篇《登西台恸哭记》。谢翱另有《西台哭所思》一律记其事：

> 残年哭知己，白日下荒台。
>
> 泪落吴江水，随潮到海回。
>
> 故衣犹染碧，后土不怜才。
>
> 未老山中客，唯应赋八哀。

谢翱的《登西台恸哭记》"如穷冬沍寒，风高气栗，悲忆怒号，万籁杂什"。有研究者认为，这篇祭文在悲悼故国亡友之外，也有自责自悔的成分。这从他"恨死无以藉手见公，而独记别时语"，也不难看出。估计文天祥当年对谢翱回浙东后的抗元斗争有所擘划，他才会痛悔自己没有可以凭借的抗元成就去见亡友。同为南宋遗民的潘阙有诗说得更明白："谢公昔为苍生起，从事曾蒙相国知。杖策辕门知画诺，运筹幕府异能为。漳江此日初云别，大厦当年已不支。只道开边同所誓，可怜铸错悔应迟。"谢公指谢翱，相国指文天祥。从这八句诗来看，似乎是文天祥有意安排谢翱回浙，开辟抗元新战场。但岂料形势急转直下，故友被捕，大厦难支，谢翱无力匡救，筹策终成泡影。他虽不奉元朝为正统，与故老同志组织汐社，以诗文砥砺节概，但与杀身成仁、舍生取义的文天祥相比，总有愧悔自疚之感。其《书文山卷后》说"死不从公死，生如无此生"，也反映了相同的感愧。故而潘阙断言谢翱是"先生恸哭有余思"。

深深的自责，反衬了谢翱的浩然正气。实际上，他也不必过于自责。朝代的鼎革，往往不是一两个爱国志士便能挽狂澜于既倒的。而在国家兴衰、民族危亡的关键时刻，他们表现的气节与操守，却为中华民族留下了一笔精神遗产，百代之下仍令后人肃然起敬。元人许元跋《登西台恸哭记》时，将其与《离骚》相提并论："义激于中而情见乎辞，亦庶几屈原之志哉！"

五

这篇文章是以血泪与正气写成的，作者没多在遣词行文上苦心经营，刻意雕琢，但表现手法上仍有值得一说之处。

其一，行文扑朔，烘托环境。文中虽也以舟人之语直接点明了专制统治的幂天匝地，但主要通过隐晦迷离的行文，反衬出形势的险恶不测。文章并不明示祭奠的对象，只说是"唐宰相鲁公"（明代有手抄本作"宰相信公"，信国公是文天祥封号，恐是后人径改，并非当时文本），同祭三人以天干指代，明明是《季宋月表》却托名于汉，纪年系以干支而不书朝代年号，这种欲说还休欲言又止，使全文平添一种阴冷压迫的背景感。祭奠以前，先登岸探路以防不测；恸哭以后"与丙独归"，"越宿乃至"，却不言归处，无不透露出环境的险恶，也更表现出登台恸哭的壮伟。文章以先君登台岁在乙丑收笔，于行文扑朔迷离之外，别寓君父俱亡的深意。

其二，刻划景物，渲染气氛。作者深谙以景写情、情景交融的三昧。以"山水池榭，云岚草木"不经意地勾画出漳水之湄依依惜别的风景。而西台祭吊的环境则是"毁垣枯甃，如入墟墓"，两者形成鲜明的反差。泣拜以后，对"有云从西南来"的描写，分手前后，对"雪作风凛"的点染，都与沉郁悲愤的恸哭气氛融为一体，起一种"相助以悲"的作用。

其三，议论点睛，凸现主题。全文共有两处议论。一处是针对"有神阴相"而发，宛转感叹，令人读后深觉"亦诚可悲"，起点题作用。一处则直述心臆，深信"后之人必有知余者"，有力深化了文章的内涵，提升了恸哭的境界。都是关乎微言大义的点睛之笔。

谢翱死后，方凤作为他的挚友与同志，把他安葬在严子陵钓台下，并遵照他的遗志，在他的墓地不远处造了一座许剑亭，纪念他与文天祥的生死知交与磊落气节。元代杨维桢在《吊谢翱文》的序里说："（谢）翱以至诚测怛之心，发慷慨悲歌之气。世知其为庐陵公（文天祥吉州庐陵人）恸也，吾以翱恸夫十七庙之世主不食，三百年之正统斯坠也。盖是恸，即箕子过故国之悲，鲁连蹈东海之愤，留侯报韩、靖节存晋之心也。天经地义，于是乎在。"谢翱的大义与文天祥的正气一样，都是经天纬地、与日月同在的，他的《登西台恸哭记》等泣血迸泪的文字，与文天祥《指南录》中诗文同样是永垂不朽的。

人物留真

宋代皇帝的那些吉兆

　　皇帝可不是谁想当就能当的。当天下还在他姓的手里，若想取而代之做皇帝，既要倚靠实力权谋，还须擅长舆论宣传，鼓吹改朝换代乃天命所归；而天下已归自家时，因特定情势以特殊身份继位的皇家后代，也总要编演些吉祥的前兆。《宋史》诸帝纪就颇有这类记载，以今天眼光看来，当然都神神叨叨而不足凭信，却是当时骗人鬼话混入一代正史的遗骸。这里，不妨就这一话题略做梳理，看看那些吉兆究竟是些什么玩意儿。

　　宋太祖凭借着陈桥兵变，建立了赵宋王朝。他对历史确有大贡献，《宋史》点赞宋代"声明文物之治，道德仁义之风"，绝不逊色于汉唐。但天下毕竟是从孤儿寡母手里夺来的，底气未免不足，便在出生与称帝上做足了文章。《太祖纪》先是说赵匡胤诞生洛阳夹马营之际，"赤光绕室，异香经宿不散；体有金色，三日不变"，凸显他呱呱坠地时，就"知其非常人"，是当皇帝的料。继而附会陈桥兵变前"日下复有一日"的天象，潜台词指涉这"复有一日"就是宋太祖，上天命定他"起介胄之中，践九五之位"，这样一鼓捣，黎民百姓也毫不怀疑宋代后周确是天命所归了。

　　宋太宗在斧声烛影中上位，个中猫腻成了他一大心病，赶紧炮制吉兆，载之国史。他与太祖一母同胞，《宋史·太宗纪》便说杜太后怀他时，"梦神人捧日以授，已而有娠"。在"天无二日，国无二君"的帝制时代，太阳俨然是皇帝的同位语，太宗当然是皇帝的命。无独有偶，他出生时也是"赤光上腾如火，间巷闻有异香"；长大以后，则"隆准龙颜"，一副帝王相。明眼人不难发现，其"赤光""异香"之兆居然与太祖哥如出一辙，这 2.0 版编得不免粗劣。

　　若按杜太后在"金匮之盟"中定下的"三传之约"，太宗的皇位理应再传其胞弟赵廷美。但他下毒手逼死了赵廷美，让亲儿子接了班，也就是宋真宗。真宗背着乃父的负资产，继位之后也只得乞灵于符瑞，借以宣示继统的合法性。《宋史·真宗纪》再次留下了类似记载：他的母亲"梦以裾承日有娠"，出生时也"赤光照室，左足趾有文成'天'字"，昭告自己确是"真命天子"的主。

　　宋仁宗践祚倒是风波不惊，无奈没留下皇嗣，只得立堂兄濮安懿王之子为皇太子，此即宋英宗。英宗以旁支承统，亟须神化亲老爸来加强自信。《英宗纪》便说濮安懿王曾"梦两龙与日并堕，以衣承之"；英宗落地也是"赤光满室，或见黄龙游光中"。"赤光"云云，用得有点滥，"或"字更近乎捕风捉影。但帝制时代"龙"与"日"专用以隐喻皇帝，也坐实了他"卒践帝位，岂非天命"！

　　下一位宋神宗是货真价实的先帝嫡长子，御极承统按说名正言顺，之所以仍罩以"祥光照室"，也许与宋英宗弥留之际才应大臣敦请仓促立为皇太子不无关系。宋哲宗也以宋神宗亲生子而位登九五，但其时党争激烈，新党诬陷高太后曾打算立神宗之弟赵颢，所以仍有必要借重"赤光照室"的符瑞。

　　靖康之变后，徽、钦二帝与直系亲王全做了金朝的阶下囚。在非常形势下，宋高宗作为宋徽宗第九子，才以漏网之鱼侥幸蹿登大宝。《宋史·高宗纪》也有其出生之际"赤光照室"的预兆。不仅如此,他还自编了即位前梦见皇兄宋钦宗亲赐皇袍之类的大梦话,借所谓"瑞应"来印证他"中兴自有天命"。

无奈宋高宗绝后,只得选立太祖后裔、秀王之子为皇太子,此即宋孝宗。孝宗既以旁支宗亲入承大统,仍有必要附会祥瑞。《宋史·孝宗纪》便说其母怀他前"梦人拥一羊遗之曰:以此为识",历来以"羊"兆示吉祥,他出生时果然"红光满室,如日正中",应了做皇帝的兆头。

其后,宋光宗与宋宁宗分别是孝宗的亲儿孙,《宋史》没再渲染什么吉兆。但宋宁宗再次断后,生前选定太祖十世孙赵竑为皇子,有意让他承袭皇位;却被权臣史弥远做了手脚,废黜并逼死了赵竑,拥立了另一位太祖十世孙赵昀,是为宋理宗。理宗以远支宗室荣王之子捡了个天大的漏,皇位来得不正,神话也编得更离奇:

> 生于邑中虹桥里第。前一夕,荣王梦一紫衣金帽人来谒,比寤,夜漏未尽十刻,室中五采烂然,赤光属天,如日正中。既诞三日,家人闻户外车马声,亟出,无所睹。幼尝昼寝,人忽见身隐隐如龙鳞。(《宋史·理宗纪》)

"如日正中","龙鳞隐隐",还能不是真命天子吗!可惜他直到晚年也没能诞育下龙种,但又不情愿将皇位拱手让给关系疏远的旁支宗室,决意肥水只灌自家田,去世前一年册立亲侄儿为皇太子,也即宋度宗。据晚宋周密的《癸辛杂识》,生母怀度宗时,自感出身微贱而吞服了堕胎药,岂料打胎未成,反致使他出世时手足软弱,迟至七岁才开口说话,智力分明低下。《宋史·度宗纪》留有为他继位而编造的神话,一则说出生前其嫡母"梦日光照东室";一则说其生母"梦神人采衣拥一龙纳怀中,已而有娠"。既然"龙纳怀中",当然是真龙种,而种种弱智症状竟吹嘘成"资识内慧"与"言必合度"。宋理宗收养他入宫时胡吹道："此十年太平天子也！"他果然在位十年，但期间南宋的覆亡却也铁定成局。其后，南宋末三帝都是其亲骨血，却全是娃娃皇帝：恭帝在位仅两年，元军下临安时当了俘虏；帝昰与帝昺相继流亡，帝昺就是由陆秀夫背负蹈海的小皇帝。末三帝下场如此，也不可能再胡诌什么吉兆了。

总之，从宋太祖到宋度宗，《宋史》诸帝纪中"祥光""赤光""红光""日光"之类瑞兆连篇累牍，令人读来怎么也有炫目的"光污染感"。揣度其用意，无非《说文》强调的，"古之神圣，母感天而生子，故曰天子"，借以表明登极称帝的神圣性。这种假借祥瑞而自诩神圣的发明者，也并非创立宋朝的赵家人。读者若有兴趣，不妨去翻翻宋代以前的历代正史，类似做皇帝的吉兆可多了去的。宋代以降，这一老谱仍不断袭用。且不说元明清三代，即便民国前期"筹安会"出笼洪宪帝制，张罗"国民投票"劝进之时，不也出过所谓"宜昌石龙之瑞"吗！

然而，"祥瑞"也好，"吉兆"也罢，前人一针见血地指出："所以愉快君王之心志，表扬隆兴之征兆，无一非虚伪欺诈之文。"（易白沙《帝王春秋·虚伪第五》）也就是说，都不过是专制帝王称孤道寡时的自我神化与欺世愚民时的诳人把戏。还是《国际歌》说得对："从来就没有什么救世主，也不靠神仙皇帝！要创造人类的幸福，全靠我们自己！"话说回来，帝制时代下的奴臣愚民们是绝不可能有这种理性认识的。

闲话两宋太上皇

封建君主制是家长制的放大。秦始皇自个儿一当上皇帝，便追尊老爸秦庄襄王为太上皇，让他死了也过一把皇帝瘾。汉高祖建立汉朝，也就援例尊崇健在的父亲刘太公做太上皇。但这种太上皇不过是父因子贵，对政局并没有说三道四的太多特权。

君主制虽说是终身的，但偶尔也有老皇帝生前移交皇权的特例。这时，由于权位是父皇让渡的，即便升格为太上皇，也仍有权对小皇帝横挑鼻子竖挑眼，影响就不容小觑。秦汉以后，这类太上皇，仅宋代就有四个，其作派与收场却大不相同，这里不妨就来侃一侃这一话题。

教主道君太上皇帝

宣和七年（1125）十二月，金军南侵铁骑的呼啸声，惊破了宋徽宗有滋有味的风流天子梦。二十日，他让太子赵桓出任开封尹，这在宋代意味着太子继位在即。次日，这位徽宗下了一道罪己诏，承认上台二十余年来的种种过失，表示要立即着手革除虐政。二十二日，金军统帅送来了一份通牒，历数他"昏迷不恭，侮慢自贤"，他读后心胆俱裂，涕泗并下，连说"休休"。

次日，徽宗与李邦彦那伙佞臣们商定了禅位大计，作出了两项决议。其一，诏书对外宣称因病退位，以免发生变乱，破坏稳定。其二，关于退位后的称呼，不必拘泥成例称太上皇帝，可称道君（这本来就是在政和崇道时徽宗自拟的名号）。决议刚定，徽宗说病就病，一阵昏厥，跌倒在御床之侧。好一阵灌汤进药，他才悠悠醒来，自称"已坏了半边，如何了得大事"，让人拿来纸笔，用左手写下了退位御笔："皇太子赵桓可即皇帝位，予以教主道君退处龙德宫。"

事不宜迟，当晚召来皇太子。童贯、李邦彦把天子龙袍披在太子身上，徽宗又以左手书写御笔道"汝不受，则不孝矣"。太子坚决不愿受命，推脱挣扎，竟也昏了过去。文武百官还鹄立在垂拱殿上，几曾料到君权交接大典会落得个老天子装病、新天子急病的结局呢！数日以后，新皇帝钦宗尊徽宗为教主道君太上皇帝。太上皇帝声称今后除教门之事，一切不管。这年他才四十三岁，正当年富力强，便早早决定自我下岗，把一副烂摊子撂给了儿子。

次年正月四日，太上皇借口去亳州（今属安徽）供奉老子的太清宫进香还愿，携带皇后与部分子女，由蔡京之子蔡攸随从，前往江南避难。到睢阳一滨河小市投宿，老妪问他来历，他说："姓赵，家住东京，已经退休，由长子顶替。"说着，与卫士都忍不住笑起来。走到泗州，高俅、童贯等也赶来扈从。太上皇帝南巡所过之处，"藩篱鸡犬，萧然一空"。

车驾渡江，在镇江营缮行宫，建造庭园，做久居之计，每月花销高达20万贯。不仅如此，这位道君太上皇帝并不想放弃君权，下诏让淮南、两浙递京文书都听他的指挥；东南纲运在镇江卸纳，供他支配，镇江行营俨然另一中央。在朝臣纷纷要求下，钦宗鉴于"自江以南，诏令不行"，一方面下诏按太上皇原来的承诺办理，一方面派出迎奉使敦促太上皇帝回朝。太上皇帝敏感到儿子对他的不快，让前去"迎奉"的李纲调解他们父子龃龉，说："若能调和，使无疑阻，当书青史，垂名万世。"

四月三日，太上皇身穿销金红道袍，与一干人等悠然自得地返回京城，似乎什么战争都没有发生过，他只是做了一次潇洒的江南之旅。回京以后，太上皇提出亲赴洛阳募兵，抗御金军。钦宗断然拒绝，并把他周围的侍从驱逐得一干二净，以确保一个中心。十月十日天宁节，是太上皇的诞辰日，做父亲的满斟一杯酒递给儿子，钦宗竟坚辞不饮。太上皇讨了个老大的没趣，见自己真成了名副其实的孤家寡人，号哭着离席而去。

父子之间芥蒂难消，在权力问题上钩心斗角，痛失半年备战的大好时机。当时有《九不管》民谣，其中"不管二太子，却管立太子"，就是讥讽钦宗不以对付金太祖的二太子宗望为头等大事，却与太上皇明争暗斗，急匆匆将自己不满十岁的儿子立为皇太子。

靖康元年（1126）闰十一月，金军熟门熟路，再次南下，攻陷了开封城。次年二月六日，金朝宣布徽宗与钦宗废为庶人。次日，道君太上皇帝也被押往开封南郊的青城金营。他哀求说自己愿意远赴金朝，只恳求能让钦宗到广南一烟瘴小郡奉祀祖宗，金帅连听都不愿听。太上皇与儿子同为阶下之囚，最后被辗转押至金朝五国城（今黑龙江依兰），八年以后客死在冰天雪地的北国边陲，成为宋代下场最惨的太上皇。

光尧寿圣太上皇帝

二帝播迁，北宋灭亡，宋徽宗第九子赵构成为南宋第一代君主，是为宋高宗。建炎三年（1129）二月，金兵奔袭扬州，前锋直抵天长军（治今安徽天长）。其时，高宗正在扬州行宫行床笫之欢，乍闻战报，惊吓得丧失了性功能，从此再也不能生仔。他慌忙带领少数随从策马出城，仓皇渡江，后来讹传为康王泥马渡江的故事。

两年以后，高宗从太祖后裔中选了两人入养后宫，为其分别改名赵瑗与赵璩，但总存着侥幸心理，指望还能生下亲生儿子，迟迟没有确立谁为皇储。绍兴二十五年（1155），高宗已经四十九岁，不得不面对自己绝后的冷酷现实，开始考虑立储问题。

说来有趣，这个好色的皇帝竟以女色来考察自己的接班人，他各赐两人宫女十名，数日以后进行体检。赵瑗听从王府教授史浩的劝告，十个宫女完璧归赵，而赵璩则阅尽秀色。绍兴三十年三月，赵璩改称皇侄，赵瑗立为皇子，更名赵玮，晋封建王，他就是后来的宋孝宗。

绍兴三十一年（1161），听到金主完颜亮大举南攻，作为皇储的赵玮不胜义愤，主动上疏请缨，愿意为王前驱。他还缺乏做接班人的政治经验，不知此举犯了抢班夺位威逼君上的大忌。正告病假的王府直讲史浩立即代他起草了悔过的奏疏。高宗阅疏正在疑怒之际，忽然又收到悔过的上书，才略释疑怀。岁末，高宗确信完颜亮已在军中被杀，才北上建康（今江苏南京），象征性地完成御驾亲征的"壮举"。在随驾过程中，赵玮学了乖，步步踩在为臣之道的点子上，赢得了群臣普遍的赞誉。

高宗看到了这种微妙的人心转向，采石矶头的隆隆炮声也让他的苟安政策丢尽了脸面。次年年初返回临安不久，他就下诏宣布禅位，赵玮立为皇太子，改名赵昚。高宗对宰执声称："今老且病，久欲退闲。"而实际上，这时他年仅五十六岁，身体十分健康。

禅让无疑是最明智的选择，高宗是深思熟虑才作出这一决策的：让一个听命于己的继承人早点替代自己处理朝政，既省得自个儿政事烦心，又能进一步换取他的知恩图报；这样，既可以安享尊荣，又可以在适当时候以太上皇身份左右大局。

六月，举行禅位仪式，新皇帝就是孝宗，尊高宗为太上皇，上尊号"光尧寿圣太上皇帝"。"光尧"用来颂扬其禅让之德，比尧传位给舜还要光辉伟大。在禅位仪式上，高宗对群臣说了一句出自内心的自我评价："朕在位失德甚多，更赖卿等掩覆。"

太上皇退居的德寿宫，由秦桧府邸改建而成，因在大内之北，时称北内。他雅爱湖山之胜，就引西湖之水入德寿宫，营造出水光山色的人间胜景。每月仅零花钱就是四万贯，每年四十八万贯支出，还不包括德寿宫的日常开销。每逢生日，孝宗还得孝敬寿礼，银五万两、钱五万贯是最常规的进献。有一次，为上寿酒配一根寿星通犀带，就花了十万贯。但太上皇仍不餍足，竟不顾国家的榷酒政策，纵容宦官私自酿造德寿宫御酒。他从孝宗那里以德寿宫名义取得了免税权以后，许多达官贵人就献纳种种好处，大走太上皇的门道，最后闹到连粪船也都插上德寿宫的旗帜，成为流传一时的政治笑话。

孝宗对太上皇可谓是竭尽孝道，不仅在物质生活上满足其骄奢淫逸的种种欲望，即便在治国大计上也往往委曲求全。孝宗是南宋诸帝中唯一有志恢复、锐意北伐的君主，在位二十七年，倒有二十五年受到太上皇的牵制和干扰，索手缚脚，有心无力，锐气消磨，诸般无奈。太上皇并没有如其禅位时宣称的那样不问朝政、颐养天年，一到关键时刻就多方掣肘，出面干涉，新任命的宰执必须到德寿宫"入谢"，面听"圣训"。在恢复大计上，他一再告诫孝宗：一旦用兵，对方不过事关胜负，我们却是关乎存亡。太上皇还对孝宗挑明："等我百岁以后，你再讨论这事吧！"

为恢复大计，孝宗起用主战派张浚，太上皇明确反对："张浚徒有虚名，其实不过是专把国家名器钱物做人情的小人！"见孝宗不为所动，还准备以张浚为相，太上皇便提出让主和派汤思退出任左相，张浚当右相，企图以宋制尊左的惯例，压主战派一头地，孝宗只得照办。张浚提拔张孝祥任都督府参赞军事，太上皇命其前来，反讽道："张孝祥一定很精通军事吧！"迫使张浚更改任命。当得知孝宗违背自己的意志，下达隆兴北伐命令时，太上皇气急败坏地将其召入德寿宫，要求他收回成命，在这节骨眼上，孝宗只能以沉默不语来表示拒绝。

太上皇年事虽高，对女色却兴趣不减，淳熙十四年（1187），他以八十一岁高寿一命归西，留下了一大批年龄足以成为其孙女、曾孙女辈的宫嫔们。禅位以后，他还悠闲滋润地活了二十五年，可谓是宋代唯一死于安乐的太上皇。

至尊寿皇圣帝

宋孝宗有三个儿子，都是原配郭皇后所生。他即位以后，久未立太子，一是忙于隆兴北伐，二是免得引起太上皇难以言说的不快，三是对第三子"英武类己"颇有属望。

乾道元年（1165）四月，第三子赵惇率先得子，两个月后，长子赵愭才生下儿子。赵惇为皇嫡长孙的名分暗中较劲，孝宗这才不得不立长子为皇太子。岂料赵愭命蹇，两年后一命呜呼。其后东宫虚位四年，按立长的常规，理应立次子赵恺，但孝宗实在看好第三子，乾道七年，断然立赵惇为皇太子。淳熙七年（1180），赵恺病死，孝宗却说当年越次建储正因为他"福气稍薄"。

赵惇做稳了皇太子，迫不及待企盼孝宗早日禅位给他。瞅了个机会，他试探父皇，孝宗听出了话外之音，却还不打算放手。皇太子便去走太皇太后吴氏（高宗皇后）的门道，让她代为说项，听到吴氏传来的回话"你父亲说你还是未历练的孩子"，他一把抓下帻巾，指着头发说："我头发都白了，还说孩子！这岂不是罪过翁翁吗？"翁翁指太上皇高宗。孝宗接受禅位时只有三十六岁，而这时赵惇已经年近四十了。皇太子迫不及待地乞灵于扶箕术，箕仙给他写了一行字："皇太子淳熙十六年二月壬戌即大位。"

淳熙十四年十月，太上皇高宗去世，孝宗一反君主守丧以日代月的旧规，坚决要守三年之丧。其中尽管有尽孝报恩的因素，关键还是在太上皇长期掣肘下,其恢复雄心早已销蚀殆尽,对朝政渐生倦勤之意。淳熙十六年二月二日,孝宗正式禅位给皇太子,此即宋光宗。光宗当日上太上皇尊号为"至尊寿皇圣帝",他猛地记起,这天的干支正是箕语所说的壬戌。

禅位以后,太上皇孝宗改高宗原先退居的德寿宫为重华宫,移住其中,他期望光宗也像自己对待高宗那样,让他颐养天年。不过,他也并不甘心完全放弃对朝政的控制,禅位前安排自己信得过的老臣周必大出任左相,而作为一种平衡,光宗潜邸旧臣留正为右相。光宗一上台,就不愿再受太上皇的摆布,提拔亲留怨周的何澹为谏议大夫。何澹一上任,就见风使舵,首劾周必大,光宗顺水推舟将周必大罢相,升任留正为左相。

光宗的婚事是高宗当年定下的,皇后李凤娘是一个妒悍多事的女人。册封为皇后以后,她更目中无人,有一次竟然话中有话,讥讽太上皇后谢氏与孝宗不是结发夫妻,气得太上皇把老臣史浩召来讨论废黜事。史浩从稳定政局出发,以为决不可行,废后之事这才作罢,但双方关系却充满了火药味。

光宗只有一个儿子,时封嘉王,依例是皇位理所当然的继承人。留正劝光宗早日立储,光宗就去找太上皇,不料孝宗对他说:"当初按理应立你二哥,因你英武像我,才越位立你。而今你二哥的儿子还在。"意思很明白,老大既绝后,皇位应回到老二一脉。太上皇这一安排,一是弥补对赵恺的歉疚心理;二是发现嘉王赵扩"不慧",而赵恺之子嘉国公赵抦早慧。光宗在大义与情理上不便回驳,内心却是老大的怨怼,父子关系划出无法弥合的裂痕。

李皇后知情后,决定亲自为儿子争回皇位继承权,她在一次内宴上借机发作:"我,是你们堂堂正正聘来的;嘉王,是我亲生的。为什么不能立为太子?"太上皇勃然大怒,光宗默不作声。不久,太上皇知道光宗心脏不好,搞到一张秘方,合了一丸药,准备在光宗来看望时给他。李凤娘得知，竟挑唆光宗："太上皇打算废掉你，准备给你服的那丸药，就是为了好让嘉国公赵抦早点继位。"光宗信以为真，再也不去见孝宗，把原先规定一月四朝的约期抛诸脑后。

光宗的妃嫔多起来，李凤娘却是个悍妒的醋坛子。一天，光宗洗手，见端盆宫女的双手白如凝脂，嫩似柔荑，大为愉悦。几天后，皇后送来一具食盒，装的竟是那宫女的双手。李凤娘对光宗宠爱的黄贵妃早想下毒手，绍熙二年（1191）岁末，趁光宗出宫祭天的机会虐杀了她，再派人到祭天的斋宫报告死讯。因为祭天大礼，光宗不能赶回后宫看个究竟，他深知凤娘的歹毒，哭泣个不停。事也凑巧，次晨祭天时猝不及防发生了火灾，差点没把光宗烧死，转瞬间大雨冰雹劈头而下，诸多变故交织在一起，他以为自己"获罪于天"，吓得从此神经失常。

直到绍熙三年春天，光宗才能勉强升殿听政，但经常目光呆滞，精神恍惚。他的病情时好时坏，还有点周期性：岁末年初比较稳定，偶尔还去谒见太上皇；开春到秋末往往犯混，那时绝对不愿去重华宫朝见。太上皇不同意立嘉王的旧症结，使他疑虑与臆想父亲要废黜或加害自己。拒绝朝见太上皇，这在臣下看来事关君德与孝道，内外臣僚大伙儿口敝舌焦的谏诤和连篇累牍的奏疏，都劝光宗过宫朝见。光宗在压力下，有时勉强答应某日过宫，届时侍卫仪仗全体出动，阖城百姓驻足翘首，他却出尔反尔，死赖在南内不出宫，酿成一次次过宫风波。

绍熙五年新年一过，太上皇得病了，他见光宗始终不来探病，心中很不是滋味，甚至萌生了到吴越某地"自泯其迹"的念头。病中，他听到宫墙外里巷小儿嬉闹着大喊"赵官家来了"，凄惶自语道："我叫他尚且不来，你们叫也枉然啊！"起居舍人彭龟年叩首苦谏光宗过宫，额血渍红了龙墀，也没能感动他。从太上皇犯病直到去世，光宗竟一次都没有去过北内。

六月，太上皇去世，唯一的儿皇帝不仅不来送终，而且拒绝出主大丧。这是前所未有的人伦大变，朝野人心惶惶，都以为"覆亡祸变，倏忽目前"。宰执大臣率群臣拉住光宗泣谏，衣裾为裂也无济于事。这种局面碍难长久，宰相留正奏请立储，岂料光宗先是斥骂"储位一建，就会取代我"；继而御批"历事岁久，念欲退闲"，却不明确指示究竟立储还是禅让，让宰执们无所适从。

高宗皇后吴氏自高宗死后一直与太上皇孝宗同住重华宫，她年已八十岁，却能处变不惊，命宰执赴重华宫发丧，向外宣布"皇帝有疾，可在南内服丧"，以遮掩朝廷体面，平息朝野义愤。在大丧除服那天，吴氏在北内太上皇灵柩前垂帘听政，宣布皇子嘉王即皇帝位，尊光宗为太上皇。

嘉王听了，绕着殿柱逃避不止，连说"做不得，做不得"。吴氏大声喝令他站定，噙泪数说道："我见你公公（指高宗），又见你大爹爹（指孝宗），见你爷（指光宗），今天却见你这模样！"说着亲取黄袍给他穿上，他就是宋宁宗。吴氏主持了一场老皇帝缺席、新皇帝勉强的内禅仪式，使南宋王朝渡过了一次皇位交替的危机。

一个发疯的太上皇

宁宗在北内即位，南内的太上皇光宗还蒙在鼓里。次日，宁宗来问候起居，光宗正躺着，过了好一会才问是谁，旁人代答："嗣皇帝。"光宗直楞楞盯着宁宗看，问道："是我儿吗？"然后侧身睡去，不再搭理，他的精神病又犯了。

其后，清醒时，光宗绝对不能原谅儿子夺了自己的皇位，压根不愿听到自己被尊为太上皇，他把寝殿大门关得紧腾腾的，拒绝接受宁宗的五日一朝。虽然当年他也曾迫不及待地巴望老爸早日禅位，但轮到自己，却绝不情愿早早交出皇冠。他坚决不迁出大内，这可是皇帝的居所呐！

光宗常常呆想着过去的是非得失，有时怒目诟骂自己，有时失声痛哭不已。这时，那个李凤娘，就以杯中物来宽慰他。这年宁宗行完郊天大礼回朝，沸沸扬扬的御乐声飘过宫墙，勾起了光宗记忆长廊里的某个片断，便问什么事。李凤娘诳骗说是市井上有喜庆事。他顿时大怒："你竟骗我到这地步吗？"挥臂打了过去，把她抡倒在门框上。

恍惚时，光宗疯疯癫癫满宫禁乱跑，宫女太监们私下里都叫他"疯皇"。退位以后，他还活了六年。看来，孝宗选他做继承人，完全是决策错误。他以精神病患者而君临天下达两年半之久，酿成政局动荡而群臣一筹莫展，凡此无不凸现了君主专制非理性的那一面。

旧史家把高孝光宁四帝之间的皇位交接称为"三朝内禅"。历史似乎一再重演，但三次禅位，每况愈下，可谓一代不如一代。绍熙内禅实际上是在迫不得已情势下的皇权更迭，至少已经没有了绍兴内禅与淳熙内禅时那种表面上的人君之德和升平之象。

宋仁宗的仁恕与雅量

宋仁宗在位四十二年，是宋朝在位时间最长的皇帝。在中国历代皇帝中，平心而论，他既不是奋发有为的英主，甚至也不是声誉卓著的明君，但他最大优点就是宽容仁厚，能容忍各种激烈的批评，哪怕是对他私生活妄加非议。在他的治下，不仅台谏官，即便其他官员和士大夫，也都能享受到君主制下罕有其匹的言论自由。他的谥号曰"仁"，《宋史》本纪说他"恭俭仁恕"，不失为盖棺论定。

在中国清官中，位居第一的是包拯。他当谏官时，宋仁宗最宠幸的是张贵妃，而贵妃的大伯张尧佐正做着三司使，号称"计相"，这可是掌管全国财政的要职。但这位大伯尽管干不好本职，却大有觊觎副相之位的念想。包拯就和其他台谏官为此纷纷上疏，仁宗只得免去其三司使，出于安慰，任命他同时兼任宣徽南院使、淮康军节度使、景灵宫使、同群牧制置使四职。铁面包拯上奏，不仅怒斥他是"清朝之秽污、白昼之魑魅"，而且直接抨击仁宗"失道败德"。说一个皇帝"失道败德"，这可是最大的恶评。仁宗为了张尧佐的任命，置之不理。朝会之日，包拯联合了全体台谏官，率领百官面谏仁宗，动用了台谏向君主集体谏诤的强硬手段。仁宗先是勃然大怒，但迫于舆论，最后还是做出了让步，免去张尧佐宣徽南院使、景灵宫使，保留了其他两使。

过了不久，张贵妃又吹枕边风，仁宗见舆论平息，重新任命尧佐为宣徽使。包拯得知，不依不饶，领衔与其他谏官上殿争辩。一天，张贵妃还想为大伯子说情，仁宗抢白道："今天包拯上殿，唾沫都溅到我的脸上。你只管要宣徽使、宣徽使，不知道包拯是谏官吗？"为了谏诤，包拯居然把唾沫喷到皇帝脸上，仁宗尽管不乐，却对他畏让三分，足见中国第一清官的出现，与仁宗皇帝的仁恕雅量是分不开的。倘若搁在更专制的明代，即便不将他打入天牢，也非动用廷杖的酷刑让他半死不活。

垂帘听政的刘太后一死，25岁亲政的宋仁宗顿时有了一种谁都管不着的解放感，没日没夜在后宫倚红偎翠。著名学者石介给即将做宰相的王曾上书道："听说皇帝好近女色，渐有失德，倡优日戏上前，妇人朋淫宫内，饮酒无时节，钟鼓连昼夜。近有传闻，皇帝圣体因此不豫。"话说得不能再尖锐："不豫"是专指皇帝病危的用语，而这却与"妇人朋淫宫内"有关，用现在的话来说，就是与一大帮子宫嫔乱搞所致。石介希望王曾能"以此为谏"，"感动上心"，而他即便因此"受斧钺于天子之前，以狂讦得罪于相府"，亦"死得其所"。不清楚王曾是否转达过这番话，但他走马上任后没有治石介"狂讦"，则是肯定的。

与石介不同，时任谏官的滕宗谅（就是请范仲淹作《岳阳楼记》的滕子京）就直接上书，严词抨击宋仁宗沉迷"内宠"，指斥他"日居深宫，流连荒宴，临朝则多羸形倦色，决事如不挂圣怀"。"临朝则多羸形倦色"，把仁宗上朝时被女色掏空而萎靡不振的模样描摹得淋漓尽致。皇帝的脸面都不知往哪儿搁，但也不过让滕宗谅平级调动，出朝去做知州。

有一件轶闻最能说明仁宗朝言论的宽容度。据说仁宗"尤恶深文"，也就是上纲上线诬加罪名。有一个举子献诗成都知府说："把断剑门烧栈阁，成都别是一乾坤"，他竟然鼓动知府扼守剑门关，一把火烧了入川必经的栈道，把四川变成独据一方的割据政权。毫无疑问这是一首反诗，搁在现在就是颠覆国家罪。我们都还记得《水浒传》"浔阳楼宋江吟反诗"一回，结果"打得宋江一佛出世，二佛涅槃，皮开肉绽，鲜血淋漓"，"直押赴死囚牢里来"。成都知府当然也不敢自作主张，囚械了这名举子，向朝廷上报此事。仁宗却不以为然道："这是老秀才急于要做官才写的，没有必要治他的罪。可给他一个远小州郡的司户参军做做。"不必究诘这件事的确否，即便是附会，也反映了宋仁宗的仁恕宽容。

《宋史·仁宗纪》总体评价仁宗朝治迹时指出："恻怛之心，忠厚之政，有以培壅宋三百余年之基。"仁宗朝尽管在外患内政上不无问题，却是北宋的治世。纵观宋代，士大夫的言论自由权在仁宗时行使得最充分，他们"以天下为己任"的使命感也在这一时段最为昂扬。所有这些治世气象，与宋仁宗仁恕宽容政风的涵泳作育是息息相关的。我们没有必要顶礼膜拜宋仁宗那样的"仁君"，也决不企望历史倒退回君主政体。但倘若把宋仁宗与后世那些"老虎屁股摸不得"的专制者做比较时，孰优孰劣的公道结论还是不言而喻的。

明道废后前后的吕夷简

一

宋代有两次废后事件，第一次是仁宗废郭皇后，第二次是哲宗废孟皇后，都是垂帘听政的太后或太皇太后硬为小皇帝定下的亲事。强扭的瓜不甜，一待皇帝亲政，就都以废黜了结。仁宗明道年间废后，与一代名相吕夷简大有干系，也成为他终生抹不去的遗憾。

吕夷简的堂伯父就是吕蒙正，他是宋太宗亲自拔擢的"天子门生"和状元宰相，以为政稳健而著称。宋真宗曾问他子侄中谁堪大用，他说："臣侄夷简，宰相才也。"吕夷简因而"见知于上"，凭借着出色的才干与家族背景稳步升迁。真宗末年，他权知开封府，掌管了首都的事务，颇有政声，真宗"识其姓名于屏风，意将大用之"。但真宗不久去世，即位的仁宗才十三岁，真宗刘皇后垂帘听政，当年就把吕夷简提拔为参知政事。

进入了最高的宰执圈，吕夷简先是建议将前朝伪造的天书随葬真宗陵墓，在真宗崇道的标志性建筑玉清昭应宫毁于火灾后，他又以《洪范》灾异说劝谏刘太后打消了重造的念头。这两件事都进谏得恰到好处，为他赢得了颇佳的士论。天圣六年（1028），宰相张知白病故，另一位宰相王曾推荐吕夷简，太后以为论资排辈张士逊在前，王曾说命相应论才，太后便准备改任吕夷简。吕夷简对太后说：士逊有纯美之德，应该先用。这番谦让，令吕夷简在太后、仁宗与同僚中大赚印象分，仅过一年，他就如愿以偿，获登相位。

吕夷简深知刘太后强干而好权，与其他大臣相比，在处理与太后关系时，处处表现出他的深谋远虑。他绝对不会像权御史中丞程琳那样，向太后讨好地献上《武后临朝图》，这类事有损自己的名节。他也决不会像宰相王曾那样楞直，以违背祖制而反对太后接受尊号与朝贺，还对太后左右姻家"多所裁抑"，惹得她老大不快，最后丢了相位。他尽可能满足太后的虚荣心与权力欲，压下那些要求太后还政的奏疏，对太后"稍进外家"的做法也不置可否。甚至在明道二年（1033），太后"欲被服天子衮冕"往谒太庙时，他仍不加阻拦，仅略作变通满足了她的愿望。正因如此，吕夷简在太后听政的十二年间，始终稳坐宰执之位。

当然，在赢得太后信任的同时，吕夷简也为仁宗亲政后自己的地位投资与布棋。他做了两件足以令仁宗感铭在心的事情。仁宗因生母李宸妃地位低微，出生后就被刘太后夺去抚养，以至始终以为太后就是母亲。这就是"狸猫换太子"的故事原型。但刘太后富有心机，以陪读为借口把真宗异母弟荆王元俨之子允初"养于禁中"。对未登大宝的仁宗来说，这是一个潜在的政敌。允初既长，吕夷简就坚持请太后送他出宫，话说得很尖锐："前代母后多利于幼稚。试披史籍，即可见嫌疑之际。"这是第一件事。

明道元年（1032），仁宗生母病死，刘太后秘而不宣，"欲以宫人常礼治丧于外"，仁宗还蒙在鼓里。吕夷简主动入宫过问李氏丧仪，太后愠怒道："你要离间我们母子吗？"夷简从容回答："太后不以刘氏为念，臣不敢言；倘念刘氏，丧礼宜从厚。"话说得得体而到位，着眼点落在太后刘家，更深的用意则是卖好给即将亲政的仁宗。刘太后顿时省悟，隆重礼葬了李宸妃。这是第二件事。

在宦海波涛中，吕夷简为官的宗旨就是化险为夷，左右逢源。在此前提下，他也会为生民国家施展自己的才干。

二

宋仁宗是在天圣二年（1024）十五岁那年成的婚。据说，他最初看上的是王蒙正的女儿，但刘太后硬是说这女孩儿太过妖艳，"恐不利于少主"，将已故中书令郭崇的孙女册立为仁宗皇后，把"姿色冠世"的王家女孩许配给了自家的侄子。仁宗接受了太后硬塞给他的皇后，心里老大不高兴。郭氏依仗着太后的威势入主后宫，却始终未能真正博得仁宗的欢心。

明道二年（1033）三月，刘太后去世，仁宗亲政。四月，九人宰执班子中，除了宰相张士逊与参知政事薛奎留任，连同吕夷简在内的七人都被罢政出朝。任命一颁布，大出吕夷简意料：仁宗此前还与他密谋准备将太后器重的张耆、夏竦等重臣罢免，谁知自己竟也搭了进去。事后，他从内侍阎文应那里得知：仁宗回宫，随口将这一人事调动告诉了郭后，皇后却说："夷简难道不迎合太后吗？不过多心机、善应变而已。"就是这句枕边风使得吕夷简出朝近六个月，他的深谋远虑竟敌不过一句不须求证的床头话。对郭后有意无意的中伤，吕夷简衔恨在心，但他知道自己以前的努力不会白费。

仁宗终于知道了身世，一些朝臣出于讨好，不惜在皇帝与已故太后的关系上无事生非，推波助澜。仁宗情绪激动，亲自赶往厝存生母灵柩的寺院，开棺查验，见生母身着皇后服饰，容貌如生地躺在水银之中，才打消了对刘太后进行清算的念头。不难推断，仁宗也知道了吕夷简在处理李宸妃丧礼上所做的一切。六个月后，他让吕夷简重返政事堂仍任宰相，与此也应是不无关系的。

刘太后一死，在感情问题上与在朝廷大政上一样，仁宗都有一种当家作主的解放感。最大的变化就是后宫美人纷纷得宠，郭皇后嫉恨之下，好几次与最受仁宗怜爱的尚美人、杨美人忿争不已。一次，她怒不可遏，上前欲打尚美人的耳光，仁宗过来袒护，巴掌正巧落在了皇帝的颈脖子上。副都知阎文应早就与吕夷简内外呼应，他给仁宗出了个解气的法子，建议将再相不久的吕夷简与其他宰执招来，让他们"验视"皇帝脖子上的爪痕，商议处置的办法。仁宗的反感被挑动了起来，嚷嚷着要废后。其潜在原因是对刘太后强塞给自己的婚姻郁积了太久的不满，如今借着这一巴掌，找到了宣泄的突破口。

仁宗这年二十四岁，在废后问题上显然感情冲动。吕夷简揣摩透了仁宗深层次的反感，为了博得皇帝的信赖与好感，更出于对郭皇后那段私怨的报复，一反"收恩避怨"的常态，决定来个火上加油。他并不缺乏同盟者。除了后宫的阎文应，朝堂上就有助他再度入相的权御史中丞范讽。当初吕夷简罢相，宰相张士逊留任，半年来蝗旱灾害频仍不绝，士逊才干不济，拿不出效的措施，仁宗怀念起出朝的吕夷简来。范讽不失时机上奏弹劾，将张士逊赶出政事堂，吕夷简得以取而代之。在废后事件中，范讽与吕夷简配合默契。他窥测仁宗心思，提出郭皇后"立九年无子当废"的堂皇理由，吕夷简当即表示赞同："汉光武帝是明主，尚有废后之举。今郭氏伤害圣上，废之不会有损圣德。"在他们的撺掇下，仁宗决心废后。

平心而论，仁宗宅心宽仁，叫嚷着废后，也不过一时忿起，并不就那么恩断义绝。事后，郭氏废为净妃，出居瑶华宫。仁宗一次游后苑，见到郭氏乘过的小轿，睹物思人，写了一首《庆金枝》词与郭氏和答往来，甚至悄悄派人准备接她回宫。但郭氏提出的先决条件是恢复她的皇后身份，而其时仁宗已册立了曹皇后，废立皇后毕竟不是小孩过家家，郭氏入宫也就绝无可能。但由此可以推断，仁宗当日废后之念起后，未尝没有片刻的犹豫。老谋深算的吕夷简也未必捕捉不到仁宗这种迟疑，但报复之心终于驱使他力赞废后之举。

三

在废后风波中，对吕夷简来说，最难缠的不是郭皇后，而是范仲淹、孔道辅这类君子。范仲淹当时任右司谏，认为不应该无端废后，这会影响皇帝的名誉和朝廷的脸面。仁宗受吕夷简的挑唆，执意不肯收回成命。于是，范仲淹便与权御史中丞孔道辅率领御史台、谏院的台谏官等入宫进谏。仁宗命人关上宫门，任凭孔道辅他们拽着门环大呼小叫。随后，吕夷简奉皇帝之命，"召台谏，谕以皇后当废状"。台谏官在政事堂与吕夷简展开大辩论，指责他劝仁宗废后其失德荒唐如同儿子赞同父亲休了母亲一样。他的一张嘴敌不过这一大帮子台谏官，以儒家伦理而论，他也确实于理有亏，于是施出缓兵之计，让台谏们次日直接向皇帝陈情。一脱身，他就以"台谏伏阁请对，非太平美事"为理由，一面指令有关部门"无得受台谏章疏"，一面向仁宗提议驱逐孔、范等台谏官出朝，釜底抽薪，彻底平息废后风波。次日，台谏官不但见不到皇帝面谏，连章奏也无处递送，范仲淹与孔道辅更是当天就被罢去台谏之职，出知州郡。参加谏阻废后的其他台谏官也陆续被调离了京城，不再担任言官。

在废后风波中，以范仲淹为代表的台谏官伏阁力谏，应该视为宋代士大夫与皇帝共治天下的标志性事件之一，其意义非同小可。士大夫的士气经过宋初六七十年的涵养作育，而台谏制度又在宋真宗晚年得以健全与整顿，废后事件无意中成为士大夫官僚伸张士气的一次热身。在表面上，台谏官虽被宰相与皇帝联手击败；但在士大夫的舆论中，范仲淹他们获得了"忠直不挠"的高度评价，吕夷简则被认为"遂成其君之过举，咎莫大焉"。

吕夷简强行平息了废后风波，果断诚然果断，有效也算有效，却在士大夫中引来了非议，留下了恶评。平心而论，他扮演了一个并不光彩的角色，就因为记恨郭氏那一句话而不择手段、伺机报复，这与他先前顾大局、知礼让的贤臣形象判若两人。但仔细覆案这一风波的全过程，就不难明白，吕夷简一旦做出了赞同废后的决策，其后事件衍变的轨迹就有点身不由己了。他错误地以为站在第一线的是皇帝，自己可以运筹幕后而稳收结果。他的失策在于，没能意识到台谏作为士大夫参政的话语权已经形成，正欲借机一试锋芒。

　　仁宗也没想到这么多的麻烦，他本来底气不足，就让怂恿废后的吕夷简为他擦屁股。吕夷简这下不得不走到了前台，暴露在台谏舆论的火力射程之内。事到如今，他知道只能将错就错，把这场政治赌博进行到底；中途退却，在士大夫舆论与仁宗的眷注上将会两边不讨好，弄不好还会彻底葬送自己政治生命。于是，他只得不惜昔日的令誉，倚仗君权作为后盾，以各种政治手腕平息了废后风波，终于让仁宗如释重负而对他更为倚重。

四

　　由于废后事件，吕夷简完成了从刘太后肱股大臣向宋仁宗心腹大臣的角色转换。对吕夷简来说，明道废后是他仕途生涯的一道坎。此前，在刘太后临朝的十余年间，"天下晏然，夷简之力为多"，他不失为贤相的形象。在明道废后及其以后，史书说他"在位日久，颇务收恩避怨，以固权利"，更像钩心斗角的政客。

　　风波过后，吕夷简在景祐元年（1034）不失时机地上了一道请立新皇后的奏章，此后便不再插手内宫事务。可阎文应却不避瓜田李下之嫌，先是将与郭皇后争宠的尚、杨二美人逐出后宫，接着派人去劝阻皇帝纳茶商陈氏女为皇后。景祐二年，废后郭氏数日小疾之后不治暴死，领太医前去诊视的正是阎文应，"中外疑文应进毒，然不得其实"。范仲淹不久前回京，以绝食必死的姿态弹劾阎文应，迫使他流贬岭南。这一过程中，吕夷简托人规劝过范仲淹，见他不以为然，就退而作壁上观。他很清楚阎文应帮过自己大忙，但这时他也爱莫能助。

废后次年，范讽升为权三司使，但他志不止此。他先是指望吕夷简作为首相援引自己入二府，当执政；继而与另一个宰相李迪攀上了姻亲，在仁宗面前好几次有意无意影射吕夷简不是忠臣，而吕夷简与李迪正在中书权力上较劲。不久，御史庞籍弹劾范讽贿赂交通外戚尚美人之父，吕夷简不露痕迹地将这份弹章上呈给仁宗。仁宗让他与参知政事宋绶"决范讽狱"，吕夷简轻而易举地把范讽的姻亲李迪也牵连了进去，不久，范、李都遭到罢黜，吕夷简一箭双雕解决了两个政敌。

接替李迪任相的是王曾。他当年欣赏吕夷简的才干，力荐其为次相，如今两人正好换了个位。此时，吕夷简已习惯了专断行事，而王曾身为老臣，当然也不会曲意逢迎他。两人都称得上是名臣，却不仅劲没法往一处使，反而听凭矛盾公开化，宰执班子也分为两派。刚回京城的范仲淹担任天章阁待制，这是侍从之职，虽不能像台谏那样有权弹劾百官，却也拥有向皇帝进谏建议的话语权。自废后风波后，这位自觉"以天下为己任"的完人对吕夷简颇有成见，而对王曾却十分尊重，这也决定了他在吕、王之争中的立场。吕夷简别有深意地让他去权知开封府，企图以这个政务繁剧的差遣堵住他那张好发议论的嘴。不料范仲淹上任才一个多月，"京师肃然称治"。他与王曾一样，容不得吕夷简"招权市恩"，向仁宗进献了自绘的《百官图》，告诉皇帝，近年百官迁转中，哪些是正常的，哪些包藏着宰相的私心。吕夷简知道后，大为恼火，说范仲淹越职言事，荐引朋党，再次将他贬出京城。而吕夷简与王曾的分歧这时也终于白热化，两派宰执动辄在政事堂中拉开架势吵个不休。景祐四年，仁宗干脆把两派宰执一并罢免，时距明道废后不到五年。

但吕夷简深信，凭着自己的才干，仁宗还会用他为相的。果然，三年以后，在宋夏战争焦头烂额的当口，仁宗让吕夷简第三次入相。《宋史》本传指出，当此多事之秋，"颇赖夷简计画，选一时名臣报使契丹，经略西夏，二边以宁"，给予充分的肯定。选名臣报使契丹指的是富弼，选名臣经略西夏指的是范仲淹与韩琦。范仲淹曾多次抨击吕夷简，但吕夷简仍让他担任陕西经略安抚副使，负责对西夏的战守。仁宗认为吕夷简无愧为长者，天下人也都嘉许他"不念旧恶"。范仲淹面谢，说："过去因公事多有冒犯，想不到您还是这样奖拔！"吕夷简回答："我岂敢以旧事为念呢！"

庆历四年（1044），吕夷简病逝，范仲淹在千里之外撰写祭文道："就哭不逮，追想无穷。心存目断，千里悲风。"悲痛之情溢于言表，范文正公不是那种口是心非的人，他的哀悼是否出于对吕夷简更全面的认识呢？吕夷简深谋远虑，精明能干，其中确实有"收恩避怨，以固权利"为私的一面，但更多还是致力于国计大政，以至于他死后，仁宗不胜悲恸地说："安得忧国忘身如夷简者？"吕夷简自有他小心眼的地方，因为咽不下郭皇后那句话，搅起了明道废后的轩然大波，也玷污了往日的英名；但在起用范仲淹抗御西夏的问题上，却颇有度量宽宏的古大臣之风。朱熹以为，吕夷简"方寸隐微，虽未可测，然其补过之功，使天下实被其赐"。范仲淹是当事人，所受感动也就特别真切。也许，他是从金无足赤、人无完人的角度，去理解吕夷简的罢！

狄青的传奇与命运

在北宋名将中，狄青在民间的知名度几乎与杨业相当，这主要是因为通俗小说广为流播的缘故。看过《万花楼》的读者想必记得：狄青以武曲星降世，在东京开封大闹万花楼，引出许多离奇的故事。以《万花楼》为母本，又衍化出《五虎平西》《五虎平南》的连本武侠小说，更给狄青的形象涂抹上了一层神奇的色彩。在小说家的重彩浓墨中，虽有历史依稀的影子，但毕竟十之八九出于虚构。我们不妨依据可信的史料，来勾勒这位名将的传奇和命运。

出身农家

狄青，字汉臣，汾州西河（今山西汾阳）人，生于北宋大中祥符元年（1008），卒于嘉祐二年（1057）。他出身农家，祖上并没有高官显宦的经历。即使成为名将以后，他也从不隐讳自己贫寒的家世。狄青晚年担任枢密使后，有一天，一人自称狄仁杰的后代突然造访，进献狄仁杰的画像和任职诰命，建议他追认狄仁杰为远祖。狄仁杰是唐代名相，还曾麾兵追击过突厥军队，无论政绩，还是战功，都是名垂青史的。这位狄梁公是太原人，狄青倒也攀得上同乡。在那位梁公后裔看来，这也足以为狄青的英名和武功生辉增色。但狄青却断然谢绝："我出身田家，自少当兵，不过是一时遭际而位至枢密，岂敢自附梁公？"说着，奉还了原物，馈赠了礼物，将那人打发走了。对那种攀龙附凤的陋习，这位名将打心底里是厌恶、鄙夷的。

狄青少年事迹已不甚了然，只知他从小爱好骑射。十六岁那年，他哥哥狄素与同村无赖铁罗汉斗殴，铁罗汉被殴落水，因喝水过多奄奄待毙，眼看狄素要被捆绑解官，狄青就说："殴杀铁罗汉的是我。"保伍前来捆缚，狄青从容道："让我先救铁罗汉。如真的没救，再缚也不晚。"说完，他举起铁罗汉摇晃不止，铁罗汉吐水数斗，居然救活了。这件轶事后来传说成狄青有起死回生的本领，实际上却表明了狄青在突发事变前能保持冷静，他估计溺水者可能是呛水后的假死，不失时机做了抢救。这种性格对他日后成为"计事必审中机会而后发"的一代名将，应该是不无影响的。

二十岁以前，狄青大概在西河县当过书佐一类的小吏。天圣五年（1027）春天，他来到东京开封，隶籍当一名普通士兵。北宋士兵的地位十分卑微，时人鄙称作"赤老"，这大概是因军籍簿称为"赤籍"而得名的。朝廷为防备士兵逃亡，竟用对付流犯的办法，规定入籍士兵必须在鬓边黥字两行。所以，不到衣食无着，走投无路的地步，一般人决不愿意入籍当兵的。狄青入伍应是他在开封找不到更好出路，迫不得已作出的最后选择。或许是由于擅长骑射的缘故，狄青一开始担任骑直，负责侍候御马与车驾出行时牵引随从等事务，不久就改隶拱圣军，这是京城禁军的骑兵番号。

从军这年三月的一天，狄青与几个士兵来到东华门前，只见人山人海，原来都在争看新科状元王尧臣。宋代重科举，状元及第意味着前程如锦，与狄青同时代的尹洙甚至说：即便统兵百万，恢复幽燕，奏凯太庙，也比不上状元及第那么荣耀。同伴在羡慕之余感慨道："他已做了状元，我们仍是小兵。贵贱穷达，天壤之别呵！"素来沉默寡言的狄青却不以为然："不见得罢，归根到底要看自己的才能如何。"狄青自信的回答招致了嘲笑，同伴们哪里了解他的才干和志向呢！

此后的十年间，狄青的履历似乎平淡无奇。他曾选为散直，这是不入流品的低级武吏。十年军队下层的生活，对其将才的锻炼应该不无益处，至少让他充分了解了士兵。而不真正懂得士兵喜怒哀乐的人，是绝对不能成为一个杰出将帅的。

威震西夏

如果宋仁宗时期不爆发宋夏战争，狄青也许终其一生不过是一名默默无闻的下级武官。宝元元年（1038），宋夏关系再次恶化，为狄青走上沙场提供了机遇。

这年，党项首领李元昊终止对宋朝名义上的藩属关系，自称大夏皇帝，紧接着就进犯宋朝的西北边境。宋仁宗下诏精选一批卫士充实西北边防，狄青入选，开赴延州（今陕西延安），以三班差使、殿侍充任延州指挥使，隶属于鄜延路钤辖。他的官衔虽然还是无品阶的武官，但毕竟到了有用武之地的宋夏前线。

延州地处西夏军南攻的要冲，是西北军事重镇。这里地势平阔，砦隘稀疏，守城的却是数量较少、体力羸弱的士兵。当时镇守延州的范雍根本没有认识到延州的重要性，他所做的唯一好事，大概就是宽贷了坐法当斩的狄青，至于狄青因何坐法，史失记载。

宝元二年十一月，西夏骑兵欲攻延州，先围攻保安军（今陕西志丹、吴起一带）。保安是延州屏障，保安一失，延州即危。狄青参加了保安保卫战，迫使敌军撤退。他因战功破格提升为右班殿直，这已是有品阶的武官了。《梦溪笔谈》有一段记载，也许就是狄青在这次保卫战中的事情：当时新招募的万胜军尚未经过训练，遇敌常败，而虎翼军则是战斗力较强的部队，狄青就尽取万胜军旗让虎翼军打着迎战，西夏军一见万胜军旗，轻敌懈怠，全军直趋，终遭虎翼军的重创。

　　大约就在保安军之战前后，狄青还奉命大破敌军占领的金汤城（今陕西吴起东南），并率领奇兵跃过古长城，突袭夏国境内的宥州（治今内蒙古鄂托克前旗城川古城），收其族帐二千三百，马、牛等大牲畜五千余头，焚烧积聚，数以万计。这种出其不意、攻其不备的奇袭无疑是独具胆略的，令气焰逼人的西夏军深感震惊，使一再败北的宋朝军心大为振奋。然而，这毕竟是小胜，并不能挽回北宋在对夏战争中全局性的失利。康定元年（1040），三川口之战，主将刘平被俘，宋军几乎全军覆没。朝廷震惊之下，派韩琦、范仲淹分别出任泾原、鄜延路边帅。范仲淹到延州后，调整方略，加强防务，连夏人也惊呼"小范老子腹中自有数万甲兵"。

　　一个偶然的机会，狄青去谒见经略判官尹洙，公事完后两人谈及战事，这位下级武官的不凡见识使尹洙激赏不已，便向范仲淹和韩琦推荐，极口称赞狄青为良将之材。狄青受到两位边帅的破例接见，指陈边事得失，颇得青睐。

　　然而范仲淹发现，狄青的议论虽不乏卓见，但往往就事论事，缺乏一种引古证今的广度和高瞻远瞩的深度，便问："你读过点史书，学过些兵法吗？"狄青如实以告："未曾。"范仲淹当即取出一部《左氏春秋》相赠，语重心长地告诫道："为将不知古今，充其量不过是匹夫之勇。我希望你成为一名良将呵！"当时，范仲淹身居要位，而狄青只是刚入流品的武官。从此以后，狄青抓紧戎马倥偬的间隙，阅读历代兵书，钻研周秦以来的著名战例与古今将帅的用兵韬略，不断有所长进。

　　范仲淹历来反对"将不择人，以官为序"，狄青以出色的将才与卓著的战功，在其麾下擢升很快。康定元年十一月，狄青被提拔为泾州都监，这已是掌管一州边防、屯戍、训练的武职了。大约在泾州都监任上，狄青奉命西攻安远寨（今甘肃甘谷安远镇）。这是一次主动的出征。战争相当激烈，狄青也负了重伤，而敌军又发动了进攻，他不顾剧烈的创痛和主帅的劝阻，挺身上马，跃入敌阵，部下将士深受鼓舞，无不奋勇死战。

庆历元年（1041），宋军在好水川（今宁夏隆德一带）之战中再次中伏被歼，主将任福阵亡，这是继三川口之战后又一次惨败。宋廷对西北战场又有一次调整，庞籍替代范仲淹成为狄青的上司。

延州城西北有一条浑州川，东南流向，在金明寨注入清水，最后汇入黄河。浑州川流经的河谷地区地势狭长平阔，土质肥沃，川尾叫做桥子谷，是西夏骑兵进犯延州的必经通道。在桥子谷筑城建砦，等于在延州外围树起了一个防御据点，既可对延州起屏围缓冲作用，又能利用桥子谷至延州河谷的耕地，募民种粟，充实军粮。在庞籍任期内，狄青在这里主持修筑了招安寨（今陕西安塞招安镇）。西夏也意识到桥子谷的战略地位，派出大军三万前来争夺，力图破坏宋军修筑堡砦的预定计划。狄青与将士边战边修，打退敌军，胜利完成了筑寨工程。寨成，取名招安，成为插在西夏骑兵通道上的一把尖刀。在经营招安寨的前后，狄青还主持修建了丰林、新砦、大郎（均在今陕西延安附近）等堡砦。这些堡砦在延州的周围星罗棋布，犹如铁壁铜墙一般，构成了互为声援的延州外围防线，有效地阻遏了西夏军队的侵扰。

庆历二年（1042）十月，狄青以战功累迁至保州刺史、本路部署、鄜延路都监。他在前线四年，先后经历大小战争二十五次，经常充当先锋，八中流矢。每次与夏军交战，他都带上特制的铜面具，披散头发，在敌阵中纵横驰突。他的骁勇善战，连素以骑战擅长的西夏军也望风披靡。狄青带铜面具这点，倒是于史有证的，但这绝不是念声口诀就能制敌死命的所谓法宝。也许是出于护卫自身、威慑敌人的双重目的，他才带上这种面具的，这却使他的战绩在后人心目中蒙上了神秘的光圈。由于狄青在西北战场上立于常胜不败之地，其威名在双方军队中不胫而走。夏人敬畏地称他"狄天使"，因为他起初是以延州指挥使身份参战的，宋人把指挥使简称为指使，夏军也许并不明了指使究竟是何等职务，遂以"天使"相呼了。

不久，狄青升任秦州刺史、泾原路部署、泾原都监兼知原州及本路经略安抚招讨副使。当时人这样评述泾原的战略地位："戎狄之患在陕西，陕西之事安危最急者在泾原。……盖泾原山川广宽，道路平易，边臣制御不住，可以直图关中。"可见，狄青的新任命是朝廷对其军事才能的高度信任。这时，与狄青关系在师友之间的尹洙正以起居舍人知渭州，渭、原两州毗邻，边防上同属泾原路都部署，两人现又共同经略招讨安抚使事，交谊笃挚，配合默契。

狄青在泾原的战绩，史料已寥落星散。只知道有一个时期，他处于以寡敌众的劣势，只能出奇制胜。他曾预先命令士兵不用弓弩，改使短兵器，并密约全军闻鼓一声则止，再鼓则阵脚不乱地佯装败退，鼓声一停就大呼回军突击敌人，训练以后，士兵都遵教如约。一次两军对垒，狄青依法指挥，再鼓之后宋军佯败，西夏军士一边追击，一边取笑："谁说狄天使勇猛，原来也怯战如此！"突然间，鼓声停息，宋军猛然回头痛击，敌军大乱，夺路奔逃，互相践踏，死者不可胜数。

庆历四年（1044）八月以前，狄青一度调到宋辽边境，任真定路副都总管。这时宋辽并无战争，在平静的宋辽前线，狄青忧虑、关注的仍是宋夏战事。当时，宋夏虽已议和，但狄青认为防御仍须加强。他建议陕西四路安抚司用三五年时间，发动军民在边界二三百里地带开掘深五丈阔五尺的壕沟，以防遏西夏骑兵的侵袭抄掠，作为"久远之策"。由于泾原防务至关重大，大约半年狄青就被调回，在整个庆历年间，他基本上一直肩负着镇守泾原的重任，先后担任过侍卫步军殿前都虞候、步军及马军副都指挥使的高级军职。

狄青的战功和威名已在京师传为美谈，时人不呼其名，而径称其为"狄万"，把他比作像关羽、张飞那样能敌万人的猛将。庆历二年，宋仁宗打算召狄青进京问以方略，同时一睹其名将风采，恰因西夏军进逼渭州（今甘肃平凉），只得命他再赴戎机，而让人将其体貌绘成图像，进呈御览，以示眷注之情。庆历四年，宋夏战争以元昊再次称臣而告结束。后来，南宋文人甚至把宋夏议和、元昊称臣的功劳独归于狄青，这固然有溢美的成分；但他是宋夏战争中罕有的"擅百胜之威"的名将，成为象征胜利的旗帜，则是当之无愧的。惟其如此，狄青尽管没在宋夏战争中参加或指挥过特别重大的战役，后人却始终高度评价和深切怀念他常胜不败的战绩。

智平南侬

皇祐四年（1052），狄青已在西北前线经历了十五年的戎马生涯，形成了治军用兵的独特风格。第一，讲究阵法，严明部伍。他统帅的军队，不论兵员多少，也不论步兵、骑兵，行军还是驻屯，必按兵法布阵，他尤爱以诸葛亮八阵法布阵。这样就使每一支队伍以至每一个士兵都能明确自己在整个战阵中的位置与作用，即使仓卒遇到敌军袭击，也不至于全军失措，无以应对。第二，恩威并用，赏罚分明。他出生行伍，了解士兵，既能以自己的勇力服人，又身先士卒，与部下同饥寒，共劳苦，故而将士乐于效命，即使遇敌死战，也无一后退。第三，审势慎密，用兵及时。在戍守泾原时，一次挥师追敌，溃奔敌军突然壅塞不行，回兵迎战。部将皆欲奋击，狄青断然鸣金止战。敌军退尽，发现原是深涧阻道，将佐无不后悔。狄青却说："奔亡之敌，忽止拒战，怎么就知道没有阴谋呢？万一中伏，存亡难卜。宁可后悔不击，不可后悔中计。"可见他用兵之缜密，而一旦看准，则从来不失战机。

这年六月，狄青擢任为枢密副使。仁宗这一任命，也许有其用意：倚重这位名将去平定骚扰岭南的侬智高之乱。

北宋时，广西居住着一种称为广源州蛮的少数民族。其中的侬氏在庆历、皇祐间渐趋强大，侬智高便成了广源州蛮的首领。他立国建号，要求归附宋朝，连遭拒绝，就在皇祐四年五月起兵反宋，自称仁惠皇帝，破邕州（今广西南宁），沿郁水东下，连破数州，进围广州。朝廷震动，先后派余靖、孙沔等重臣南下征讨，但一再损兵折将，无法控制战局。侬智高围攻广州达五十余日，未能攻克，就折向贺、昭、宾州一带，继续攻州掠县。对侬智高起兵的性质，至今尚有争议。但侬氏劫杀掳掠，岭南经济遭到严重破坏，人民生命受到威胁，则是事实。

眼看着广南两路州县残破，人民罹难，九月，狄青一再请战，向仁宗表态，要生擒敌军的头领回来。实际上，此前几天，仁宗就与宰相庞籍谈起平侬大将的人选。这位宰相对这位昔日麾下的战将深为了解和赏识，向仁宗竭力推荐，并主张把战事全权交给狄青措置。于是，仁宗任命狄青为宣徽南院使、荆湖南北路宣抚使、都大提举经制广南盗贼事，不仅广南将领悉归其统帅，连前此南下的广西经略安抚使余靖、广南安抚使孙沔也一并归狄青指挥。

狄青受命后，翰林学士曾公亮一再追问用兵方略，狄青先默不作答，最后回答了六个字："立军制，明赏罚。"这六字方略是狄青治兵的一贯原则，也总结了此前官军讨侬无功的经验教训。例如，先后被侬智高袭杀的广南西路钤辖蒋偕与广南东路钤辖张忠从不抚循士卒，训练部伍，却驱使乌合之众轻率求战，士兵哪有不临阵脱逃的呢？再如孙沔南征，颇受请托，随行多"险薄无赖"，他们打仗退后，邀功向前，这样赏罚不明，哪里会有战斗力呢？

想不到又有权贵近幸介绍的无赖子弟前来请求随征，狄青胸有成竹地说："想跟我去打仗，我求之不得。何必托人求情呢？跟随我的将士，能杀敌立功的，朝廷自有重赏，我也不敢不为他请功。不过，倘若去了而不能杀敌，军法无情，我狄青也绝不敢徇私！请三思而行。如果想去，不但你们，就是你们的三朋九友，也请转告，我狄青保证录用，一概欢迎。"这样，请托从行的人不再登门了。而后，狄青亲择"以为可用"的将佐，故大军未行，人望已归。

狄青又征发鄜延、环庆、泾原三路蕃落广锐军，点集富有实战经验的士卒五千人，还选录蕃落骑兵二千从征，并命军中预制长刀和巨斧。当时不少朝臣认为，骑兵不利于广南山地作战。但狄青早有深思熟虑。广源州蛮擅用长枪、摽牌。摽牌是一种藤编的大盾，与长枪配合，既有坚固的自卫作用，又有锐利的进攻能力，尤其适宜于山地近战。狄青慎密分析敌方这些特点，决定以己之长，克敌之短。他选择的蕃落士兵耐苦善战，与广源州蛮同样长于山地战。他准备长刀巨斧，就是让蕃落兵在短兵相博时摧毁敌方的摽牌。至于骑兵，只要不失时机地投入战斗，即能冲垮敌阵而使长枪、摽牌难施其长技。

十月，仁宗在垂拱殿亲为狄青饯行。大军开拔，每日只行军一个驿站。一到州县，狄青就让将士充分休息，消除劳顿，使大军在长途行军到达战地后仍保持旺盛的斗志。十一月，行至潭州（今湖南长沙），狄青对前来会集的诸路兵马"立行伍，明约束"，甚至对荷锸负粮的辎重人员都有严格的行列规定，无论行军还是野宿，都自成部伍。万千军马行进，竟然鸦雀无声。一次，一兵在驻地抢了老百姓一把菜，狄青立即传令将那士兵推出斩首。由是，全军肃然。

大军越过南岭，进入广南西路的桂州（治今广西桂林），狄青传令诸将"不许轻率出战"。经过一座庙宇时，听当地人传说庙神灵验，便命驻节祷神，狄青亲取一百铜钱，在神前祝祷："如果出师大捷，我投下的铜钱都正面朝上。"有将佐劝谏："倘不如愿，恐怕军心涣散。"狄青不听，在大军环视下，挥手掷钱，一百个铜钱居然个个正面朝上。全军欢呼，声震林野，军心为之大振。狄青也面露喜色，命左右取钉将钱就地钉入土中，外加纱笼遮护，亲自封存，对大家说："凯旋归来，再谢神取钱。"

皇祐五年（1053）正月，大军行抵宾州（今广西宾阳）。不久之前，广西钤辖陈曙唯恐狄青独得战功，率八千步兵出昆仑关（今广西宾阳西南），被侬智高大败，死亡两千人，武器辎重丧失殆尽，他与殿直袁用等仓皇逃回。到达宾州次日，狄青召集全军将士，怒斥陈曙违令败军之罪，下令把陈曙、袁用以下三十二个败军将佐统统押出军门斩首。诸将无不股栗，孙沔、余靖也都相视愕然。

斩了陈曙后，狄青仍按兵不动，反而传令屯兵扎营，调集十日军粮整休士卒，将佐都不测其意。侬智高盘踞在邕州，获悉这一情报，认为宋军不会立即进攻，便张灯高会，准备过元宵佳节。就在休军令发出的次日，狄青便断然整军开拔，于当天黄昏直扑昆仑关下。昆仑关是宾州通向邕州的要隘，关北宾州境内多山地，关南邕州境内地势较平坦，登关南望据高临下，形势十分险要。部下曾向侬智高建议："狄青有骑兵随来，骑兵利平地，必须把宋军阻扼在昆仑关北，等他们兵疲粮尽，便可战而胜之。"但侬智高被胜利冲昏了头脑，没派重兵扼守昆仑关。

这天正是元宵节，狄青命军中宴饮作乐，张灯结彩。次日清晨，诸将环立大帐跟前，等候升帐传令。日高三竿，仍未见主帅出帐。亲校狐疑，入帐寻找，仍不见踪影。正当诸将相觑惊讶时，有骑驰至传令："宣徽使请诸将过关早餐。"原来狄青早在三更时分就改装与先锋一起夺得了昆仑关，控扼了通向邕州的门户。

诸将率部过关。侬智高这才发觉昆仑之险已失，见大军猝然而至，便仓卒迎战。正月十七日，两军相遇于归仁铺（今广西南宁东北三十里处）。侬氏以骁勇的士卒执长枪、摽牌居前，组成三道阵线，羸弱的兵丁居后。狄青麾军布阵，命右班殿直张玉为先锋，西染院副使贾逵将左阵，西京左藏库副使孙节将右阵，命步卒居前，骑兵匿后，并下令："不待军令而出阵迎战者，斩！"然后亲自登上高坡指挥战斗。

两军开始鏖战。右阵将领孙节阵亡，但部卒仍竭力死战，无一后退。这时，左阵将领贾逵还未接到战令，考虑到自己部卒都是些本地的土兵，如见兄弟部队一再失利，就会丧失斗志；而如能抢占前方高坡，就能居高临下，容易取胜。他不待令下，就引兵直取山头。刚立住阵脚，侬军也蜂拥而上，拼死争夺。贾逵挥剑大吼，麾兵俯冲，切断了敌阵。

狄青见贾逵擅自出战，先是蹙眉，后是颔首。他发现山前有开阔地带，就执旗指挥蕃落骑兵，从左右两翼迂回突袭，把敌阵横截为二；然后随着战旗来回挥动，左翼骑兵向右，右翼骑兵向左，往返冲刺。侬军尽管有长枪、摽牌，却抵挡不住骑兵凌厉的攻势。狄青命令手持巨斧长刀的士卒冲入敌阵，砍砸摽牌，短兵相搏。敌军溃乱，夺路而逃，退守邕州。宋军追击几十里，斩敌数千人，驻营邕州城下。归仁铺之战结束，贾逵赴大帐请罪，狄青亲抚其背说："违令而胜，兵法曰'权也'。何罪之有？"表扬了他的机智勇敢。

侬军成了惊弓之鸟，当夜纵火弃城，狼狈逃窜。狄青派人追击。清晨，大军入城，抚降七千余人。部下在敌尸堆中发现一具身着金龙衣的尸体，都说侬智高已死，要狄青上奏请功。狄青却说："安知非诈？宁可奏其逃遁，不敢贪功诬报。"侬氏之乱至此平定。侬智高逃亡大理，死在当地。

大军班师，重过神庙，狄青取钱与将佐细看，原来这一百铜钱两面都是钱面。狄青巧妙利用了迷信心理，来稳定与激励军心，将士们无不从心底叹服他善于用兵。四月，大军还京，仁宗置筵垂拱殿为狄青洗尘。次月，仁宗力排众议，任命他为枢密使，并赐宅第，备极恩宠。

名将之死

枢密使是宋代最高军事长官，例由文臣充任，其地位略低于宰相，与副相参知政事相当。狄青以行伍出身位至枢密使，开国以来尚无先例。因此，下层士兵都把他当成自己的骄傲。狄青每次外出，他们都目注手指，互相矜夸。而这位名将，也始终以拔自卒伍而自豪。早在威震西夏时，仁宗就命他以药消去脸上的黥文。这鬓边黑字是士兵带有侮辱性的标记，即便成名以后，狄青仍经常因此受到讥讽。在担任真定路总管时，一次在韩琦的筵席上，有个艺妓竟趁着酒意嘲笑他说："敬斑儿一盏。"但是，当仁宗劝他去掉刺字时，他感到背后站着千千万万的普通士兵，便说："陛下以战功拔擢臣下，而不问门第出身。我所以有今天，就是因为这黥文。我愿意留着它来激励军士，为国效劳！"

狄青任枢密使时，副使是天圣五年的状元王尧臣。王有时也半真半假指着狄青脸上的两行黥文说："哎哟，愈加鲜明了么！"狄青回敬道："你喜欢啰！我奉送一行罢。"说得这位状元羞愧无语。一次，仁宗再让王尧臣劝他去掉黥文，狄青追怀往事，百感交集地说："你是以状元而置身枢府，我呢，若无这两行黥字，怎能与你同坐共事呢？这黥文断不能去，我要让天下贱微知道，国家有如此高位相待他们。"

这位出身农民、来自士兵的名将担任枢密使后，日益成为平民与小卒狂热膜拜的偶像。只要一露面，人群就像潮水一样涌过来，渴望一睹这位传奇式名将的风采雄姿，以至道路经常壅塞阻断。关于他的轶事传说也越来越神。

自宋初"杯酒释兵权"以后，宋太祖和赵普为了防止"陈桥兵变"的重演，就立下了猜忌武将的家法，形成了重文抑武的传统，包括枢密院长官在内的高级军职例由文臣出任，试图以此防范武将因权位上升而觊觎政权。就在狄青调入京师担任枢密副使时，就有谏官反对说："出兵伍，为执政，本朝所无。"在他帅兵南平侬智高时，谏官韩绛认为"狄青武人，不可独任"，主张副以文臣，以为掣肘。最后还是庞籍指出"号令不专，不如不遣"，这才把平侬战事专委给狄青。但是，当南征捷报驰传京师，仁宗准备擢升狄青为枢密使、同平章事时，这位老上司竟然也谏争累日，明确表示：这样做法，既不便国体，也不利狄青。狄青起自行伍而位至枢密，是违背祖宗家法的，何况他又得到军民如痴如狂地追捧和爱戴，这就加剧了文臣的不满与朝廷的疑忌。

而狄青出任枢密使后，因出身武人，在小事上也不事检饰。当时京师实行火禁，士民家祭如入夜焚化纸钱，必须预告厢官，有一次狄府偶忘报告。第二天，东京城就盛传开了狄府火光烛天的谣言，文臣们马上联想到朱温叛唐时就有类似的景象，狄府火光莫非也是先兆？这年京城大水，狄青举家避水，暂居相国寺内，他身穿浅黄衣坐在殿上，指挥军士搬家。黄色是帝王的御用色，端坐神殿又触犯神权的忌讳。京师就传开这样的谣谚，"汉似胡儿胡似汉，改头换面总一般，只在汾河川子畔"，影射狄青与西夏、契丹等戎狄一样，将成为宋朝的祸患。嘉祐元年（1056）正月起，仁宗染了重病。事有巧合，狄府的狗生出了犄角。总之，偶然的疏忽，小节的失检，连同生物的变异，姓氏的附会，在祖宗家法的阴影下居然罗织成一张煞有介事的舆论罗网，狄青不知不觉被笼罩其中，成了威胁社稷存亡的可怕嫌犯。

当时的宰相文彦博向仁宗建议：拜狄青为两镇节度使，随即命他离京赴任。得知这一风声，狄青向仁宗面陈："不料无功而受两镇节麾，无罪而出典外藩。"事后，仁宗对文彦博说："狄青是忠臣。"文彦博回答："太祖不也是周世宗的忠臣吗？"弦外之音不言而喻。仁宗尽管亲赐过狄青"旌忠元勋"的题词，但对这样的警告也不得不默然接受。

狄青还蒙在鼓里，再到中书门下向文彦博陈诉，这位宰相直瞪瞪看着狄青说："没有其他原因，朝廷疑你！"狄青这才如梦初醒，惊惧地倒退了几步。他回想起当初任真定路副总管时，上司韩琦当众羞辱他："军功有什么了不起。东华门外以状元唱出的，才是好汉！"两句话似乎有一种内在的联系，但究竟是什么联系呢？狄青却不知所以了。

嘉祐元年八月，狄青罢去了枢密使的职务，加上了同中书门下平章事的虚衔，心情黯然地离开京城，以使相身份出判陈州（今河南淮阳）。也许他听到了那些飞短流长，意识到这些流言蜚语后面蕴藏的严重性，临行之前对亲近的人说："我此行必死。"问以缘故，他惨淡一笑，说："陈州有一种梨子，叫青沙烂。我判的是陈州，又名青，青必烂死，不是明摆的吗？"

到陈州以后，朝廷每月两次派宦官前来，名为"抚问"，实则监视。每次朝廷使者来，狄青就惊悸疑虑，终日不安，唯恐大祸临头。他在陈州，郁郁寡欢地过了半年。嘉祐二年（1057）二月，狄青疽发髭须——也许就是现代医学上的唇癌。不到一个月，他年仅五十，就在忧愤疑惧中与世长辞，归葬故乡西河。这位在战场上"擅百胜之威"的一代名将，却在太平盛世死于疑忌武臣的朝廷之手，真是历史的悲剧！而在其后岳飞与余玠的身上，这类悲剧还将一再上演。

人民却以自己的方式追怀这位名将。南宋初年，民间就流传着狄青是"真武神"的说法。在偏安江南的形势下，这种传说反映了人民期待能出狄青这样的名将，为他们收复北方的失土。随着时间的推移，民众对狄青的崇敬和怀念，更增加了想象的成分，进而敷衍成《万花楼》一类的传奇故事。

从蔡京一首佚诗谈起

　　《宋画全集·日本卷》收有大阪市立美术馆藏品《送郝玄明使秦图卷》，此乃画院待诏胡舜臣的赠别之作，其卷尾题跋说："宣和四年（1122）九月二日，玄明大参有使秦之命，作此纪别。"令人感兴趣的是，卷末还有蔡京《送郝玄明使秦》诗一首：

> 送君不折都门柳，送君不设阳关酒。
> 惟折西陵松树枝，与尔相看岁寒友。

　　蔡京精书艺，北宋四大书法家"苏黄米蔡"，"蔡"原指蔡京，"后世恶其为人，乃斥去之"，代以他仙游老乡、宦声书法俱佳的蔡襄。这幅书迹笔势欹侧妩媚，无愧蔡体上品。"大参"乃参知政事别称，但郝玄明生平无考，出使之地应是永兴军路。不过，这些都无关宏旨，从这首诗讨论蔡京其人品才是正题。

　　这首《全宋诗》失收的佚诗虽是即兴而作，却清通直白，颇堪讽咏。前两句借王维《渭城曲》而反用其意，既不折柳送行，也不设席钱别，有欲擒故纵之意；后两句翻转一层，点明主旨，虽嫌浅显，却不失寄兴之趣。"岁寒友"指松树，即《论语》所说"岁寒，然后知松柏之后凋也"。北宋时期，士大夫阶层开始崛起，推崇品行操守，往往以松、竹、梅凌寒持节而自我砥砺，号"岁寒三友"。

乍读此诗，谁都会认为，以松树的风格自况与共勉的蔡京，一定也是有操守的官僚士大夫。那可就大错特错矣！误判者忘却了孔子的另一句话："始，吾于人也，听其言而信其行；今，吾于人也，听其言而观其行。"意思是说：过去，我对人，听了他说的话，就相信他是那么做的；现在，我对人，听了他说的话，还要看他是怎么做的。这一谆谆教导，小到考察个人，大到认识国家，都是行之有效的。

判断蔡京，也不例外。宦海初航，他便表现出精敏的干才，缙绅众口一词说他"有手段"。这篇短文不拟全面评价他一生为政的是非功过，只说说与其操守品行有关的那些事儿，看他是否当得起"岁寒友"的庄严期许。

有一件事，最能掂量出蔡京的从政原则。"元祐更化"之初，司马光主政，全盘推翻王安石变法，限令五日恢复差役法，执行者都说太迫促，蔡京时知开封府，唯他如期完成，大受旧党领袖司马光赞赏。宋哲宗亲政，新党卷土重来，欲复免役法而久议不决，时主户部的蔡京说："取熙宁成法执行即是，何必多讨论。""熙宁成法"即王安石新法。新党宰相章惇大以为然。十年之间，同一役法，差、免有别，形同冰炭，蔡京却左右迎合，如鱼得水，两派党魁也都倚以为能，有识之士却由此洞烛其人绝无所谓政治操守可言。难怪宋徽宗垂询对他的评价，侯蒙答道："倘若蔡京正其心术，即便前代贤相也何以复加？"言外之意，出众的才干再用上不正的心术，其祸患将更严重。

据《曲洧旧闻》，蔡京说过一句丧心的大实话："既作好官，又要作好人，两者岂可得兼耶！"毫不掩饰地托出他做官的追求，最终只为自己，为家族，为他所代表的那个权门集团，大大捞上一把。每逢他的生日，上自京师，下至州郡，官员都馈送贺礼，号称"太师生辰纲"，受贿之富侈不难想象。《水浒传》里的生辰纲，虽小说家语，却有事实根据。

蔡京原有御赐第宅在汴京城东，号称东园，"高门华屋，上干霄汉"。宋徽宗虽罢其相，仍优待有加，特赐相邻之地，让他扩建西园。蔡京"毁民屋数百间"，当然都是强拆。西园落成，他有诗纪盛："三峰崛起无平地，二派争流有激湍。极目榛芜惟野蔓，忘忧鱼鸟自波澜。"规模着实可观。他洋洋得意地问："西园与东园景致如何？"有人回答："东园嘉木繁阴，望之如云；西园人民起离，泪下如雨。所谓东园如云，西园如雨啊！"另据《挥麈余话》，蔡京在杭州也有豪邸，"极为雄丽，全占山林江湖之绝胜"。宣和末年，他见金军南下，便用大船将平日搜括的财物，转移至杭州宅第，仅金银宝货就达四十担，预为蔡家留下挥霍不尽的享乐赀财。

按宋史名家漆侠说，以宋徽宗为代表的皇室同以蔡京为首的大地主集团结成了腐朽的统治联盟，这个联盟取巧地披上了变法改革的外衣（《王安石变法》239页，河北人民出版社2001年）。蔡京无愧能臣，在盐、茶、酒等国家专卖与役法、币制、漕运等经济领域都大动手术，以变法的名义确保朝廷严苛而有效地从生产经营者那里攫取更多的份额，既营造了"承平既久，帑庾盈溢"的虚假繁荣，也为宣和君臣们"丰亨豫大"的享乐主义奠定了雄厚的财富基础。

这一权门集团，既包括蔡京在内臭名昭著的"六贼（蔡京、王黼、朱勔、李彦、童贯、梁师成），还有高俅、杨戬、何执中、李邦彦等。他们肆无忌惮地聚敛财富，拉大了社会不平等的绝对差距，激起了底层民众的强烈不满。早在何执中任相期间（1109—1116），京城民谣就喊出了大众的心声："杀了穜蒿割了菜，吃了羔儿荷叶在。""穜蒿"射覆童贯，"菜"即喻蔡京，"羔儿"是高俅排行第二"高二"的谐音，"荷叶"则指何执中。及至政和、宣和之际，童谣更是直接诅咒权门统治，

"打破筒，泼了菜，便是人间好世界"，表达了推翻这个世界的政治诉求。就在其时，北方有宋江等逼上梁山，南方有方腊等啸聚起事。

蔡京这首赠别诗，写在方腊被镇压的次年。其时，他正第三次罢相，尽管仍享受一月两次的上朝礼遇，但毕竟无权赋闲，这才酸溜溜以"岁寒友"来自我标榜。过了两年，他第四次入相。《宋史·蔡京传》说他变本加厉地弄权敛财，"创宣和库式贡司，四方之金帛与府藏之所储，尽拘括以实之，为天子之私财"；还说他"暮年即家为府，营进之徒，举集其门，输货僮隶以得美官，弃纪纲法度为虚器"。一言以蔽之，"患失之心无所不至"，哪有一丝半点的政治操守。

就在他这次入相的次年岁暮，金骑南下，踏破了东京繁华梦，作为"六贼"之首的蔡京，不久也死在流贬途中。路上，他想买些食饮，但一旦暴露真实身份，店家都不肯卖，"至于诟骂"。他在轿中暗自长叹："京失人心，一至于此！"死到临头，蔡京仍高估自己在老百姓心中的形象，也难怪他以"岁寒友"自许与勉人时，竟是那么自信与坦然，连脸都不红一红！

王十朋的初心与底气

借着宋元南戏《荆钗记》的敷演，王十朋才得以在民间声名远播。那出戏里虽也写了王十朋拒绝万俟丞相（借指万俟卨）逼赘的反抗斗争，但主要表彰他忠于爱情的形象，借以传达底层民众的价值判断，认定他无愧是正人君子。

在宋代历史上，王十朋并不是范仲淹、司马光、李纲、文天祥那样一等的大人物，但其生前身后却都被视为士大夫官僚的优秀代表。在其生前，无论士大夫，还是斩夫走卒，都已纷纷美誉"天下之望，今有王公"，连朱熹也认为，"今人物眇然，如明公者仅可一二数"（朱熹《与王龟龄》）。王十朋去世之际，大儒张栻说他"大节元无玷，中心本不欺"，"忠言关国计，清节映廷绅"（《故太子詹事王公挽诗》），将其视为士君子的典范。

一

绍兴二十七年（1157），王十朋高中状元，走上仕途，这年他已经

47 岁。学界有人把宋代称为科举社会，且不论这一提法是否妥当，就家族发展与维系而言，让家族子弟以科考取官无疑是最佳选择，唯有如此，贫寒庶族才得以由此起家，官僚大族方可能赖此传世。王十朋出身农户，其前八世都无仕宦记录。17 岁起，他正式从师攻读经学诗文，决心走科举入仕之路；29 岁那年初试失利；其后，他边聚徒讲学，边苦读备考，历经十五年屡败屡战，才得以金榜题名，足见其科第之路走得并不顺畅。

必须指出的是，近三十年的寒窗苦读，王十朋并不只是将其当作猎取功名的敲门砖，而是始终把读书求道放在首位："读书不知道，言语徒自工。求道匪云远，近在义命中。吾儒有仲尼，道德无比崇。"（《畎亩十首》。下引王十朋诗文皆据四部丛刊本《梅溪王先生文集》）。在他看来，读书求道必须目标明确："学者求道，如客在途，不有所止，将安归乎。大学之道，在于知止。意诚心正，乃悟斯理。"（《止庵铭》）王十朋所说的"求道"，与北宋中叶开始形成的新儒学有着密切的关系，也包括了士大夫人格修养的自我完善。在他看来，自我修养不仅指学识文章，更重要的是思想道德，即所谓"性情乃良田，学问为耘锄"（《和符读书城南示孟甲孟乙》）。

在人格修养中，王十朋尤其强调忠孝气节。随着士大夫阶层在宋代的崛起，传统的忠义观中注入了更多的时代内涵，名节观念日渐获得朝野士大夫的认同。这种气节观包含着三个层面：一是对外敌表现为民族大义；二是对君主的规谏表现为以言抗争的精神；三是对权势表现为独立不阿的操守。如果说，王十朋宣示"古者父母仇，义不共戴天"揭明的是第一层面，那么"一朝出干禄，得失战胸宇。曲意阿有司，谀言徇人主。贪荣无百年，贻谤有千古。丈夫宜自贵，清议重刀斧"（《畎亩十首》），则充分强调了后两个层面。

还在困顿场屋时，王十朋就已自我觉悟：既然身为士大夫，就绝不能"知进而不知退"（《舫斋记》）。即便一再下第，他始终坚持独

立人格，"权门迹不到，颜巷自安贫"（《至乐斋读书》）；为自己
"犹胜炙手辈，奔走趋公厅"（《和答张彻寄曹梦良并序》）感到欣
慰。面对仕途与名节，他坚守住了底线："我岂不欲仕，时命不吾与。
曷不枉尺求，权门正旁午。非道吾弗由，兹心已先许。"（《畋亩十
首》）惟其如此，尽管半生蹭蹬科场，王十朋却坚信"富贵有天命，安
贫士之常"（《率饮亭二十绝》），表示即便难学孔子，也将效慕颜
渊："居九夷而不陋者，夫子也，予不敢学。居陋巷而能乐者，颜回
也，窃有慕焉。"（《和县斋有怀四十韵并序》）进入宋代以后，"孔
颜乐处"与"孔颜之乐"日渐提升为一个经典话题。对崇奉新儒学的士
大夫来说，这一话题崇尚的不仅是一种生活方式，最根本的还是一种价
值观念。而在王十朋看来，同时也是构成君子之道的要素之一。他
指出：

> 君子之道有三：其未达也，修其所为用；其既达也，行其所当
> 用；不幸而不遇，则处其所不用。修其所为用，则能尽己；行其所
> 当用，则能尽人；处其所不用，则能尽天。（《君子能为可用论》）

在王十朋的心目中，君子"不幸而不遇，则处其所不用……则能尽
天"，毋宁说是对"孔颜乐处"的学理性感悟，在科举入仕之前，他也
确实已修养成为这样的有道君子。他在同一文章里自述其志道：

> 君子之学，求于为己而已，初无心于求用也。学既足乎己，用
> 自藏于中，可以安人，可以安百姓；无所施而不可用者，君子因其
> 可用之资，遇其当可用之时，著其能为用之效。至若人之不我用
> 也，君子必归之于天，而有所不顾恤焉。

这段君子之道，再结合前引他说的"非道吾弗由，兹心已先许"，

不啻是王十朋身居草莱走向庙堂前的初心。

二

王十朋大魁天下那年，恰是秦桧死后的首次进士考试。他在廷试策里"指陈时事，鲠亮切直"，抨击"有司以国家名器为媚权臣之具"，矛头直指已故权相秦桧，并鲠直建言宋高宗，应"正身以为本，任贤以为助，博采兼听以收其效"（《宋史·王十朋传》）。宋高宗在秦桧死后，打出"更化"的旗号，标榜"躬揽权纲，更新政事"，亲擢王十朋为状元，表扬他的对策"议论纯正"（汪应辰《文定集·龙图阁学士王公墓志铭》）。

赐第之际，王十朋也不免对皇帝感恩戴德："太平天子崇儒术，寒贱书生荷作成。"（《丁丑二月二十一日集英殿赐第》）但同时更多的是戒励自己："益坚儒业，恪守官箴，勉来事之可为，慕古人而有作。"（《及第谢宰相》）他还与同榜进士互勉："致身许国宜相勉，莫学平津但取容。"（《游天竺赠同年》）表示决不像西汉平津侯公孙弘那样曲学阿世。王十朋的第一任职务是绍兴府佥判，宋高宗说意在让他"知民事"；到任以后，他在官府廨舍上悬榜"民事堂"，声言"它时上问苍生事，愿竭孤忠慷慨论"（《民事堂并序》），意思说，将来皇帝问起苍生疾苦，我一定竭尽孤忠，慷慨论事。入仕之初，王十朋自以为"遇其当可用之时，著其能为用之效"，就定下了立朝为官的底线与原则，竭尽孤忠，致身许国，坚持儒业，关心民事，仿效先贤，恪守官箴。

宋高宗表面上虽声称"更化"，但对外依旧固守自己与秦桧联手打造的"和议体制"，对内则君权独揽，继续任用秦桧余党。王十朋却"以必复土疆、必雪仇耻为己任，其所言者莫非修德行政、任贤讨军之实"（朱熹《王梅溪文集序》）。轮对之际，王十朋不仅呼吁宋高宗对外起用忠义人材，切实加强战备，"以寝敌谋，以图恢复"；而且非议朝政："今权虽归于陛下，政复出于多门，是一桧死百桧生也。"（《宋史·王十朋传》）对王十朋的直言，宋高宗外示包容，内心却是讨厌的，这从最终打发他出朝归里，提举宫观闲职，就足以说明一切。然而，对自己"游宦三年两度归"的结局，王十朋却坦然以诗明志道：

> 去年此日对清光，圣德能容一介狂。
> 言略施行非不遇，身虽疏外亦何妨。
>
> ——《十月朔日偶书》

　　他用一个"狂"字来自评犯颜直言，秉持的还是在《君子能为可用论》里论述的君子之道："行其所当用，则能尽人；处其所不用，则能尽天。"王十朋初入仕途的四五年间，恰是宋高宗在位的最后几年。尽管这位"中兴圣主"有意宣扬"十朋乃朕亲擢"，意在笼络，但王十朋不仅从不"谀言徇人主"，反而总是敢言直谏。至于对汤思退那类受到重用的得势大臣，他更是"权门炙手非吾事"，宁可"只合丘园作散人"。（《剪拂花木戏成二绝》）即便宋孝宗即位，召他出任侍御史，他依旧"历诋奸幸，直言无隐"（《宋史·杜莘老传》）。隆兴北伐失利，他坚决反对撤罢主战派领袖张浚，未被宋孝宗采纳，便决意自劾去国，宁可再次出京还乡，拒绝了权吏部侍郎的任命。由此可见，王十朋出仕以后，以君子之道言其所当言，行其所当行，确实做到了保持大节，坚守初心。唯其如此，尽管其位未至执政，但正色立朝的节概政声却让当世时贤都肃然起敬，称颂他"在朝廷，则以犯颜纳谏为忠，仕州县，则以勤事爱民为职。"（朱熹《王梅溪文集序》）

　　就在出朝乡居的隆兴二年（1164），王十朋对学士大夫应该如何权衡考量进取科第与退保名节的关系，有过一番深刻的思考：

学者方未第，志在乎得耳。得则喜，失则非，故以登科为化
龙、为折桂，春风得意，看花走马，昼锦还乡，世俗相歆艳，曰：
仙子，天上归也。是特布衣之士诧一第以为天香耳。若夫学士大夫
所谓香者，则不然。以不负居职，以不欺事君，以清白正直立身，
姓名不污干进之书，足迹不至权贵之门，进退以道，穷达知命，节
贯岁寒，而流芳后世，斯可谓之香矣。

他的取舍是坚定而明确的："科第之香，孰如名节之香。"（《天香亭
记》）对一个正直的官僚士大夫来说，在名节与仕途之间必须作选择
时，名节应该置于首位，为此去国还乡也在所不惜。在名节的底线上，
王十朋初心不改，言行一致，确是难能可贵的。

三

王十朋之所以能顾惜名节而不屑爵禄，一再辞官还乡，出朝归里，
以孔颜乐处为最终抉择，完全有赖于经济保障与物质基础作为后盾。早
在出仕之前，他对如何才能达到"天下之至乐"的境界就有过论说：

一箪食，一瓢饮，颜回之乐也。宅一廛，田一区，扬雄之乐
也。是固无心于轩冕，亦不放志于山林，得乎内而乐乎道也。吾今
游心于一斋之内，适意乎黄卷之中，师颜回，友扬雄，游于斯，息
于斯，天下之至乐也。（《至乐斋赋》）

箪食瓢饮的颜回之乐，是"孔颜乐处"倡导的一种精神归宿，但王
十朋把扬雄拥有"宅一廛，田一区"的家产，作为这种最后归宿的经济
基础，却是饶有深意的。在他看来，"师颜回"是必须坚持的价值底
线，"友扬雄"则构成固守底线的物质前提。唯有这样，才有足够的底

气去履践孔子与颜渊所主张的"用之则行，舍之则藏"，才能不违初心，"进退以道"，不汲汲于轩冕爵禄而傲然辞官，飘然出朝。

据《云谷杂记》，司马光为相时，经常询问士大夫"私计足否"，被问者怪讶，司马光解释说："倘衣食不足，安肯为朝廷而轻去就耶？"周煇在《清波杂志》里也曾援引某位巨公的话说："人生不可无田，有则仕宦出处自如，可以行志，不仕则仰事俯育，粗了伏腊，不致丧失气节。"倘将前引王十朋的见解与这些涉及恒产与气节关系的士大夫议论参证对勘，无疑有助于探寻他们坚持初心的底气究竟何在。

据王十朋自述："吾家之西北原有田二顷，盖先业也。"（《代笠亭记》）他有诗自道家计说："苍头稍知耕，赤脚颇能酿。有田俱种秫，我日坐亭上。"（《率饮亭二十绝》）王家二百亩地种的都是"秫"（即糯稻），其家既有为其耕作的"苍头"（佃农），也有为其酿酒的"赤脚"（雇工）。根据田亩数，王家似应归入宋代乡村上户中的二三等户。除此之外，他家还有房产与庄园，庄园有湖边庄与郭庄，王十朋分别有诗《题湖边庄》与《题郭庄路》，郭庄则是新辟的别业。

在传统农业社会里，一定量的耕田是整个家族的财富之源。王家兄弟三人，王十朋居长。其父死后，三兄弟对家产有过大致的分割，但仍采取家族经营的方式。王十朋自称"拙于治生，每以田园劳二弟"，自惭"田园劳尔辈，愧是素餐人"（《用前韵酬昌龄弟》）。南宋江南饶有田产的乡绅家族为求发展，往往会在耕与读上自我协调，适当分工：让在科举取士上更具潜力的子弟读书习儒，让在营生治产上较为擅长的子弟操持家计。

正是有了这份"有田聊代禄"的殷实家业，在科场奏捷前的二十余年间，王十朋才得以心无旁骛地攻读儒学，辗转科场；在走入庙堂后的立朝论政期间，仍能不改初心地敢言直谏，尽忠谋国。正如王十朋在《题湖边庄》诗里所吟咏的，他有着足以安身立命的优越退路："他年待挂衣冠后，乘兴扁舟取次居。"宋孝宗初期，王十朋在侍御史任上自劾辞官归乡里居时，有《家食遇歉，有饭不足之忧，妻孥相勉以固穷，因录其语》诗，云：

> 去岁官台省，侥幸食君禄。
> 有口不三缄，月奏知几牍。
> 圣主倘不容，宁免远窜逐。
> 归来固已幸，富贵非尔福。
> 东皋二顷田，得雨尚可谷。

表明先人留下、兄弟经营的"东皋二顷田"，足以让他维持孔颜乐处的生活底线。

王十朋经由科举从在野乡绅变为在朝士绅，但支持其士大夫价值系统与人格养成的家族基础、经济前提依然完好地保存着。正是有赖于"薄有田园归去休"（《送蔡俙》），尽管南宋政治生态明显逆转，但王十朋这样的士大夫仍有可能持守新儒学提倡的君子之道，一展其"正大之学，忠愤之气，爱君忧国之诚，仁民爱物之念"（王闻礼《梅溪王先生文集跋》）。

像王十朋这样由科第出仕的宋代士大夫，出于"以天下为己任"的自我担当，总是企望"遇其当可用之时，著其能为用之效"。只有当现实政治再度"处其所不用"时，他们才会进退以道，穷达知命，重新回归孔颜乐处，"处困穷而为圣人乐天之事"（《君子能为可用论》）。好在他们不仅仅在精神人格上已经修炼成这样的底气，在物质生活上也具备这样的退路。

还应该指出，尽管南宋政治生态明显逆转，但经济制度却未有颠覆性的改弦更张，以耕地为主体的士大夫合法家产仍获得保护。即便秦桧专政的黑暗年代，在打击与迫害异见政敌时，也未见有后来明清专制帝国所做的那样，借助国家强力籍没科举官僚私有家产的极端措施。而只要士大夫官僚独立拥有的生存资源未遭专制权力的彻底摧毁，王十朋那样坚守名节、不改初心的士大夫就仍能保有孔颜乐处的最后一片净土。

千古伤心钗头凤

对南宋爱国大诗人陆游（1125—1209），大家都不会陌生。他是越州山阴（今浙江绍兴）人，字务观，号放翁，能诗擅词，著有《剑南诗稿》和《渭南文集》。强烈的爱国主义精神构成了陆诗的魂魄，但在其九千多首诗词中，有一组诗是他用以追思前妻的。凄婉哀感的风格，完全有别于《剑南诗稿》"兴会飙举，词气踔厉"的基调，如诉如泣地叙述着一个揪心断肠的悼亡故事。

一

绍兴十四年（1144）夏秋之间，二十岁的陆游娶妻唐氏。她与陆游是姑表兄妹，是陆游母亲的亲侄女。据宋人记载，只知道她姓唐；至于说她名婉（一作唐琬），是出自清修的《历代诗余》，未必可以征信。从陆游以后用"惊鸿"和"美人"来形容她，可以想见其当年靓丽的姿貌。

结缡以后，陆游与她"琴瑟甚和"。她以外侄女成为儿媳妇，很注意恪守封建妇道。陆游有一首诗就是代她立言的："妾身虽甚愚，亦知君姑尊。下床头鸡鸣，梳髻着襦裙。堂上奉洒扫，厨中具盘飧。青青摘葵苋，恨不美熊蹯。"意思是说，我虽不聪明，却也知道孝敬丈夫的母亲。头边鸡叫就起床，梳好发髻，穿好襦裙。把厅堂打扫干净，在厨房准备饭食。摘下新鲜的蔬菜，恨不得烹调得比熊掌还美味。

不过，不知为什么，陆游的母亲似乎很不喜欢这位亲上加亲的儿媳妇。据活动年代稍晚的刘克庄说：放翁新婚，"伉俪相得，二亲恐其惰于学也，数谴妇"，似乎是两人过于耽溺儿女私情，父母亲才迁怒儿媳的，竟至于把她赶出了陆家。这显然有悖于情理。第一，从陆游在诗里自称"上马击狂胡，下马草军书。二十抱此志，五十犹癯儒"，他根本不是那种沉迷男女之情的人。第二，即便如此，陆游母亲也完全不必不顾与兄弟的情分，断绝这门姑舅联姻。第三，陆游的岳家也出身仕宦（陆游母亲是北宋名臣唐介的孙女），没有充分理由也是不会接受唐氏轻易被出的。陆游在《剑南诗稿》卷一四里有一首诗，是说夏夜听到一种名叫"姑恶"的水鸟，据说就是被婆婆虐待死的媳妇变成的，它苦苦的叫声听上去像是在控诉"姑恶""姑恶"。陆游有感而作的这首诗，隐约透露出唐氏被出的原因："姑色少不怡，衣袂湿泪痕。所冀妾生男，庶几姑弄孙。此志竟蹉跎，薄命来谗言。放弃不敢怨，所悲孤大恩。"原来唐氏是婚后不育，满足不了陆游母亲含饴弄孙的指望，这才脸色"不怡"，"谗言"逼人，终于被出的。封建社会有所谓"七出"，无子为七出之首。

陆游与唐氏夫妻情深，"实不忍离"，但又不敢违逆父母的决定，只得在表面上分手。暗地里，陆游另为唐氏安顿了一个住处，经常前往相会。她的母亲知道风声前去，小两口就预先走开，免得见面不愉快。但事情毕竟瞒不住，金屋藏娇也难继续，两人只得挥泪诀别。这大约是他们婚后第三年的事。

绍兴十七年，陆游再娶王氏；其后，唐氏也改嫁世居山阴的宗室士人赵士程。在《剑南诗稿》里，陆游的后妻王氏偶尔也露过脸，放翁游宦时也有"家在江南妻子病，离乡半岁无消息"的望念，家居时也有

"学经妻问生疏字，尝酒儿斟潋滟杯"的欢愉。但总的说来，王氏身影模糊，读者从放翁诗作里几乎勾勒不出其个性形象。她是庆元三年（1197）去世的，两人也走到了金婚之年。《渭南文集》收有陆游为她写的《令人王氏圹记》，除首句"呜呼！令人王氏之墓"，全文便是程式化的平淡纪事，再也没有动情哀恸之语。《剑南诗稿》当年有《自伤》诗"白头老鳏哭空堂，不独悼死亦自伤。齿如败屐鬓如霜，计此光景宁久长"，但也只是自伤而已。相比之下，陆游却始终没有忘却前妻唐婉。读者从《剑南诗稿》与《放翁词》里不仅能够获得唐婉动人哀婉的形象，而且能触摸到陆游真挚深沉的感情。

二

山阴是当时绍兴府的治所，城南有一座禹迹寺，寺南的沈氏园是著名的私家园林。宋代私家园林往往在春秋佳日向公众开放，纵人游赏。陆游祖居在鉴湖旁，离城不太远，几乎每年春天都要到城里去赏玩园林名胜，沈园也是他流连忘返之地。绍兴二十五年（1155）暮春三月，陆游独自在沈园倘佯，恰巧唐氏与赵士程夫妇也在这里赏春。唐氏向丈夫说明了情况，赵士程倒也落落大方，让妻子送一份黄封酒和果肴前去。分缡至今，将近十年，历历往事，都在眼前，真可谓相见时难别亦难啊！相见是短暂而感伤的，陆游喝完了唐氏亲手斟上的酒，酸甜苦辣一齐涌到心头。唐氏夫妇走了，他惆怅感慨地在沈园的粉墙上题了一首《钗头凤》：

> 红酥手，黄縢酒，满城春色宫墙柳。
>
> 东风恶，欢情薄。一怀愁绪，几年离索。
>
> 错！错！错！

春如旧，人空瘦，泪痕红浥鲛绡透。

桃花落，闲池阁。山盟虽在，锦书难托。

莫！莫！莫！

　　这首词声情并茂，凄恻销魂，是宋词名作。词的开头由三个独立形象组合而成，而红酥手与黄縢酒，简直就像两个特写镜头，再衬托上春色垂柳的背景，把作者对唐氏的思恋之情渲染得淋漓尽致。作者以春色、桃花比喻夫妻爱情，以东风比喻外来压迫。"泪痕红浥鲛绡透"一句，寥寥七字，把唐氏的相思和痛苦刻画得栩栩如生。"桃花落，闲池阁"，看上去似是一组无关的空镜头，但空寂落寞的风景正是为了烘托"锦书难托"的无奈和怅惘。全词几乎全由工整的对仗构成，具有强烈的形式美。而上下阕末尾的三个一字句，先是连用三个"错"字，喊出诗人内心的不平与控诉，最后再用三个"莫"字，表达自己彻底的无奈与绝望，笔力千钧，震撼人心。难怪明代毛晋评论这首词时，以为"有一种啼笑不敢之情于笔墨之外，令人不能读竟"，也就是说，陆游把一种凄苦压抑的相思之情表现得恰到分寸，让人不忍心读完它。这首词的今译是这样的：

红润柔软的素手，黄縢封存的美酒，

这满城醉人的春色，绾住了墙边的绿柳。

东风无情地吹来，欢情蓦然地结束，

一腔无语的愁绪，几年难忘的暌隔。

谁错？谁错？谁错？

春色动人而依旧，佳人相思而消瘦，

这一掬流血的眼泪，湿透了盈盈的帕袖。

春去后桃花飘泊，人去后池阁冷落，

山盟海誓虽永在，回文锦书向谁托？

罢了！罢了！罢了！

　　略晚于陆游的陈鹄在《西塘集耆旧续闻》里说，唐氏后来重游沈园时见到了这首词，无限伤情，和了一首，只知其中有"世情薄，人情恶"两句，全词却没能见到。但清初编《历代诗余》时居然收入了唐氏这首词，起句就是陈鹄所说的两句：

世情薄，人情恶，雨送黄昏花易落。

晓风干，泪痕残。欲笺心事，独语斜阑。

难！难！难！

人成各，今非昨，病魂常似秋千索。

角声寒，夜阑珊。怕人寻问，咽泪装欢。

瞒！瞒！瞒！

　　不过，这首词是否唐氏所作，其真实性是大可怀疑的。但即便是赝品，镶嵌在这里，倒与故事氛围大体融合。一位西方作家说过：对男人来说，除了爱情还有世界；而对女人来说，爱情就是她的整个世界。十年诀别的郁郁不欢，如今再受到放翁《钗头凤》词的巨大刺激，和词以后不久，唐氏就"怏怏而卒，闻者为之怆然"。悲剧打动了许多人的心，放翁的诗名更是遐迩闻名。淳熙年间（1174—1189），这方"笔势飘逸"的题词被好心的人用竹木护围起来，成为沈园的一个景观。

三

　　三十九年过去了，物换星移，沈氏园也换成了姓许的主人，但人们还是习惯称其为沈园。绍熙三年（1192），陆游已是六十八岁的皤然老翁，这年重阳节刚过，他偶游沈园，见自己当年手书的《钗头凤》一词，已被新主人移刻到另一块石上。重读旧作，他十分怅惘，那次难忘的会面仿佛重现在眼前。极目看去，枫叶刚刚泛红，槲叶已经发黄，自己就像悼亡的潘岳，愁白的双鬓又染上了秋霜。林木遮掩的亭台池阁，令人感怀往事，不堪回首。生死永隔黄泉路，向谁去诉说这摧断肝肠的心事？当年借着酒意，在断垣颓壁上题了那首词，该是尘土漠漠，新主人才将它刊石的罢！词可再刻，但往事犹如几朵断云、一场幽梦，再也无法连缀起来了。这些年来，什么念头都消除尽净了，还伤感什么，回去向佛龛进上一炷清香罢。虽说万念俱灰，毕竟只是一种自我慰藉，对前妻的思念却情不能已，他感慨系之，写了一首悼亡诗，被近代诗论家陈衍推崇为"古今断肠之作"：

> 枫叶初丹槲叶黄，河阳愁鬓怯新霜。
> 林亭感旧空回首，泉路凭谁说断肠？
> 坏壁醉题尘漠漠，断云幽梦事茫茫。
> 年来妄念消除尽，回向禅龛一炷香。

　　庆元五年（1199），放翁已经七十五岁，有好几年没有入城了。这年暮春时节，他进城故地重游，写下了《沈园》二首，再次寄托对亡妻绵绵不尽的追思：

> 城上斜阳画角哀，沈园非复旧池台。
> 伤心桥下春波绿，曾是惊鸿照影来。
>
> 梦断香消四十年，沈园柳老不吹绵。
> 此身行作稽山土，犹吊遗踪一泫然。

对《沈园》二首，陈衍也有一段精当的评语："无此绝等伤心之事，亦无此绝等伤心之诗。就百年论，谁愿有此事？就千秋论，不可无此诗！"意思是说，陆游与唐氏的故事是人世间绝等伤心的悲剧，正因为情之所钟，陆游才写出这样感人肺腑的伤心之作。就个人而言，谁也不愿意在自己的一生中遇上这样的悲剧；但就中国诗歌史而论，却不能没有这样不朽之作。这两首诗的今译是这样的：

> 一脉斜阳，城头传来画角的哀鸣，
> 徘徊沈园，池台已非旧时的光景，
> 触目伤心，最是桥下清清的春水，
> 曾经映照，伊人盈盈走近的倩影。
>
> 香消玉殒，四十年来知几回梦醒？
> 树犹如此，沈园柳絮已不见飘零。
> 来日无多，此身将成那会稽山土，
> 伤心依旧，凭吊遗迹有泪雨如倾！

诗里所说的梦断香消四十年，应该是从唐氏去世算起的；倘若从夫妇分袂那年计算，已经过去了五十余年。据周密《齐东野语》说，放翁晚年移居鉴湖三山，每次入城，或者登上禹迹寺眺望沈园，或者盘桓园内，"不能胜情"。沈园成为陆游最梦牵魂绕的地方，那里在他的记忆中留下了他俩最后的会面，在他的心版上定格了唐氏最后的身影。不是春秋佳日，他无法亲入沈园，梦魂也会悄悄飞向那里。据清代学者赵翼的统计，陆游的记梦诗多达九十九首。其中固然有"铁马冰河入梦来"的爱国梦，却也有追怀前妻的爱情梦。依照精神分析学说，现实中无法实现的追求往往借助梦境来加以展开。陆游经常在梦里向府城南面走去，越近城南脚步就越沉重，因为沈氏园里留有他太多伤心的往事，梅花的暗香幽幽绕着游园客的衣袖，嫩绿的春色轻轻蘸着寺桥下的水波。城南的乡间小路又是盎然春意，沈园的梅花依旧，却是不见那人。她去世快五十年了，连骨头都将化为泥土了，可陆游总是情不自禁地走到刻有《钗头凤》的石壁前，面对着当年留下的题词出神。开禧元年（1205）岁暮的一个晚上，陆游又一次做这样的梦，写下了《十二月二日夜梦游沈氏园亭》二首：

> 路近城南已怕行，沈家园里更伤情。
> 香穿客袖梅花在，绿蘸寺桥春水生。
>
> 城南小陌又逢春，只见梅花不见人。
> 玉骨久成泉下土，墨痕犹锁壁间尘。

第二年的春天，陆游已经八十二岁，不顾年迈，拄着竹杖，再一次来到城南，登上了禹迹寺。俯瞰城南，亭榭池阁散布在纵横交错的城坊之中，笼罩在暮春淡淡的烟霭之中。他感到自己就像一只孤寂的归鹤，飞回了可以栖息的园圃，独自抚摸着心灵的伤口。他再次来到自己的题词前，刻石上蒙满了尘埃，生上了苔藓，只有几行墨迹还清晰可辨，看来已经好久没有人来拂拭这堵颓败的围墙了。然而，这方词碑对于陆游来说，却是一段伤心的往事，一掬深沉的真情，在他八十余年的情感历程中具有无可替代的价值和地位。他写下了《城南》一诗：

> 城南亭榭锁闲坊，孤鹤归飞只自伤。
> 尘渍苔侵数行墨，尔来谁为拂颓墙？

嘉定元年（1208），又是桃红柳绿的春天，诗人已经八十四岁，他实在太老了。但是，在一种信念的支持下，他还是从鉴湖三山西村步行数里，最后一次来到了沈园。沈园依旧游人如织，繁花似锦，这些扶疏的花木多半还是当年栽种的，应该还是当初他与唐氏那次伤心会面的见证吧。然而在众多的游人中，却再也寻觅不到那惊鸿一瞥的倩影。是啊，那持酒劝饮的美人早已化为尘土，自己也将不久于人世。六十多年，一切都仿佛还在眼前，新婚，分手，瞒着父母的相会，沈园那次不堪回首的邂逅，这场令人心碎的幽梦似乎也太来去匆匆了。他写了《春游》一诗，最后一次深情怀念自己的前妻：

> 沈家园里花如锦，半是当年识放翁。
> 也信美人终作土，不堪幽梦太匆匆。

在陆游的心目中，唐氏永远是美丽的。只要爱是永恒的，恋人就永远不会老去。两年以后，他终于以自己对前妻埋藏在心扉深处执着的爱，结束了长达六十余年的一帘幽梦。文学史家朱东润这样评价陆游对唐氏的爱：

> 对于恋人的爱如此，对于民族国家的爱也是如此。惟有忠贞不渝、始终如一的爱，才是真正的爱，也惟有这样的爱，才能想起死去五十余年的唐琬，便看到美人的倩影；也才能对危在旦暮的国家，发生无穷的恋慕。

陆游是在春天里去世，绝笔就是那首千秋绝唱《示儿》，这首诗凝聚着这位爱国大诗人的另一种爱。在陆游那里，两种爱有着一种相通的精神。

朱熹梦断帝王师

一

据《论语·子罕》，有一天，子贡问孔夫子："有一块美玉在这里，是放进匣子里藏起来呢？还是找一个识货的买主卖掉它呢？"孔子说："卖掉它罢，卖掉它罢，我等着买主呢！"这段对话形象表明，儒家知识分子用世之心不仅可谓与生俱来，而且近乎迫不及待。

既然讲究用世，必得把自己推销出去，而在君主政体下，皇帝就是最大的买主。至迟在南宋，话本里已有"学成文武艺，货与帝王家"的谚语。稍有点儿"文武艺"的待价而沽者，无不指望在皇帝那儿卖上个好价钱。就儒臣而言，能当上帝王师，给今上传道解惑，无疑是他们梦寐以求的。

宋代给皇帝讲课的官员称为经筵官，具体有翰林侍读、翰林侍讲、崇政殿说书等名衔。皇帝开经筵，用意无非"听政之暇"，"以备顾问"，有时也会特召宰相、副宰相们前来听讲。每一书讲毕，都会有所赏赐，往往还说上一句"诚哉斯言"（意即"讲得真好"）的褒奖语。

尽管宋代皇帝文化素养较其他朝代为高,与经筵制不无关系,但经筵制毕竟寄生在君主专制的母体上,绝不能盲目高估。

在两宋名臣中,史学家司马光、范祖禹与理学家程颐和朱熹都做过经筵官,给皇帝上过课。但正如刘子健在《中国转向内在》里指出:"中国知识分子对政治的兴趣是恒久的,其心态和行为则取决于现实政治生态,特别是权力的运作状态"。与中国历代王朝一样,宋代未能消解王朝周期律的魔咒,其政治生态也随时代推移日趋恶化。与司马光等北宋经筵官相比,南宋朱熹的帝师路也许更耐人寻味。

二

南宋前四帝倒有三朝没搞终身制,但并非尧舜禹禅让那样无关血缘关系的选贤与能;只不过皇位在父皇生前就传给儿子而已。尽管如此,却还安上一个美名,叫作"内禅",也就是皇室内部交班。第三次禅代在绍熙五年(1194)七月,故史称"绍熙内禅"。其真相是第三代皇帝宋光宗以一个精神病患者君临天下将近三年,大内宫女都背地叫他"疯皇",朝局实在无法支绌下去,这才在大臣赵汝愚与外戚韩侂胄联手推动下,对外美其名曰禅让,实际上是废旧立新。第四代皇帝宋宁宗智能庸弱,从总体上说,作为君主绝对不合格与不胜任;但他是惟一的"皇二代",这"禅让"出来的皇位还非得由他来继统。绍熙内禅凸显了君主世袭制的全部荒谬绝伦,朱熹就在这一背景下踏上了帝师路。

禅代次月,一方面出于赵汝愚力荐,另一方面内朝也早闻其名,宋宁宗召朱熹为侍讲。在任命告词里,皇帝首先强调对经筵的重视:"朕初承大统,未暇他图,首辟经帏,详延学士。"接着道明了期待:"若程颐之在元祐,若尹焞之于绍兴。副吾尊德乐义之诚,究尔正心诚意之说。"希望像程颐担任宋哲宗的老师,尹焞主讲宋高宗的经筵那样,为报答我尊德崇义的热忱,来发挥你正心诚意的学说。

宋宁宗不但钦点了朱熹为首的十名经筵官，还亲定了十本经筵讲书，宣布即日开讲，隔日一次，经筵官轮日赴讲，早讲于殿上，晚讲于讲堂，其力度之大，频率之高，在两宋也算得上空前绝后。或即如此，士大夫将新君即位首开经筵誉为"新政第一"。

朱熹收到告词不久，朝中友朋也驰函来告，提到"主上虚心好学，增置讲员，广立程课，深有愿治之意"，还说皇帝一再问到他。朱熹有点受宠若惊，在给弟子蔡元定的信里说："果如此，实国家万万无疆之福，义不可不一往。"专制政体下的知识分子，太容易被新君新政所感动，而不吝赞辞，引颈企盼，连朱熹都不能免俗。

入朝之前，有学生问老师："上虚心以待，敢问其道何先？"朱熹明确指出："今日之事，非大更改，不足以悦天意，服人心。"大更改，意即大改革。他尽管不无乐观地相信："天下无不可为之时，人主无不可进之善。"却也明白，这种"大更改"，"其事大，其体重"，前行之路布满荆棘。朱熹以"知其不可为而为之"的决心，自明心迹道："吾知竭吾诚，尽吾力耳，外此非吾所能预计也。"

进入南宋，中国全面转向，按刘子健的说法，"权力逐渐被皇帝与权相集中起来，官僚参议朝政的空间近乎无，沮丧越来越普遍地成为士大夫的典型心态。"高宗朝名儒胡安国，"以圣人为标的，志于康济时艰"，"每有君命，即置家事不问"。宋高宗表面上礼贤下士，"渴欲相见"，请他做经筵官，但据《宋史》本传，胡安国从考取功名直到去世，"四十年在官，实历不及六载"，大部分年份都被皇帝与权相以一介闲职晾在一边。

在这种政治生态下，"一些知识分子还是会去当官。他们又能说些什么？尽管无法明言，但他们明白，这是一个时常会堕落成绝对独裁的专制国家。至高无上的专制君主是唯一的关键。如果能给皇帝注入新的动力，他就有可能改变政府。这就是伟大的新儒家朱熹教导皇帝治国在于齐家，齐家在于修身，修身依靠正心诚意的奥妙"。（上引刘子健书）朱熹正是抱着"给皇帝注入新动力"的心态，决意入朝去做经筵官的，这也是他生平惟一一次入朝供职。

三

六和塔下的浙江亭是南线进入临安的最后一个官驿。九月末，朱熹在这里受到了盛大欢迎，迎迓者中既有叶适、陈傅良与薛叔似等永嘉诸贤，还有刘光祖、彭龟年、黄度、章颖等在朝名士。借用《朱熹的历史世界》一书的说法，参与六和塔之会的衮衮诸公，"在朱熹征衫未卸之际便赶紧和他进行关于改革步骤的热烈讨论"。毫无疑问，这些人以宰相赵汝愚为旗帜，与朱熹同样主张"大更改"。

十月二日，朱熹入临安。四日便殿召对，他终于得见天颜，连上了几道札子。第一札要求新君正心诚意，第二札专论帝王之学，希望皇帝孜孜不倦，自强不息，"以著明人主讲学之效，卓然为万世帝王之标准"，期望值够高的。宋宁宗也再次强调："你经术渊深，正资劝讲，以副我崇儒重道之意。"不久还给朱熹以赐食的殊荣。

朱熹自我感觉良好，以为这下可以得君行道了，迫不及待地"致君尧舜上"。十四日，为皇帝开讲《大学》。在进讲日程上，宋宁宗已经加码：每遇单日早晚两次进讲，只有双日及朔望（初一、十五日）、旬休、假日停讲，大寒、大暑也是罢讲月份。朱熹进一步建议：今后除朔望、旬休与过宫探望太上皇的日子，不论单双日都早晚进讲，只有朝殿的日子才暂停早讲一次。皇帝表示同意，首讲结束时还降旨表彰："来侍迩英之游，讲明大学之道。庶几于治，深慰予怀。"

其后进讲，朱熹首先把讲课内容编次成帙，然后通晓明白地开陈分析，还不失时机地对应君德与时政。一次进讲后，他问皇帝："不知所进《大学讲义》，圣意以为如何？"宁宗若有所悟道："看来紧要处，只在求放心啊！"高兴得朱熹连忙顿首称谢："陛下拈出这'求放心'

之语，正是圣学要领，愿推而广之，见诸实行，不愁不为尧舜之君！"归来后，他喜不自禁对门人说："皇帝可与为善，但愿常得到贤者辅导，天下有望啊！"在朱熹看来，新君中人之质，可与为善，也可与为恶，关键在于变化气质。他更意识到作为帝王师的使命感与责任心。

新君一意向学的热情与礼敬讲官的谦逊，让朝中士大夫大受鼓舞，说他"即位之初，首下明诏，博延儒英，增置讲读，绅绎经史，从容赐坐，一日再御，情亡厌倦"。皇帝也对经筵官们提高了要求："今后晚讲，各须讲解义理，引古证今，庶几不为文具。"宋宁宗不可谓不好学，然而，圣主明君固然不能不读书，但读书却未见得就能读出个圣主明君来。

四

宋宁宗初政，以赵愚汝为政治领袖，以朱熹为精神领袖，时论认为"从赵公者皆一时之杰"，于是，"众贤盈庭，人称为小元祐"，似乎有那么一点治世的气象。但新君初政的所作所为主要出于赵汝愚的影响，其本人在知人理政上可以说比精神病病发前的宋光宗还成问题。

禅代次月，赵汝愚拜相，他"尤重惜名器，不以朝廷官爵曲徇人情"。韩侂胄自以为有拥立之功，对节度使垂涎三尺，也遭到裁抑。韩侂胄充满怨望，决意对赵汝愚发难。为博取皇帝的好感与支持，他利用知阁门事得以传递内批的职务之便，鼓动新君以御笔独断朝政。朱熹察觉到这一动向，在一次经筵讲毕后上疏皇帝，对其独断发表谏言：即便出于陛下之独断，而其事悉当于理，亦非为治之体，以启将来之弊。况中外传闻，无不疑惑，皆谓左右或窃其柄，而其所行又未能尽允于公议乎？此弊不革，臣恐名为独断而主威不免于下移，欲以求治而反不免于致乱。宋宁宗全然不反省自个儿为政之非，只向朝臣转发了这一奏疏。

韩侂胄见奏疏只差点出自己的名，勃然大怒，深感朱熹的威胁比赵汝愚更切近更直接。一来，朱熹是理学领袖，具有登高一呼，应者云集的号召力。二来，朱熹任职经筵，能经常不断地施加影响，说不定有朝一日皇帝真听从了他的进谏，来个"远佞人"，将自己给黜逐了。他决定率先将朱熹排挤出朝。

在经筵上，朱熹"急于致君，知无不言，言无不切，亦颇见严惮"，早让皇帝如坐针毡。这天，优伶王喜受韩侂胄唆使，刻了一具木偶像，峨冠大袖，在御前献演傀儡戏，仿效朱熹的举止形态讲说性理，极尽嬉笑怒骂之能事，既丑化朱熹，又试探皇帝。宋宁宗看了，不但不制止，反而加深了对道学的厌恶。韩侂胄投石问路见倾向已明，便趁机进谗道："朱熹迂阔不可用！"对朱熹什么事都要插上一脚，论上一番，宋宁宗内心很不耐烦。他对另一经筵官说："始除朱熹经筵而已，今乃事事欲与闻。"透露出这种不耐烦压抑已久。

闰十月二十日，经筵晚讲，朱熹抓住正君德、行治道的机会，借发挥《大学》"格物致知，正心诚意"大义，当面批评新君"但崇空言，以应故事"。宋宁宗终于按捺不住内心的不满，晚讲一结束，就给朱熹颁下御笔：

> 朕悯卿耆艾，方此隆冬，恐难立讲，已除卿官观，可知悉。

话说得冠冕堂皇，顾惜年迈啦，考虑天寒啦，实质上给一个不须赴任的宫观闲差，打发他回家。

宰相赵汝愚得知消息，还想让皇帝收回成命，甚至不惜自求罢相以为谏请："必欲逐朱熹，汝愚退而求去。"宋宁宗怒气愈盛，认定他为助朱熹竟然不行人主之令。其他官员也反复谏止，宋宁宗扔下一句："朱熹所言，多不可用。"对朱熹讲课给出了最终评分。唯恐夜长梦多，次日，韩侂胄命内侍缄封了御笔面交朱熹，这种罢免方式在宋朝是违背制度的。朱熹这才知道皇帝已经彻底转向，他算了一下，入朝为经筵官只有 46 天，先后给皇帝仅上了七次课。

<h1 style="text-align:center">五</h1>

朱熹只能凄惶地辞别临安。行前，史馆同僚到他寄寓的灵芝寺饯行，知名的有叶适与李壁，后者是著名史家李焘之子。席上，朱熹黯然神伤，吟诵起南朝沈约的诗：

> 平生少年日，分手易前期。
> 及此同衰暮，非复别离时。
> 勿言一樽酒，明日难重持。
> 梦中不识路，何以慰相思。

是啊，年轻时分别是为换取将来的期待，现在都到了晚年，不再有过去别离的那种情怀。别说这一杯苦酒，不知明天还能否与诸位共同举起。梦中已认不得路途，拿什么来慰藉思念之苦呢？

这不识之路，当然不是指归乡之路，这难慰的相思，也不仅仅指对知己的忆念，都有着更深沉远大的寄托。其中应有朱熹梦寐以求的"得君行道"之路，也有他毕生追逐的"内圣外王"之梦。这种近乎失态的难以自持，在朱熹一生中也是少见的。李壁表示，自己也很喜欢这首诗，请他挥毫书赠以为纪念。朱熹苦涩道："像我才知其味，你还没有，怎么也喜欢这诗呢？"李壁时为 35 岁的年龄与阅历，不知是否真能咀嚼出对方内心的滋味。但朱熹后来还是手书相赠，借古人的诗句向自己昔日的外王梦与帝师梦作最后诀别。

大约一两天后，朱熹在俗称北关的余杭门外上船南归，也还有人前来送行，但朝局逆转，士林失望，已非复六和塔之会。他在给刘光祖信中怅然感慨："北关之集，风流云散。甚可叹也！"

尽管沮丧失望，朱熹其时却未必逆料：接踵而来的庆元党禁竟全面动用专制权力，把以他为代表的理学一巴掌打为"伪学"，对理学家们实行了全面的整肃与空前的迫害，他也在酷烈的党禁中离开了人世。

六

有人也许有异议：朱熹当帝王师恰赶上韩侂胄借反道学打击政敌的当口，实属时运不济；倘若在崇尚理学的君主那里，就不会落到最终走人的结局。

南宋第五代皇帝是被正史推为"以理学复古帝王之治"的理宗，尽管在公开场合表彰理学，从周敦颐到朱熹等理学大师也被他请进孔庙供奉起来，他也作秀听过好几次新儒学讲座，来为又一次"更化"作秀。但后世史家一针见血道："他所关心的大多是些非儒家的放纵。"这有《宋史·理宗纪》为证："嗜欲既多，怠于政事，权移奸臣，经筵性命之讲，徒资虚谈，固无益也。"

还是刘子健说得好，那些专制政体下入朝做官的士大夫，"偶尔，他们也会为了让自己的声音上达天听抗争一回，但其努力鲜能奏效，接下来就只有两种选择：要么继续留在政府中做事，要么走人"。据此推论，即便在理学业已尊为官方意识形态的理宗朝，即便朱熹再世而入讲经筵，在同流合污与出局走人之间，他也只能二者必居其一。当年给宋理宗上课的经筵官，都是货真价实的朱熹传人，虽不能断言他们都像时人抨击的那样："外示雍容，内实急于进取，口谈道义，心实巧于逢迎。"但在政治生态日趋恶化的情势下，曾经起过点作用的经筵讲课，也只能沦为君主独裁的装饰，舆论监控的屏风。

小人物折射大时局

——读《孙应时的学宦生涯》

据黄宽重先生自己说，他选择以南宋作为学史的志业，除"寄现实于历史世界"外，更重要的是，迄今为止，南宋"是块尚待拼补的历史地图"（《政策·对策：宋代政治史探索》241页，联经出版公司2012年，下称《探索》），还有很大的开拓空间。其新著《孙应时的学宦生涯：道学追随者对南宋中期政局变动的因应》（台湾大学出版中心2018年，下称《孙应时》，引文仅标页码），如其副题所示，正是对南宋中期变局拼图的新尝试。

除《导言》与《结语》外，全书分三部分。第一部分由《奠基乡里》《学宦难兼》《党禁池鱼》与《青史播芳》四章组成，著者自称"第一主轴"，以纵向论述方式，逐次展开了传主的家族背景与乡里网络，为学出仕中的尴尬进退与人脉拓展，政局剧变下的支绌应对与人脉重组，以及晚年平反与身后褒荣。第二部分由《师承转益》与《应变世变》两章组成，著者自称"第二主轴"，前章梳理了孙应时及其学友在不同学派间转向竞合与转益多师的复杂关系，后章探赜了传主的主要学友在党禁剧变中各自应对与迥别命运。倘若抽去第二主轴，全书仅是一部扁平化单线条的人物传记，唯有借助这一横向布局，才立体化多维度地呈献了南宋中期政治文化的全景与细部，可谓匠心独运，机杼自出。第三部分是两个附录，厘清了传主《烛湖集》两个版本的源流异同，考辨编制了《孙应时生平与书文年表》，为研究夯筑了文献学的坚实基础。

读完《孙应时》，想起数年前读过史景迁的《王氏之死》，那册戈戈小书机巧地融汇了方志、档案乃至《聊斋》故事与足资利用的其他史料，再现了名不见经传的王氏命运，编织出康熙盛世下穷乡僻壤中低端民众的生存实况，在史氏著作中最令人击节赞赏。这部《孙应时》在材料取资上尽管未遇《王氏之死》那样幸运机缘，在以小人物摹绘大历史上却取径相似。

一

在南宋史研究上，著者曾自道其学术旨趣："由边缘人物与地方事务切入，从侧面理解政治问题，进而讨论社会性议题。"（《探索》241页）如果说他的《南宋地方武力》与《宋代的家族与社会》采取地方视角的话，《孙应时》则从边缘人物切入。无论何种切入，著者的研究路向"习于将历史现象与政治问题连结思考，研究内容也因此带有较强的政治观察"，即立足于政治史；但他认为，政治史研究应该突破典章制度与政治事件等传统模式，"发掘具有新意与启发性的政治史议题"。（《探索》1、11、14页）他之另辟切入口，正是开拓新议题的尝试。

《孙应时》借助边缘人物的个案研究，从学界少所关注的侧面去把握南宋中期政治问题，透过历史的分光镜，进而讨论更广泛的社会性论题，一如既往地延续其既定的学术理路。在这部学术传记里，著者"特别关注政治、社会环境发生变化时，个人与群体的适应、出路与最后的命运"（《探索》10页），在视野投射上更显宏阔，在深度开掘上越见邃密。

在史料取用上，著者"从文集入手，冀能以异于往昔的探讨方式，了解更为丰富多样的历史图像"。（《探索》241页）随着士人群体的崛起，兼之印刷术的发展，在宋代，即便正史无传的中低层士人官僚，其生平事迹也有机会入载文集、笔记或方志；而幸运有自著文集传世者，孙应时也绝非孤例，这就为研究边缘底层的士人官僚，提供了史料的可能性。在人物与家族研究中，著者既肯定墓志碑传等传记材料仍是必要的凭借，又自觉规避其局限与偏失，将其与史籍、文集、方志，乃至笔记等其他文献互资比勘，勾连贯通。

著者对南宋文集全局在胸，谙熟于心，故在通行的文渊阁本《烛湖集》之外，注意到学术价值更高的静远轩藏本。《四库总目提要》有对《烛湖集》与孙应时的评论："史弥远受业于应时，集中与弥远诸书，皆深相规戒。迨弥远柄国，独超然自远，无所假借，甘沦一倅而终，其人品尤不可及。"为表彰孙氏而贬斥史氏，四库馆臣完全误读了孙氏致史氏的书札，竟然无视孙氏去世在前而史氏专政在后的基本史实。但著者并未止步于纠正馆臣谬评的史事舛误，而是敏锐地意识到：这一误读背后实际上蕴含着对南宋中期史的某种偏见。这种偏见由来已久且延续至今，既有对敏感政局下的敌我式划分，也有对历史人物的绝对化评价，还有对复杂人际关系的简单化处理。久蓄待发的问题意识，兼之对《烛湖集》的深入解读，两者在撞击中为他的研究催生了新思路与新问题：以传主这样的边缘人物来展示南宋中期的时代变局。由此可见，著者之将《孙应时》定为课题并撰为专著，绝非妙手偶得，更非心血来潮，而是以全面细致的文集阅读为基础，以问题意识为前导的。

在文集材料的运用处理上，著者也自有其思路和方法。有鉴于南宋文集中书信占比明显增加，他推重书信对人物研究的特殊价值："无论是掌握南宋时局，乃至理解道学追随者的个人遭遇与应对之道，这些书信都是相当珍贵的一手史料。"（192 页）这些极具私密性的书信有助于研究者"更充分掌握当时士人的人际关系与具体想法，对个人乃至群体可以有更全面的认识"。（271 页）孙应时存世传记的信息有限，其文集转而构成了基础史料。著者"采取最费时费心的做法，反复熟读《烛湖集》中的书文，并按年编辑，先厘清他各阶段的事迹及乡里、同僚、师友，作为研究基础"。（282 页）利用书信资料研究人物的特定专题或特定时段，学界尽管已著先鞭，但将书信作为基础史料，"与个人生命史有所连结，进行长期、多角度的考察"（272 页），著者却别有感悟：一是"书信所传达的真实感情在一般史籍或个人传记也难以窥见"，二是"这些面相呈现了人与人之间的温度，也就是根本的人性，并不是从数据库所得到的数据、数量所能展现的"。（274 页）从文集入手，充分发掘书信的价值，这种路径与方法无疑极具启发性。

二

人物传记型著述属于个案研究范畴，个案的典型与否决定了研究的深度与广度。回顾中外传统史学，传主多选诸领域的名家伟人为对像，这是名人的地位重要、影响巨大与资料丰沛等因素决定的。当代传记学虽仍肯定名人传记的合理性与必要性，但摒弃英雄史观，自觉将传主范围拓展到下层小人物，凡能从某一侧面折射出历史光谱的普通人物，都足以构成传记型研究的对象。但无论名人还是普通人，选择传主的前提条件却是共通的：一是具有重要的研究价值，二是足以形成新的研究视角，三是具备起码的传记材料。

在唐宋之际的社会变迁中，家族制度也进入了重构期，中小型庶民家族成为新家族的主体。著者在《宋代的家族与社会》（国家图书馆出版社 2009 年）里有意不选高门大族，而以四明与江西中型士人家族为个案，即着眼于这类家族最能代表宋代社会的一般现象；他这次别具只眼，选择孙应时为传主，显示其研究视野下移到更具普遍性的寒素小族。孙氏家族经三代努力方始由农入儒，这种小家族，既没有富足的经济后盾，也缺乏丰裕的人脉资源，其子弟只能依靠家族的倾力撑持，历经打拼，科场奏捷，最终成为整个家族释褐入仕的开启者，转型为士绅社会一分子。对两宋士农工商诸阶层的流动，宋史学界给以高度评价，固然有其合理性，但孙应时家族的转型，既表明了世代业农的寒素小族向士绅家族的向上流动在实际上有多么艰难，也印证了即便侥幸转型，传主入仕后对生计家累始终隐忧切切，寒素士人在上升的阶层里仍严重缺乏安全感。说到社会阶层的流动性，既有农民、工匠、商贾阶层上升为士人阶层的向上流动，也有农民、工匠、商贾诸阶层间的横向流动，还有士人阶层跌入农民、工匠、商贾阶层的向下流动。而不同类型的流动占比率分别究竟几何，似仍未引起学界充分的关注；在缺乏阶层流动的量化实证前，学界虽不妨肯定宋代社会的阶层流动性，但似应持某种审慎度。就此而言，孙应时及其代表的由农转士的小型家族，在科举社会与家族转型中也许更具典型意义。

科举制促成了士大夫阶层的崛起，宋代君主集权政体正是以士大夫官僚为其统治基础的。孙应时虽位居官僚系统的末端，却同样秉持着时代赋与士大夫群体的使命感，尽管这种使命感与其边缘性地位之间往往呈现出吊诡的尴尬。他长期沉浮于选人序列，及至跻身京官，却不得不面对庆元党禁的严酷政局，仅做一任常熟知县（也是其一生最高官职），便遭劾归里直至去世。然而，即便淹滞下僚，他仍在官关注民瘼、致力事功，在野留意时政、忧心朝局。学界研究往往聚焦范仲淹式的高官名人，但孙应时式的中低层官员却构成了士人官僚最大基数，对宋代官僚群体与官僚政治来说，也更本质地反映了历史的实相，无疑具有个案研究的独特价值。

在学术思想领域，新儒学在宋代最终确立与完形。以南宋而论，在道学形成过程中，朱熹、陆九渊等大儒历来备受瞩目，但道学之为一时代思潮，实乃原创思想家与众多追随者的合力之势所汇成。孙应时对道学虽无独创性贡献，但作为追随者，不仅终身服膺道学思想，而且在地方官任上设立道学先贤祠堂并亲撰记文，不遗余力地弘扬道学。著者显然将孙应时作为道学确立过程中基层追随者的典型个案而勠力研究的。

据此而论，孙应时虽正史无传，泯然众人，却在家族结构转型、官僚系统运作、士人群体自觉与道学主潮汇聚等多维交集上，构成以往学界较少关注的多棱面的典型性，为理解南宋中期政治、社会与学术展现了独特的新视角。

全书颠覆性地将一个富涵典型性的小人物人设为细描精绘的主角，旨在彰明小人物对大历史的合力作用，让这幅南宋中期政治全景图呈现得更逼真、细致与丰富。这一个案，不仅补充并修正了学界的既有观点，也凸显了中低层士人官员的研究，"对理解学术与政治的整体发展，有其重要性"。（190页）进入新世纪以来，海内外宋史学界虽已自觉将视野转向下层社会的边缘小人物，但在传达宏阔的历史时空感与细腻的人物温度感上，《孙应时》是开风气的。

三

全书第一主轴中有三章副题，分别为《孙氏家族及其余姚人际网络》《为学仕进的左支右绌与人际的拓展》与《政局动荡下的因应与人际网络重构》，副题虽未出现"人际"或"人际网络"字样的第七章《青史播芳》，依旧着眼于传主与史弥远及丘崈的人际关系。至于第二主轴两章，《师承转益》着重勾勒"陆学门人的师从变化与道学流派竞合"，涉及的仍是传主与道学群体的人际网络；而《应变世变》探究了"庆元党禁前后孙应时学友的遭遇与应对"，还是从传主人际网络中选择了有代表性的学友，展现他们在政局变动中的不同应对与遭际命运。于此可见，传主在不同时段与不同群体的人际网络及其变动重构，乃是贯穿全书的聚焦点。

社会学中有"社会联系"（social bond）概念，与现今流行的"人际网络"有相通之处。从社会学角度，人际网络可以划分不同的群体与层级，层级往往是逐次向外推延的，例如从家族网络扩大到地域网络；群体则可能互相交集，例如学术网络、教育网络与官场网络之间就存在着部分的重叠。

孙应时先世务农，族绪寒微，包括家族关系的人际网络相对简单，但自农入儒起，教育网络遂令其人际网络逐次开拓，孙氏与受教的乡先生胡氏及胡氏妻族莫氏之间，由师生关系进而结成姻亲关系，促成其家族兴起的契机。而传主在及第以前与出仕待阙期间均授业故里，还与史弥远缔结了师生关系，他也随之向外延展了教育网络，不仅在地域网络上从故乡余姚拓展到明州，而且为官场网络积储了人脉。宋代教育网络中，既有传主曾经就学与执教的村塾乡学、讲堂书院等私学系统，还有州县学、太学等各层级的官学系统。孙应时及其诸多学友，乃至师长（例如吕祖谦、陆九渊与张栻），都曾在太学就读或讲学，借以构织成亲密的教育网络，这一网络与他置身的学术网络、官场网络互有叠合或绾结。通过对传主各种人际网络的索隐勾连，著者首先将其家族转型置于人际网络的视域下，认为教育是孙应时式寒微家族"缔结人际关系的第一张网络"；（39页）继而将教育网络的扫描逐次外延与上推，强调太学作为多元开放的人才聚养所，对孙应时式的学子士人"扮演着智识与人际枢纽的角色"。（185页）全书通过对传主各种人际网络的全息扫描与错综钩隐，获得上述判断，不仅结论令人信服，研究思路也给人启迪。

借助于学术网络的绵密梳理，《孙应时》对南宋道学成形过程的研究，在同类著述中别开生面。著者揭示传主最初虽是陆学门人，随后即从学于吕祖谦，也有意追随过张栻，又以官场网络与朱熹形成学术互动，并始终与之保持着过从与尊重。类似这样在学术上兼容诸家、转益多师的道学追随者，孙应时决非特例，纵观与其有关的陆学网络，不仅一般的陆门学友，甚至公认笃守陆学的杨简、沈焕等"甬上四先生"与朱熹、张栻、吕祖谦、薛季宣都往来互动，转益多师。不仅如此，隶属金华派的吕祖俭，出身湖湘学派的项安世，从学永嘉学派的周南与王楠，在学术网络上也都有类似的经历。

以孙应时为中心，著者全方位搜索了传主身处的学术网络，不仅"跳脱以大儒为中心的思想史视角"。（121页）也揭明了南宋道学在最终定型期（宋孝宗淳熙朝至宋宁宗开禧朝）的全息图像。概括说来，一方面，开宗立派的大儒之间"虽有思想学说分歧、对立的一面，重要的特征却是透过相互交流辩论，彼此竞合、兼容并蓄"，"借以修正或充实论点"；另一方面，一般的道学追随者也得以"有丰富的机会向观点不同的大儒问学请益"，"显示士人具主动探询知识的动力"，"门人师生之间的界限相对模糊，也因此出现多方从学的有趣现象"。（181页）鉴于孙应时的学统，著者着重考察了陆门弟子转益他师对陆学发展的考验，认为陆学正是在先后两期分别应对来自吕祖谦及功利学派与朱熹学说的挑战中最终形成的。著者指出：道学诸派正是在这种竞合、挑战、应对、自立中，由"发展初期的兼容并蓄逐渐转向对立、门户森严，且愈演愈烈"。（184页）《孙应时》所摹写的道学思潮全景与所剖析的道学门户成立，较之学界成说，显然更明晰、真切与深刻。

著者将官场网络引入官僚系统研究，突破了学界迄今偏重制度层面及其运作程序的限囿，不啻为这一研究另辟蹊径。宋代官僚群体内虽无中唐以前门第族望的畛域，但荫补与科第，文官与武官，选人与京官，其换资、考课、升迁与补阙仍然差序森严。随着取士名额的不断增加，中低级官僚层员多阙少现象雪上加霜；能否在资序上从选人序列跨入京官序列，成为他们的仕途能否拥有继续上升的大坎。孙应时自及第至去世的三十一年间，有近二十年在等待实阙或提举祠官的乡居赋闲中度过，有时连家计都陷入困顿。作为出身寒素的下层官员，传主在学宦难兼上的进退维谷，在谋阙、迁转上操之于人的左右支绌，以及为此对官场网络的苦心经营，这种下层官员的无奈、艰辛，确是宋史学界少所关注的。以往在评价宋代科举制度与职官制度时，学界总是过度肯定进士及第即释褐任官从而大受优遇的那一面；而实际上，孙应时这样尚处选人层级的下层官员，在南宋连年赋归候阙的情况越演越烈，近年面世的《武义南宋徐谓礼文书》也足资印证。正是通过对孙应时官场网络的钩索，著者认为所谓改官程序就是官员人际关系的见证，进而提醒"人际关系在荐举中具关键地位"。（84页）他在2018年做《南宋史研究的再展开》的演讲时呼吁：研究南宋官僚体制，仅重视科举制还远远不够，荐举制是亟须关注的新议题。

四

官场网络在官僚体制研究中有其特殊价值，但必须将其置于具体时局环境下进行细致入微的动态把握，切忌对其作恒定的静态理解。与史浩、史弥远父子缔结的人际网络，对传主来说是至关重要的。著者循着孙应时的生命轨迹追踪了他们交往的全过程，揭明了堪称亲密的双方互动。正是对传主所处官场网络的历时性追踪，著者认为：在孙应时亟待仕进时段，史浩已年老致仕，史弥远尚未显达，"史家父子在积极面未能襄助孙应时平步青云，在消极面也无力化解政局骤变下孙应时所面临的困局"，倒是与史氏往来密切的丘崈邀其入幕，令其终于"突破仕进的困境，孙应时也协助丘崈达成压制吴氏势力的朝廷使命"（266页）；而传主身后之所以先获平反表彰，继有文集行世，则"旧日弟子、当朝宰相史弥远应当有相当的影响"（265页）。著者将孙应时与史弥远的师生关系回归到他俩"所处时代脉络中检视"（242页），得出的论断自然是无可置疑的。

当政局剧变猝然而至，官场网络与学术网络必然随之激烈震荡，其成员也会从自身的处境考虑与价值立场出发，抉择各自不同的应因方式，令原先的网络结构急遽分化与重新整合。在南宋中期史上，孙应时亲历的庆元党禁不仅是最酷烈的政治地震，而且直接影响到道学的命运。著者全面抉发了传主及其同僚学友在因应这场大变局时所呈现的多元面相，既真实展现了历史的丰富性与复杂性，也动态再现了官场网络与学术网络所受到的冲击与动荡。当政局骤变、党禁乍起之际，正是孙应时刚脱选阶、新晋京官之时，鉴于原官场网络中奥援出局，作为官僚体系的下层官员与道学追随者，为能保全仕途，与原网络的旧识故交适当保持距离，"不再如党禁前积极实践道学理想，而更将心力放在重新搭建仕宦人际网络"（86页），甚至向党禁参与者寻求倚靠，纾解困境。而党禁局势略见缓解，他便主动与原网络中朱熹、丘崈等师友联系，主政常熟时仍致力于地方教化与学术传承。由于党禁后座力的强力冲击，孙应时终遭劾罢，他在政局剧变下因朝中无人而四顾无助，那种在道学理想与仕途考虑间的拿捏掂量，那种在维系旧网络与经营新人脉间的左顾右望，都生动揭示了大变局下小人物的无奈与酸楚。在传统专制政体下，蓦地陷入政治浊浪的恣意摆弄，传主那种进退失据的应对与身不由己的命运，令人既不难与之感同身受，也必然报以一掬同情。

庆元党禁不仅对孙应时，对其人际网络中其他同僚学友同样是一场炼狱式的考验。著者从传主身处的官场网络与学术网络中甄选了五位中下层官员，深入考索并评述了他们的因应策略与遭际命运：吕祖俭作义愤抗争而死于贬所，项安世为摆脱窘境而不保名节，石宗昭则微调立场而继续仕途，周南以左右摇摆而数度起落，王柟随奥援沉浮而罢复无常；同时辅以传主与他们的互动，借以"从个体角度投射出党禁风暴中一般士人官僚的境遇实况，揭显往昔侧重群体研究较不能企及的面相"。（192页）面对同一场政治风波，决定传主及其学友之所以采取不同应对方式，其原因相当复杂而微妙，既有性格与理念的驱动，也有家世与师从关系的影响，还包括个体独具的境遇与地位的作用，实乃诸多因素的综合结果，"显然与各人所能拥有的人际资源密不可分"。（238 页）

通过对庆元党禁中官场网络的动态研究，著者彰显了久为学界所忽视的两个面相。其一，这场大变局的卷入者，其"个人命运与群体关系，并非传统研究刻划出的前后一贯、二元对立，反而是不同个人为因应政局变化，透过各自的人际网络，采取了多元的响应对策，其情况相当复杂"，有力质疑了"道学与官僚两个群体的对立印象深刻主导着后人对庆元党禁的论著模式"。（237 页）其二，在这场政治斗争中，相对业已拥有学术地位与家世背景的名儒高官，"中低层士人官员所受冲击显得更为强烈"，他们缺乏有力的家族后盾与丰裕的人际资源，"多方开展关系或回避旧有渊源，以分散风险、趋吉避凶，自然是可以理解的"。（240 页）确实，在党禁恶浪不期而至时，正人君子在劫难逃固不待言，但受祸最烈的，并非朱熹那样声名显赫的大人物，反而是孙应时这样无所倚傍的小人物；在极权体制下，类似历史现象往往是一再重演而屡验不爽的。

五

作为研究型人物传记，《孙应时》的属性与笔法都是史学的，却并未忽略文学性诗歌的史料价值，附录《孙应时生平与书文年表》里就有数则诗歌系年，正是借助传主的诗歌，著者成功钩稽了孙应时与史弥远的师生关系。然而，据笔者对文渊阁本《烛湖集》有限的检读，发现仍有不少诗篇经过考索是可以系年编入附录《孙应时生平与书文年表》的；而在以诗证史与借诗传神上，也还有推进的空间。

这一空间主要在两个方面。其一，补充具体史实。例如，淳熙九年（1182），孙应时在黄岩尉任上与提举浙东常平朱熹"一见即与定交"，其时朱熹正激烈弹劾知台州唐仲友。同时作为双方的属官，传主在与朱熹定交之时，却赋诗颂扬唐仲友造桥利民，并给出最高级的点赞："民留我侯，敢与帝争。我帝我侯，眉寿无疆。"（《烛湖集》卷一四《江有梁》）在朱唐之争中其左袒倾向大堪玩味。《烛湖集》卷一五《送张敬夫栻》五首，追记与张栻的亲密交往，颇有"亲意许从师""挟经问疑义"等细节描述，也能牵缀起传主后任遂安县令时为张栻立祠的情感纽带。绍熙四年（1193），孙应时出任制府幕职，追随丘崈入川，确是其仕途的亮点与转折，著者也已着力钩稽出传主为消弭吴曦世袭企图而几近湮没的事功。但《烛湖集》卷一五、一七、一九存有数量可观的入蜀诗作，倘能充分运用，既能进一步凸显孙应时与丘崈的亲密关系（例如《和制帅效谢康乐体》有"幕画谅何取，世用实已迂"云云），也能大致还原其在蜀行迹（上引三卷颇有纪行诗可资利用），更能曲尽其舒畅的心境（上引诗有"下客一何幸，穷途非所虞"，卷一九《制司请都大会食》有"休辞腾酒十分醉，要唤春风一夜回"，都堪称佳例）。显见，这类诗作都有助于探微孙应时的人际网络。

其二，钩隐幽微心态。在党禁讳言之时，传主某些非酬赠类诗作隐藏着最私密的心态，其价值比往来书信更值得珍视。例如，庆元党禁方兴之际，孙应时谨慎自保，另寻依傍，好不容易获得知常熟县的出缺。《烛湖集》卷一七《三月八日挈家赴官常熟》与《九日偕同寮至破山还饮誓清亭》即作于此时，一则说"宦情真漫尔，世路亦悠哉。事业鱼千里，文章水一杯"；再则说"薄宦惊离合，浮生任醉醒。明年应话我，千里越山青"，感叹事业虚空，薄宦惊心，醉醒自知，时欲赋归，大变局下矛盾复杂而苦涩迷茫的心态跃然纸上。又如卷一五《元日自警》，原注作于庚申，恰是党禁厉行的庆元六年（1200），其诗云：

> 王春肇嘉气，天命未敢知。
> 四十六年非，今日正一之。

昭昭汝初心，敬戒以自持。

神明监屋漏，此语不可欺。

尽管党禁严酷，"天命未知"，他自诚仍应不改"昭昭初心"，不欺神明，"敬戒自持"，这种坚守底线的认知，也颇能说明问题。紧接的《自警》也作于党禁之中：

忿燥肝或裂，惧剧胆能破。

吾身幸无苦，及兹无乃过。

虚中阅万物，谷响聊应和。

可令蟆蚀月，竟作蚁随磨。

前二句自述对党禁的恐惧感，甚至以肝裂胆破来形容；次二句额庆幸免于难，但求无过无苦；五六句表达无奈的选择，甚至说违心话，做违心事；最后哀叹在时局逆转下，自己犹如磨盘上蚂蚁那样渺小，只能随磨而转。这种历史大风涛下小人物的幽微心曲，即便致函友朋时也是未必敢袒露的。《烛湖集》卷一四《读朱晦翁遗文凄怆有作》大约作于庆元六年（1200）朱熹死后的嘉泰初年（1201），他在诗里始则盛赞"先生千载人，浩气临穹壤"，终则倾诉"百年非所知，常如侍函丈"，私下表达对朱熹矢志不渝的追随，其心志更不容忽视。倘能细绎《烛湖集》全部诗作，尽最大可能考辨系年，也许更能裎露孙应时在政局剧变下那种惶惑无助与挣扎自持的复杂心态，触摸到他作为小人物的情感脉动。

作为一部学术型传记，《孙应时》以一个边缘人物凸现一段多变的时代，抓住了社会政治的时代主题，出色完成了研究的目标，对于宋史，尤其南宋史研究具有示范价值。这种示范价值主要在于研究法门与学术路径的启示，而并非提倡学界简单模仿这一类型的研究，借以撰成专著型的边缘人物传记。人物研究的前提条件，必须有足够的史料，类似孙应时那样有充实的文集足供研究取资的边缘人物，在宋代虽非绝无仅有，毕竟凤毛麟角。后来者倘若希冀仿效著者巧取捷径，复制类似的个案研究，虽不是绝无可能，却不宜过于奢望（当然，这仅就专著型研究而言；至于边缘人物的专论式研究，仍有充分的余地）。

随之也引出另一层感想。无论专著型还是论文式的人物传记，都归于个案的范畴，在体式与内容上有其特定的限制，在史学方法上属于枚举例证法，个案再有典型意义，仍有其局限性。进而言之，借助典型个案引出的结论，倘若能与群体研究相互印证，其普适性必将更上层楼。在《孙应时》里，著者专列一章研究了传主五位学友在党禁变局中的应对与命运，其用意既在置人物个案于群体网络中，也旨在突破个案藩篱，进而展现群体的多元面相。著者选择的对象，显然蕴含类型意义，但也不能取代对庆元党禁中整个中下层士人官僚群体的全面研究。指出这点，并非要求《孙应时》承担额外的任务，而是强调对中下层士人官僚群体研究，对边缘群体的研究，群体归纳法仍然有其用武之地。而群体研究必须汇总足够的样本数据，需要对全部样本仔细比勘，进行类型的区分，然后引入恰当的方法，诸如动态变化的考察或统计，这样获得的判断，与《孙应时》这类典型个案引出的结论对照互证，必能更有力地修正以往的偏见，从而逼近历史的实相。

文天祥《哭妻文》的前前后后

一提到文天祥，人们就会情不自禁地吟诵起他的不朽名句："人生自古谁无死，留取丹心照汗青。"他的《文山集》里有一篇仅二十四字的《哭妻文》，乍一看，似乎是要求他的妻子为他守节的意思：

> 烈女不嫁二夫，忠臣不事二主，天上地下，惟我与汝。呜呼哀哉！

但是，倘若了解了这篇《哭妻文》相关的细节，你才能真正掂量出这二十四个字的沉重。你不仅会深切感受到这位民族英雄的崇高气节，也会对英雄的妻子满怀着崇敬之情。

文天祥的妻子姓欧阳，与他的老师、著名理学家兼教育家欧阳守道（号巽斋）同姓，后人误以为她是欧阳守道的女儿。而元代刘诜在《跋四君图后》则说："巽斋先生，以雄文邃学为世师表……而信国文公于先生为嫡孙行。"据光绪七年纂修的《白沂欧阳氏族谱》，欧阳夫人之父名汉老，与欧阳守道同村同族，世系却低上一辈。也就是说，欧阳夫人应为欧阳守道同族孙女一辈，但并非嫡孙女。从汉老自号朴庵，可以推知欧阳夫人出身于知书识礼之家。

对欧阳夫人，现存史料不仅于其名字、生年，甚至连她何年嫁到文家，都没有明确记载。但文天祥有诗说他们"自少结发"，他是宝祐三年（1255）二十岁时入白鹭洲书院从巽斋学习的，欧阳夫人与巽斋同族同村，婚事或即出于巽斋的撮合；但这年冬天，文天祥在父亲陪同下赴礼部试，直到次年其父就在临安（今浙江杭州）去世以前，都不在故里，而三年服丧期间不可能举行婚礼。则文天祥与欧阳夫人的结缡应该就在宝祐三年。

德祐二年（1276），元军攻破临安时，文天祥正以南宋右丞相的身份与元军统帅谈判。不久，他被拘押北上，中途冒死脱逃，追随南宋流亡的小朝廷间关南下。景炎二年（1277）五月，他率兵进入故乡江西，收复失地。但元军随即大举反攻，文天祥在空坑（今江西永丰南）战败，欧阳夫人与儿女们被俘；他因义士替身受捕，才幸免于难。其后，他收拾残部，继续抗战，直到祥兴元年（1278）十二月，在广东海丰的五坡岭不幸被俘。

文天祥拒绝了元军让他向厓山宋军招降的要求，也被押往大都（今北京）。他知道妻女们已先已被俘，如今与她们越来越近，也许还有会面的可能。这样，自己就不仅应该抗得住来自元廷的威胁利诱，还必须割舍来自亲情的缠绵羁绊。北渡淮河时，文天祥有《过淮河宿阚石有感》抒写自己痛苦复杂的心情：

> 今行日云近，使我泪如雨。
>
> 我为纲常谋，有身不得顾。
>
> 妻兮莫望夫，子兮莫望父。
>
> 天长与地久，此恨极千古。
>
> 来生业缘在，骨肉当如故。

他希望妻女不要影响他以死殉国的政治抉择；虽然亲情难以了断，但为了名节纲常，也不得不割舍；如果来生有缘，再延续这段骨肉私情吧！

途经邳州，正是母亲的周年忌日（小祥），文天祥在《邳州哭母小祥》里再次表明必死的决心：

> 母尝教我忠，我不违母志。
> 及泉会相见，鬼神共欢喜。

在经过山东济州时，文天祥还写了《六歌》，其中第一首就是写给欧阳夫人的：

> 有妻有妻出糟糠，自少结发不下堂。
> 乱离中道逢虎狼，凤飞翩翩失其凰。
> 将雏二三去何方？何虞国破家又亡。
> 不忍舍君罗襦裳，天长地久终茫茫。
> 牛女夜夜遥相望，呜呼一歌兮歌正长，
> 悲风北来起彷徨。

鲁迅诗云："无情未必真豪杰。"英雄也是儿女情长的，"不忍舍君罗襦裳""牛女夜夜遥相望"，反映了文天祥的这一侧面。但民族英雄之所以异于常人，关键在于能够把握得住大义与亲情的位置与轻重。

到达大都后，元世祖忽必烈出于对文天祥的欣赏，向他表示只要以对宋朝的忠诚来为新兴的元朝效忠出力，就让他做大元的宰相。但文天祥斩钉截铁拒绝道："我是大宋状元宰相，宋亡，只能死，不当活！"于是，他被关入低矮潮湿的土室，饱受了各种折磨。

在狱中，文天祥以集杜诗的形式回顾自己颠沛竭蹶的身世。为了抗击蒙元、保卫家国，他的家庭做出了巨大的牺牲。他有二子六女，由于先是长期转战，后是单独囚禁，竟使他对子女的下落也不十分了然。他的《自叹》诗说，"二子化为土，六女掠为奴"，就与史实有所出入。

文天祥的长子名道生，欧阳夫人所生，十岁起就随父母颠沛流离，空坑之役，他侥幸与文天祥突围，被送往惠州与祖母共同投靠文天祥弟弟文璧。文天祥认为他"姿性可教"，寄予殷切的期望。但残酷的战争环境，严重损害了他稚嫩的身体，祥兴元年，在祖母死后两个月，他也随即去世，年仅十三岁。文天祥在大都狱中集杜诗《大儿》表达的丧子之痛："大儿聪明到，青岁已摧颓。回风吹独树，吾宁舍一哀！"

文天祥的次子叫佛生，小道生一岁，长得很俊伟，是黄氏庶出。空坑之役，欧阳夫人、黄氏与他及二女柳娘、三女环娘被俘。但佛生随即失踪，人们都认定他已死于乱兵。北行途中，黄氏寻隙投崖自尽。其后，文天祥也听到次子死于兵燹的传闻，《六歌》之三就为怀念佛生而作，"汝今三岁知在无"，他希望儿子还活在人世。但大都所作《集杜诗·次子》说："渥洼骐骥儿，众中见毛骨。别来忽三载，残害为异物。"末句表明他确信佛生已经遇害。而实际上，空坑之役中，有人"悯其幼"，携带佛生从小路逃脱，将他交给文天祥的挚友罗椅教养，文天祥夫妇都不知道这一实情。直到元至元二十一年（1284），文天祥的嗣子文陞（其弟文璧之子）将文天祥灵柩扶回故里，才听说佛生还在人间，兄弟相认，"大哭，弗忍言"。也许是悲恸过度，没几天佛生就"感疾而卒"，年仅十八岁。

六个女儿中，长女定娘与六女寿娘在德祐二年（1276）病死于惠州河源（今属广东），当时他正追随朝廷流亡南下，事后他在《集杜诗·二女》里痛惜自己没能尽到父亲的责任："床前两小女，各在天一涯。所愧为人父，风物长年悲。"其后两年，文天祥在潮阳战败，随军的四女监娘与五女奉娘也死于战乱。他也集杜诗抒发失女之恸："痴女饥咬我，郁没一悲魂。不得收骨肉，痛哭苍烟根。"从"痴女饥咬我"，不难想见文天祥抗元斗争的艰苦卓绝与惨烈悲壮。

据《文山先生纪年录》，自黄氏殉死后，欧阳夫人"沿路意有深水险崖，即投死，而一路坦平"，求死不得，便与女儿俘至大都。文天祥虽获悉妻女北徙，却不知她们的生死存亡。他的《集杜诗》里有两首《妻子》（这里的"妻子"兼指妻室儿女），凝聚了对妻女的关切与殷忧。其一曰：

> 妻子隔绝久，飘飘若埃尘。
> 漠漠世间黑，性命由他人。

其二曰：

> 世乱遭飘荡，飞蓬共徘徊。
> 十口隔风雪，反畏消息来。

作为一个亡国宰相，既然沦为阶下之囚，性命就掌握在他人之手。但文天祥不忍心妻女们十余年来颠沛飘摇，如今也落到"性命由他人"的境地。他惦念着妻女们的安危存亡，却又害怕听到有关她们的不幸消息。

但消息终于来了。元至元十七年（1280）春天，文天祥忽然收到女儿柳娘的来信，知道三年多来杳无音讯的妻女们都羁押在大都宫中，道冠鹑衣，日诵道经。他知道，之所以能在这时让他看到信，显然出自元廷的安排，指望通过儿女夫妻的天伦亲情来实施诱降：只要投降，就可团聚。惟其如此，文天祥才在《得儿女消息》诗结末说："痴儿莫问今生计，还种来生未了因。"意思是叫女儿对父亲的必死抉择不要抱有丝毫幻想，他与女儿之间既是生离，也是死别，让来生再续父女之间未了的因缘吧！他不能因骨肉亲情而辱没自己的名节，强忍痛苦不给女儿去信，也许是不想让十三岁的孩子肩负太多的痛苦，也许是以为十三岁的孩子还未必能完全明白父亲选择的道义内涵。他心如刀绞地给妹妹写了一封饱浸血泪的信：

> 收柳女信，痛割肠胃。人谁无妻儿骨肉之情，但今日事到这里，于义当死，乃是命也。奈何奈何！途中有三诗，今录至。言至于此，泪下如雨。一、读此三诗，便知老兄悲痛真切之情。事至于此，为之奈何！兄事只待千二哥至，造物自有安排。……一、可将此诗呈嫂氏，归之天命。……一、可令柳女、环女好做人。爹爹管不得，泪下哽咽，哽咽！

文天祥抄录的三首诗就是前文提到的《邳州哭母小祥》《过淮河宿阚石有感》和《六歌》。这年七月，空坑之役三周年时，他写了一首《有感》，末两句是"一死皎然无复恨，忠魂多少暗荒丘"，再次表达了坚贞不屈、以死报国的决心。《集杜诗》里有一首《妻》，也应是这年为欧阳夫人所写的：

> 结发为妻子，仓皇避乱兵。
> 生离与死别，回首泪纵横。

转眼到了至元十九年（1282）的春天，文天祥在大都已羁押了两年，元廷仍然指望他能回心转意，归顺大元，但他依旧大义凛然。随时随地，文天祥听得到死神的脚步声，也随时随地做好了慷慨就义的思想准备。这年春天，他写好了一篇附有序言的《自赞》，缝入了随身的衣带之中，作为自己的绝笔书。他的《哭妻文》，虽然不排除作于收到柳娘信后致函妹妹之时，但最有可能还是与《自赞》同时完成的。

这年十二月九日（1283 年 1 月 9 日），文天祥在柴市从容就义。次日，欧阳夫人被获准收殓遗体，在他的衣带里发现了文天祥的《自赞》，其序道："吾位居将相，不能救社稷，正天下，军败国辱，为囚虏，其当死久矣！顷被执以来，欲引决而无间，今天与之机，谨南向百拜以死。"其赞道：

> 孔曰成仁，孟曰取义。
>
> 惟其义尽，所以仁至。
>
> 读圣贤书，所学何事？
>
> 而今而后，庶几无愧！

文天祥杀身成仁、舍生取义，实现了《哭妻文》里"忠臣不事二主"的承诺。纵观其一生，任相于危难之际，却没能挽狂澜于既倒；其后毁家抗元，兵败被俘，也并没有建立惊天动地的功业。后人肯定他的主要不是名相，而是以名相能为烈士，"事业虽无所成，大节亦已无愧"，钦仰他的是他对民族、社稷、信仰、主义的崇高气节、坚贞操守。这种气节操守为立国三百二十年的宋朝抹上了最后一笔绚丽的亮色，融入了中华民族的精神遗产。

文天祥死后，欧阳夫人与女儿柳娘、环娘随元朝公主远嫁高唐王，道装居住在大同路丰州（今内蒙古呼和浩特东南）的栖真观中。作为南方人，她不耐北地的严寒，大德二年（1298）冬天，允准回大都由嗣子文陞迎养。大德七年，她又辗转到宁州（今属甘肃），依附在当地做官的侄子。次年，在各方斡旋下，七十开外的欧阳夫人终于放归故里。大德九年（1305）二月，染病的她明白自己快到了生命的终点。一天，她发现自丈夫死后始终佩带在身的香囊不见了，便急着查问洗衣的侍婢，听说是太污损丢弃了。她马上让人给找回来，边说"这伴随着我从未片刻离开过"，边从香囊中拿出文天祥《哭妻文》的手迹，对在场的家族说："这得之丞相，我死，一定要悬放在我心口上。我将以此去见我的父母，去地下见我的丈夫。我也问心无愧的了。"说完，示意众人退下，她要休息一会儿。过了不久，她就怀揣着《哭妻文》安详地离开了人世。欧阳夫人确实无愧于文天祥的高风亮节。

如果说，《自赞》是文天祥生前预撰的自祭文，那么，《哭妻文》就是他为欧阳夫人所作的生祭文。生祭是为决心赴死者举行的一种特殊的祭礼，生祭文就是意在砥砺受祭的生者坚定必死的信念。文天祥被俘以后，他的挚友王炎午就写过《生祭文丞相文》，更坚定了文天祥"忠臣不事二主"的死节之心。或许受其影响，文天祥作《自赞》以自祭，作《哭妻文》以生祭欧阳夫人，名为哭妻，实兼自哭。"天上地下，惟我与汝"，明白告诉妻子，我们夫妇之间虽是生离，也是死别。如果说，"忠臣不事二主"是自誓，那么，"烈女不嫁二夫"就是对欧阳夫人的期许。南宋晚期，理学全面确立，忠节观念也成为社会普遍认同的道德范畴，《哭妻文》里不难发现这种影响。但文天祥所说的"烈女不嫁二夫"，并不是简单要求欧阳夫人为他守节不嫁，其根本用意还是从民族大义上期望她能够把握得住，决不能有愧于家国。只有这样，才不至于误解这篇《哭妻文》，也不至于误解文天祥这样的民族英雄。这篇短短二十四字的生祭文，摒绝浮辞虚文，文义浅显明白，却充溢着浩然正气，是中国祭葬文中不可多得的不朽之作。

文天祥的妻子儿女

　　童元方先生的《盆菜的滋味》（《万象》2003 年第 7 期）说到文天祥，读后很感动。我在《细说宋朝》中写文天祥时，也有过类似他所说的"把盈眶的眼泪逼回去"的体验。童先生的博士论文即以文天祥的北行诗为对象，对这位状元宰相有过深入的研究。但他断言"空坑一役，他的妻子儿女全被蒙古兵所虏，最后被杀"，却似乎值得斟酌。

　　景炎二年（1277）八月，文天祥与长子道生在空坑之役中突围，其妻子欧阳夫人被元军俘虏，与次子佛生、二女柳娘、三女环娘一起押往大都。道生后随祖母前往惠州文天祥之弟文璧处，次年病死，年仅十三岁。而文天祥的长女定娘、六女寿娘已在上年"以病死于河源之三角"。四女监娘、五女奉娘则随文天祥转战，次年"潮阳之败，复死乱兵中"，从"痴女饥咬我，郁没一悲魂"的诗句看来，也都是夭殇的。（《集杜诗·二女第一百五十》）据《文山先生纪年录》，柳娘后随元公主下嫁赵王，居沙靖州，死于大德年间。环娘随元公主下嫁歧王，居西宁州，1341 年还在河州。二女都没有后代。

　　次子佛生在押往元军元帅所的途中失踪，年仅 11 岁。文天祥因消息隔绝，在《集杜诗·妻第一百四十三》中以为：妻子儿女"自隆兴北行，惟佛生已死"。而实际上，有人在押解途中"悯其幼"，携他乘隙脱逃，后为文天祥同乡挚友罗椅收养在信城，"以故人之子待之"。这一情况，不仅文天祥，连欧阳夫人都"绝无与闻"。文天祥死后不久，嗣子文陞护送其灵柩回故里，才知佛生还在人世。文陞与其相见，"大哭，弗忍言"。但佛生不幸在至元二十一年（1284）三月"感疾而卒"，年仅十八岁。这段历史，文陞当年有《文氏佛生圹志》详予记载。

道生病死惠州，文天祥误以为佛生也已不在人世，便在 1278 年岁暮从潮州致书其弟文璧，将文璧次子文陞（字升子）过继为嗣子。次年，厓山之战后，文天祥北上途中派人祭告祖墓，并再次致信文璧，"亲丧君自尽，犹子是吾儿"（《寄惠州弟》），肯定了这种父子关系。文璧与文天祥为同榜进士，厓山之战后，他在知惠州任上降元，借口是保全宗祀，与乃兄走了另一条道路，继续做他元朝的官。文天祥有诗说，"弟兄一囚一乘马，同父同母不同天"，在大节问题上与文璧绝不含糊，但以文陞为子嗣的决定并未因此而更改。他在 1281 年正月给文璧信里说："升子嗣续，吾死奚憾？"在给其舅的诀别信中也郑重交代："今立陞侄为子，凡百惟舅公教之诲之是望。"（《与方伯公书》）文天祥并不要求其弟与他一起殉宋，在给文陞的家书说："吾以备位将相，义不得不殉国。汝生父与汝叔姑全身以全宗祀，惟忠惟孝，各行其志矣。"文天祥要求文陞"能继吾志"，"吾虽死万里之外，岂顷刻而忘南向哉"！文陞在孝道上无愧嗣子，在文天祥死后扶柩归里，结庐墓侧守孝三年，并北上迎归奉养欧阳夫人。但他却耐不住寂寞，受元朝召聘，官至集贤院直学士，1313 年死在代表元仁宗祭祀岳渎的路上。时人以诗论其父子，"地下修文同父子，人间读史各君臣"，对其政治上的表现大不以为然。文陞有三个儿子，以传统宗族制而论，似应算是文天祥一系的。

据《宋史·文天祥传》，文天祥在大都柴市就义后数日，"其妻欧阳氏收其尸"。据《文山先生纪年录》记载，欧阳夫人后随元朝公主远嫁高唐王，道装居大同路丰州栖贞观。大德二年（1298）冬，"以年老不禁寒冻，得请向南去"，恰嗣子文陞赴大都迎养。大德八年，始归故里。次年二月病逝。死前，她从贴身香囊中取出文天祥写给她的《哭妻文》，文曰："烈女不嫁二夫，忠臣不事二主。天上地下，惟我与汝。鸣呼哀哉！"她让家人在她死后仍将这手迹放在胸前，"将以见吾父母，见吾夫于地下"。欧阳夫人真无愧于文天祥的高风亮节。

　　元世祖以文天祥不为所用，出于政治原因不得不杀他，但并没有株连杀其妻子儿女。在宣传文天祥民族气节的同时，也应澄清史实，以免后人产生元世祖滥杀无辜的错觉。

三千年间，人不两见

——王炎午两祭文天祥

在《文天祥〈哭妻文〉的前前后后》里，我曾提及，文天祥被俘后，他的挚友王炎午写过《生祭文丞相文》。其事在南宋祥兴二年（1279）的夏天。上年十二月，文天祥在广东海丰五坡岭被俘，吞冰片自杀未成，元军劝降失败，次年四月被押解北上。这一消息也传到了他的故乡，王炎午就写下了这篇生祭文。这篇一千五百余字的祭文，反复阐明古今所以死节之道，一再陈述文天祥可死之义，议论犀利，引证广博，悲壮激昂，回肠荡气。元代文学家揭傒斯曾分析王炎午撰写《生祭文丞相文》的深层原因：当国破家亡之时，其本人"欲为一死而无可死之地，又作为文章以望其友为万世立纲常"。

一

王炎午，字鼎翁，与文天祥既同乡里，又先后同为太学生。文天祥起兵抗元，他曾建议："复毁家产，供给军饷，以倡士民助义之心；请

223

购淮卒，参错戎行，以训江广乌合之众。"文天祥听纳，请他参与幕府。他因父死未葬，母老病危，唯恐"进难效忠，退复亏孝"，感泣而辞，文天祥"怜其亲老"，尊重了他的选择。王炎午听说文天祥被俘以后没有立即就义，"慷慨之见，固难测识"，唯恐文天祥把持不住，坏了名节。他觉得当初没能追随文天祥抗元，"于国恩为已负，于丞相之德则未报"，现在狂澜既倒，已成定局，文天祥作为南宋状元宰相，理应为国殉死，绝不可以如同其他官员那样腼颜仕元。王炎午之所以有这种认识，与南宋理学倡导的气节操守深入人心是息息相关的。这种气节操守在面对异族入侵时，自然而然升华为一种爱国精神。王炎午认为，在军事抗战上，南宋无可挽回地失败了，但在坚持民族大义上，文天祥可以也应该成为一面旗帜；而自己能做的，就是促成其"杀身成仁，舍生取义"。于是，他写下了这一祭文奇作。后人认为，生祭是为行将赴死者举行的祭礼，而生祭文即创自王炎午。清代方文《宋遗民咏·王鼎翁炎午》有云，"创为生祭文，辞义何凛溧"；还指出，王炎午之所以撰写这篇生祭文，"彼非不信公，爱之惟恐失"，是出于爱护文天祥，让他珍惜名节。生祭文完稿后，为让文天祥知道自己的苦心，他与友人眷录了数十份，张贴在赣州至洪州（今江西南昌）驿途水路的山墙店壁上。这是北上大都的必经之路，希望文天祥能"经从一见"，知所当行。

这篇生祭文的主旨是激励与催促文天祥死节殉国。祭文一开头，就引用伯夷采薇不食周粟与屈原自尽葬身汨罗的典故，说："谨采西山之薇，酌汨罗之水，哭祭于文山先生未死之灵而言曰：呜呼！大丞相可死矣！"接着列叙文天祥可以死而无憾的种种理由，其中说到"二十而巍科，四十而将相，功名事业，可死；仗义勤王，使命不辱，不负所学，可死"。但文天祥因"国事未定，臣节未明"，便毁家纾难，蹶踬颠沛，直到再次被捕。王炎午以为，时局至此，对文天祥而言，"虽举事率无所成，而大节亦已无愧，所欠一死耳"。但祭文指出："奈何再执，涉月逾时，就义寂寥，论者惊惜，岂丞相尚欲脱去耶？尚欲有所为耶？或以不屈为心，而以不死为事耶？抑旧主尚在，不忍弃捐耶？"种种揣测饱含着作者"爱之惟恐失"的一片苦心。惟其如此，祭文郑重指出："臣子之于君父，临大节，决大难，事可为，则屈意忍死以就义；必不幸，则仗大节以明分。"也就是说，只要还有一线希望，臣子就应以"当死不死，可为即为"的信念，为国家社稷的存亡继绝而扶颠持危；当大势无可逆转，做臣子的就该守大节而明本分。具体来说，倘若被俘，就要"勇于就义"。祭文尖锐指出："丞相之不为（李）陵，不待知者而信，奈何慷慨迟回，日久月积，志消气馁，不陵亦陵，岂不惜哉！""不陵亦陵"的提醒，可谓字字千钧。王炎午甚至为文天祥设计了死法。其一，骂敌而死。他向文天祥指出："死于人，以怒骂为烈。死于怒骂，则肝脑肠肾，有不忍言者矣。虽镬汤刀锯，烈士不辞，苟可就义以归全，岂不因忠而成孝！"他激励道："事在目睫，丞相何所俟乎？"其二，绝食而死。他给文天祥提示，"人不七日谷则毙"，倘从道出梅岭就开始绝食，进入故乡庐陵，就可以死在父母之邦，这样，"宰相忠烈合为一传矣"。

二

再说文天祥，一过大庾岭，自南安军（治今江西大余）沿赣江水路北上时，确实绝食过。《指南后录》有诗云："闭篷绝粒始南州，我过青山欲首丘。""唯有乡人知我瘦，下帷绝粒坐篷窗。""饿死真吾志，梦中行采薇。"在《临江军》一诗的跋语里，他把绝食不死而决心慷慨赴义的内心轨迹交代得十分清楚："予始至南安，即绝粒，为《告祖祢文》《别诸友诗》……至是不食已八日，若无事然。私念：死庐陵不失为首丘，今使命不达，委身荒江，谁知之者，盍少须臾以就义乎！复饮食如初。"《集杜诗·过临江》的小序也说："予念既过乡州，已失初望，委命荒滨，立节不白。或者有陨自天，未可知也，遂复进食。"他认为，既然不能达到绝食死在故乡的初愿，而投水自杀之类也会使自己"立节不白"，只要抱定一死殉国的意念，至于什么时候死，就听天由命吧！从文天祥准备"首丘"故乡，在诗中用典"采薇"与王炎午如出一辙，绝食到第八天不死才恢复进食，也与生祭文中"人不七日谷则毙"的说法隐然相合，有理由推测他在北上途中读到或听说过这篇生祭文。

但文天祥恢复进食，其信念必有进一层的升华。揭傒斯在《书王鼎翁文集后序》里就认为，文天祥"死国之志固已素定，必不待王鼎翁之文而后死。使文丞相不死，虽百王鼎翁未如之何，况一王鼎翁耶！且其文见不见未可知，而大丈夫从容就义之念，亦有众人所不能识者。"那么，这种"众人所不能识"的"大丈夫从容就义之念"，究竟是什么呢？揭傒斯指出，在国破家亡被俘为囚的情势下，只要"稍无苟活之心，不即伏剑，必自经于沟渎"，相比苟且偷生来，这种以自杀而保名节的悲壮之举，已足以令后人肃然起敬。但最难的还是文天祥信念升华后的那种选择："间关颠沛至于见执，又坐燕狱数年，百计屈之而不可，然后就刑都市，使天下之人共睹于青天白日之下，曰杀宋忠臣。"也就是说，文天祥之所以放弃自我了断的自杀方式，最终决定继续承受各种无法逆料的威逼利诱与煎熬折磨，就是坚信自己对民族、社稷、信仰、主义的气节操守是任何力量都无法摧毁的，他要通过自己的作为，向天下后世展现气节操守那一腔珊瑚红的美。汪元量也说过这层意思：

> 家亡国破身漂荡，铁汉生擒今北向。
> 忠肝义胆不可状，要与人间留好样。

文天祥历尽磨难、从容就义，意在为人间后世留下了杀身成仁、舍生取义的榜样。在《文丞相传序》里，元代许有壬由衷赞叹他无愧为宋朝立国三百余年的最终代表：

> 宋养士三百年，得人之盛，轶汉唐而过之远矣。盛时，忠贤杂遝，人有余力。及天命已去，人心已离，有挺然独出于百万亿生灵之上，而欲举其已坠，续其已绝，使一时天下之人，后乎百世之下，洞知君臣大义之不可废，人心天理之未尝泯，其有功于名教，为何如哉？……事固不可以成败论也，然则收宋三百年养士之功者，公一人耳。

三

文天祥被俘北上时，别号千载心的同乡义士张宏毅追随入京，在其囚所附近赁居，三年来每天为他供送饮食。文天祥就义以后，他从大都收敛了英雄的齿发，回到了故乡。王炎午知道后，远望北方，写下了哭奠文天祥的第二篇祭文：

> 相国文公再被执，时予尝为文生祭之。已而庐陵张千、戴心、宏毅，自燕山持丞相发与齿归，丞相既得死矣。呜呼，痛哉！谨痛望奠，再致一言。
> 呜呼！扶颠持危，文山、诸葛。相国虽同，而公死节。倡义举勇，文山、张巡。杀身不异，而公秉钧。名相烈士，合为一传。三千年间，人不两见。事缪身执，义当勇决。祭公速公，童子易箦。何知天意，佑忠怜才。留公一死，易水金台。乘气轻命，壮士其或。久而不易，雪霜松柏。嗟哉文山，山高水深。难回者天，不负者心。常山之舌，侍中之血。日月韬光，山河改色。生为名臣，死为列星。凛然劲气，为风为霆。干将莫邪，或寄良冶。出世则神，入土不化。今夕何夕，斗转河斜。中有光芒，非公也耶？

这篇《望祭文丞相文》在文章作法上有着与《生祭文丞相文》不同的特点。

第一，运用对比，凸现主角。祭文一开头，作者就列出了两组对照。其一是在"扶颠持危"上，将文天祥与诸葛亮进行比较，两人虽都是名相，但文天祥最后死节，诸葛亮在这点上则略逊一筹。其二是在"倡义举勇"上，将文天祥与安史之乱时抗击叛军的张巡进行比较，两人虽然最后都杀身成仁，但文天祥曾是执掌国柄的丞相，其影响之大又不是张巡可以比肩的。两组对比处处抑古人而扬主角，旨在映衬文天祥的高大形象。紧接着的四句祭文，盖棺论定了文天祥的崇高地位："名相烈士，合为一传。三千年间，人不两见。"为这位民族英雄在历史长廊中作出了准确的定位。

第二，驱遣典故，歌颂正气。在望祭文中，王炎午谙熟如意地运用典故，表彰文天祥的浩然正气。其手法又分为明用、暗用与活用三种。明用之例除上述诸葛亮与张巡，还有"常山之舌"与"侍中之血"。前者仍用唐代安史之乱时的故事，常山（治今河北正定）太守颜杲卿兵败被执，却仍骂不绝口，被叛军割下了舌头。后者用西晋侍中嵇绍的故事，八王之乱中，东海王司马越挟晋惠帝与成都王司马颖战，兵败，嵇绍以身护帝，中箭身亡，血溅帝服。暗用之例有"雪霜松柏"与"山高水深"。前者以《论语》中"岁寒，然后知松柏之后凋"来比喻英雄的气节操守，后者以范仲淹《严先生祠堂记》中"先生之风，山高水长"来形容英雄的人格精神影响深远绵长。活用之例有"童子易箦"与"易水金台"。前者典出《礼记·檀弓上》，说曾参临终，病榻边有一童子惊叹其寝席（箦）华美不合礼制，曾参命其子调换了逾制的寝席才安心死去。王炎午自比童子，而以曾参比文天祥，说明写生祭文是"爱人以德"，促其殉国就义。后者分别指荆轲刺秦王的出发地易水与燕昭王礼聘郭隗的黄金台，两者都在河北，既借指英雄就义的燕市，也以富有气节才干的荆轲、郭隗借喻文天祥。

第三，句式整齐，骈对工稳。祭文以四字韵文写成，文笔简洁有力，句式整齐划一。除篇首"呜呼"以外，通篇隔句押韵，四句一换韵，平声韵与仄声韵交互错杂，令人读来既感深沉哀伤，又觉激越悲壮。擅用骈对，也是祭文一大特色。其中既有句群间的排对，例如"扶颠持危"四句与"倡义举勇"四句分别对偶；也有两句间的对仗，例如"难回者天，不负者心""常山之舌，侍中之血""日月韬光，山河改色""生为名臣，死为列星"，即两两相对。凡此都在形式与音韵上，增强了祭文的审美价值。

第四，层次分明，结篇奇特。祭文的正文分为四层。"扶颠持危"以下十二句为第一层，通过两组对比，点明文天祥的历史地位。"事缪身执"以下十二句为第二层，作者联系当初撰写《生祭文丞相文》的动机，进而完成对英雄的全面认识，烘托出文天祥绝食不死后那一段生命的悲壮与伟大。"嗟哉文山"以下十二句为第三层，进一步以浓墨重彩讴歌英雄与天地共存，与日月同光的浩然正气。"干将莫邪"以下八句为第四层。作者从干将莫邪剑的传说生发开去，构织了一幅瑰丽壮美的天文图景。他设想：文天祥的人格精神，经由杰出冶工之手，锻成干将莫邪那样的宝剑，出世神奇锋利，入土也绝不会朽坏。《晋书·张华传》有"宝剑之精，上彻于天"与"斗、牛之间颇有异气"的说法，作者进而张开想象的翅膀。他问道：今夜究竟是怎样的夜晚？北斗勺柄转移，银河星云横斜，其间有一股逼人的光芒，那不就是英雄精气所铸就的宝剑发出的璀璨奇光吗？祭文至此，主旨已明：文天祥的人格精神将与宇宙三光同不朽。

揭傒斯称颂王炎午"德之粹，学之正，才之雄，诗文之奇古"，从其生祭与望祭文天祥的祭文来看，应该说是当之无愧的。王炎午（1251—1324），入元后终身不出，著有《吾汶稿》，"因所居汶源里名其稿曰吾汶，以示不仕异代之意"，可谓大节不亏，《新元史》遂将其列入《隐遗传》。他不以文章著名，但《四库总目提要》说其《生祭文丞相文》"尤世所称"。明清之际有件事足以表明这篇文章的深远影响。明亡次年，明御史中丞刘宗周绝食不死，其受业门人王毓蓍致信说："愿先生早自裁，毋为王炎午所吊！"刘宗周欣慰说："我讲学数十年，有这么一个学生，足矣！"绝食达二十日，终于殉国，王毓蓍听到先生死节后也投水自尽。一篇祭文竟促成数百年后这对师生的殉死壮举，也堪称是奇文不朽了。

文化掠影

中国古代学运的极盛时代

——读《宋代太学生救国运动》

一

近来，有些民国学术名著经过发掘，重新出土。这一现象，也许折射出了当下浮躁的学界在原创力上的匮乏，读书界与出版界只能背转身去，从事学术著作的考古工作。确实，与其咀嚼今人的学术鸡肋，还不如去品鉴前贤的心血结晶。吉林出版集团推出的《民国学术丛刊》，颇有值得一读的好书，其中包括《宋代太学生救国运动》（《唐代社会概略　宋代太学生救国运动》，黄现璠著，吉林出版集团 2009 年；下称《宋代太学生》）。

大学时代开始对宋史感兴趣，虽知其书，但因是民国旧平装，一直没有机会寓目，还误以为与作者是隔世之人。现在才知道，他活到 1982 年恰是我大学毕业那一年。作为壮族学者，他有幸师事陈垣、邓之诚、萧一山、陶希圣等史学大家，也曾赴日从学于和田清与加藤繁等名师。他的治学领域之广泛让人惊讶，几乎涉及中国古代史的各个断代，还向下延伸至中国近现代史，内容包括政治史、经济史、文化史、社会史、民族史、边疆史、革命史，一生著有各类通史、断代史、专门史与人物传记达二十余种。他拥有过全国人大代表、全国人大民族委员会委员等闪光的头衔，却也蒙受过1957年被公开点名撸去上述头衔的羞辱。1979年所谓的"平反昭雪"，对他来说，堪称"夕阳无限好，只是近黄昏"，在他所任职的广西大学也许有刘郎重来的悲喜感，对整个学术界来说，他的声名与著述不免令人有恍若隔代的疏离感。好在有这部《宋代太学生》的重版，能让宋史学界与学运史界得以重续这段几乎失落的学术史。

《宋代太学生》是1936年由商务印书馆出版的，邓之诚1935年11月为其作序说，作者"搜罗群籍，成《宋代太学生》一编"，则撰述尚在其前。黄现璠追随援庵史学，在致其师信中自称："在校时受教，深感夫子治学精神，念兹在兹，实未敢一时稍懈。"而陈垣自述其学道："九一八以前，为同学讲嘉定钱氏之学；九一八以后，世变日亟，乃改顾氏《日知录》，注意事功，以为经世之学在是矣。"黄著《太学生运动》，势必遵循乃师"通史致用"的经世路径。历史哲学家克罗齐认为，对于历史学家来说，其研究的对象，即便"被称为非当代史的历史，也是从生活中涌现出来的，因为，显而易见，只有现在生活中的兴趣方能使人去研究过去的事实"。

那么，究竟哪些"现在"的问题，促使著者去关注七八百年前太学生运动呢？众所周知，随着1931年九一八事变与东北沦亡，北平、上海、南京等地的大学生率先感受到"华北之大放不下一张平静的课桌"，为中华民族危在旦夕而发起一拨又一拨的游行请愿活动。亲历、目睹日本对中国的步步紧逼，却迟迟未见中国组织起有力的抵抗，风起云涌的学生请愿反而一再招致当局的粗暴弹压。正是在这种背景下，黄现璠深感当前形势与两宋之际有某种相似处，便着手研究宋代太学生的救国运动。他在1935年发表论文《宋代太学生之政治活动》，应是前期成果，而次年刊布的《北宋亡后北方的义军》与《南宋初年河北山东之义军》二文，当是同期研究宋代太学生运动的副产品，这些论著无不聚焦于民族命运与抗日前途。《宋代太学生》劈头就说："我国大学生之救国运动，始于汉，盛于宋，而复兴于现代，史迹昭然。"这表明，著者研究的虽是古代，关心的却是当代。

二

学生运动，简称"学运"，或曰"学潮"，是教育社会化以后，在特定政治风潮影响下的产物。在西方，学运似乎是进入近代以后才有的。中国学运有点特殊，黄现璠认为"始于汉"，西汉博士弟子（即博士生）王咸为营救入狱的司隶校尉鲍宣，率千余太学生伏阙，应"推为我国学生运动之始祖"。这与汉代的教育官学化密切相关，中央太学的入学人数动辄成千上万人，社会化程度已相当可观，又近在皇城根下，处于朝廷政治的漩涡中心，一受政潮的刺激，便易酿成学潮。东汉末年，太学生郭泰等"危言深论"，抨击宦官集团，响应的"诸生三万余人"，招致忌恨捕杀，铸成党锢之祸，"死徙废禁者，六七百人"。谭嗣同《狱中题壁》诗云"望门投止思张俭，忍死须臾待杜根"，说的就是汉时党人躲避通缉、追杀的悲壮情景。

不过，古代学运最令人神往的时代却在两宋，《宋代太学生》旨在证成我国大学生运动"盛于宋"这一结论。原书俱在，可以覆案。对此盛况，邓序有一段概述：

> 靖康之难，陈东率诸生伏阙上书，请立诛六奸，以谢天下，义声著于今古。南渡以后，每遇国家有事：若和战之取舍，宰臣之进退，太学诸生振奋之辞，往往操持其间，号为清议。君相虽尊，莫之敢违，违则士论哗然。直谅之风，绵历百余年而不息。

论及宋代太学生救国运动的起因，黄现璠列举四端：强敌之压迫，朝臣之懦弱，小人之恣虐，舆论之援助。这些固然言之有理，但满足这些条件的并不只有宋朝，为什么其他朝代未见学生运动"绵历百余年而不息"呢？

唐宋之际社会变动的深刻内容之一，就是庶族官僚地主取代门阀贵族，成为统治阶级的主体。宋代"取士不问家世"的科举政策，向不同阶层相对公平地开放了仕途，作育出一个非身份性的士大夫阶层。随着宋学的兴起，"以天下为己任"（范仲淹语）与"为万世开太平"（张载语）的主体价值，逐渐成为士大夫的思想凭依与行动准则。宋代流行的天子当"与士大夫治天下"的名言，有力标志着士大夫自觉意识的空前高涨，以至有学者推许："宋代是士阶层在中国史上最能自由发挥其文化和政治功能的时代。"

而立国伊始，太祖誓碑确立"不得杀士大夫及上书言事人"的祖宗家法，在君主专政时代不啻为言论相对自由撑起了一把绿伞。任何时代，思想自由是言论自由的源头，而言论自由则是思想自由的表现。反观陈寅恪推崇"天水一朝思想最为自由"，士大夫是思想自由的社会主体，而不开杀戒则是言论自由的政策保障，两者在立国百余年间推挽鼓荡，终于养成了士大夫的敢言之气。宋代太学生不怕开除，不怕入狱，敢于说真话，与肩负监察重任的台谏官不怕撤职，不怕贬官，特别敢说话乃同出一辙，共同勾画出有宋一代在言论自由上的风景线，这一重要原因不容忽视。

按照宋代教育科举制度，太学生一旦完成学业，就能出仕为官。于是，作为士大夫的后备梯队，在他们看来，自己既然将与天子"共治天下"，理所当然就是社稷安危、生民利病的担当者，自应与国家政权休戚与共。每当"国家有事"之际，他们之所以怀"直谅之风"，倡"振奋之辞"，甚至不惜身家性命，就是责无旁贷地把国家之事视为分内之事。正是这种责任感的驱策，才能使得宋代太学生的士论义声"绵历百余年而不息"。

三

宋代太学生不把自己当外人，视国家为自己的国家，最高统治者又是如何对待他们的呢？

黄现璠指出，宋代学运"自徽宗大观年间始"。大观中（1107—1110），太学生李彪目睹弊政，准备上书，宰相蔡京接到密报，将其"付狱推治"。其后，朝廷大兴花石纲，太学生邓肃献诗讽谏，蔡京向徽宗危言耸听："不杀邓肃，恐浮言乱天下。"徽宗朝政污浊毋须费词，但他却说："这倒是个忠臣！"只是取消其学籍，放归田里，这与他还记着太祖誓约似乎有关。也就是说，北宋在徽宗以前，言论环境还算宽松；而徽宗君相对言事论政的太学生或开除学籍，或投入大牢，虽杀戒未开，言论之网已然收紧。

但邓肃事件未满10年，宋高宗就对太学生陈东开了杀戒，这事还要从靖康元年（1126）金军兵临城下说起。当时，主战派李纲临危受命，正领导着东京保卫战，宋钦宗却听从主和派的妄言将其罢免。陈东率千余太学生伏阙上书，军民不期而至者数万（一说十余万），要求重新起用李纲。钦宗被迫让其复职，安抚请愿的学生与军民。尽管宰相李邦彦等诬陷陈东"意在生变，不可不治"，也企图将伏阙学生逮捕处死，但终未得逞。黄现璠因而称颂"宋代太学生救国运动，以此次最为激烈，亦最有价值"。

不过，这次学运仍未能挽救北宋的覆亡。建炎元年（1127），宋高宗在应天府（今河南商丘）即位，一度任命李纲为相，借以招徕人望。李纲力主抗战，与高宗立意逃跑南辕北辙，任相仅75日再遭罢免。太学生陈东再次上书，要求罢黜投降派宰执黄潜善与汪伯彦，再相李纲。同时上书的，还有另一布衣士子欧阳澈。这次，高宗违背祖训，断然开戒，将两人斩于东市。他之所以敢冒天下之大不韪，就是唯恐陈东为复用李纲，再次激起靖康伏阙式的民变，动摇成立不久的南宋小朝廷。

然而，陈东的冤魂却成为宋高宗挥之不去的梦魇，以至于一再假惺惺地表示痛悔。绍兴四年（1134），他封赠陈东、欧阳澈，诏书说得既沉痛，又诚恳，译成语体文大致如次：

> 古人都愿意做良臣，而不愿意做忠臣。只有你陈东，你欧阳澈，恐怕立意要做忠臣吧？即便如此，你们倒不失为忠臣，但天下后世却要说朕是怎样的君主呢？至今八年，一饭三叹。追赠美职，岂是恩典！用来弥补我的哀痛，用来彰显我的过失。让天下后世之人，知道自古饰非拒谏的君主，恐怕还不至于像我这样追悔罢！

虽然躲躲闪闪，还是承认了自己有过失。但一转身，他就把责任完全推给了汪伯彦（其时黄潜善已死），不妨也将其责罚汪伯彦的制词语译如下：

> 难道我刚下自责的诏书，就发归咎的文词？但人们都说你执掌枢密大权，担任辅佐重任。你建议的，我就听从；你辅弼的，我就照办。你应该考虑让皇帝耳聪目明，怎能顾忌那庶民论事议政？让人主蒙上拒谏的毁谤，而朝廷背负杀士的恶名。你仰对君父，有何面目？

高宗还通过官修史书强调他误听了黄、汪的挑唆，无非企图从历史的耻辱柱上挣脱下来。

但恶例既开，其后南宋统治者在镇压太学生运动上就无所忌惮。对上书言事的太学生，不仅韩侂胄、丁大全与贾似道等权相或"捕置之狱"，或"押送贬所"，把运动扼杀在萌芽状态；权相史弥远更毫不手软地以"叛逆罪"处决反对其专政的武学生华岳与反对其废立的太学生潘壬、潘丙。不仅如此，这一事件实应视为刘子健所揭示的中国转向内在关键期的标志性事件之一，君主政体在宋高宗朝开始转入独裁模式，即君主或其代理人大权独揽，压制甚至镇压持反对意见的其他官僚与知识分子。（参见 2009 年 12 月 20 日《东方早报·上海书评》所刊拙文《变革之门何时关闭》）

四

黄现璠认为："宋代太学，不独为学术最高学府，且为社会舆论之喉舌。"何以如此，宋代《上庠录》分析说：

> 太学聚天下士，既知道理，又无持禄固宠之累，故其品藻人物皆合公议，于是以太学为"无官御史台"。

太学生既然是不在职的御史，尚未有仕途进退的私心杂念，一旦国有大事，诚如宋人所说，他们甚至能"言侍从之所不敢言，攻台谏之所不敢攻"。晚宋周密指出：自宋宁宗以后，"天下公论，不归于上之人，多归于两学（太学、武学）之士"。黄现璠说，宋代太学生运动"不独学校教师为诸生援助，即社会人士亦多与之表同情"，原因就在于太学成为公论所在之地，太学生成为正气所持之人。正基于此，他对宋代太学生运动，评价极高，"宋自南渡以后，倾而未覆，太学生与有力焉"；甚至以为，靖康间陈东"伏阙上书"，其"人数之众多，以及行动之激烈，五四运动，不过尔尔"。

南宋言论环境虽然逆转，但学校正论与太学生元气仍不绝如缕。淳祐四年（1244），太学生群起反对宰相史嵩之中止守丧，图谋起复，宋理宗与徐元杰有一段对话：

帝曰："学校虽是正论，但言之太甚。"

元杰对曰："正论乃国家元气，今正论犹在学校，要当保养一线之脉。"

这让人联想到，教育家蔡元培既明确反对学生运动，又断然反对镇压学生，也无非认为："摧残青年，那是损害国家民族的元气的。"徐元杰、蔡元培的"国家元气"论，无疑是关乎学运的不刊之论。

不过，对太学生救国运动的非议之论，宋代就时有所见；及至黄现璠著书前后，对大学生救亡运动的攻讦之辞更无所不有。黄现璠挺身为之辩护，"宋代太学生为国计民生，进贤退不肖"，"实无可非议之处"，说的虽是宋代，实际兼及现实。而邓之诚序更有的放矢：

或谓匹夫干政，处士横议，非盛世所宜，此所论者盛世耳。若天下有道，则士各勤其业，虽危言危行，其事亦不显。金人构难，非常之变，安可以盛世例之。

这段反驳显然针对"天下有道"，形势大好，学生只需搞好本职学习，不宜过问国家大事之类的昏话。而别有用心者更是抓住个别细节，颠倒是非，混淆黑白，邓之诚愤然驳斥道：

故论太学生，不当辨其事之是非，而当问其为处常处变，其言矜夸，人亦偶或荡佚失检，而其心未尝不可谅。以视徒居高位，谬为解事，甘心屈辱者，情志固有间矣，此其事所以足传也。

素称冷静的史家几乎拍案而起向当政者喊出了抗议，而"其事所以足传"的盖棺论定，更是对当时学生运动的讴歌礼赞。

五

　　黄现璠发现，"宋初太学诸生，号称繁多，顾亦未闻预闻政治"，而"其激于救国救民热情，而为政治活动者，自徽宗大观年间始"。这也说明，太学生并非天生就是热衷政治的社群，而是国家危难，政治黑暗，刺激他们的关注与行动。著者认为，徽宗朝以降，"金人、蒙古，相继南侵，权臣奸党，迭秉朝政。太学诸生，痛外侮日至，国事日非，乃相率伏阙上书，外抗强敌，内除奸贼。终南宋之世，作此举者，几于无年无之"。说"无年无之"，显然夸大其辞。从其书所附宋代太学生救国运动年表可以看出，有两个时段几乎没有太学生运动的史迹，一是宋高宗与秦桧联合专政的绍兴中期，二是宋孝宗乾道、淳熙时期（年表将乔嘉、朱有成等太学生论大臣何澹守制事系于"孝宗时"，实误，应在光宗时）。孝宗在位，明人称之为"乾淳之治"，政治相对清明，太学生也就没有必要"预闻政治"，这也反证太学生并非天生热衷政治的论断。而宋高宗与秦桧联手专政的十余年间，对异论与政敌的高压手段无所不用其极，遂使一向敢言的太学生也被头挂退而噤若寒蝉。由此可见，没有学生运动的历史年代，不外乎两者必居其一的可能：其一，确乎是政治清明、社会和谐的太平盛世，学生自然埋首读书，毋须关心政治。其二，在风平浪静的表象背面，是政治高压的空前加强，言论环境的全面恶化与国家元气的彻底斫伤。

　　《宋代太学生救国运动》已被公认为 20 世纪中国学运史研究的开山之作，邓序断言："予以为可以发聋振聩。"尽管黄现璠著书的年代早已远去，但倘若把宋代太学生运动与著者所说"复兴于现代"的大学生运动先后对读，抚今追昔，你即便未必"发聋振聩"，也一定会掩卷沉思。

"这回好个风流婿"

——科举社会的实物图证

　　科举制促成了士大夫官僚的崛起，这是唐宋社会变迁的主题之一。宋代奉行"取士不问家世""一切考诸试篇"的原则，向全社会各阶层开启了科考及第、出仕为官的门禁。诚如南宋戴表元所说："名卿士大夫，十有八九，出于场屋科举。"有人统计过文天祥为状元的宝祐四年（1256）那榜进士，来自平民家庭与出于官员家庭的人数比约为 7 比 3。倘将这一数据与范仲淹断齑画粥、欧阳修欧母画荻等经典故事相匹配，确实印证了贫寒之士由科举入仕而终成名臣的现实可能性，彰显出宋代科举的相对公平性，以致有学者把宋代称作"科举社会"。

　　自太祖朝起，宋代就实行解试、省试与殿试的三级考试制。士子先在地方解试中取得举人资格，再赴中央省试去考进士。省试录取后还有皇帝殿试环节，旨在将取士权收归人主，杜绝唐代那种座主考生的私门关系。惟其如此，宋代殿试虽流于程序，一干仪式却庄重荣耀，让中举进士亲身感受到皇恩浩荡。首先是唱名赐第，也称"传胪"，由司仪官在殿上从头名状元起依次高声唱名，传达至殿外听榜的省试考生。南宋杨万里有诗道：

> 殿上胪传第一声，殿前拭目万人惊。
>
> 名登龙虎黄金榜，人在烟霄白玉京。

诗人逼真渲染了状元郎被唱名时那种无与伦比的荣誉感与睥睨一世的超爽劲，与民间传诵的《神童诗》颇有异曲同工之妙："玉殿传金榜，君恩赐状头。英雄三百辈，随我步瀛洲。"也难怪鼎鼎名臣韩琦敢于轻忽嗤笑赫赫名将狄青："东华门外以状元唱出者才是好儿！"进士及第唱名之日，即脱下布衣，称为"释褐"，赐赏袍、笏，象征脱离了平民，踏上了仕途。接着，皇帝御赐新科进士簪花聚宴，表示祝贺。《钱塘遗事》说，登科及第有"五荣"："两觐天颜，一荣也；胪传天陛，二荣也；御宴赐花，都人叹美，三荣也；布衣而入，绿袍而出，四荣也；亲老有喜，足慰倚门之望，五荣也。"总之，即便平民子弟，通过寒窗苦读，一旦高中进士，也能跻身官僚队伍。科举制就这样对整个社会潜移默化起着价值导向作用，以致朱熹也拿孔圣人来调侃："居今之世，使孔子复生，也不免应举。"

然而，应举之路并不顺溜，连大词人柳永也屡战屡败，蹭蹬十余年而功名无望，大发牢骚："黄金榜上，偶失龙头望。明代暂遗贤，如何向？"据欧阳修说，解试通过率"百人取一人"。省试举人与录取进士的人数比，宋太宗朝算高的，也达65比1。可见"秉笔者如林，趋选者如云"，但三级考试一路闯关，最终蟾宫折桂的幸运儿，纵非万里挑一，却也相差不远。尽管科举考选绝非通途，但"朝为田舍郎，暮登天子堂"，寒素之家若想改换门楣，官宦之族倘欲世代簪缨，除去金榜题名，别无可行之路。

科举对社会的影响是全方位的，自然也包括婚姻和家庭。宋代进士地位大异于唐代，只要唱名及第，就能"释褐"授官，圆上民谚说的"有官便有妻，有妻便有钱，有钱便有田"的富贵梦。于是，科举制给择婿婚配也竖起了新标杆。无论官场，抑或民间，可以不那么在意门第，却极端看重新科进士的光环。为女择婿与金榜题名的挂钩方式，大体有三种类型。一是榜下择婿。这种方式类似货真价实的现货交易，相对放心踏实。王安石有诗云："却忆金明池上路，红裙争看绿衣郎。"苏轼也有诗说："囊空不办寻春马，眼乱行看择婿车。"说的都是每逢殿试发榜日，及第进士"释褐"穿上了绿官袍，达官富家争相出动"择婿车"，甚至带上女儿，赶去金明池物色新科进士，而金榜题名的进士也往往嘟瑟着待价而沽。二是榜前择婿。这种交易风险较大，类似当下股市上买潜力股，须有精准无误的预判力。北宋名臣杜衍少时"贫甚，佣书以自资"，富豪相里氏看好他，先嫁女儿给他，不久果然殿试唱名第四。三是榜前约定，榜后成婚。即事先约定：只有金榜及第，才能完婚成亲，否则婚约就不算数。这种方式既无榜前择婿的风险，又有榜下择婿的保证，似乎两全其美；却也往往生出悲欢离合等诸多变数，从而成为宋代以降小说戏曲的绝佳素材。三种形式中，以榜前约定榜后成婚最具喜感，即《神童诗》所谓"洞房花烛夜，金榜题名时"，也最符合中国人好事成双的情结。这种世俗心态，虽不乏文献史料可为佐证，但实物史料却寥若晨星而罕见传世。

2016年11月，浙江省博物馆"中兴纪胜：南宋风物观止"特展陈列的工艺美术品中有邵武市博物馆藏的银鎏金魁星盘盏与江西省博物馆藏新建出土的银鎏金魁星盘，形象展示了"金榜题名，洞房花烛"的民俗心态，弥足珍贵，值得一说。

关于工艺品的命名，盘、盏毋庸赘言，"银鎏金"指银质鎏金工艺，"魁星"是盘盏图案的主题。魁星即廿八星宿的奎星，后人附会它能主文运，科举制兴起后衍变为专主中举的星宿。据南宋方大琮《铁庵集》载，每到解试之年，朝廷颁下开科诏，他这支莆田族人就会祈福魁星堂与籍桂堂。魁星堂祭祀魁星，籍桂堂供列着包括方氏在内本地历榜登科名籍，都与科举有关。

据扬之水《奢华之色：宋元明金银器研究》卷三，邵武馆藏品乃一盘一盏的套具。盘为八角形，盘心为装饰性人物图，右下角錾有一士子赴考前与家中长者揖别，其侧有随行童仆；左上角有一女子在闺楼上俯看着作别场景。杯盏的身与足均呈八角形，盏身外壁八面各分三格，上下格都錾刻装饰性花纹，中格较大，打制出八幅连续画，表现盏心镌刻的《踏莎行》词意。新建出土品的盘心是安放杯盏的菱花形凸棱框（原配杯盏或已亡失），框外盘底则是图案。其右侧一树桂花盛开，隐喻"蟾宫折桂"；树前通衢上一行五人衔尾前来，前行一人捧着喜报；随后两人打旗，一旗上大书"天下状元"；状元骑马执鞭，末一人张伞盖紧随马后；左侧垂柳一带俨然楼居，楼上有女子凭窗眺望。这幅画只是将邵武盘底人物图与邵武盏上连续画聚集在同一画面上，表现的也是菱形框内錾刻的《踏莎行》词意。无独有偶，这首《踏莎行》与邵武盏心的那首词既是同一词牌，文字也大同小异。兹据新建那首为本，校以邵武那首：

足蹑云梯，手攀仙桂，姓名高挂登科记。马前喝道［到］状元来，金鞍玉勒成行缀［对］。

宴罢琼林，醉游花市，此时方显平生志［至］。修书速报凤楼人，这回好个风流婿。

相对说来，新建那首文字准确度较高，邵武那首则有错别字。"行缀"指舞队行列，文意虽不及"行对"准确，但也说得通。这种文字上的错讹，一方面表明打造工匠的识字有限，一方面却透露出这首词在世俗民间的喜闻乐见。

全词意思通俗，一目了然。"足蹑云梯，手攀仙桂"，显然是蟾宫折桂典故的白话化。"姓名高挂登科记",无非是金榜题名换一种说法。"登科记"始自唐代,宋代也叫"登科录"或"同年录",是唱名及第后编印的同榜进士名录,现有《绍兴十八年同年小录》与《宝祐四年登科录》传世。"马前喝道状元来,金鞍玉勒成行对",摹绘出状元跨马赴期集所(也叫状元局)途中的气派。自宋真宗起,特诏状元"给金吾卫士七人清道","许出两对引喝"。《武林旧事》记录有新科状元率同榜进士赴期集所时万众空巷的盛况:

> 骏马快行,各持敕黄于前。黄旗杂沓,多至数十百面,各书诗句于上。……自东华门至期集所,豪家贵邸,竞列彩幕纵观,其有少年未有室家者,亦往往于此择婿焉。

"马前喝道"是状元特有的宠遇,"余止双控马首",即第二名以下者只有随从在两边掌控马笼头。成双作对的金鞍玉勒逶迤前行,进士队伍让"庶士倾羡,欢动都邑"。

自宋太宗起,每朝皇帝无不御赐新进士会宴琼林苑,席上还御赐簪花,琼林宴遂为不可或缺的"登科五荣"之一。据《钱塘遗事》载,琼林宴毕,进士"退皆簪花乘马而归,都人皆避,以赴御宴回也"。由于放榜例在春日,正是繁花似锦之时,《踏莎行》说"宴罢琼林,醉游花市,此时方显平生志",勾画的正是状元与进士们在琼林宴后"春风得意马蹄疾,一日看尽长安花"的场景。

"修书速报凤楼人,这回好个风流婿",无疑是两件工艺品画面聚焦的主题。唐代金榜题名,例以金花帖子通报及第进士家。宋代一般用于解试中举的场合,但民间仍应保留金榜题名"修书报捷"的风俗,目的同样"一可以还前古之风流,二可以为乡党之美观,三可以杜捷子之纷扰"。"捷子"指私自报捷人,他们无非希图报捷讨赏。"凤楼人"指闺中人,邵武盏上与新建盘中都刻画她在楼头远眺,翘首等待未婚夫或夫婿送来及第的捷报。仅凭词意与画面，很难断定这位"凤楼人"究竟榜前择婿，还是榜前约婚，留下了让人想象的艺术空间。若是前者，南宋倒也有动人的故事。婺州举子刘鼎臣将赴行在临安省试，妻子执手送别时赠以自制彩花一枝，并附上自作词云：

> 金屋无人夜剪缯，宝钗翻过齿痕轻。
> 临行执手殷勤送，衬与萧郎两鬓青。
> 听嘱付，好看承，千金不抵此时情。
> 明年宴罢琼林晚，酒面微红相映明。

这首《鹧鸪天》抓住少妇拿着彩花在夫君鬓边比试的分袂场面，千言万语说不尽离别之情，千叮万嘱这彩花是让你金榜及第后簪戴的，且待明年迎来宴罢琼林簪花归里的夫君，也不枉独守闺房的一片深情了。

然而，倘若细品《踏莎行》的两句词意，似乎后者可能性更大，喜剧感也更强。榜前约婚，经过望眼欲穿的煎熬等待，今天终于梦想成真。"修书速报凤楼人，这回好个风流婿"，妙就妙在用来刻画任何一方的心态都称得上贴切入微。可以是状元郎一方"修书速报"，不无自得地让报信者先去告知"凤楼人"，我这回可是货真价实的"风流婿"！也可以理解为"凤楼人"的"倚门之望"，企盼状元郎高中后，千万莫忘"修书速报"我这"凤楼人"，哎——这下你可真个成为我的"风流婿"啦！

笔者遍查中华书局版《全宋词》及其《补辑》有名姓与无名氏的作者名下，均未见收录这首《踏莎行》，复蒙《文汇学人》编辑搜"中华经典古籍库"告知，在《全宋词》附录《元明小说话本中依托宋人词》里录有雷同之作。此词先后见于《清平山堂话本·简帖和尚》与《古今小说·赵伯昇茶肆遇仁宗》，分别托名主人公宇文绶与赵伯昇金榜题名后所作。唯"宴罢琼林"，两篇话本俱作"宴罢归来"；"醉游花市"，《简帖和尚》作"恣游花市"，而《赵伯昇》作"醉游街市"。据小说戏曲史家许政扬说，《简帖和尚》"文学史家公认为宋代话本"；而曲艺史家陈汝衡的《宋代说书史》也将《赵伯昇》定为宋元话本。合理的解释是，这首所谓"元明小说话本"的假托之作，确是宋代众口流传的民间词佚作，所以才被书会才人趁手编入话本。这一推断，可以拉南宋宝祐元年（1253）榜状元姚勉出来作证。他的《雪坡集》收入及第后所作《贺新郎》，有小序说：

> 尝不喜旧词所谓"宴罢琼林，醉游花市，此时方显男儿志"，以为男儿之志岂止在"醉游花市"而已哉！

所引旧词之句正与上引《踏莎行》吻合，有力印证了这首词风行一时，故而这位新状元也谙记在心。当然，他在词序里明确表示不全同意这首词的价值观：

> 此说殊未然也，必志于致君泽民而后可，尝欲作数语易之而未暇。癸丑叨忝误恩，方圆前话，以为他日魁天下者之劝，非敢自衒也。夫以天子之所亲擢，苍生之所属望，当如之何而后可以无负之哉。友人潘月崖首求某书之，是其志亦不在彼而在于此矣。故书不敢辞。

姚勉认为，金榜题名，释褐为官，应该有志于"致君泽民"，念念不忘"苍生之所属望，当如之何而后可以无负之"，不能一味在显摆与荣耀中自我陶醉。姚勉秉承了"为生民立命"的宋儒思想，出仕后也难能地维持了士大夫官僚的正面形象。姚勉的《贺新郎·及第作》也描写了殿试唱榜到前往状元局的全过程，可与前引《踏莎行》对证比较：

月转宫墙曲。六更残、钥鱼声亮，纷纷袍鹄。黼座临轩清跸奏，天仗缀行森肃。望五色、云浮黄屋。三策忠嘉亲赐擢，动龙颜、人立班头玉。胪首唱，众心服。

殿头赐宴宫花簇，写新诗、金笺竞进，绣床争簇。御渥新沾催进谢，一点恩袍先绿。归袖惹、天香芬馥。玉勒金鞯迎夹路，九街人、尽道苍生福。争拥入，状元局。

如果说，姚勉状元词里的"九街人，尽道苍生福"慨然自许地揭明了士大夫精英的价值观念，那么邵武盏与新建盘上状元词里的"这回好个风流婿"则形象直白地投射出普通民众的思想心态。金克木认为，思想史有两套，"一套是书本里的名家著作"，"另一套是书本里没有专著的普通人的思想"，他呼吁在关注著作家的思想史同时，尤应发掘普通人的思想史，然后"希望有人能把两套合一来研究并写作中国哲学史或思想史"。两件工艺品上錾刻的状元及第报信归里的画面与那首广为流播的民间词，正是南宋普通人在科举及第上思想心态的真实折光。

也说"读书种子"

　　《笔会》2008 年 2 月 4 日刊登马斗全先生的《何为"读书种子"》一文，是一篇启迪人的好文章。不过，作者以为，"读书种子，今见之早者，出于南宋人笔下"，接着引南宋罗大经《鹤林玉露》为证，再引宋元之际周密《齐东野语·书种文种》来解释罗大经之说。然而，就在他所引周密文里，就明确交代：

　　　　山谷云："四民皆坐世业，士大夫家子弟，能知忠信孝友，斯可矣！然不可令读书种子断绝，有才气者出，便当名世矣！"

　　山谷是北宋文学家、书法家黄庭坚的号，因而"读书种子"一词的著作权应该归他，而不是南宋罗大经。黄庭坚这段文字并非始见于《鹤林玉露》，在他的《山谷别集》卷六《杂著》里就有全文，篇题为《戒读书》。文末还保存了《别集》的编者注："有刻石。"也就是说，当时有根据黄山谷手迹摹刻的刻石。实际上，比罗大经略早的赵善璙在其笔记《自警编》里，与周密同时的黄震在其读书札记《黄氏日钞》里，也都分别全录或节抄了这段文章，表明他们与周密同样认为，黄山谷才拥有"读书种子"一词的原创权。

"读书种子"一词在当时算得上是流行语，黄庭坚当然有提炼概括之功，但要让大伙儿认同，还得有流行的氛围，这与宋代重文的政策与崇文的风尚是分不开的。宋太祖以一介武夫立国，本人虽"略逊风骚"，却深知文化的重要。乾德三年（965），北宋打下后蜀，送上来的战利品中竟有刻着"乾德四年铸"的铜镜。宋太祖大惑不解，翰林学士窦仪说："前蜀王衍也用过这年号，一定是那时铸的。"于是，宋太祖感慨："宰相须用读书人。"也许，这一声由衷的感叹，奠定了赵宋三百年的重文国策，造就了一片孕育读书种子的沃土，终于让"华夏民族之文化，历数千载之演进，造极于赵宋之世"。（陈寅恪语）

话题扯大了，仍回到"读书种子"上。与罗大经同时代有一个杨耻斋，他的先人留下了号为"梅楼"的读书楼，绕楼都是"千年老干如苍虬"的梅花，友人陈鉴之意味深长地赋诗告诫他，"汲泉不是灌梅花，培养君家读书种"，而"梅护群书俗尘绝，书对梅梢滋味别"，才是读书种子追求的境界。说到底，所谓"读书种子"，就是传统文化强调的"诗书传家"。这种读书，不以功利为第一念想，只是一种对人格的不断完善，对素质的自我提升，对文化的内在渴求。在宋代，未必一定要金榜题名，考个状元回来；在现代，也未必刻意一定与什么大奖挂上钩。

在一首欢迎地方教育最高长官的诗里，南宋诗人刘黻点出了教育与读书种子的关系：

> 衿珮欢迎师帅来，读书种子赖栽培。
> 他年济济云霄路，谁信清朝叹乏才。

他的观点很清楚：一个清明的时代，需要大批的人才；只有重视教育，抓好教育，才能为栽培读书种子开一方净土；而读书种子播撒得越广泛，未来的时代才越会人才济济。在宋代，即便小到一个士大夫家庭，培养读书种子的意识都是很自觉、很强烈的。晚宋宰相马廷鸾退官后，看到先人教学生的"课历"（教学计划），感慨说："人生家计厚薄，自系时命，但不可令断读书种子耳！"他决心先从自己做起，"读书课子，愈老愈勤"。他以读书种子的意识让自己的九个儿子读书，当时未必有什么功利目的。但后来，在他的儿子中却"有才气者出"，出了一个大史学家，他就是《文献通考》的作者马端临。

与马端临同时代有个学者叫王柏，是朱熹的三传弟子。他有一段写给儿子的话，也讨论读书种子问题："苟一意于利，则读书种子断绝，流为俗人。利固不足恃，而身日危矣。"他认为：读书不能过分执着于功利，那样就会沦为俗人，也就不足以称为"读书种子"。总而言之，"读书种子"，是指那些发自内心酷爱读书的人。不是说你在读书，你就是"读书种子"。倘若只是为了富贵名利，为了考状元，为了拿大奖，再悬梁刺股地苦读书，也只是"禄蠹书虫"。"禄蠹书虫"也可能一时成为人才，但与"读书种子"相比，总少那么一种气韵。

现在，急功近利的"禄蠹书虫"不愁绝种，而"读书种子"所赖以生存的绿地，恐怕是要花些力气来保留的。

给《梦溪笔谈》的评价泼点冷水

一

毫无疑问，沈括是宋代科学最具代表性的人物，《梦溪笔谈》（下称《笔谈》）是他的代表作。科学史家李约瑟对其书评价最高，盛赞为"中国科学史的里程碑"。此论一出，几乎所有研究中国科技史的论著，不仅在涉及沈括时引为定论，而且对其"里程碑"的地位大作过度诠释，颇有夸大拔高之嫌。这里，试从历史文献学的角度提点异议，给《笔谈》的评价唱点反调。

《笔谈》是一部笔记，在古典目录学里始终属于子部，在宋元书目中归为子部小说家类，《四库全书》划入子部杂家类。刘叶秋先生的《历代笔记概述》把中国古代笔记分为三类，即小说故事类、历史琐闻类与考据辨证类，他把《笔谈》归入考据辨证类笔记（实际上《笔谈》也有历史琐闻类的内容）。在古典目录学里，符合现代意义上的科学著作的门类有子部的农家类、医家类和天文算法类。《笔谈》虽然也有这些学科的内容，但因不是某一专科的著作，归入杂家类还是相宜的。这并不是说，传统目录学的子部杂家类不能成为现代意义上科学著作的厕身之处。问题在于，其一，沈括在写作《笔谈》的当口，是否有一种撰写科学著作的自觉意识？其二，这部内容庞杂的《笔谈》，是否具有科学著作的体制？其三，《笔谈》里大量的科技史料，能否说明它就是一部规范的科学著述？

二

先来看第一个问题。沈括在《笔谈》自序里说："所录唯山间木荫，率意谈噱，不系人之利害者；下至闾巷之言，靡所不有；亦有得于传闻者，其间不能无缺谬。"其中"谈噱"二字，尤其值得注意。这表明，沈括的写作目的与众多宋代笔记的作者一样，无非是博记杂识，以为当时与后世的"谈噱"。这种"谈噱"式的著述动机，是宋代笔记的普遍倾向，士大夫脱离仕宦，悠游林下，便追忆平生经历见闻，笔之于书，成为一种风气与时尚。我们可以随手从王辟之所著的《渑水燕谈录》中，找到与《笔谈》写作宗旨相似的序言（类似序言不遑列举，在宋代笔记里随处可见），佐证当时盛行这种以"谈噱"为目的的笔记写作之风："今且老矣，仕不出乎州县，身不脱乎饥寒，不得与闻朝廷之论、史官所书；闲接贤士大夫谈议，有可取者，辄记之，久而得三百六十余事，私编之为十卷，蓄之中囊，以为南亩北窗、倚杖鼓腹之资，且用消阻志、遣余年耳。""南亩北窗、倚杖鼓腹之资"，正是沈括所谓的"谈噱"。王辟之的序成于绍圣二年（1095），正是沈括逝世那年。两下比较，不难发现，沈括与王辟之在撰写笔记的目的、动机上并无二致。也就是说，《笔谈》与当时其他博闻考证类笔记相比，并没有本质的区别。

确实，在西方科学观念东渐以前，人们无不从掌故考据的角度去释读《笔谈》的。例如，南宋扬州州学本汤修年的跋语说："《笔谈》所纪，皆祖宗盛时典故、卿相太平事业，及前世制作之美。虽目见耳闻者，皆有补于世。"元代东山书院本陈仁子的跋语也说："辩讹正谬，纂录详核，闻未闻，见未见，融之可以润笔端，采之可以裨信史。"类似宋元学人对《笔谈》解读的表述，在明清书目题跋中也不胜枚举。这种对文本的释读，与沈括自序里的定位，与《笔谈》作为个体在宋代博闻考证类笔记整体中的关系，是完全相吻合的。也就是说，沈括当时缺少一种自觉意识，并没有把《笔谈》当作一部科学著作来写。因而它虽然素有"两宋说部之冠"的美誉，但其本人乃至近代以前学者都只是把它视为一部普通的博闻考证类笔记。

三

再来看第二个问题。相对而言，在宋代笔记中，《笔谈》的体例还算是比较严整的。全书分为十七类：故事、辩证、乐律、象数、人事、官政、权智、艺文、书画、技艺、器用、神奇、异事、谬误、讥谑、杂志、药议。其中虽也有些门类与科技关系较密切，但整个分类并不是着眼于科学学科，纯粹是从博闻谈助的角度作出的。不妨还是举《渑水燕谈录》作为对照。此书也分为十七类：帝德、谠论、名臣、知人、奇节、忠孝、才识、高逸、官制、贡举、文儒、先兆、歌咏、书画、事志、杂录、谈谑，其中多数门类与《笔谈》的分类构成对应或通融的关系。例如，"书画"是两书共有的，"故事"与"事志"、"讥谑"与"谈谑"、"杂志"与"杂录"，也一一对应，沈书的"人事"包举了王书的"帝德、谠论、名臣、奇节、忠孝、高逸"等门类，"官政"涵盖了"官制"与"贡举"，"权智"包含了"知人"与"才识"，"艺文"兼容了"文儒"与"歌咏"，"神奇""异事"相当于"先兆"。当然，《笔谈》的少数类别，例如辩证、乐律、象数、技艺、器用、谬误、药议，在《渑水燕谈录》中缺少对应门类。这些门类的出入，主要是两部笔记的关注点有所参差，而不是《笔谈》与其他笔记在著述体制上有根本的不同。

如果再看南宋前期吴曾的《能改斋漫录》，其十三个门类分别是事始、辨误、事实、沿袭、地理、议论、记诗、记事、记文、类对、方物、乐府、神仙鬼怪。其中《漫录》的"事始""记事"分别与《笔谈》的"故事""人事"，《漫录》的"记诗""记文""类对""乐府"与《笔谈》的"艺文"，构成相互对应或通融的类别；而《漫录》的"辨误""事实"与《笔谈》的"谬误""辨证"所分别构成的对应关系，恰好填补了《渑水燕谈录》与《笔谈》类别上的缺门。至于《漫录》所关注的"地理""方物"等类别，反而是《笔谈》所欠缺的。由此可见，由于关注点不同，不同笔记在门类区分上有所出入，在宋代是不足为奇的。这也说明，《笔谈》在著述体制上，与宋代其他史料考证类笔记并没有根本的不同。

不妨再以南宋数学家秦九韶的《数书九章》来做一比较。《数书九章》全书共列 81 题，分为九章，各章讨论的问题依次是大衍、天时、田域、测望、赋役、钱谷、营建、军旅、市易。其中，大衍类讨论大衍求一术，即一次同余式组问题，这在当时数学界是人所共知的，而其他各章讨论的对象也无不是顾名思义而一目了然的。秦九韶自觉遵循中国数学的应用性特点，继承自《九章算术》以来传统数学的著述体制，其序言自称："早岁侍亲中都，因得访习于太史，又尝从隐君子受数学。……乃肆意其间，旁诹方能，探索杳眇，粗若有得焉。所谓通神明，顺性命，固肤末于见；若其小者，窃尝设为问答，以拟于用，积多而惜其弃，因取八十一题，厘为九类，立术节具草，间以图发之，恐或可备博学多识君子之余观。"两相比较，沈括在撰著《笔谈》时，相对秦九韶著《数书九章》而言，在结构体制上明显缺乏一种科学家对著述规范的自觉意识。

四

接着看第三个问题。无可否认，《笔谈》包含了大量科学技术的史料。李约瑟根据统计指出，"科学内容占全书篇幅一半以上"，如把人文科学也算入，"广义地说，科学几占全书的五分之三"。金良年先生也有一个统计，附于胡道静先生《梦溪笔谈校证》之末。据后一统计，《梦溪笔谈》《补笔谈》与《续笔谈》共 609 条，其中自然科学有 189 条，约占全书的 31% 左右。两个统计的出入很大，显然与统计者的个人判断有关。前者出于对中华文明的热爱，对条目内容与科学关系定得比较宽泛；相对说来，后者的标准则比较客观与精准。这就说明，即便同样以现代科学的观念去释读同一文本的科学技术内容，也会因人而异。因而，包括李约瑟在内的各种释读是否切合《笔谈》的实际，是大可斟酌的。不过，即以后一统计而论，《笔谈》所涉及的科学内容之丰富，不仅在宋代笔记中，即便历代笔记中也是首屈一指的。其中既有著者对科学技术诸问题的敏锐观察、精确实验与理性思考，还保存了当时科学技术的具体史料，例如毕昇的活字印刷术、喻皓的《木经》，河工高超的合龙门技术，都因该书而得以传世。

然而，《笔谈》保存了丰富的科技史料，并不足以说明它是一部自觉的科学著作。倘若全面披检《梦溪笔谈校证》，胡道静先生的校证已经有力证明：沈括所涉及的那些科技条目的内容，十有七八，宋代其他同类笔记也有过详略不一、正误或异的记载。所不同的是，其他笔记在科学内容的密集程度上远比《笔谈》稀薄，在科学内容的准确程度上远比《笔谈》逊色，如此而已。前者只是量的差别，这与笔记作者各自不同的关注兴奋点有关。正如《宋史》本传指出，沈括因"于天文、方志、律历、音乐、医药、卜算，无所不通"，关注的兴奋点便自然与众不同，保存的科技史料也就较其他笔记远为密集。至于《笔谈》在科学内容描述分析上的准确度与科学性，与沈括的个人科学素质密切相关，而这才是《笔谈》高出其他同类笔记的所在。尽管如此，沈括在记述这些科学内容时的根本态度，仍出于"谈噱"的考虑。不过，因兴趣所在，见识高明，《笔谈》所谈科学内容在量上较多、质上最优而已。但这并不能改变《笔谈》作为"谈噱"类笔记的基本性质。

<h1 style="text-align:center">五</h1>

总之，沈括完全采用两宋笔记的传统体制，著述宗旨也只是"谈噱"，与其他以资谈助的宋代笔记没有形式与内容上的本质区别。因而，对李约瑟关于《笔谈》的经典性评价，国人完全不必过于陶醉。因为在这一评价里，明显有着李约瑟对《笔谈》在文本上的某种创造性的重构，这种重构固然有其现代科学的知识背景，同时也有他对中国文明的钟情和偏爱。

但是，诠释学有一个重要原则，即个别部分要根据它与整体和他其他部分的关系来把握。《笔谈》中的科技史料部分，也应作如是观。比较起来，还是宋史学者张家驹先生的评价中肯些：《笔谈》由于"采用笔记体裁，以至他的科学成就，受到许多限制。人们阅读这书，所得到的知识，多是一些零星的片段，而不是系统的完整的学说"。《笔谈》在保存沈括与他同时代的科技史料上确有珍贵的价值，无视其地位自然不对，不切实际的过分拔高也是完全不必要的。

《清平乐》中的大宋风情

——答《南都文化》与《楚天都市报》

庙堂戏还是宫斗戏

问： 讲述北宋仁宗朝故事的电视剧《清平乐》正在热播，您是否也在追看这部剧？对它有什么整体的评价？

虞云国： 宋代是一个相对理性的时代，史书很少记有汉唐明清那种一般影视热衷的宫廷故事。《少年包青天》之类系列古装戏，那纯粹是戏说。这次《清平乐》刚开播两天，大概反响不俗，就有媒体希望采访，我赶紧追着补看，感到有一定的可看性，也就追到现在。电视剧制作下了一番功夫，就描写社会风俗与市井风光而言，尽管某些器物陈设还有待斟酌之处，总体上是成功的，既能引起一般观众的欣赏情趣，较之历史记载也有较高的征信度。我的整体评价是前半部分还不错。

当然，电视剧也不能免俗，把后宫的宫斗戏与廷前的庙堂戏糅合在一起，既指望借宫斗戏吸引一般观众的追剧趣味，又试图以庙堂戏寄托某些有意义的思考。这部连续剧的后宫部分，曹皇后与张美人、苗美人等妃嫔，还有张茂则、任守忠等宦者，《宋史》虽有其人，但大部分情节都出于虚构，这也能理解。而庙堂戏部分，尽管出于艺术构思的需要，在细节或年代上或有调整与挪移，但诸多名臣的议论文章与活动轨迹与历史记载都有较高的契合度，这让《清平乐》有别于俗套的戏说，力图兼容更丰富的思想内涵，这些都值得肯定。但庆历新政的高潮一过，电视剧却似乎滑向宫闱斗争与畸恋的窠臼，让人感到编导在庙堂戏与宫斗戏分寸拿捏上还是有点进退失据。

问：《清平乐》中宋仁宗嫡母刘娥，最终还是为去世后的李宸妃厚葬，刘娥的"桥段"常常在影视剧中出现，她就是过去很多影视剧中"狸猫换太子"故事的主角吗？为什么会有"狸猫换太子"这种说法流传下来？

虞云国：《清平乐》里刘皇后与李宸妃的关系，与历史记载大致吻合。刘皇后之所以厚葬李宸妃，吕夷简的劝谏起了很大的作用。这段后妃故事在整个宋史里算是最具戏剧性的，元代即有无名氏著《抱妆盒》杂剧，较早敷演了这一桥段，基本结构也为明清戏曲与小说所沿袭，但仅虚构刘皇后为了固宠而下令杀害李氏之子，婴儿最终由八大王抚养成人，即后来的宋仁宗。至于狸猫换太子的八卦，迟至清代道光年间据说唱本整理的《龙图耳录》才最后成型，而后进入京剧与其他剧种。对刘皇后形象的这种污名化，究其原因，既是民间戏剧为吸人眼球进行的艺术虚构，也是传统意识未能脱出宠后乱政窠臼的表现。就那段宋史而言，刘皇后是起了积极作用的历史人物。

再现商业繁盛的东京

问：怎么理解这部剧开头便涉及的"坊市"弊端与宋仁宗和韩琦主张的"坊市"改革？它对宋代的市镇商业发展起到了什么作用？

虞云国：《清平乐》里将"坊市制"改革为"厢坊制"都归功于宋仁宗采纳韩琦的主张，这是箭垛式的艺术虚构。实际上，这是中唐以来城市格局伴随城市经济长足发展而逐渐变化的长过程。唐代大中城市中，居民住宅区的"坊"和商业交易区的"市"在空间上完全隔离，夜间实行宵禁。进入宋代，"坊市之中，邸店有限，工商外至，络绎无穷"，外来人口不断向城市及其外围集结，坊市封闭性结构再也不能适应城市发展的形势。现实的需求推动着城市的变化：一方面坊区街道两旁陆续试探性地开出了店铺，宋太宗时东京已出现这些店铺侵街的现象；另一方面，城外或城郭附近居民聚居越来越多而形成新城，宋太宗晚年已在"坊"之上开始设立"厢"，作为管理附郭新居民区的新名称。总之，唐宋之际，城市结构从坊市制过渡到厢坊制，从坊市分隔到临街开店，是经历反复拉锯的漫长过程。电视剧将其归美于宋仁宗与韩琦的一次性"改革"，并不完全符合历史的细节真实，但厢坊制在宋仁宗时已基本成型却是毫无疑问的。

厢坊制推倒了坊市制坚固的坊墙，对城市经济与市民文化的影响是深刻而全面的。首先，传统城市从相对单一的行政性城市向相对多元的复合性城市过渡，随着商业活动与商业成分在城市占比中日渐增强，都城与其他大中城市真正成为全国性与区域性的经济中心，初步编织起从都城到州县再到镇市的商品经济网络。其次，这一格局有力推动了城市商业的行业细分化，而商业细分化反过来又助推了手工业进步。再次，随着城市经济的不断发展，孕育出自具特色的市民阶层，而商品活动的频繁速率，进一步加剧了为数可观的流动人口，这些都构成了市民文化的社会基础，比如瓦舍勾栏正是迎合市民文化消费的新兴载体，这类文化消费转过来又影响到相关商业与手工业的发展与转型（例如印刷业与图书销售业，等等）。

问：《清平乐》精致地再现了北宋人的衣食住行，东京都城的商业繁华。在《清平乐》里，矾楼是王公大臣经常宴饮的地方，当矾楼经营不善而面临倒闭，宋仁宗亲自过问，派遣张茂则注资挽救。你在《水浒寻宋》里也专门写到"樊楼"一章。请讲讲"矾楼"（樊楼）在宋代的市井文化和市场经济中是一个怎样的所在？为什么仁宗对其如此重视？

虞云国： 矾楼所在，原先应是东京白矾贸易的集散点，可能原是矾行附设的酒楼，也可能后来在此盖了酒楼，故称矾楼，也唤白矾楼，后讹传为"樊楼"，也许"矾"字不雅。矾楼位居黄金地段，紧挨着皇城大内的东华门，宋真宗时就闻名遐迩，名人雅士经常出入其间，堪称东京地标性建筑之一。据宋代档案，其经营最佳时，每年销售官酒至五万斤，上缴国家酒税相当可观。后来新店主经营不善，不仅大亏其本，最后还濒临破产。历史记载，天圣五年（1027），由于影响到国家的酒税收益，朝廷确实通过行政命令，允诺新承包者只要上缴矾楼年销五万斤的原酒税额，就可划拨给它三千家京城的小酒店（即脚店）作为连锁店，但其时还是刘太后垂帘，宋仁宗尚未亲政，电视剧说仁宗让张茂则注资等等，当然是虚构。但立足商业经济考量，却可以看到，一是樊楼俨然已是东京酒楼业的龙头老大，这种每一商卖行业领头羊的出现，也从另一侧面说明商品经济渐趋繁盛。二是宋代对酒与盐、茶、矾等都实行国家专卖制，但国家只授予商户许可权证与指配额度，然后仅按额征税而已，具体经营仍归私家。而酒类经营就出现了所谓正店与脚店的上下连锁关系，《水浒寻宋》里有一篇《酒望子》，生动有趣地描述了这种关系。三是宋代商业管理主要通过税收手段，商税在国家总收入中所占比重日渐提高，达到 20% 以上，天圣年间朝廷出面关切樊楼经营与酒税收入的互动关系，正折射出这种经济动向。

至于樊楼与宋代市井文化关系，《水浒寻宋·樊楼》颇有提及。其一，北宋都城著名酒楼虽然不少，但"构成东京餐饮业地标的，还得算是樊楼"，其经营风格、环境布置几乎成为宋代酒楼业的样板。其二，当时达官名人出入会饮其间，留下了不少文人雅事的吉光片羽，成为市井文化的八卦谈资。其三，南宋以后的文艺作品也往往借用樊楼作为最称典型的历史场景，好几篇传世的宋人话本与《水浒传》里都有相关记载。

问：刚才说到东京还有一个重要的娱乐场所是"勾栏瓦舍"，你在《水浒寻宋》里称它为"综合性游艺中心"。《清平乐》和《水浒传》里所呈现的勾栏瓦舍可有不同？历史上，勾栏瓦舍里发生的哪些轶事特别值得一提？

虞云国：严格说，瓦舍才是集商业餐饮与文艺娱乐于一体的综合性游艺消费中心，有点类似老北京的天桥与老上海的大世界（但我小时去大世界，只收大门票，进场如果不买吃的玩的，只看各家演出不再收费）；勾栏只是附设在瓦舍之内专供演艺的封闭性场所，类似专门剧场。一座瓦子至少得有一座勾栏，多者可达几座甚至十余座，进瓦舍不收费，餐饮、求卦、博戏，进勾栏看演出之类，才另需付费。而勾栏就是用围栏或布幔将演出场所围起来，方便管理与收费。《清平乐》里韩琦安排宋仁宗在勾栏里看傀儡戏，在表现勾栏的封闭性上似乎还有欠缺。《水浒传》描写雷横进郓城勾栏看白秀英演出的场景则更加准确，行文先是点明"只见门首"如何，再交代"入到里面"如何，说明了这种封闭性。勾栏里是专门演出，具有商业化、专业化与大众化等倾向。在宋代，不仅都城东京，一般州府，乃至县城都有瓦舍勾栏存在，成为市民文艺蓬勃兴起的标志之一。

瓦舍勾栏里轶事很多，比如说，南宋临安北瓦十三座勾栏里有两座"专说史书"，一座名为"小张四郎勾栏"，小张四郎一辈子只在这里"说话"，大概是中国最早的专业驻场演员吧。《清平乐》里皇帝进勾栏看戏，也是艺术虚构，但南宋宫廷确实动用出资雇用或轮番调演等方式，将临安勾栏演员召入大内，为帝后嫔妃们专场演出，个别有这番经历的勾栏演员，在其后的勾栏广告上便往往打出"御前"的幌子，自重身价，吸人眼球。

仁宗朝为何"钜公辈出"?

问：*晏殊、苏舜钦、欧阳修、范仲淹、蔡襄、崔白……仁宗朝才子名士辈出，是什么造就了这种文化上群星璀璨的局面？仁宗朝是否可算是"文人治国"的典范？*

虞云国：宋仁宗在位堪称宋朝历史上人才辈出、群星璀璨的黄金时代。我在《细说宋朝·宋仁宗与他的名臣们》里曾开列出包括政治、军事、经济、文学、艺术、思想、学术与科技诸多领域里的第一流人物名单，洋洋大观，有近百位之多，有兴趣者不妨查阅。这些杰出人物或活跃在仁宗朝，或成长于仁宗时代。诚如苏轼指出："仁宗之世，号为多士，三世子孙，赖以为用。"所谓三世指仁宗以后"三世"，即英宗、神宗、哲宗与徽宗。明代李贽甚至以为，仁宗朝"钜公辈出，尤千载一时也"，评价确实够高的。

这一局面形成，原因是多方面的。首先，从大背景说，唐宋之际的社会转型导致门阀士族彻底退出历史舞台，非身份性的庶族地主成为统治阶级的主体；科举制经过北宋前期的完善，体现了"取士不问家世"与"一切考诸试篇"的相对公平原则，不仅成为官员选拔的主要来源，而且促成了新兴士大夫阶层的崛起。宋太祖与宋太宗确立的"崇文抑武"基本国策，宋仁宗时期景祐兴学与庆历兴学，也都有利于杰出人才的脱颖而出。仁宗朝那些璀璨群星，几乎都是科考取士的成功者。其次，及至宋仁宗即位，北宋已经历了近百年的社会相对安定与经济持续发展，这些都是群星璀璨局面之所以出现的必要前提与坚实基础。不妨说，宋仁宗时期人才辈出，群星璀璨，某种程度上正是享受北宋前期社会经济发展与崇文兴教国策的既有红利。最后，在君主集权体制下君主所起的主导性作用也是绝对不容忽视的。这就有必要说说宋仁宗其人。《宋史》本纪说他"恭俭仁恕，出于天性"，这种个性决定了仁宗朝宽容仁厚的施政特点。我们常说，君主制可以看成家长制的放大。在雄才大略的君主之下，必定是才俊如云；但有时候也往往发现，在一个平易而宽厚的家长保护下，子弟倒也颇有出息。宋仁宗"恭俭仁恕"的天性决定了他不可能成为一代英主，但仁宗一朝却人才济济，层出不穷，应该就属于后一种情况。宋仁宗时代，不仅有宋一朝，即便整个中国帝制时代，都可以说是政治生态最宽松的时期；不仅台谏官，其他官僚士大夫也都能享受到前所未有的言论相对自由。这种政治生态与时代氛围，对各种人才的自由发展，都是不容低估的。

问及宋仁宗朝是否可算"文人治国"的典范，宋史学界一般将这一格局称为"皇帝与士大夫共治天下"。对此，应该把握三点，一是前述士大夫精英阶层的崛起构筑了这一局面的阶级基础；二是以新儒学为主体的宋学成为他们安身立命的主体意识（范仲淹的"以天下为己任"可为代表）；三是君主官僚政体经长期发展与完善，初步确立了皇帝君权、宰执行政权与台谏监察权之间相对制衡的中枢权力格局。据此而言，"共治"天下的政治格局在仁宗朝确已进入最佳运营状态，这是因为在相对制约的权力格局中，基本满足了明君、贤相、真台谏的充要条件，这在《清平乐》的庙堂戏里也有所表现。

然而，应该看到，这种局面却是不稳定的。这是因为，在君主集权体制下，君权的至高无上性仍没能在上述权力相对制约的既有框架下受到完全的制度约束，而仅仅企望于君主自身的自觉或贤明，以便其主动接受来自宰执行政权与言官监察权的制约；但一旦君主缺乏自觉或不再贤明，其拥有的至高君权仍足以颠覆这种"共治"格局，让士大夫官僚再度成为专制君权的附庸。宋仁宗朝虽未出现这种颠覆性局面，但漏洞与端倪仍不难发现（例如，《清平乐》里任性废黜郭皇后，过度宠幸张贵妃，等等），但在其后宋徽宗朝却不幸成为现实。所以看《清平乐》，一方面不妨对宋仁宗作出必要的肯定性评价，另一方面也不必把这种"共治"局面进行过度理想化的诠释，更不能跌入翘首企盼"好皇帝"的思想误区。

问：许多人评价宋仁宗是一个较为平庸的君王，说他"百事不会，只会做官家"，然而他在位的四十二年，却打造了历史上的"仁宗盛治"。该如何评价宋仁宗其人及其是非功过？

虞云国：宋仁宗是宋朝在位年代最长的皇帝。如果问，宋朝哪个皇帝在位时达到宋代君主官僚政体的最佳状态，无疑就是宋仁宗。在中国皇帝中，宋仁宗本人没有太多的故事，平庸虽说不上，但他既不是奋发有为的英主，甚至在历代守成之主中也不是声誉卓著的明君。他的性格有柔弱游移等毛病，耳朵根子软，早年对后宫女色也有相当的兴趣。他的最大优点是宽容仁厚，能容忍各种激烈的批评，哪怕对他私生活妄加非议，听了也不挟愤报复。

《宋史》本纪说他在位期间："国未尝无弊幸，而不足以累治世之体；朝未尝无小人，而不足以胜善类之气，君臣上下恻怛之心，忠厚之政，有以培壅宋三百余年之基。"除了"培壅宋三百余年之基"颇有夸大外，其他都还公允。尽管有种种外患内政问题，仍称得上是宋朝治世，除了军事不振外，政治、经济和文化上都颇有些盛世气象。据记载，他讣闻传出，"深山穷谷，莫不奔走悲号而不能止"，虽不无夸饰，但也折射出某些民情。宋史学界有"嘉祐之治"之说，也充分肯定了他在宋史上的历史地位。

《清平乐》中见宋人精致日常，《水浒传》为政治历史社会风俗的文字长卷

问：你通过《水浒传》考证宋代风俗名物的著作《水浒寻宋》正好于近期出版。如果说《清平乐》写的是庙堂，《水浒传》侧重的则是江

湖。观看《清平乐》和阅读《水浒传》，我们能从中撷取宋朝的哪些不同的侧面？

虞云国：我看到50集，感到《清平乐》重头戏似乎不在庙堂，为收视率计，说到底还是一部宫闱戏。也许，编导只想以庙堂戏作为大背景来烘托宫闱戏的主轴。据说，据以改编的小说名为《孤城闭》，我没看过，不便置喙。编导意在表达的深层主题，是否并不限于帝后妃嫔等剧中人物因预先命定或自我人设的角色定位而不得不自闭于孤城，是否还有更遥深的寄托，即大到家国社稷都会有类似自闭孤城的无奈命运。当然，这只是我个人的观剧感悟。《清平乐》不宜与经典《水浒传》相提并论，充其量只是一部较富内涵的古装剧。观看《清平乐》，我主要关注与宋史专业有关的两方面。一是电视剧里比较精致呈现的宋代日常生活场景，虽然细节、陈设未必全都精确，但直观印象上仍有所获益。二是尤其关注庙堂上君臣议事论政的场面，那些朝堂礼仪自不必完全当成历史真实，但那些名臣的论奏与谏诤，其内容多半都于史有征，也从一个侧面艺术再现了皇权也必须受到相应制约的历史真实。这是这部电视剧的可取之处，也是我作为宋史学者不吝点赞的主要原因。

至于《水浒传》，则是一部以北宋末年梁山好汉聚散兴灭为主线的经典名著，其思想内涵与艺术内涵堪称丰富、深刻与多元，这里没法展开论述。在四大古典小说中，《水浒传》表现的是更广泛的民众生活和社会矛盾，其普及化程度也许要超过《红楼梦》，而其平民性也高于《三国演义》，从而成为普通大众的社会历史教科书。"逼上梁山"的控诉呐喊，"替天行道"的追梦诉求，尽管仍难摆脱时代局限，却已积淀在中国底层平民思想感情的最深处。这些方面，只要批判地撷取，对我们借助小说形象了解北宋末年乃至中国古代社会都是极有启悟的。

另一方面，南宋以后，水浒故事经过瓦子勾栏里的宋元说话与金元杂剧等多元样式的持续敷演，到元明之际形成了《水浒传》的主干，其中许多内容与细节描写自然而然地融入了宋元之际的社会情状与思想风俗，称得上是宋代政治历史与社会风俗的文字长卷。阅读《水浒传》时，其思想主题与艺术成就当然必须重视，与此同时也不妨别出心裁，有意去留心《水浒传》保存下来的宋代社会风俗的遗迹。作为一个宋史学者，我利用自己专业积累，将《水浒传》涉及的风俗名物与宋元史书、笔记、诗词、话本、杂剧里的相关记载对照着读，自感颇有收获。我将这些收获写成文章，结集为《水浒寻宋》一书，其中所收包括《〈水浒传〉的读法与说法》，对希望通过《水浒传》阅读了解宋代社会生活的读者，也许会有所帮助或启发。

（采访：黄茜　徐颖）

一个考生的汴京一日

既然今天是世界读书日系列活动的最后一讲，我就先说说宋人对读书的看法。欧阳修曾记载了在他之前一位著名宰相的事迹，这位宰相叫钱惟演，是钱镠王的后代。欧阳修说钱惟演读书有三个状态，第一个状态是坐在椅子上，一本正经地看儒家经典和史书；第二种状态是躺着的时候，看小说；第三种状态是上厕所的时候，带上小词儿，也就是宋词，去读上两首，这就是钱惟演读书的三状态。一般人读书，正襟危坐读经书、读史书当然必要，但是毕竟不会太多，大部分人是采取第二种和第三种状态，比较轻松地读书。

不过，主办方主要希望我介绍宋代一般市民的衣食住行玩。现在电影、小说往往有一种题材叫作历史穿越，那么我们也来玩一次穿越吧。问题来了，穿越到宋代哪位皇帝时期好呢？在我看来，宋代最好的一段时期，是宋仁宗当政那段岁月，尤其是后期嘉祐年间，也就是1056年到1063年。我们知道汉代有文景之治，唐代有贞观之治、开元之治，而在宋史学界也有人认为宋仁宗时期可以称之为"嘉祐之治"。

我想带大家穿越的年份就是1057年，即嘉祐二年。为什么选择这个年份？这是因为该年正月举行了一次礼部考试，也叫省试，主考官有两位，一位是北宋文坛领袖欧阳修，还有一位就是在电视剧《清平乐》里与苏舜钦齐名的梅尧臣。这次考试后又有一个殿试，就是皇帝亲自发榜录取进士。在这一年进士发榜里，中榜者有苏氏兄弟，就是苏轼和苏辙，还有后来名列唐宋八大家的散文家曾巩，还有大思想家程颢、张载，还有张载的学生，即理学家吕大钧，还有后来成为王安石变法副手的新党领袖吕惠卿、曾布和章惇，还有王安石变法时期的著名水利家郑侠……在这份嘉祐二年榜里的进士，有九位后来都做到了宋朝的宰相。

我们知道，穿越的时候要自我确定角色，用专业术语来讲就是要搞一个人设。我假想自己是家道殷实去参加礼部试的越州新昌县考生，也就是现在绍兴新昌这一带的考生。先说我是怎么进京的，我得先雇一乘从天台山到新昌县城的过路轿子。在嘉祐二年那会儿，虽然大宋礼制规定只有官员可乘轿子，但礼制是死的，人是活的，彼时新昌这一带轿子租赁已经很普及了，而且轿子的种类很多，大热天如果在山里，还可以乘乘凉轿什么的。到新昌县城后，我与其他考生合雇一辆小型的太平车，也就是一个大通板，前面有两匹马拉着，骡、牛拉也行。太平车有好几百甚至上千斤的载重，能把赶考的行李、书籍、用品都放到车上，即使两个人坐在上面，空间还绰绰有余。有的太平车还可以安置轿箱，这样的话，我们坐的就是更舒服的"轿车"了。乘太平车到越州后，我们就转浙东运河，乘船一直到杭州。

杭州是热闹的大城市，可我们毕竟有赶考的任务在身，于是就在江南运河上搭船前往润州。润州就是现在的镇江，在那儿渡江再到扬州，就进入了江北运河，而在泗州那个地方我们的船就正式进入汴河，汴河是直通大宋都城汴京的水上通道。这一路我们要吃饭，要住店。在宋代旅途，住宿的客店非常发达，在江南走二三十里就有客店。在宋代赶路，有些事项需要注意，千万不要住那些前不着村、后不着市的客店，容易有人身危险。入店后也要先检查一下门窗，看牢靠不牢靠，免得被人打劫。

从汴河进入汴京（今河南开封），这里是大宋的首都，也叫东京，这在当时是繁华的国际大都市。我们选择潘楼附近的客店，这里的客店很干净，一间间客房都是所谓"济楚阁子"。第二天一大早，你一定会被客店下面喧闹的早市给吵醒，卖菜的、吆喝的、赶集的，什么都有。大宋从前朝真宗皇帝开始，沿街开店就渐成气候，到了仁宗时市场的格局已经成型，沿街开店只要交上适当的税收，店铺不侵占路面就可以了，这可是大大有利于城市人民生活的好举措。我戴上书生头巾，穿上襕衫，束上腰带，穿上麻布鞋，出门去逛大东京。临出门我没忘把在上元节那天买的一朵绢花插在头顶上，你可别笑我娘娘腔，那时候男人戴花不但是一种时尚，也是一种权利。

来到早市上，我在小吃摊上要了两个炊饼、一碗豆腐羹，豆腐羹是豆腐、菠薐菜做的羹。在宋代，馒头指有馅的，炊饼指没馅的，那时的人们爱吃饼，还有烧饼什么的。不过你如果见到汤饼的字样，千万要注意，这汤饼实际上是还没完全成型的面条，跟我们现在认为的饼八竿子也打不着。吃完饭我继续转悠，就来到了人气极高的大相国寺。大相国寺的山门很雄伟，前门空地上，有人正在踢气毬。当时踢气毬是最热门的体育娱乐项目，东京城里还有专门管理踢气毬的组织，叫作圆社，跟现在的足球协会差不多。只见踢气毬的人个个奋袖出臂，赤裸的上臂大多露出了刺青。刺青在当时也很流行，不过往往是那些比较彪悍的人才刺，我们读书人就算了吧。

进得大相国寺，那里面真是应有尽有，卖的东西五花八门，应有尽有。在大相国寺里转悠，简直忘记了时间的流逝，一边吃着各类小吃，一边东看看西望望，有些货摊专卖从南方经过海陆贸易过来的珍稀物件，让人大开眼界。过晌午出了大相国寺，我想去逛逛书店。旁边就是一家著名的书铺，叫作荣六郎书铺，里面的古籍非常多，经、史、子、集都有，包括前朝才子的东西，都有印本了。听说在荣六郎书铺有时还能遇上苏轼、张载这样的文坛偶像。不知不觉日已向西，晚饭我约了新昌同来的考生去樊楼小酌。樊楼可是东京第一大酒楼，前不久，当今仁宗皇帝还拨了三千家酒店给樊楼做连锁店。

　　樊楼是东京的地标，也是餐饮龙头，光是酒税就占了东京酒税的一大部分。这里的阁子非常雅致，不但挂着名人字画，还有专门服务的酒保。我和新昌同来的考生从夕阳西斜喝到华灯初上，此时东京瓦子里的勾栏也该开张了，我们就去到附近的桑家瓦子。一进瓦子，各种各样的演艺太热闹了，相扑也有，傀儡戏也有。有说诨话的，就是说搞笑的话头；有说方言的，就是学各地方言来逗乐观众。还有学吟叫的，学各种各样的叫卖声。我们直奔听书的所在，在这里不但有好故事听，还有东京最流行的八卦新闻。从瓦子听完了书出来，夜市还在营业，如果各位看官游兴还很大，那就请脱团随意。我穿越过来，就是为了明天的殿试，今晚还得温书呢！

从《严先生祠堂记》说宋儒气象

范仲淹（989—1052），北宋政治家，曾主持庆历新政，卒谥文正，著有《范文正公集》，他的《岳阳楼记》是家喻户晓的。这里试图对其《严先生祠堂记》（简称《祠堂记》）的思想史意义略作申论。原文不长，为便论述，先转引如次：

> 先生，汉光武之故人也，相尚以道。及帝握《赤符》，乘六龙，得圣人之时，臣妾亿兆，天下孰加焉？惟先生以节高之。既而动星象，归江湖，得圣人之清，泥涂轩冕，天下孰加焉？惟光武以礼下之。

> 在《蛊》之上九，众方有为，而独"不事王侯，高尚其事"，先生以之。在《屯》之初九，阳德方亨，而能"以贵下贱，大得民也"，光武以之。

> 盖先生之心，出乎日月之上；光武之量，包乎天地之外。微先生，不能成光武之大；微光武，岂能遂先生之高哉？而使贪夫廉，懦夫立，是有大功于名教也。

某来守是邦，始构堂而奠焉。乃复为其后者四家，以奉祠事。
又从而歌曰：云山苍苍，江水泱泱。先生之风，山高水长。

一

《祠堂记》创作于景祐元年（1034），这年范仲淹正在贬知睦州的
任上。他之被贬，是因谏阻宋仁宗废黜郭皇后的缘故。明道二年
（1033），刘太后去世，仁宗亲政，后宫尚美人等纷纷得宠。郭后嫉恨
之下，在欲打尚美人时，打在了为之庇护的仁宗身上。仁宗亲政初，曾
与旧相吕夷简商议宰执班底，拟将刘太后信用的执政罢政出朝，回宫将
此意图泄漏给郭皇后，郭后说："夷简独不附太后耶？但多机巧善应变
耳。"仁宗便连吕夷简一起罢免。吕夷简从内侍处得知罢相底里，不动
声色，半年后再次入相。现在，他逮住机会，为泄私忿，怂恿宋仁宗废
后。范仲淹时任右司谏，认为这会影响皇帝的名誉和朝廷的脸面，但仁
宗执意不肯收回成命。于是，范仲淹便与权御史中丞孔道辅采取了台谏
言事的极端方式，率御史台、谏院全体台谏官伏阁进谏。仁宗命夷简
"召台谏，谕以皇后当废状"，双方在政事堂展开大辩论，范仲淹指斥
吕夷简无异于挑唆父亲休掉母亲，吕夷简词穷理屈。为平息风波，次
日，范仲淹被贬睦州，即日押出国门，其他台谏官也陆续贬官出朝。

士大夫士气经过宋初六七十年的涵养作育，台谏制度又在宋真宗晚
年得以健全与整顿，废后事件无意中成为官僚士大夫伸张士气的一次热
身。在表面上，台谏官被宰相与皇帝联手击败，但在士大夫的舆论中，
范仲淹他们获得了"忠直不挠"的高度评价。以范仲淹为代表的台谏官
入宫伏阁，力谏废后，其意义不容小觑，应视为宋代士大夫与皇帝共治
天下的标志性事件之一。

景祐元年正月，范仲淹踏上南贬的路程。一路上，他反思所作所
为，认为自己力劝仁宗回心，正是履践了儒家的纲常伦理，因此即便举

家十口贬谪出京，也毫不后悔，甘之如饴。他在《谪守睦州作》诗里表达了这种信念：

> 重父必重母，正邦先正家。
> 一心回主意，十口向天涯。
> 铜虎恩犹厚，鲈鱼味复佳。
> 圣明何以报，殁齿愿无邪。

他激励自己永远保持"无邪"以报答"圣明"，这里的"无邪"与后来理学提倡的"诚"一脉相通。在另一首诗里，范仲淹不经意间对"无邪"作了说明：

> 万钟谁不慕，意气满堂金。
> 必若枉此道，伤哉非素心。

万钟之禄，意气满堂，虽值得羡慕，但如枉道以求，就违背了"诚"所要求的"无欲"准则，这是有伤"素心"，有违"无邪"的。舟过淮河，遇上大风，几乎倾覆，妻子不免说他惹事，尽管转危为安，范仲淹有《赴桐庐郡淮上遇风》诗纪其事：

> 圣宋非强楚，清淮异汨罗。
> 平生仗忠信，尽室任风波。
> 舟楫颠危甚，蛟鼋出没多。
> 斜阳幸无事，沽酒听渔歌。

他表示自己不会做自沉汨罗的三闾大夫，因为宋朝毕竟不是楚国，而要继续尽"忠信"，哪怕"尽室任风波"也不改其志。

二

抵达贬所后，范仲淹向皇帝上了谢表，再次声明自己冒死谏诤的正当性："臣非不知逆龙鳞者，掇齑粉之患；忤天威者，负雷霆之诛。理或当言，死无所避。"他仍然建请仁宗"思启心沃心之道，奖危言危行之臣"，而对自己的远谪，则表示了处之坦然而不改初衷的态度："乐道忘忧，雅对江山之助；含忠履洁，敢移金石之心！"乐道忘忧，含忠履洁，范仲淹为自己规范的人格追求，实际上也是其后宋学倡导的人格内涵。

睦州是浙西风景胜地，富春江由西南流向东北，江上最著名的就是严子陵钓台。范仲淹被这里秀丽的山水深深迷醉，写了《萧洒桐庐郡十绝》，在诗里不禁感叹：

> 萧洒桐庐郡，严陵旧钓台。
> 江山如不胜，光武肯教来？

二十余年前，著名谏官田锡也因上章言事而移官睦州，范仲淹颇为能追随其后而自豪：

> 山水真名郡，恩多补谏官。
> 中间好田锡，风月亦盘桓。

他深感自己没能做好皇帝的耳目，希望外补还能起点作用。游览钓台，范仲淹有感于那些随风摇摆取媚君主者，相比孤介独立的严光，不就像子陵滩畔的绿蒲一无可取吗？他把这些感想写入诗中：

> 不称内朝神耳目，多惭外补救皮肤。

子陵滩畔观渔钓，无限残阳媚绿蒲。

到郡不久，范仲淹遇到一个原在皇家花苑供职的花吏，"中途得罪"，"窜来江外"，向他哀叹贬谪岁月愁苦无生趣，一技之长也无处施展。仲淹也有诗感兴说：

> 我闻此语聊悒悒，近曾侍从班中立。
> 朝违日下暮天涯，不学尔曹向隅泣。
> 人生荣辱如浮云，悠悠天地胡能执？
> 贾谊文才动汉家，当时不免来长沙。
> 幽求功业开元盛，亦作流人过梅岭。
> 我无一事逮古人，谪官却得神仙境。
> 自可优优乐名教，曾不恓恓吊形影。

他对花吏的态度不以为然，认为人生荣辱都是暂时的，没有必要向隅而泣，自己才能不及汉文帝时贬谪长沙的贾谊，功业也难比唐玄宗时从丞相谪守睦州的刘幽求，但能贬到这人间仙境，自可以涵泳名教，何苦恓恓惶惶自吊形影呢！

出守睦州，是范仲淹人格思想发展的重要阶段。对他来说，这是进谏大波后少有的间歇，环境平静，公务悠闲，有足够的闲暇供其梳理思想、反思人生。他自称"使君无一事，心共白云空"，经常"江干日清旷，寓目一揩笮"，陷入深深的思索中。在某种意义上，《祠堂记》就是他深度思考的集中表达。

三

在睦州不到半年，范仲淹做了两件有益地方的大事：一是大兴州学，二是建严子陵祠。关于前者，南宋《淳熙严州图经》说，在他到任后，州学"始建堂宇斋庑"。关于后者，他自称："某景祐初典桐庐，郡有七里濑，子陵之钓台在。而乃以从事章岷往构堂而祠之，召会稽僧悦躬图其像于堂。"他不仅亲自撰写了《祠堂记》，还动用权力免去了严光后裔的徭役。

数月以后，范仲淹奉调苏州，还特意"道出其下，登临徘徊"。到任苏州后，他"又念非托之以奇人，则不足传之后世"，特派郡校给隐居丹阳的小篆家邵餗送去亲笔信，以便当场取回对方篆书的《祠堂记》，转给桐庐的严先生祠堂。他在致邵餗信中说："今先生篆高四海，或能枉神笔于片石，则严子之风复千百年未泯，其高尚之为教也，亦大矣哉！"由此可见，对修祠堂，撰记文，范仲淹有着异乎寻常的重视与寄托。宋元之际，谢枋得别有只眼，指出《祠堂记》"大有关于世教，非徒文也"。这就提醒后人，绝不能以寻常散文等闲视之，也是我们之所以要探究《祠堂记》宋学意义的主旨所在。然而在进入讨论之前，仍有必要将严光本事略作介绍。

严光，字子陵，《后汉书·逸民列传》有传。他与光武帝"同游学，及光武即位，乃变名姓，隐身不见。帝思其贤，乃令以物色访之"。寻访到以后，严光致函时为司徒的侯霸，对这位故旧说："位至鼎足，甚善。怀仁辅义天下悦，阿谀顺旨要领绝。"光武帝"即日幸其馆，（严）光卧不起"，光武帝说："咄咄子陵，不可以相助为治吗？"严光对视良久，说："昔唐尧著德，巢父洗耳。士故有志，何至相迫乎！"希望光武帝行德政，自己也就不必出仕。光武帝叹息："子陵，我竟请你不动。"遂与他"论道旧故，相对累日"。晚上"因共偃卧，光以足加帝腹上"，以至次日太史奏"客星犯御座"，即《祠堂记》所说的"动星象"。光武帝让他做谏议大夫，严光"不屈，乃耕于富春山"。

严子陵钓台早在南朝已为名胜。《方舆胜览》卷五《建德府》引

《西征记》说"钓台"："孤峰特操，耸立千仞。奔走名利，汩没为尘埃客，一过其下，清风袭人，毛发竖立，使人有芥视功名之意。"严光后来名列《高士传》，后人将其塑造成隐士中敝屣名利权贵的经典形象。历来纪念严光的诗文连篇累牍，但多着眼其超然遁世的隐士身份。不妨略读几首以见一斑。唐代许浑吟道："严陵台下桐江水，解钓鲈鱼有几人？"南宋潘德久诗云："堪笑红尘吹帽客，要来祠下系行舟。"连朱熹也未能脱出这一窠臼，其《水调歌头》云：

> 不见严夫子，寂寞富春山。空余千丈岩石，高插碧云端。想象羊裘披了，一笑两忘身世，来把钓鱼竿。不似林间翮，飞倦始知还。

> 中兴主，功业就，鬓毛斑。驱驰一世豪杰，相与济时艰。独委狂奴心事，不羡痴儿鼎足，放去任疏顽。爽气动星斗，千古照林峦。

这种形象在元代散曲里也俯拾即是，卢挚《折桂令·箕山感怀》云："五柳庄瓷瓯瓦钵，七里滩雨笠烟蓑。好处如何？三径秋香，万古苍波。"鲜于必仁《寨儿令·隐逸》云："汉子陵，晋渊明，二人到今香汗青。钓叟谁称？农父谁名？去就一般轻。"

四

然而在范仲淹看来，这种萧然出世的隐士形象，完全误读了严光。他虽也说"思其人，咏其风，毅然知肥遁之可尚矣"，但在他的心目中，"侣鱼虾而友麋鹿"的隐逸之趣绝不是严子陵故事的主要意义，而他"构堂而祠之，又为之记"，目的就是在致邵䧹信里所说的，"聊以辨严子之心，决千古之疑"。于是，范仲淹试图重新解读历史，以期抉发严先生的本心，荡涤千百年的疑云。他在这个古老故事中注入了宋学的基本要素，寄托了自己的人格形象。

首先，范仲淹在《祠堂记》里把"道"这一宋学的最高原理与基本准则引入了君臣关系，认为严光与光武帝之间是"相尚以道"。这种"道"体现在臣下身上，就是要在至高无上的君威面前，保持独立的人格，言其所当言，行其所当行。就严光而言，他的故人奉天承运，接受了儒生彊华所献《赤伏符》里"刘秀发兵捕不道，四夷云集龙斗野，四七之际火为主"的谶言，即皇帝位，被视为"得圣人之时"，"臣妾亿兆"，天下还有谁比他更伟大的领袖吗？唯独严光"相尚以道"，"以节高之"，保持着自己的人格尊严。他既可以明确要求光武帝像尧那样"著德"，也敢于表明"士故有志"，坚拒其所赐的官职。诚如后人所说：严光"既以道成光武之功，又以道全一己之节，此文正所以祀先生，而先生之所以能为文正祀也"。（李扶九《古文笔法百篇》）这种"道"体现在人君身上，就是要有"包乎天地之外"的宽广胸怀，以生民为本，待臣民以礼。就光武帝而言，虽贵为人主，却与严光始终保持友人的关系。对老朋友一身傲气不愿相见，也不以为忤，先是命人寻访，接着备车礼聘，继而亲临其馆，邀请故人辅助他治理天下。故友同榻话旧，"加足于帝腹"，并不领光武帝的情，执意要回富春江躬耕渔钓，天下还有比他更狂傲不羁的人吗？但据《后汉书》本传，光武帝却一而再、再而三地"以礼下之"，甚至在其归隐富春后，建武十七年（41），"复特征，不至"。在范仲淹看来，光武帝对严光能"以贵下贱"，"以礼下之"，就是为君者"相尚以道"。（1949年柳亚子得领袖和诗云："牢骚太盛防肠断，风物长宜放眼量。莫道昆明池水浅，观鱼胜过富春江"，玩味其意，似有堵住不同意见、强加个人观点的倾向，但柳亚子也不是严光。）范仲淹还在强调"君道"的民本内涵，指出：同样只有"以贵下贱"，才能够"大得民也"。"得民"不仅是传统儒学，也是宋学对君道的最高要求。范仲淹文集内有《君以民为体赋》《政在顺民心赋》《用天下心为心赋》等，仅从赋题就不难感受其执着强烈的民本色彩。而在《祠堂记》里，他则言简意赅地用"以贵下贱，大得民也"，来规范他心目中的为君之道。清人林云铭在《古文析义》里颇中肯綮地指出："文正此记，首言其相尚，继言其相成，末言其有功名教，总以'道'字作线。"

其次，范仲淹在《祠堂记》里首倡宋学的名教观，旨在挽救五代以来道德颓丧、士风浇薄的弊病。名教一词，泛指封建伦理道德系统，其内涵与时推移。范仲淹一贯主张"儒者自有名教可乐"，故而钱钟书认为，范仲淹始倡宋代名教，他不仅是北宋学者中最早赋予其全新内容的思想家，也是名教思想的忠实履践者。范仲淹在睦州有诗回顾因谏遭贬事：

君恩泰山重，尔命鸿毛轻。
一意惧千古，敢怀妻子荣。

所畏惧的就是名教规定的君臣大义。名教也是他在睦州一再思索的大问题，其诗坦承："谪官却得神仙境，自可优优乐名教。"早在其前四年，即天圣八年（1030），他就指出："孔子作《春秋》，即名教之书也。……圣人敦奖名教，以激劝天下。""名教不崇，则为人君者谓尧舜不足慕，桀纣不足畏；为人臣者谓八元不足尚，四凶不足耻，天下岂复有善人乎！"后人赞扬他："开万世道统之传，则公之有功于名教，夫岂少哉！"范仲淹的名教观内涵相当丰富，但主要还是仁诚与忠义，而《祠堂记》则是其名教观的提炼与浓缩。他认为，严光之心"出乎日月之上"，对光武帝以诚相待，径劝其"著德"；对光武帝问他"朕何如昔时"，也不阿谀奉承，直言相告仅"差增于往"；对光武赐官，也不屈就，"泥涂轩冕"，一口回绝。范仲淹指出，所有这些"高尚其事"的言行，都展现了严光人格之高大，"而使贪夫廉，懦夫立，是有大功于名教也"。限于文体，作者不可能对名教做深入的论述，而主要借助于表彰严光来完成这一目标。因而清人认为，《祠堂记》"将有关名教极力抬高，于光武顿觉生色，于子陵大有身分"；甚至推许"先生此祠，乃名教之首"。

再次，范仲淹在《祠堂记》里强调了士大夫的名节观念。顾炎武《日知录》论宋世风俗道："中外荐绅知以名节为高，廉耻相尚，尽去五季之陋。"而朱熹则以为，"宋朝忠义之风，却是自范文正作成起来也"，可见其倡导名节，厥功至伟。宋代名节观念，内涵亦颇宽泛，不仅仅指忠于一姓、以死殉国，更包括诸如立朝有节、行己有耻等士人的风骨操守。范仲淹在睦州有诗云：

> 陇上带经人，金门齿谏臣。
> 雷霆日有犯，始可报君亲。

这种犯颜直谏，事关士大夫立朝的名节；而他一再推崇凡为官者，"公罪不可无，私罪不可有"，则关乎士大夫行己的名节。他曾与吕夷简议论人物，吕夷简称："见人多矣，无有节行者。"他说："天下固有人，但相公不知尔。以此意待天下士，宜乎节行者之不至也。"惟其如此，范仲淹到睦州即有《钓台诗》表彰严光节行：

> 汉包六合罔英豪，一个冥鸿惜羽毛。
> 世祖功臣三十六，云台争似钓台高。

认为严光像冥鸿爱惜羽毛那样珍视名节与清誉，名垂青史，砥砺后人，其功反高于助光武定鼎的云台三十六功臣。异曲而同工，《祠堂记》着意标榜与大力褒扬的也是严光傲岸特立、耿介不屈的风骨气节。范仲淹先是说严光对万众仰望的光武帝"以节高之"，继而说他"泥涂轩冕"，而后说他"不事王侯"，强调其节行凛然、特立独行的那一侧面；对他的评价也可谓推崇备至，先是说他"泥涂轩冕，天下孰加"，继而说他"不事王侯，高尚其事"，最后说他"先生之风，山高水长"，将他推为士大夫人格独立与节行超群的典范形象。《朱子语类》指出，"至范文正公时，便大厉名节，振作士气，故振作士大夫之功为多"，而《祠堂记》的振作之功是不容忽视的。

最后，范仲淹在《祠堂记》里自然贴切引用了《周易》的卦爻辞，开启了宋代易学义理派的先河。范仲淹是对易学深有研究的大家，早在天圣五年（1027）前后就著有《易义》与《易兼三材赋》等易学论著。他治易的最大特点，就是善于运用《周易》中穷神知化的辩证思维，来灵活分析天地人事、内圣外王等相关现象与问题。在《祠堂记》里，他引用了两条卦辞，来论证他所推崇的君臣之道。一条是《蛊》卦，其《彖辞》曰："刚上而柔下。""刚上"者指君主，"柔下"者指臣民，"刚上而柔下"故"天下治也"。其《象》曰："山下有风，蛊，君子以振民育德。"前人李鼎祚注曰："山者高而静，风者宣而疾，有似君处上而安静，臣在下而行令也。"《蛊》卦前五爻的爻辞均指清除宿弊，天下多事，故"众方有为"，但其第六爻，即"上九"，爻辞却是"不事王侯，高尚其事"。其《象》进一步说："不事王侯，志可则也。"也就是说，作为"柔下"的臣民，既可以"众方有为"，辅佐君上治理天下，也可以在治蛊之事完毕后，退居在野，"不事王侯"。而在范仲淹看来，后一种选择更"高尚其事"，"志可则也"。另一条则是《屯》卦，其《彖辞》曰，"屯，刚柔始交而难生"，是很难应对的局面。此卦第一爻，即"初九"，其《象》曰："虽盘桓，志行正也；以贵下贱，大得民也。"此爻为阳爻，即所谓"阳德方亨"，以君主言，正是红太阳升起而万众瞩目之际，这时能够谦卑自处，甘居下位，即所谓"以贵下贱"，"以礼下之"，就能"大得民"。范仲淹深通

《周易》卦爻，要言不烦地指陈了为臣之道、为君之道及两者辩证关系，也为宋代义理派《易》学在方法上做出了卓越的示范。

对范仲淹，以往多景仰他以人格魅力开出宋儒气象，近来渐有学者推许他为宋学开山。而对《祠堂记》在其中的作用，似仍未充分抉发，故不揣识小之讥，略作发微之论。宋学在仁宗亲政后基本形成，而北宋士风之纯粹也在仁宗朝进入了黄金期，《祠堂记》作于景祐亲政之初，不啻为范仲淹倡导宋学与振作士风的标志性文献。

鹅湖三叠

会前掠影

南宋淳熙二年五月十六日（公元 1175 年 6 月 6 日），崇安县（今属福建）五夫里朱熹寓所。

吕祖谦（字伯恭）在这里盘桓已有一个半月。此前不久，他与朱熹（字元晦）商议，由他发起，邀请朱熹师生与陆九渊（字子静）兄弟来一次会晤，共同探讨感兴趣的学术问题，地点选在铅山（今属江西）鹅湖寺。今天，朱熹与弟子蔡元定等七人，一方面送他们师生出闽，一方面同赴鹅湖之会。

吕祖谦是三月二十一日（4 月 13 日）从婺州（今浙江金华）出发赴闽的，一路与随行弟子潘景愈揽胜访友，四月初一（4 月 23 日）抵达五夫，朱熹让出书斋供其起居。朱熹、吕祖谦与张栻（号南轩）并称"东南三贤"，但张栻远在潭州（今湖南长沙），谋面为难；崇安与婺州相去较近，往还略多。按原先之约，朱熹该去婺州与吕祖谦会合，再联袂出游天台、雁荡。但他正以闲职居家治学，且屡辞朝廷的差遣任命，为免遭非议而不便履约，吕祖谦决定入闽往访。

四十余天里，两位大学者的学术活动频密紧凑而卓有成效。其一，讨论考定了《蓝田吕氏乡约》，成为乡约里规的范本。其二，分类选编周敦颐、张载与二程的治学修身要语，辑为理学入门经典《近思录》。其三，商讨删节《程氏遗书》编为《程子格言》事宜。

《近思录》是在寒泉精舍编定的。乾道六年，朱熹在建阳（今属福建）寒泉坞给亡母庐墓，为方便自己著述与弟子问学创辟了精舍，这是他亲创书院之始。早在乾道元年（1165），张栻受聘潭州岳麓书院，后自创城南书院，光大湖湘之学。稍晚一年，吕祖谦也在故里创办丽泽书院，成为金华学派会友讲学的根据地，还制订了现存最早的书院规约。乾道八年，陆九渊在家乡金溪（今属江西）改私宅槐堂为"讲学"之地，培养出杨简等首批陆学弟子，号称"槐堂诸儒"，槐堂也有书院性质。

宋代书院独立于官学之外，毋须向官方价值输款效诚，为思想学问的自由探讨留出了一方净土。"宋初三先生"孙复、石介与胡瑗最先借助民间书院开辟出讲学育人的新平台；其后濂溪书院之于周敦颐，嵩阳书院之于二程，留下了宋学开宗立派者与书院声气相通的诸多佳话。南宋孝宗时期，与经济重心南移定局相呼应，经新一代宋学大师的合力推毂，一度沉寂的书院再次生机勃发，也为宋学诸家构建独立体系提供了学术空间。在南宋书院分省统计榜上，江西、浙江与福建稳居前三，并非巧合的是，鹅湖之会的三方恰来自这三大区域。

在四十余天里，吕祖谦对朱熹为学博大精深、为人自律严格深为折服，但对他专崇程学似有保留。自北宋中叶起，为应对唐宋之际的社会变动，思想学术界一直致力于新儒学的重构。周敦颐、张载、邵雍、程颢、程颐等著书立说，聚徒讲学，与王安石为代表的荆公新学、司马光代表的朔学与三苏为代表的蜀学，共同垒起了宋学第一高峰期。宋高宗南渡，尊崇二程洛学，程学遂为大宗。宋孝宗继位，内心虽不喜士大夫

"倡为清议之说"，但言论环境却较高宗朝宽松，加以内外政局相对稳定，社会经济长足发展，他在位期间（1162—1189）遂成宋学第二高峰期。作为程氏之学的当然领袖，朱熹正不遗余力地推进程理学的最终完型。与此同时，以陆九渊为首的心学与朱学构成理学内部的双峰并秀；以吕祖谦为首的金华学派，以陈亮为首的永康学派与以叶适为首的永嘉学派，都强调事功，统称为浙东学派，与朱、陆两派骎骎然有鼎足之势。在共同关心的问题上，宋学各派同中有异，各执一词，迫切需要创造一个相互切磋、平等论难的氛围与机缘。

在当时学术格局中，就角色定位而言，吕祖谦似最独特。作为浙东学派中的婺学领袖，他与永康学派领袖陈亮因绍兴末同赴漕试而交谊笃挚，陈亮后来多次赴明招山论学，自称祖谦于他"无所不尽，箴切诲戒"。永嘉学派领袖叶适年方及冠，就往谒祖谦，留下"秋夜共住明招山"的美好记忆。因年齿最长，且为人谦厚，在浙学三巨子中，吕祖谦俨然最具号召力。在浙学、朱学与陆学的鼎足关系中，他与朱熹因父辈"契旧之故"，可谓世交，早自绍兴末就"面论肺腑"，甚至函劝朱熹"当于矫揉气质上做工夫"；而朱熹则命长子朱塾赴婺州从祖谦学习，嘱其"事师如事父"，足见两人交情非同一般。说到心学派，吕祖谦是陆九渊省试进士的考官，有识拔之功，在其后论学中也称他"功夫甚有力"；与其兄陆九龄也有交往，虽认为其"所学稍偏"，但"甚有问道四方之意"。由此看来，能在朱学、陆学与浙学中起调停斡旋的作用的，吕祖谦确是不二人选。他或许也意识到学术关系网中自己独特的角色定位，兼之其为学好取人之长，为人好道人之善，希望朱陆异同"会归于一而定其所适从"，便动议这次聚会，而朱陆两家都欣然附议。今天，朱熹师生能与他共赴胜会，与陆氏兄弟相聚切磋，是既"甚觉有益"，也深感快慰的。朱熹早闻陆九渊大名，也略知"脱略文字，直趋本根"的陆学主张，但认为这"全是禅学"，遗憾迄未识面，不能"深扣其说，因献所疑"，故对鹅湖之会也颇有期待。

吕祖谦入闽，是从婺州出发，经龙游县城抵衢州州城，再西南行至江山（今属浙江）县城，然后南下过仙霞岭，一路山行，进入福建地界，过鱼梁岭，经浦城（今属福建）县城，转入崇安县界，抵达五夫。这一通道就是晚唐黄巢入闽开出的仙霞路。而朱、吕相携出闽，却走另一条通道。他们从五夫启程，经崇安县城北上，过分水铺（即今分水关），越武夷山，进入信州铅山县界，然后径抵鹅湖寺。五月二十一日，过武夷山响石岩时，朱熹兴致盎然，挥毫题壁，一行九人刻石留念。

　　接到邀约，陆九渊兄弟也准备登程。金溪陆氏是聚族而居的大家族，以家规严格闻名于世，陆九渊有兄长五人，多倾心儒学，他与五兄陆九龄（字子寿）最知名，时称"江西二陆"。陆九龄年长七岁，二陆虽都强调发明本心之说，但陆九龄不及其弟坚执彻底。就理学体系而言，朱陆异同颇多，这次晤会只能聚焦于"教人之法"。但这一问题，陆氏昆仲也还未统一认识。陆九龄说："这次集会正为学术异同，我们自己先不同，怎能期盼鹅湖之同呢？"便与陆九渊辩论到很晚，才感到弟弟在理。次日，陆九渊让兄长再抒己见，经一夜深思，陆九龄认为弟弟之说甚是，便吟诵了自作新诗，表达对这一问题的认识：

　　　　孩提知爱长知钦，古圣相传只此心。
　　　　大抵有基方筑室，未闻无址忽成岑。
　　　　留情传注翻榛塞，着意精微转陆沈。
　　　　珍重友朋相切琢，须知至乐在于今。

　　诗意很明确：人从孩提时就爱其亲，长大成人便知道尊敬长辈，孔孟圣贤自古相传的就是这种仁义本心，只有以此为基础才能营筑伦理的楼室，从未听说没有根基能成高山的。过分留意繁复的传注，反会堵塞发明本心的路径，着意于细枝末节也会失去根本。最末表示，将珍惜鹅湖之会上友朋的切磋，须知这将是至乐的境界。陆九渊以为诗很好，但次句略有未妥。陆九龄追问：我说到这地步，仍说未妥，还要如何说？陆九渊说："不妨一面起程，在路上再和你诗吧！"于是，二陆与弟子朱桴等一行六人出发，由抚州（今属江西）入信州（治今江西上饶）地界，经其州属县贵溪、弋阳（今均属江西）进入铅山县界。

会间留真

在南宋书院活动中，有一种"会讲"。按朱熹之说，即是"会友讲学"，按张栻之说，即是"会见讲论"，大体是不同学派或不同论点之间的学术交锋或学术讨论。书院史上最早的会讲应是乾道三年（1167）秋天的岳麓之会。这年，张栻邀约朱熹率弟子赴潭州，在他主持的岳麓书院就太极之理等"相与思绎讨论，以毕其说"，这是朱熹的考亭学派与张栻的湖湘学派一次全面的学术交流。鹅湖之会也是会讲，唯其地点不在书院，而假座于佛寺。

吕祖谦将各方邀至信州铅山，并非一时心血来潮。据中唐卢纶《送信州姚使君》诗，"铜铅满穴山能富，鸿雁连群地亦寒"，那时信州虽有铜铅之富，其地却仍冷僻。南宋新辟抚州到信州的陆路通道，这里便成交通要地。《舆地纪胜》论其地位说："福建、湖广、江西诸道，悉出其途。昔为左僻，今通要。"信州实现了从左僻到繁荣的转型："当吴楚闽越之交，为东南望镇。"吕祖谦的岳父韩元吉有《修城记》说："其地控闽粤，临江淮，引二浙，隐然实冲要之会。山川秀发，人物繁夥。"

吕祖谦熟谙信州，不仅是其交通要冲的关系。绍兴后期，韩元吉寓居信州，吕祖谦曾前往亲迎其长女为妻室，而后又随妻归省岳父。他留有信州绝句七首，其一说：

春波无力未胜鸥，夹岸山光翠欲流。

若使画成惊顾陆，更教吟出压曹刘。

当地的美景如能画出，将令顾恺之与陆探微大为惊叹；倘若吟成，更使曹植与刘桢为之倾倒，也足见他对信州风物的由衷好感。

鹅湖寺所在的铅山县，地处州城西南，以盛产铜、铅而原置铅场，南唐前期才设县；北宋初年平南唐，以矿冶之利而直属朝廷，后划归为信州属县。安史之乱后，这里未经战乱，安定太平的当地景象也见诸晚唐绝句：

鹅湖山下稻粱肥，豚栅鸡埘半掩扉。

桑柘影斜春社散，家家扶得醉人归。

——王驾《社日》

诗人白描了鹅湖山下春社那天的山村小景，庄稼喜人，鸡豚满栅，蚕桑宜时，树影欹斜，"半掩扉"既点明了环境安宁，也衬托了民风淳朴。关于鹅湖山，宋史名家邓广铭有一段融合考证的生动描写：

稍远处有一座山，山脉是从福建境界蜿蜒而来的，绵亘凡百余里，这里的主峰名叫鹅湖，是铅山境内最负盛名的山，从这山可以东望怀玉山，西瞰象山，北眺灵山，而峰顶积水成湖，是这山上的特别景致之一，也是这山被称为鹅湖的所由来。在这峰顶积水中，有许多荷花生长着，因而在古代，这山本是叫"荷湖山"的。当东晋定都于建业的时候，有雌雄双鹅飞来在这湖水中游泳，且在这里育子百数，翼而长之，等到小鹅长成，竟全体被老鹅带领着腾霄飞去，从此，"荷湖"的名称便又为"鹅湖"所代替了。这传说，不论其确实性如何，却使这山峰增加了一些神秘性，一些幽美之感。

据《江西通志》载，中唐大历年间，高僧大义禅师结庵山顶，"后移临官道"。他在道旁手植青松，延袤十余里，枝干奇拙参翠。这座寺庙，在唐顺宗时赐名"鹅湖禅院"；宋真宗时赐额"仁寿禅院"，并敕赐寺产，香火越发旺盛，一般人仍俗称为"鹅湖寺"。如今，这座古刹将迎来一次空前的盛会。

五月二十八日前后，吕祖谦与朱熹一行到达了鹅湖山，与陆氏师生们会合，除此之外，还有抚州知州赵景明与其兄赵景昭，信州知州詹体仁，清江（今江西樟树西南）刘清之与宜黄（今属江西）刘迁等江西学者也慕名前来观摩。鹅湖之会的参加者有明确记载的，大约有二十余人。

吕祖谦与陆九龄三年前见过，一见面就问他："那年别后，子寿有何新见教？"陆九龄便吟起那首新诗，才到第四句，朱熹对吕祖谦笑道："子寿已上了子静的船。"等读完全诗，朱熹就与他辩论开了。陆九渊插话道，"我在途中有和家兄诗"，说着就读开了：

墟墓兴哀宗庙钦，斯人千古不磨心。
涓流滴到沧溟水，拳石崇成泰华岑。

前两句说，人到墟墓就生出悲哀，而拜谒宗庙则怀抱崇钦，这是人亘古不变的本心。较之其兄主张人之本心乃圣贤相传，陆九渊更进一步，强调无论今古，仁义之心人所固有，只待发明而已。沧溟之水来自涓涓细流，拳拳之石垒成泰山、华岳，自然界与社会一样，纷繁万象都缘于本根。他接着长吟第三联：

易简工夫终久大，支离事业竟浮沉。

朱熹一听顿时变色。显然，陆九渊上句自道其学，自认"易简工

夫", 终将既久远又阔大; 下句分明讥刺朱学"支离事业", 毕竟如沤浮沉, 难有大气象。他继续吟完最后两句:

欲知自下升高处, 真伪先须辨只今。

这简直当面下战书: 若要让学问提升到新高度, 当下首先必须辨明治学方法的真伪优劣。这口气也太咄咄逼人, 朱熹感到很不快。吕祖谦看到气氛尴尬, 说了些路途劳顿且先将息的圆场话, 各自安顿下来。

鹅湖之会一开始, 朱陆之争就关注于所谓"教人之法"(即方法论), 但方法论的异同植根于本体论与认识论上的双方分歧。朱学主张心、理有别, 理是本体, 存在万物之中, 即所谓理一分殊; 心只是体认理的主体, 只有艰苦地博览力学, 才能穷究实理。而陆学则认定, 理先天就在每人心中, 良知良心乃人所固有, 故吾心即理, 吾心即是宇宙, 关键在于发明本心, 而发明工夫仅凭支离破碎的泛览苦学碍难奏效, 只有内心的悟求, 才能见心明理。惟其如此, 朱熹认为陆学大有禅学倾向, 这是他力图纠偏的; 陆九渊则认为朱学读书明理太过支离繁琐, 而自家工夫远比朱学易简可行。

次日, 各方继续论辩, 你来我往有"数十折议论", 细节虽难复原, 但朱说陆"教人为太简", 而陆说朱"教人为支离", 仍各不相让。据陆氏弟子记载, 陆九渊"莫不悉破其说, 继日凡致辨, 其说随屈", "二公大服", 恐怕只是一面之词, 因为他们也承认吕祖谦是被朱熹说服的。其后数天, 各方"往复问辨无虚日", 针对朱学过于强调读书明理, 陆九渊反诘: "那尧舜之前, 何书可读?"陆九龄制止了他目空一切之论。

面对陆九渊的负气强辩与朱熹的侃侃而争, 刘清之与赵景明兄弟在旁洗耳恭听。吕祖谦也"甚有虚心相听之意", 他赞同朱熹"泛观博览而后归之约"的主张, 这与他"中原文献之学"有相通处; 但认为陆九渊"先发明人之本心，而后使之博览"，也有一定道理。他总的认为：

> 讲贯诵绎，乃百代为学通法，学者缘此支离泛滥，自是人病，非是法病；见此而欲尽废之，正是因噎废食。然学者苟徒能言其非，而未能反己就实，悠悠汩汩，无所底止，是又适所以坚彼之自信也。

这里前一层就朱学而发，肯定其泛观博览是"为学通法"，至于流入支离，乃学者之错而非方法之错，不能因噎废食。后一层对陆学而发，肯定其批评支离寡要的为学之病，但也提醒他应讲究"就实"工夫，不能一味空谈玄想。吕祖谦总体偏向朱学，却"不主一说，兼取众长"，这符合"陶铸同类以渐化其偏"的婺学旨趣。

朱熹秉性有"伤急不容耐之病"，朱陆之争几至势不两立。在与人相处上，吕祖谦有其"太容耐处"的优点，他一边虚心倾听，一边两下调停。经他的多方协调，会讲的气氛渐趋缓和。陆九渊向朱熹介绍了未到会的陆门弟子曹立之，说他很想能拜谒你与张南轩。赴会的陆氏门人傅一飞则分别往朱熹与吕祖谦处请益。会讲间歇，宜黄学者刘迁也往来于朱陆之间讨教作诗法。

鹅湖之会是一次畅所欲言的学术交锋。此前，别说朱熹对陆氏心学相当隔膜，即便吕祖谦对陆学也未必充分了解。这次聚会，各方既无所保留地亮出了自家学说，也就对方观点表达了坦率的质询。会讲期间，朱熹驰函张栻，介绍了论辩概况，还寄去"讲论一纸，所论万物皆备一段"。张栻旋即复信，深表艳羡："伯恭相聚计讲论，彼此之益甚多，恨不得从容于中也。"吕祖谦也向婺学同道潘景宪传递消息："诸公皆集，甚有讲论之益，更三四日即各分手。"最后几天，朱、陆知道对方"不可遽以辨屈"，却都表示"必将返而深观"，回去好好反思自家学说。尽管没能取得吕祖谦期望的"会归于一"，但辩论各方都回归了心平气和的对等态度。

会后回响

六月八日（6月27日），鹅湖之会结束，三方各上归途。"故人千里别，约我仍丹丘"，吕祖谦与朱熹相约再寻天台之游。在后来致陆九渊的信里，朱熹道出了临歧惜别之情：

> 所恨匆匆别去，彼此之怀，皆若有未既者。然警切之诲，佩服不敢忘也。

吕祖谦与弟子在信州逗留了几天，州学正乃其伯祖吕本中的门人，邀他相聚论诗。而后取道玉山、江山，经衢州、龙游，回到婺州，这条唐代形成的交通干线，对他来说轻车熟路。对这次相聚交锋，吕祖谦深感必要与有益，他向陈亮通报道："元晦英迈刚明，而工夫就实入细，殊未可量。子静亦坚实有力，但欠开阔耳。"朱熹虽"犹有伤急不容耐处"，吕祖谦却尤其心折他思想的气象阔大与功夫的深入扎实，即便陆九渊指其为朱学"所尼"（蒙蔽），也不以为忤。对陆学"易简工夫"，他有所保留，却不像朱熹决绝，只希望双方保持良好关系，促进学术切磋。胜会归来，吕祖谦高兴地表示："自此却无出入，可闭户读书也。"

不数日，朱熹与弟子们再过分水岭。这里号称八闽第一山，有两条水在此发源，一条入江西，一条入福建。铺壁上有前人题诗，主旨强调南流与北流都是水，水何尝有分别。朱熹见诗，联想到日前与陆九渊的争论，顿生诸多感悟，便反其意而用之，挥毫也题一诗：

> 水流无彼此，地势有西东。
> 若识分时异，方知合处同。

随行弟子纷纷解读，还征询其意见，朱熹笑而不答，最后只说："观者请下一转语。"对诗意不宜拘执，应该活参。

眼看着涓涓之水向下游流去，朱熹油然有感："天下事，大概既是有恒，方做得成。尝观分水岭之水，其初甚微，行一两日，流渐大，至到建阳，遂成大溪。看来为学亦是有恒，方可至于圣人。"从分水岭上细流联想到学术的坚守，他决心锲而不舍，持之以恒，构建自己的学术体系，把理学推向前所未有的新高度。

这时，朱熹的心境比起鹅湖之会最后几天也更涵容开阔。出于学术自信，朱熹确有以道统自任，"别白是非，分毫不贷"的倾向。反思鹅湖之会伊始，他迫不及待指望驳倒对手，好在吕祖谦"朝夕相处，当得减损"，他对此是衷心感铭的。心态一调整，朱熹对陆氏昆仲的印象随之改观，认为他们"气象甚好"，而"操持谨质，表里不二，实有以过人者"。在了解了"厌世学之支离，新易简之规模"的陆学主张后，他对朱陆异同的认识也更加清晰。朱熹认为，陆学之病在于"尽废讲学，而专务践履"，完全忽视了"惟学为能变化气质"，却一味要人在践履中"提撕省察，悟得本心"，容易"流于异学"，即转向顿悟的禅学。这种偏向仍是必须纠正的，但他也觉察到，纠偏只能通过商量、探讨与辩论，正如鹅湖之会，"讲论之间，深觉有益"。从分水岭上水流东西，朱熹联想到与陆学的异同：双方出发点都为了弘扬人的仁义之心，并无不同处；而在如何彰显本心上取径有差异，也就导致了朱陆之争；但路径优劣却是应该辨清楚的，只有这样，才能知道双方终极目标是共同的。经过鹅湖之会，朱熹在分水岭上对朱陆异同有了全新的认识："知其同，不妨其为异；知其异，不害其为同。"

归途上，陆氏兄弟也在回味。陆九渊觉得，论辩之初，尽管朱熹未臻"无我"之境，自己却更粗心浮气，多亏吕祖谦"调娱其间，有功于斯道"，但他对自身立论却执之弥坚。陆九龄以为，会上自己未必都在理，表示回去要平心静气，"着实看书讲论"。

淳熙六年春天，朱熹扶病赴铅山等候朝命，陆九龄与门人来访，在当地观音寺讲论三日。陆九龄每有议论，必引《论语》，对朱熹为学之法，已表现出某种认同。既然在铅山再会，自然要说及那年鹅湖之会，朱熹吟诵了追和陆九龄的新作：

> 德义风流夙所钦，别离三载更关心。
> 偶扶藜杖出寒谷，又枉篮舆度远岑。
> 旧学商量加邃密，新知培养转深沉。
> 却愁说到无言处，不信人间有古今。

首联说他对陆九龄钦敬关切之情，颔联说自己偶尔扶杖出闽，感谢陆九龄远道造访。颈联表示学术异同只有平等商榷，才能促进旧学新知更趋邃密深厚。尾联说学术上的切磋一旦到达默契之境，真不知道世上还有什么古今之别。和诗磊落坦荡，让陆九龄感动，他逐渐转向了朱学。

不久，朱熹出知南康军，随即修复白鹿洞书院，亲任洞主，制订了著名的《白鹿洞书院学规》。淳熙八年初春，他真诚延请陆九渊前来讲学。陆九渊率弟子六人应约赴会，受到热烈欢迎。主客泛舟快谈，朱熹对其说："自有宇宙以来，已有此溪山，还有此佳客否？"他请陆九渊在白鹿洞书院升席，开讲《论语》"君子小人喻于义利"章，自己亲率僚友弟子到讲堂恭听。陆九渊的讲演仍坚持己见，却发挥得淋漓尽致，论说得恳切明白。朱熹称赞他"说得来痛快"，"切中学者隐微深锢之病"，特地请他写下这次《论语讲义》，刻石存世，"以警学者"。

听说朱陆再次会晤论学，吕祖谦扶病函询朱熹："陆子静留得几日，讲论必甚可乐，不知鹅湖意思已全转否？"而后劝勉朱熹，求同存异"在吾丈分上，却是急先务"。朱熹虽未必认同陆九渊全部论说，却已认识到"人心不同，所见各异，虽圣人不能律天下之人"，心胸态度也较之鹅湖之会时更为浑涵博大，这也反映在他致吕祖谦的覆函中：

子静近日讲论，比旧亦不同，但终有未尽合处。幸其却好商量，亦彼此有益也。

朱陆白鹿洞之会的当年八月，吕祖谦去世。次年，辛弃疾定居信州。淳熙十五年隆冬，陈亮到访辛弃疾的期思（在今江西铅山东南）新居，这里离鹅湖不远。出发前，陈亮约朱熹出闽同聚，但他终未成行。陈亮不仅是思想家，更与辛弃疾同为豪放派词人，两人共游鹅湖，热议世事，或高歌痛饮，或长夜吹笛，中宵起舞，忧国挥泪，快晤十天，才依依分手，留下好几首《贺新郎》名作。这次词坛双雄会，后人也称为鹅湖之会，却不及朱、吕、二陆那次来得有名。

南宋后期，有人在鹅湖寺建起四贤堂，纪念朱熹、吕祖谦与陆氏兄弟。淳祐十年（1250），时距鹅湖之会75年，江东提刑蔡抗将鹅湖寺改为书院，奏请理宗，赐额"宗文"。一般人却称之为"鹅湖书院"，列为纪念那次聚会的名迹。

鹅湖之会无疑是一大胜会。随着时世推移，它的意义已经超越理学的畛域，过度咀嚼这次会上朱陆之争的是非短长，反倒流于陈词滥调。在我看来，鹅湖之会的最大价值在于，它开创了中国思想学术史上一种非官方主导的学界平等对话模式，正是有赖于这种学术对话，宋学才迎来第二高峰期的辉煌；后人何妨从中获得启示，将这种借助平等对话达到求同存异的思想路径，不仅坚持于学术领域，进而推广到整个文化领域乃至社会领域。

元人有诗吟咏鹅湖胜迹："每怀朱陆谈经处，牢落空山几夕晖。"我想，总不该让历史上有过的平等对话模式，成为空山夕晖吧！

吃菜事魔及其他

据说，开国不久，宋太祖视察大相国寺，来到佛像前，问陪同的高僧应否跪拜，那位高僧得体地答道："现在佛不拜过去佛。"太祖会心一笑，即为定制。确实，宗教这玩意儿，对统治阶级和被统治阶级来说，都是一把双刃剑。统治阶级最希望让各种宗教都尊其为现在佛，最担心某些宗教流为异端，争取民众，危及统治。而对被统治阶级来说，宗教既能成为麻醉他们的精神鸦片，也能鼓动他们掀起反抗的风暴。吃菜事魔就是这样的宗教异端。

宋代以前：摩尼教的东来与南传

吃菜事魔是宋代官方对明教的侮辱性叫法，明教在宋代以前称为摩尼教。摩尼教是外来宗教，创始人摩尼（Mani）是生活在公元 3 世纪的波斯人。其根本教义认为：光明和黑暗为二宗，初际、中际和后际为三际；在天地未成的初际，光明和黑暗各有自己的王国，光明王国是种种的善，黑暗王国有种种的恶；世界既创以后为中际，此期黑暗侵入光明王国，遂有光明王国的主宰大明神领导的向黑暗的斗争；大明神最后派出先知摩尼，在摩尼和摩尼教的引领下，光明终于在后际彻底战胜了黑暗，两者又各自回归原先分离隔绝的王国。

摩尼的布教活动及其教义对波斯正统的琐罗亚斯德教和贵族统治构成威胁，277 年，萨珊王朝的瓦拉姆（Vahram）一世以一国之尊亲自主持审判达 26 天之久，摩尼教被指为邪教，摩尼被钉死在十字架上，剥了皮填了草，挂上城门以儆效尤，其殉教的悲壮绝不亚于耶稣，摩尼教徒称之为"明使受难"。不难发现：在摩尼教的三际说里，中际的苦难正是中世纪东西方下层民众现实苦难的折射；而对初际的缅怀和对后际的向往，无疑又是对这种现实苦难的抗议。因而摩尼殉难以后，摩尼教西传和东渐的势头并未挫减。它在西传过程中被基督教视为异端，用房龙的俏皮话来说，"摩尼教徒成了中世纪的布尔什维克"。

摩尼教在东渐过程中，佛教色彩越来越浓，初入华土时居然被视为佛教的一支，此事倒不愧为具有中国特色的外来文化成功范例。西方文献或说摩尼曾来华传教，似难置信。汉文史料中明确记载摩尼教流传中国的最早年代为武则天延载元年（694）。这年，一位称作拂多诞的波斯摩尼教徒入朝献《二宗经》，武则天饶有兴趣地留他在朝授经。其后直到开元年间，在西方被认为邪教异端的摩尼教，在中土反得以合法传布。这一对照也许正体现了大唐盛世那种恢宏的开放精神，它有充分信心断定自身的统治决不是异端邪说所能蛊惑摇撼的。

开元二十年（732），唐玄宗下诏：摩尼教"本是邪见，妄称佛教"，应严加禁断；但对信奉摩尼教的境内"西胡"，仍尊重其信仰自由，远不像后代那样"除恶务尽"。在"西胡"中，协助李唐王朝平定安史之乱的回鹘奉摩尼教为国教，因而天宝以后摩尼教随着回鹘徒众的东往西来，言传身教，迅速向中原和江南流播，不仅都城长安，洛阳、太原、荆州、扬州、洪州、越州等地都建起了摩尼教的大云光明寺。不过，唐朝以安史之乱为界由盛转衰，天宝以后只能眼睁睁地坐视摩尼教争夺民众；骨子里则对流行本土的摩尼教已丧失了那种兼容并包的气度和自信力。因而在会昌三年（843），唐武宗趁回鹘国破西迁之际，便迫不及待地下令：天下摩尼寺都籍没入官，公开焚毁摩尼教经像，勒令摩尼教徒还俗。这一切成为两年以后武宗灭佛的前奏，京城72名女摩尼教徒在这场法难中丧身，滞留中土的回鹘摩尼教徒配流诸道，死者大半。此后，摩尼教转入地下，并进一步向东南沿海秘密渗透。

五代后梁贞明六年（920），母乙、董乙以摩尼教为旗帜，在陈州（今河南淮阳）起义，据说，其徒"画魔王踞坐，佛为洗足"，宣称"佛是大乘，我法乃上上乘"，也就是说摩尼比释迦牟尼还要高明。这是会昌灭佛后摩尼教的首次亮相，其后来的每一次新登场，几乎无不和下层民众的反抗狂飙相结合，摩尼教徒也终于成了中国中世纪的"布尔什维克"。

北宋：从明教到吃菜事魔

据徐铉的《稽神录》载，泉州有"善作魔法者，名曰明教"，曾为人持经驱鬼。徐铉生活在五代宋初，足证入宋前后摩尼教已称为明教。这种以教主命名改为以教旨命名的更动，似更合乎中国人的习惯。宋真宗时，张君房主修《道藏》，大中祥符九年（1016）和天禧三年（1019）先后两次下敕命福州献上《明使摩尼经》编修入藏；一说是当地有个大款买通了主持者，让他把《摩尼经》入藏，以便为明教争取合法地位。不论何说为是，此事表明：尽管已有正统眼光视其为"魔法"，但宋代统治者显然还未把它当作一回事。这时的统治阶级似乎还没有完全丧失自信力，还没有惊惶失措地要把流传民间的明教消灭在萌芽状态。

在其后近一个世纪里，未见有关明教的直接史料，只能推测它并不张扬地从福建传至温州，波及两浙。直到宋徽宗崇道，再修《道藏》，政和七年（1117）与宣和二年（1120），由礼部两次命温州送明教经文入藏。入宋以来的百余年间，明教水波不兴，表明它充其量还只是抚慰信徒苦难的一帖麻醉剂。但对社会底层的苦难民众来说，宗教异端在抚平创痛和激起反抗之间是很容易转化的，其临界点的坐标即定在苦难的程度和民众的忍耐力的交叉点上。从这个意义上说，异端邪说倒不失为测试社会是否稳定健康的试剂：社会越是安定有序，异端邪说便越是没有市场；一旦到了异端邪说不胫而走，争夺到浩浩荡荡的民众时，这个社会的秩序、机制乃至其本身的现实合理性，一定是出了大问题。

北宋到了徽宗后期，君臣祸国，社会危机已如干柴独缺烈火了。皇帝不能反，民谚就直斥蔡京和童贯等奸贼："打破筒（童），泼了菜（蔡），便是人间好世界。"明教正是在这种背景下出来收拾人心的。据《鸡肋编》说："始投其党，有甚贫者，众率财以助，积微以至于小康矣。凡出入经过，虽不识，党人皆馆谷焉。人物用之无间，谓为一家，故有无碍被之说，以是诱惑其众……其说经如'是法平等，无有高下'，则以'无'字连上句，大抵多如此解释。"明教在两浙传布尤为炽烈，政和四年（1114）有官员报告："明教行者，各于所居乡村，建立屋宇，号为斋堂。如温州共有四十余处，并是私建无名额佛堂。每年正月内，取历中密日，聚集侍者、听者、姑婆、斋姊等人，建设道场，鼓扇愚民男女，夜聚晓散。"徽宗这才感到问题的严重，颁下御笔：拆毁所有明教斋堂；限期焚毁明教经文；严惩为首之人；设立赏格，奖励告发。

然而，社会危机既然到达了临界点，一切都为时已晚。时隔六年，方腊就喊出了"东南之民，苦于剥削久矣"的不平之鸣，以明教相号召，树帜起义，应者云集，达数十万之多，席卷六州五十二县。方腊起义和明教的关系印证了恩格斯那段有名的论述：在中世纪，"对于完全受宗教影响的群众的感情说来，要掀起巨大的风暴，就必须让群众的切身利益披上宗教的外衣出现"。北宋统治者这下才算真正领教了宗教异端所潜藏的巨大力量和所构成的可怕威胁，立即作出了全面取缔的决定。

既然定明教为邪教，就要给它一个恶谥。考虑到明教主张素食，以菜蔬为主；其奉事的教主摩尼，音与魔同，诬指其为吃菜事魔或魔教，应是统治者自然而然的思路。对此，宗教史家陈垣指出："摩尼教治己极严，待人极恕，自奉极约，用财极公，不失为一道德宗教。当信仰不自由之世，以无大力者为之护法，遂陷于左道惑众之条，可叹也！"从此以后，吃菜事魔不仅用以指明教，还几乎成为宋代与明教形迹相似的所有异端宗教的代名词。

南宋官方：法禁愈严

方腊起义后数年，北宋随即覆亡，但南宋对吃菜事魔的取缔不仅不稍宽贷，反而更为严酷。自绍兴初年起，高宗一再颁布禁令：吃菜事魔或夜聚晓散传习妖教者绞；从犯流配三千里，妇人管制千里之外；鼓励各色人等或信徒告发或自首。短短几年间，因告发株连，被籍没流放者不计其数。绍兴四年（1134），有官员承认：两浙州县在"方腊之后，法禁愈严，而事魔之俗，愈不可胜禁。州县之吏平居坐视，一切不问则已；间有贪功或畏事者，稍踪迹之，则一方之地，流血积尸，至于庐舍积聚、山林鸡犬之属，焚烧杀戮，靡有孑遗。自方腊之平至今十余年间，不幸而死者不知几千万人矣"。这种镇压扩大化所涉及的地区不限于东南诸路，持续的年代也不限于南宋初年。大约南宋中期，有一个名叫王炎的官员奉命赴湖北蒲圻讯问吃菜事魔者，发现其间因捕风捉影、深文周纳而颇多冤滥，感慨地"作诗悯之"：

> 俗愚有星误，吏议多深文。
> 怒言必溢恶，疑似恐不根。

黔首亦何罪，可悯不可嗔。

大道若返古，怪说难眩民。

最后两句说：世道倘若真是好的，那些个异端邪说能蛊惑老百姓吗？在吃菜事魔问题上，宋代似乎还找不出比王炎更一针见血的深刻议论和进步见解了。

然而，正如房龙所说：官方的不宽容权力浩大，它可以置无辜的人于死地。而统治者往往误认为这种权力是无所不能的，意识不到这是在为渊驱鱼、为丛驱雀，反会迫使异教信徒们协力同心，殊死反抗。绍兴初年，有一份《乞禁妖教札子》指出："两浙、江东西，此风方炽，倡自一夫，其徒至于千百为群，阴结死党。"绍兴中期，又有官员上疏：婺州"乡民多事魔，东阳、永康尤甚，根株连结，虽弓手土兵，躬受其法，盖不如是则其家不安。故一处有盗，他邑为盗用者，已不可胜计"。朝廷要求州县防患于未然，但谈何容易，正如另一位官员所哀叹的："事魔之迹，则诡秘难察，以故事未发作，则无非平民，州县虽欲根治，却虑未必得实。"真是轻也轻不得，重也重不得。

封建舆论动用了各种手段来对付吃菜事魔。朱熹出知州郡，贴出《劝谕榜》警告小民：不得传习魔教；保内之人，知情不报，一并连坐。——他做梦也不会想到，几年以后自己竟也被政敌诬为吃菜事魔。台州知州李谦还创作劝善诗，张榜劝民："此是邪魔名外道，自投刑辟害儿孙。"

最令统治者头痛的是，吃菜事魔竟像癌症一样向统治阶级内部扩散。绍兴十五年，高宗发现官军内也有吃菜事魔的兵士；绍兴二十三年，武臣孙士道向太府寺丞史祺孙、大理正石邦哲、谢邦彦传授"魔教"法术。为戒来者，高宗动用了法律和行政的双重手段，把孙士道打入大牢，将文臣们免去官职。三年以后，谢、石复职，分任浙西提刑和大理寺丞，却信教如故，与浙西常平司马倬同赴朝散郎曹云的"吃菜之会"，事发，曹云发配郴州居住，其他官员一概罢官。难怪绍兴末陆游进奏说，"至有秀才、吏人、军兵亦相传习……白衣乌帽，所在成社"，这正表明，吃菜事魔甚至在军队、士人和官吏中也赢得了为数众多的忠实信徒。

明教既被朝廷指为邪教而予以打击，在鼓励小民百姓互相告讦的同时，士大夫的党争也抡起了这根大棒。据《夷坚三志》己卷记载，有个名叫张才甫的中央高级武官，信仰净土宗，仿效慧远白莲社的雅事，与僧俗结为念佛会，却被御史诬指为白衣吃菜，一纸弹劾状把他给涮了。他在受到处理后，填词一阕，自嘲之余对官方深致不满。词云：

> 远公莲社，流传图画，千古声名犹在。后人多少继遗踪，到我便失惊打怪。
>
> 西方未到，官方已到，冤我白衣吃菜。龙华三会愿相逢，怎敢学他家二会。

庆元党禁时，韩侂胄的党徒沈继祖弹劾朱熹时，也诬陷他"剽窃张载、程颐之绪余，寓以吃菜事魔之妖术，簧鼓后进……以益其党伍，潜形匿迹，如鬼如魅"。吃菜事魔居然成了整肃政敌的致命武器，令人感到森然逼人的一股寒气。

南宋民间：相率成风

尽管官方以朝廷刑辟相恫吓，以家庭亲情相劝诱，但吃菜事魔在民间始终时暗时明、或暗或明地流行着。据《老学庵笔记》记载，福建"有明教经，甚多刻版摹印，妄取《道藏》中校定官名衔赘其后"，弘教出版物堂而皇之地公开出版，还拉上名流学者自增身价；甚至连士人、宗室之辈也在大庭广众前宣称：今日赴明教斋，其得意之态不亚于赶场子赴吃请；或者指着名族士大夫第宅说：这家也是明教，其攀附劲儿几与后来拉政要大老出任社团顾问同出一辙。有人诘问："这是邪教啊！怎么和它搞在一起？"他们还会辩白道："不对。男女无别的是魔教，男女不亲授受的是明教。"

宋室南渡后的动荡百年间，吃菜事魔一直活跃在东南地区。绍兴中，据范浚调查：江浙"绵村带落，比屋有之。为渠首者，家于穷山僻谷，夜则啸集徒众，以神怪相诳诱，迟明散去"。大约乾道末，据王质访闻，江西"弥乡亘里，诵经焚香，夜则哄然而来，旦则寂然而亡。其号令之所从出而语言之所从授，则有宗师。宗师之中有小有大，而又有甚小者。其徒大者或数千人，其小者或千人，其甚小者亦数百人。其术则有双修二会、白佛金刚禅"。淳熙八年（1181），有官员奏："吃菜事魔，夜聚晓散，非僧道而辄置庵寮，非亲戚而男女杂处。所在庙宇之盛，辄以社会为名，百十为群，张旗鸣锣，或执器刃，横行郊野间。"庆元四年（1198），有奏状说，浙西"一乡一聚，各有魁宿。平居暇日，公为结集，曰烧香，曰燃灯，曰设斋，曰诵经，千百为群，倏聚忽散"。嘉泰二年（1202），又有报告称，"比年以来，有所谓白衣道者，聋瞽愚俗，看经念佛，杂混男女，夜聚晓散，相率成风，呼吸之间，千百响应。江浙于今为盛，闽又次之"。

正因为吃菜事魔在民间禁而不止，传习成风，因而一有气候，即生事端。南宋立国后的百余年间，与魔教有关的民众起义隔三岔五地此伏彼起：建炎四年（1130），"魔贼"王念经在江西贵溪聚众起义，信州、饶州数万民众纷起响应；绍兴三年（1133），余五婆、缪罗在浙江遂安"传习魔法"，反抗官军，声震严、衢两州；绍兴十年（1140），浙江东阳"魔贼"谷上元率众起事；绍兴十四年（1144），安徽泾县"魔贼"俞一发动"事魔者"举义；绍兴二十年（1150），贵溪黄曾继王念经之后，再次"以魔惑众"，揭竿而起。距方腊起义一个世纪后，绍定元年（1228），陈三枪在赣州松梓山举义，声势波及三路十余州郡，起义坚持了七年之久。从义军先后奉张魔王、小张魔王为领袖等迹象推断，显然与吃菜事魔有关。也许是历史的巧合，宋代与吃菜事魔相关的民众起义，恰以方腊始而以陈三枪终，以方腊领导的规模为最大，以陈三枪坚持的时间为最长，两者倒是首尾呼应、前后辉映的。

由于朝廷的禁令，明教在流行中日渐披上佛道外衣。泉州石刀山麓早在绍兴年间即有龙泉书院，据说后因夜间常见书院后有五彩光华，就有僧人募资建寺，号曰摩尼寺，成为佛化的明教寺院。据黄震的《崇寿宫记》，位于浙东慈溪奇山秀水之间有崇寿宫，自南宋初年以来就是钦定的道观，不知何时改奉摩尼香火，宋宁宗嘉定以后日渐兴盛。其住持张希声与儒家学者黄震交契颇深，景定五年（1264）特函请他作记，声称：由于禁令，"摩尼之法之严，虽久已莫能行，而其法尚存，庶几记之以自警，且以警后之人也"，明确以弘传摩尼教法为己任。黄震以儒家立场诘问摩尼教的合法性，这位住持引用佛典、道经和儒书，最后还搬出大宋皇帝的诏敕，维护了自身存在的合理合法，硬是说服了黄震这位在当时颇有影响的儒家学者放弃初衷为他作记。当然，这也许由于黄震的叔祖黄仲清就是出身这座摩尼道院的道士，黄震的学术谱系里有着这位叔祖的深刻影响。但就凭为摩尼道院作记张目这点，当时倘若再有类似庆元党禁时对付朱熹那样的组织处理的话，黄震是绝没有好果子吃的。

元代以后：与其他异端宗教合流

明教受到取缔后，为了赢得生存空间，不仅尽量模糊与一般道佛的区别，还与其他异端宗教，尤其与白莲宗、白云宗互相渗透，约到宋元之际，三教相混，外人已经难辨彼此了。

元代混一区宇，前期对宗教采取开放政策，也承认明教和白莲教、白云宗的合法性。因而温州平阳有道化的摩尼教寺院名为潜光院，颇有明教学者隐迹其间；而泉州华表山山背之麓有草庵，奉祀摩尼佛，是至今仅存的佛化明教寺院。至大元年（1308）武宗即位，转而禁止白莲教和白云宗。白莲教转入地下，其再度大规模登场，挟带而来的则是元末农民战争的狂飙。明教在元代中后期的活动罕有记载，但据明史专家吴晗考证，朱元璋倒是明教徒出身，大明的国号出自元末农民战争领袖韩山童、韩林儿父子的大小"明王"，而明王之号则出于明教的《大小明王出世经》，所以大明王朝倒可视为明教结成的正果。这些依约明灭的蛛丝马迹，给金庸在《倚天屠龙记》里的明教背景留下了驰骋想象的广阔余地。

　　明太祖借异端而建大统，一朝为帝，却深恶明教，"嫌其教名上逼国号，摈其徒，毁其宫"。《大明律》把明教和弥勒教、白莲教、白云宗都列为"左道乱正"的邪教，"为首者绞，为从者各杖一百，流三千里"。但直到万历末年，即 17 世纪初，福建民间传习明教的仍有其人。朱元璋因明教而发迹是一回事，是否真为天下后世黎民百姓带来光明则是另一回事。当民众发现根本问题远未解决，而社会危机再度激化到临界点时，明教以及其他宗教异端依然可以被人民的反抗所利用。明洪武三十年（1397），陕西田九成起义自号汉明皇帝；成化十一年（1475），贵州石全州起义也自称明王。吴晗认为，这些起义与明教或多或少是有联系的。实际上，有无这种联系已并不重要，因为只要深层棘手的社会问题依旧存在，宗教异端在任何朝代都是禁不胜禁的。君不见：明教尽管似乎因禁而衰，但明清两代明令禁绝的白莲教，与其有关的起义却不绝于史，也足令统治者失声惊呼："小人暴动真厉害！"

《便桥图》里的华夷变奏

两宋立国三百余年间，一再受到北方骑马民族的南牧进逼。宋与其先后并存的辽、西夏、金、蒙元等政权之间，既无不视对方为敌国，彼此之间各自秉持着强烈自觉的民族意识；又无不主张"天下一家"，而自称"中国"。这种民族意识的凸显与高涨，对汉族政权而言，便是高调重倡"尊王攘夷"，强调以夏变夷，夷不乱华，维护中国的大一统；对诸民族政权而言，则是统治民族之民族本位主义的觉醒，坚持南北政权的对等交往，力主华夷番汉之"久为一家"。（《金史·卢彦伦传》）

民族意识的空前自觉，既已构成这一时段意识形态的一大主题，自然也执拗地投射到文化诸层面，包括绘画领域。北宋李公麟的《免胄图》（《郭子仪单骑降虏图》）摹绘了名将郭子仪不著甲胄，单骑径入回纥阵中，说服其首领率回纥大军，联手大破吐蕃的泾阳之围。在郭子仪谈笑降虏的画面背后，已蕴涵着画家对民族命运的莫名隐忧。及至宋室南渡，面对政治空间与地理空间的双重逼仄，民族意识进而凝聚为恢复情结与大义名节。南宋四家俱以山水见长，但李唐与刘松年却都有历史人物画的佳作传世。李唐以《采薇图》歌颂伯夷、叔齐的气节，借

《晋文公复国图》表彰重耳的复国精神，寓意呼之欲出。刘松年在《中兴四将图》中明确企盼"中兴"，寄托了挥之不去的恢复情结；而在他的《便桥见虏图》里，民族意识更是跃然纸上。

《资治通鉴》记载了便桥见虏的故事：武德九年（626）八月，玄武门之变仅过月余，刚接受禅位的唐太宗席不暇暖，东突厥颉利可汗便乘隙南下，大军直达渭水。在内外交困而长安告急的存亡之秋，唐太宗审时度势，大智大勇，仅率房玄龄等六骑驰抵便桥。接着，便是刘松年意欲艺术再现的历史场景：唐太宗"与颉利隔水而语，责以负约，突厥大惊，皆下马罗拜"，终于震慑住对手，双方"盟于便桥之上"。当然，后续故事更鼓舞人心：突厥退兵，长安解围，贞观之治顺利开局；仅过四年，唐太宗便荡平突厥，生擒颉利。

明季崇祯年间，这幅名画最早先后经郁逢庆《续书画题跋记》与汪砢玉《珊瑚网》先后著录。郁氏著录为"刘松年《便桥见虏图》"，汪氏则著录为"刘松年《便桥见敌图》"，后者显然有所讳改。到清康熙编定《御定佩文斋书画谱》时，已著录为"刘松年《便桥图》"，索性把"虏""敌"之类麻烦全都剜改干净。但其后不久，卞永誉在《式古堂书画汇考》里仍将其录作"刘松年《便桥见□图》"，空格原注"阙"字，应是虑及清朝对"虏"字的顾忌，却也反证了刘松年原题就作《便桥见虏图》。

这幅名画经康熙朝《御定佩文斋书画谱》与《式古堂书画汇考》两度著录，其后便神龙无踪，是否存于天壤之间还大成问题。但郁氏著录时全文转抄了大德五年（1301）秋日赵孟頫在时隔三十余年后再赏名画时的题跋，兹转录其画面描述文字云：

> 突厥控弦百万，鸱张朔野，倾国入寇。当时非天可汗免胄一见，几败唐事。读史者至此，不觉肤栗毛竖。于以见太宗神武戡定之勋，蛮夷率服之义，千古之后，画史图之，凛凛生色。此卷为宋

刘松年所作。便桥渭水，六龙千骑，俨然中华帝王之尊。虽胡骑充斥，而俯伏道傍，又俨然詟服听从之态。山川烟树，种种精妙，非松年不能为也。

从题跋可知，刘松年以唐太宗为画面主角，展现了"六龙千骑"的历史场景，着力渲染这位天可汗作为"中华帝王之尊"的"凛凛生色"，表彰其"神武戡定之勋"。而与此形成鲜明对照：尽管"胡骑充斥，而俯伏道傍，又俨然詟服听从之态"，强调的正是"蛮夷率服之义"，表达的却是南宋政权下的民族意识，艺术地彰显了欧阳修标举的民族论："四夷不服，中国不尊。"（《本论》）

引起笔者兴趣的是，浙江大学出版社推出的《宋画全集》第一卷第八册收入了北京故宫博物院收藏的《便桥会盟图》，作者陈及之，标为辽代画家（也有研究者考证其是元代画家，参见余辉《陈及之〈便桥会盟图〉卷考辨：兼探民族学在鉴析古画中的作用》，载《故宫博物院院刊》1997 年第 1 期）。可以肯定的是，尽管是同一母题，陈及之《便桥会盟图》纯用白描笔法，倘若对照文璧在正德十五年（1520）题跋刘松年《便桥见虏图》时强调此图"丹青炳焕，布置闲雅"。（文璧的跋文亦载郁氏《续书画题跋记》）与郁氏著录刘松年图时特别交代"在绢素上金碧山水"，不言而喻是两件作品。

陈及之的长卷动用约三分之二篇幅，生动摹写胡人行军、骑射、马术、马球等骁勇善战、彪悍雄武的场面，突厥人皆和颜悦色，某些胡人表演马术的表情更是幽默诙谐。仅以三分之一篇幅描绘会盟场景，既不像赵孟頫说刘松年所画那样，"胡骑充斥，而俯伏道傍"，而仅有一人（或是颉利可汗）匍匐跪地，恭迎唐太宗；其他胡人流露的也全然不是刘松年笔下的"詟服听从之态"，脸上神情多是期待与新奇。至于坐在辇车中的唐太宗，也未见其色凛凛然，倒是颇安详平静的神态。

同一母题的两幅画作，一是居高临下地题作"见虏"，一是对等相待地题作"会盟",各取所需地表达了各自政权的民族意识与政治倾向。《见虏图》出自南宋画家刘松年之手,宣扬了南宋才是中国正统所在的政治思想;《会盟图》出自契丹族(或蒙古族)为统治民族政权下的画家陈及之之笔,传达的则是少数民族政权中业已觉醒的民族本位主义倾向。我们常说,每一时代的思想都是统治阶级的思想。两幅名画同一题材,背后却呈现了不同政权下民族意识与政治思想的差异,其思想史价值值得重视。

有意思的是,明末陈继儒在鉴赏了刘松年《便桥会盟图》后,在其文集《白石樵稿》中也留下了一篇跋语。他在跋语中追述了历史:颉利归降时,唐太宗因其便桥会盟以来,"不复大入为寇,以是以得不死"。为庆贺突厥归降,太上皇唐高特地邀集了诸王、王妃与公主,在凌烟阁置酒,召太宗及其贵臣十余人,席间太上皇亲弹琵琶,唐太宗起舞;贞观七年,太上皇又在未央宫设席款待颉利与其他少数民族首领,"上皇命颉利起舞,南蛮酋长皆咏诗"。说完这段故事,陈继儒感慨道:

> 余谓便桥之盟,犹近城下,宜写未央宫、凌烟阁二图,铺张胡越一家气象。此千古大快事,故识卷末,以俟后之刘松年其人者。

在陈继儒看来,便桥会盟毕竟近乎城下之盟,还不如未央宫庆贺与凌烟阁款待更令人快慰,故企盼再有刘松年那样大画家能见诸丹青。这位载入《明史·隐逸传》的海上"异人",且不论在一般人看来是遁世之辈,也有研究者认为是入世之士,他在近四百年前,竟能秉持"胡越一家"的民族意识,比起当下某些死磕"崖山之后无中国"的大汉族主义论调来,其高明通达不啻以道里计!

有唐在前，宋代如何促成了文化的别开生面

众所周知，词在中唐前后初露头角，及至晚唐，文人倚声填词已成时髦；进入宋代，词的成就远在诗文之上，继"好诗都被唐人做尽"后，成为有宋一代的标志性文体。中国绘画史素以宋元并称高峰期，宋代书法在唐代"尚法"之后也别开生面。市民文艺凭借瓦子勾栏的新平台异军突起。说书促成了白话小说与文言小说的此长彼消，经宋元时期的孕育，为长篇白话小说的诞生创造了可能。宋杂剧继唐之后在表演程式与角色设定上趋于成型，与晚宋南戏分别为元杂剧与明传奇馈赠了奠基礼。这些独领风骚的文化现象之所以出现在宋代，有必要从诸方面探寻其根本原因。

一、崇文国策发挥了引领效应

上承唐朝的开放，北宋立国之后，就对思想学术与文学艺术制订了宽松兼容的基本国策，在广开科举、兴办学校、优待文士、创设机构、编纂文献等崇文政策上，其实施力度超迈唐代。《宋史·文苑传序》指出：

> 自古创业垂统之君,即其一时之好尚,而一代之规橅可以豫知矣。艺祖(指宋太祖)革命,首用文吏而夺武臣之权,宋之尚文,端本乎此。太宗、真宗其在藩邸,已有好学之名,作其即位,弥文日增。自时厥后,子孙相承,上之为人君者,无不典学。

这段论述,虽略有夸饰,但宋代君主"留意艺文"却非虚言,总体文化修养在列代人君中也位居前茅。艺文全能的宋徽宗自然无庸费词;仁宗擅"飞白",凭借《清平乐》一剧的热播渐为人知;宋高宗书法实更有造诣,还擅"小笔山水";其他皇帝也几乎都善书或能书。自宋太宗起,翰林书艺局、翰林图画院、画学与画院先后创辟,经专业技艺考核而荣宠待诏、祗候等名位;此外,北宋皇帝还钦命编纂了《淳化阁帖》《宣和书谱》与《宣和画谱》等艺术谱录,宋徽宗更亲自评骘画学试卷的高下优劣。崇文国策的确立,君主好尚的导向,"上有好者,下必甚焉",对包括文学艺术在内的整个宋代文化势必起着示范引导之功。

二、社会经济奠定了物质基础

宋代社会经济空前繁荣,农业生产力明显提高,手工业分工渐趋细密化与专业化,商品流通迅速发展,城镇化进程不可阻遏,这些构建了两宋文化的先决条件与坚实基础。

入宋以后,印刷术的普及与改进产生了划时代的影响。话本小说的繁复书写、及时印刷与广泛流传,即拜其之赐。印刷术还携手日趋精良的造纸、制墨业,使法帖摹刻水到渠成,由此催生的帖学有力推动了书艺的普及与提高;与此同时,早期版画年画的呱呱堕地,雕版印刷工艺也是不可缺席的助产婆。

就城市经济而言,伴随着坊墙的倒塌,商业区与居民区融为一体,商品市场欣欣向荣，人口流动频率加剧，市民阶层持续扩容。他们在物质层面享受经济利好的同时，自然萌生出文化消费的诸多诉求，瓦子勾栏便应运而生。歌伶舞伎在市井勾栏按管调弦，吟咏文人新填的长短句，满足各色人等怡情休闲的精神生活，词便在艺人吟唱、词家创作与受众追捧的合力推挽下，稳稳坐上了宋代文艺的头把交椅。说话与话本在勾栏演出中占据了主导地位，杂剧与南戏也相继成为市民观剧的新宠。社会经济开创的城市新格局，既为风俗画奉上了《清明上河图》式的全新题材，也引发了市民各取所需的书画消费，装饰性与鉴赏性书画进入市场；由行业细密化催生了装裱业，卷轴装池开始服务于书画消费。

无论新词咏唱，还是书画流通，抑或勾栏演出，既然都无力抗拒文化消费市场化与专业化的时潮裹挟，唯有不断精益求精，维护并提升自身的艺术声誉。由此可见，社会经济的繁荣发展才是宋词、书画与市民文艺大放异彩的原动力。

三、社会转型拓展了创作群体

及至宋代，非身份性地主成为统治阶级，其子弟精英借由科举选拔的渠道跻身士大夫官僚群；普通士人倘不入仕即无以享有特权，士农工商诸阶层相对趋于平等，整个社会呈现出平民化趋向。这些深广的社会变动扩充了宋词、书画与市民文艺的创作主体，也进一步促成这些艺文样式走向世俗化与平民化。

在宋代，士大夫阶层取代前朝的贵族士人，充任艺文创作的主体。就文人词而言，类似晏殊、欧阳修那样以文载道、以诗言志、以词言情，在士大夫精英中绝非个例。他们有意形塑"词别是一家"的艺术特色，来抒写个人的私情闲愁，宋词也鲜明形成了有异于唐诗的文体特征。在绘画领域，士大夫新意勃发地创作文人画，自觉将理想人格投射其中，为传统绘画吹入了新风。

在平民化的大趋势下，除了文人词，吟词唱曲的底层艺人中也颇有词的创作者（《全宋词》里不乏艺妓严蕊之类例子），甚至还有略通文墨的市民、工匠、僧道等下层民众。在年画、版画等贴近生活的画种里，创作者更多来自默默无闻的社会底层，他们与画院画师、文人画家三分画坛天下。少数士人科场失意，也不再介意转换身份，担当起话本、杂剧与南戏的无名创作者；那些下层艺人的演出虽据话本或脚本，但必然进行二度创作，其中有的可能就参与了原创的过程。

四、时代精神构成了多元辐射

随着唐宋之际的社会转型，宋代文化受到宋学潜移默化的熏染，具有相对理性的倾向；基于平民化趋势与士大夫主体意识，世俗化与个性化也渐成时代风气；外部与北方政权的严峻对峙，刺激了民族意识的觉醒与高扬。

在绘画领域，正如美术史家王逊指出，宋代"世俗的美术脱离了宗教的羁绊，而得到了独立的发展"；而人物画的显著特色，一是摹绘士大夫精神面貌（例如李公麟的《西园雅集图》），二是借助历史题材宣传淑世精神（例如佚名的《折槛图》不啻当世谏诤的古代版）；整个宋代画风蕴涵着精致含蓄、自然平淡的审美情趣。在市民文艺中，宋代说话最终取代了唐代讲经中的俗讲，俗讲底本转化为话本；平话、讲史、杂剧、南戏则随处流露出对礼教的维护与尊崇。凡此种种，都可视为理性意识的具体表现。

至于宋词，仰承俗字俗语俗文体的沾溉，摹写市民日常的众生相，相当妥帖地平衡了通俗化与平民化的双翼，也是其与唐诗分别夺得古韵文双璧的要因之一。宋代话本与唐人传奇立异，在语言上纯用世俗喜闻的白话，在题材上多以各色平民扮演角色，敷演他们的哀乐情仇，诚如冯梦龙所言："宋人通俗，谐于里耳……不通俗而能之乎！"宋代杂剧与南戏同样贯彻了这种世俗化与平民化的倾向。在绘画领域，民间版画多以平民生活入画自不待言；在应时勃兴的风俗画里，农妇、渔夫、村医、货郎、艺人，夜市、村店、闸口、耕获、纺绩，纷至沓来进入知名与佚名画家的画卷，在题材平民化上更开风气之先。

说到人性的坦露与个性的释放，士大夫精英恰当拿捏了崇尚理性与追求个性的合理张力，钟情于浅吟低唱的词，为人性与个性私藏了一方领地。在绘画领域，文人画崇尚的就是个性：以梅兰竹菊或林石山水作为风行的题材，以水墨淡彩的简笔写意渲染文人士大夫独有的韵味、情趣、意境与襟抱。这种倾向也凸显在人物画中，李公麟画中的陶渊明，梁楷笔下李太白，描绘的虽是古人，寄托的却是画家当下那傲逸不羁的个性。在书法上，宋人"尚意"，在唐人"尚法"之外另辟蹊径，既与文人画"写意"一脉相通，又融入晋人书法的"尚韵"，及至苏、黄、米、蔡而灿然大备却仍各具个性，苏东坡标榜"自出新意，不践古人"的八字宣言，宋人书风兀自开出了一片新天地。人性与个性并非士大夫专利，话本、杂剧与南戏更多彰显了底层民众活泼泼的人性与个性，其中女性形象尤其生动丰满（例如《快嘴李翠莲记》《碾玉观音》《错斩崔宁》里的女主角），她们义无反顾地追求生活，向往爱情，为达目的，甚至不顾礼法，其个性的张扬与人性的呼喊为前代所罕见。

民族意识的自觉苏醒，南宋远比北宋强烈。宋词自苏轼唱出"西北望，射天狼"以后，题材也从闲庭私闺拓宽到家国天下，借以抒发壮怀激烈，表达民族大义。且不说辛弃疾为首的辛派词风，即便从李清照《永遇乐》里对"中州盛日"的追怀，到姜夔《扬州慢》里对"胡马窥江"的悲吟，也都浸染着民族的哀愁。宋词至此，无论题材还是风格，作为一代文体终已修成正果，足与唐诗相继并称而无愧于各自的时代。在绘画领域，北宋李公麟《免胄图》等历史人物画，已然寄寓着对民族前途的隐忧。南渡以后，歌颂民族气节，企望中兴恢复，祈愿民族和睦，汇成历史人物画的浓烈底色，名作更是不胜枚举。在话本《宣和遗事》里，说话人在终场告白时的民族意识灼然可感："中原之境土未复，君父之大仇未报，国家之大耻不能雪，此忠臣义士之所以扼腕，恨不食贼臣之肉而寝其皮也欤！"另据南宋曲艺论著《醉翁谈录》，说话人都"破尽诗书泣鬼神，发扬义士显忠臣"，足见表彰尽忠报国与弘扬民族意识谱就了南宋说话的主旋律。

总之，经历了唐宋之际的历史剧变，在王朝政策、经济基础、社会结构与思想观念诸方面，宋代都形成了自身独具的时代特色。正是在这诸多因素的合力助推下，宋代创造出有异于唐型文化的宋型文化，而宋词、书画与市民文艺在这一时代大放异彩，归根究底，就是宋型文化对中国文化的卓越贡献。

朝代纵论

我们应该如何看待宋朝

大致以中唐为分界，中国历史在政治制度、经济结构、社会关系与思想文化诸领域都发生了重大变化。有宋一代，外部环境基本处于北方强邻压境的态势下，先是 1127 年北宋亡于金朝，南宋被迫立国东南；1279 年在与蒙元军队的厓山决战中，南宋最终覆灭。

宋朝的历史大势

我们站在当下，倘欲理性地评价宋代，首先有必要对两宋史做一个概览。

公元 960 年，袭用五代武将拥兵问鼎的故技，宋太祖发动陈桥兵变，建立了宋朝。开国以后，由他亲手擘划，再经其弟宋太宗完善，形成了一系列制度规范，称为"祖宗家法"，为中央集权的君主官僚政体开出了新局面。他与宋太宗推行"先南后北"战略，借助战争或和平的手段，至 979 年最终平定了南北割据政权，完成了中原王朝的相对统一。

自五代后晋起，作为中原王朝的稳固屏障，长城防线已南北易手转归辽朝掌控，宋太宗两度试图夺回，却在雍熙北征中终遭毁灭性打击，导致宋朝对北邻游牧政权产生了根深蒂固的畏惧心理，转而确立了守内虚外的基本国策。1005年初，宋朝遏制住辽军南下的势头，订立了澶渊之盟，以岁币为双方换来了长期和平。在随即与西夏的较量中，宋朝再处下风，仍以"岁赐"换和平收场。这种外交定式，也影响了南宋与金、蒙的折冲。

经过立国后的前期恢复，自北宋中期起，社会经济获得了长足的发展。手工业领域出现了所谓"煤铁革命"，铁产量与冶炼术均居世界之首，煤的采用促进了工艺技术与城市生活的进步，手工业分工的细密化与专业化程度大为提高。民营手工业比重上升，专业性"机户"开始出现，并不断发展。冶铁技术的改进促成了农具革新，梯田、圩田、湖田等大量开垦，全国耕田额大幅度增加。传统农业发生了重大变革，集约化经营模式基本定型，以经济作物为主体的商品性种植业的扩展与区域性专业化经营的形成，构成宋代农业的时代特征之一。

城市也一改前代隔绝的格局，打通了商业区（市）与居住区（坊）的坊墙，取消了城郭区别与宵禁制度，实行开放式管理。这就促进了传统的政治性城市向经济性城市的转化，工商贸易与文化消费的成分大为增强。城镇化速度随之加快：开封成为当时世界上最大的城市之一；大中城市外围，构织了县镇为拱卫的网络，市集则星罗棋布于网络末梢。城镇网络为城市社会的繁荣与市民文化的勃兴提供了平台。农业与手工业的发达，城镇网络的形成，促使商品经济也随之飞跃。不仅生产资料与生活资料，甚至文化消费，也都进入了流通领域，自然经济开始向商品经济的转型。11世纪初叶发行的"交子"，作为最早的纸币，标志着商品经济的总体水平。

但宋初以来崇文抑武、守内虚外的国策，致使"冗兵""冗官"与"冗费"积重难返，政府财政陷入困局。"不立田制""不抑兼并"的政策，也使小农经济往往濒临于贫弱无助的破产境地，群体性兵变与民变时有发生。为解决这些问题，范仲淹促成了"庆历新政"，却以夭折而告终。宋神宗重用王安石，把统治阶级自改革推向高潮。以富国强兵为目的，以理财为重心，王安石推出了一系列新法，也取得了相当的成效。但在应对改革力度与社会承受力，动机与效果，条文与执行，立法与用人等关系上，变法运动存在着一定的偏差，招致了不同政见官员与既得利益集团的激烈反对。在适当微调、巩固新法后，宋神宗着手中枢决策和职官制度的改革，进而试图解决西北问题，但两攻西夏均告失利，神宗抑郁而死。宋哲宗在位，先是"更化"派全面否定变法，继而"绍述"派继续推进新法，双方党同伐异，朝局反复折腾。

宋徽宗继位，借新法之名，行聚敛之实，变法彻底变质；同时全面放逐异见派官僚，以期与蔡京等代理人独掌中央控制权。到其后期，一方面人口突破一亿大关，社会经济跃上了新高度，城市繁荣尤其令人瞩目，这一切都形象展现在《清明上河图》中。另一方面朝政日趋腐败，经济严重破坏，盘剥变本加厉，深层次社会矛盾逐渐凸显，不同规模的民众武装反抗在各地此起彼伏。

宋朝决策者无视繁荣表象下的内在危机，与勃兴的金朝结盟夹击辽朝，却在军事行动中尽露马脚。金朝随即兵临东京城下，宋徽宗仓皇让位给宋钦宗。1127年，靖康之变，北宋转瞬间崩溃式灭亡。

就在徽、钦父子被掳北上当年，宋高宗以徽宗第九子即位南京（今河南商丘），成为南宋第一代君主。面对金军凌厉的攻势，他唯求自保，一路南撤。经南渡将领数年安内攘外，南宋方与金朝形成对峙之势，以临安府（今浙江杭州）为行都，确立了偏安之局。但宋高宗一味乞和，在岳飞大军一再获捷的形势下，强令撤兵，向金朝贡币割地称臣，签订了屈辱的"绍兴和议"。为求外交内政的双重稳定，宋高宗与代理人秦桧大权独揽，严酷镇压异见派官僚与在野士大夫，政局急遽转向专制甚至独裁，南宋政治进入最黑暗时期。但宋金和议终究是南北地缘政治相对平衡的产物，其后虽有金朝的正隆南侵，宋朝的隆兴北伐与开禧北伐，但任何一方都不足以打破平衡态势。几次短暂的兵戎相见，也未能逆转双方和平共处的总体格局。

宋孝宗在位，虽异论相搅以君权独断，但朝政相对宽松，言路相对自由，在北伐无望后致力于内部发展，思想文化与社会经济在北宋轨辙上继续前行，迎来了新的繁荣。各学派知名学者主持书院，传道讲学，切磋论辩，以朱熹理学、陆九渊心学与浙东学派为主体，上接北宋五子与荆公新学所代表的宋学高峰，迎来了宋学第二高峰期，由朱熹集大成的理学最终成为宋学的主流。

经济重心自安史之乱起由北向南倾斜，到北宋末年，南方耕地与人口数均占全国三分之二以上，经济重心南移大局已成。宋室南渡，北方人口再次大规模南徙，经济重心南移格局最终不可逆转。凭借造船技术的进步与航海罗盘的使用，以经济实力为强大后盾，克服了陆上商道受阻于夏、金的负面影响，宋朝大力开拓海上贸易，外贸地区、规模与税收远逾前代，自南宋起迎来了"海上丝绸之路"的黄金时代。城市经济更加发展，市民文化日臻成熟，南宋临安的繁盛程度超过了北宋开封。

家族制度从唐宋之际开始重新整合，以非身份性士绅为核心力量，以敬宗收族为指导思想，以小宗之法为基本原则，以族产为物质基础，以族谱为维系工具，以祠堂为活动中心，以家法、族规或"义约"为约束手段，新的宗族组织在南宋普遍形成，成为宋元以降社会结构的重要成分。

宋宁宗即位，大臣韩侂胄为排挤政敌，专擅朝政，以"伪学逆党"的污名迫害理学派官僚及其同情者，政治生态再度恶化。其后三朝，君弱臣强，专制模式呈现出权相专政的特殊形态，韩侂胄、史弥远与贾似道等递相专权。宋理宗虽一度更化，但成效有限。统治集团愈加腐败，社会矛盾日益尖锐，滥发纸币，财匮民困，强行公田，怨声载道，政局暗乱不可逆转。

随着蒙古的崛起，南宋趁蒙古南侵金朝之机，中止与金的和约，双方重开战端。宋理宗亲政，在联蒙灭金后随即进取河洛，受挫以后即与蒙古进入战争状态，在东中西三路战线上抗衡长达四十余年。宋度宗时，贾似道主政，对决定大局的襄樊之战失于驰援，终致陷落，元朝大军得以沿江东下，1276年进围临安城下，宋恭帝投降。朝臣先后拥立幼君帝昰与帝昺，辗转闽粤沿海，继续抗元活动。1279年，流亡政权连同其舰队在厓山决战中全军覆没，标志着南宋最终灭亡。

宋朝的珍贵遗产

严复说过：“若研究人心政俗之变，则赵宋一代历史，最宜究心。中国所以成为今日现象者，为善为恶，姑不具论，而为宋人所造就，什八九可断言也。”玩味其言，宋朝虽已远去，却是造就今日的重要朝代；宋朝遗产不胜枚举，但事关政俗人心而值得究心盘点的，显然应该聚焦于政治文化与精神文化的层面。

宋朝的政治文化遗产主要集中在制度设计与统治思想上。

先说制度设计。

宋朝确立文官体制，抑制武将势力，立国以后，在军事制度上创设了枢密院、三衙的新体制。中央禁军分为马军司、步军司与殿前司，三衙鼎立，互相牵制，改变过去由一将独领的做法，三衙主帅只有统兵权，没有发兵权。与此同时，另设枢密院作为最高军事机构，长官一般由文臣担任，只有发兵权，而无统兵权。每有征战，皇帝亲自命将，所命主将未必都是三衙之帅。宋朝实行强干弱枝、内外相制的方针。无论数量，还是质量，京师禁军都比地方禁军雄厚精良，旨在拱卫京师，弱化地方，此即强干弱枝。在禁军布防上，则一半驻守京城，一半分驻外地，合京城禁军足以对付外地一处的禁军，合外地禁军也足以对付驻守京城的禁军，不至于酿成外患内乱，此即内外相制。这些削夺兵权、改革兵制的措施，有效保证了军队的稳定，彻底终结了晚唐五代以来武人乱政的动荡局面。

为防范相权独大，威胁君权，宋朝采取了三项措施。首先，把最高行政机构分为中书门下与枢密院，把原属宰相的那部分军事权力划给了枢密院。其次，增设参知政事作为副相，防范宰相专擅。参知政事与枢密院长官都称执政，与宰相合称宰执，构成整个中枢核心权力圈，以集体领导制约宰相擅断。另外，增设三司总理全国财政，把财权也从宰相手里分割出去。

在地方政权上，宋朝派遣文官主政州县，直接对皇帝负责，另设通判掣肘州府长官。在州府之上，派驻代表中央的路级机构，主要有漕司、宪司、仓司和帅司。前三者分别主管一路的财赋、司法与赈济，同负监察一路州县官的职责，故统称"监司"。帅司专掌一路军事和治安。作为路级机构，四司既各专其职，又相互督察，这种互相牵制的权力结构，看似叠床架屋，却使任何地方大员都不能专权独断，更不可能出现类似藩镇割据那样尾大不掉的祸患。

宋朝在政治制度上的顶层设计，作为影响深远的政治遗产也为后代所继承。直至近代以前的帝制时代，除却王朝鼎革之际，从未再上演过皇权倾覆与地方割据的大乱局面，说其泽被后世，也是绝不夸张的。

再说统治思想。

纵观宋朝制度，其顶层设计之完善与统治思想之进步是相互促进、同步展开的。宋代统治思想已经达到了这样的共识："天下之法当与天下共之。有司守之以死，虽天子不得而私也，而后天下之大公始立。"在确立重用文臣、抑制武将的基本国策的同时，开国者特立不杀士大夫和言事官的戒誓，作后世君主必须恪守的制度保障。这种政治宽容度，在中国帝制时代堪称空前绝后，也使宋代朝政在中国历代王朝中称得上是最开明与宽容的。

宋朝士大夫独立人格之养成，当然有社会变动的深层原因，但最高统治者的政策保护与思想导向，其作用不可忽视。尤其对于承担权力监察功能的台谏言事官，宋朝君主大都以"崇奖台谏""不罪言者"相标榜，"借以弹击之权，养其敢言之气"。正是最高统治者能够"容受谠言，养成臣下刚劲之气"，促使士大夫官僚"所以自待者愈不敢轻，上下交相待，而人才日以盛"，他们才得以相对充分地议政论政，在崇文抑武、分割事权的顶层设计下实现其政治抱负。

宋朝的精神文化遗产，主要表现在典范成就与价值观念上。一般大众往往瞩目那些精华性成果：文学艺术上，有时代性品牌的宋词，话本与南戏所象征的市民文艺，《清明上河图》与文人画，苏、黄、米、蔡的尚意书法，以宋瓷为极致的工艺美术；科学技术上，有对世界文明产生划时代影响的三大发明，沈括及其具有里程碑意义的《梦溪笔谈》，水运仪象台代表的天文学，腧穴针灸铜人与《洗冤录》标志的传统医学。但最宜后人究心的，应该是构成宋朝精神文化中具有决定力的价值观念。

在唐宋之际社会变动中，一系列前所未有的新关系或新格局在政治、经济、阶级、家族、思想、宗教、民族等领域接踵而至，仅凭旧儒学已难以敷用，亟需一种应对变局、解释现状、维护统治的新儒学。经两宋数代思想家"断以己意，作新斯人"的创造性转换，宋学作为新儒学流派纷呈，大师迭出，成为先秦诸子学以后一座新高峰。宋学涵盖世界观、认识论、人性论、方法论等层面，重视思辨，强调义理，推崇理性，讲究致用，作为宋型文化的精神内核，对当时与其后的思想、伦理、教育、史学、文学艺术与自然科学的发展路径，都起着广泛而深刻的作用。宋学不仅是学术思潮，作为一种社会思潮，对宋代以后迄于今日的民族素质与价值信仰也产生了巨大的影响。举其荦荦大者，略有以下诸端。

其一，平等意识。唐宋社会转型，开启了科举公平竞争的闸门，包括工商业者在内的各阶层子弟都有可能登第入仕。整个官僚队伍主要出自科场的选拔，他们虽有等级高低，但"比肩事主"，法律身份上是平等的。地主阶级已无"士庶之别"，地权开始以经济手段频繁转移，地主、自耕农与佃户都可能因土地得失而地位浮沉。不仅仅耕地租佃，相对平等的契约关系已进入许多经济活动。农民与手工业者也开始拥有迁徙权与流动权，促进了各阶层间的横向流动与上下流动。所有这些变化，催生了人们对平等的朦胧向往。宋学家倡导"民吾同胞，物吾与也"，就是强调这种平等观。在社会上，以农为本、工商为末的传统思想受到挑战，出现了士农工商四民平等的观念（这在近代公民化意识出现前不啻是身份观念的革命）。平等观业已深入下层民众，投射在起义农民的纲领口号上。王小波的"均贫富"，方腊的"法平等"，钟相的"等贵贱"，都表达出对社会平等的强烈诉求。相对前代，这种平等意识是新因素，但与近代平等观仍有本质区别。

其二，兼容精神。宋朝代政治氛围相对宽松，文化管理较为开放，无疑是兼容精神形成的必要前提。首先，兼容精神表现在宋学形成过程中。各派尽管主张不一，甚至针锋相对，但都能实事求是地肯定对方学术的可取之处。在理学体系的构建过程中，无论程朱派，还是心学派，创立者几乎都有"出入释老"的经历，或援佛入儒，或援道入儒，毋宁说宋学本身就是兼收并蓄为我所用的宁馨儿。其次，兼容精神也体现在宋代的三教关系上。两宋以儒学为主体，以佛道为辅翼的文化格局最终形成，君主明确主张"以佛修心，以道养生，以儒治世"，故而儒、佛、道基本上和平共处，相安无事。不仅新儒学各家出入佛老，自构体系；佛门也融合儒道，将忠孝节义引入佛教戒律；道教养生思想则从佛教哲学中汲取养分。在日常士民生活中，儒、佛、道也并行不悖，共处杂陈。再次，兼容精神还淋漓尽致地反映在雅俗文化互融共存上。传统诗文与长短句、小说、话本、戏曲各擅胜场，画院画、文人画与民间画齐头并进，雅化的禅宗与俗化的净土宗两水并流，无不是兼容精神的有力表征。正是在兼容并蓄中，士农工商不断吸收、消化、借鉴、融合其他异质文化，创造出璀璨辉煌的文化遗产并影响至今。

其三，经世理念。宋代文化以新儒学为价值观，从本质上说是一种入世型文化，讲究履践，强调经世，从根本上关注百姓怎样生存发展、国家如何安宁强盛，体现出"以天下为己任"的淑世情怀。唐宋转型后，经科举制的有力推挽，一个士大夫官僚阶层迅速崛起。他们中的精英分子自许是天下安危、生民利病的实际担当者，向皇帝发出了"为与士大夫治天下"的吁请，展现出迥异前代士人的自觉意识。即以理学强调"内圣外王之道"而论，就是旨在通过格物、致知、诚意、正心、修身的"内圣"功夫，最终落在齐家、治国、平天下的"外王"之道上。从二程到朱熹都曾是企求"外王"的实践者，浙东事功学派更揭出"经世致用"的旗帜。这种经世理念驱使士大夫精英怀有强烈的责任感与神圣的使命感，期待在匡世济民中建功立业，最终实现自我价值。范仲淹"先天下之忧而忧，后天下之乐而乐"的名言，张载"为天地立心，为生民立命，为往圣继绝学，为万世开太平"的号召，都是这种理念、情怀的经典表述。

其四，名节操守。晚唐五代以降，忠义廉耻扫地以尽。新儒学重建过程中，表彰名节操守尤其不遗余力，至北宋中叶已"中外荐绅知以名节为高"。士大夫遂秉持淑世情怀锻铸理想人格，对名节操守的坚持敦促优秀士大夫官僚"不枉道以求进"，惕惕乾乾，自觉信奉"刑赏为一时之荣辱，而其权在时君；名义为万世之荣辱，而其权在清议"，将当世与后代对自己的评价视为高过赏罚、超越生命的永恒价值。这种气节操守，既有面对权位名利的非分诱逼而维护自身独立自尊的层面，也有面对新主旧朝的易代鼎革而恪尽原有君臣名分的层面，更有面对外国异族的武装入侵而坚持民族大义气节的层面。以上诸层内涵在宋朝都有充分表现。第一层在"侃然守正，无所承望"的刚直官员那里颇有亮点，也涌现了相当数量"职有言责，计无家为"的台谏官。第二层与第三层，由于民族战争绵延不绝，大义名分也成为弥漫朝野的普遍风尚。在宋学的鼓吹下，民族气节在宋代，尤其南宋大为凸现，"尽忠报国""杀身成仁""舍生取义"，成为上至将相下至士民共同尊崇的道德规范。而杨家将抗辽、岳飞抗金、文天祥死节等事迹，也在南宋以后奉为民族气节的最高典范。

当然，宋朝的遗产也有消极的影响，而且利弊得失往往藤缠葛绕共生在一起。

就政治遗产而言，其制度设计固然确保了君主集权，根绝了分裂割据，但时时处处"事为之防，曲为之制"，在军事上，各自为政、动辄掣肘、缺乏协调、难以统筹等弊病如影相随，严重削弱了军队战斗力。在行政上，政出多门、官员冗滥、因循苟且、效率低下等现象也司空见惯。于是，强敌压境、时局纷扰之世，缺少活力、短于应对也就势所难免。

就精神遗产而言，作为精神文化内核的新儒学确为时代注入过许多新元素，但自建炎南渡，随着外部环境的压力与内部专制的强化，宋学明显转向内省的路向，"外王"之道淡出，"内圣"之学凸显。自宋理宗起，理学作为宋学主流获得尊崇，升为官学，创立期的兼容精神日渐泯灭，而"存天理，灭人欲"，"饿死事小，失节事大"等教条经过后代的发酵，最终成为明清专制帝国控制官僚、驯服百姓的精神桎梏。

正确的态度应该是，理性区分宋朝遗产中的新生儿与洗澡水，全单照收与一起泼掉的做法都不足取。

对宋朝的几种误读

宋朝立国年代长，史料存世数量大，如未经全面占有，缺乏深入研究，仅凭个别记载，便下全局判断，难免会出现失误。以下几种误读，当前亟须纠偏。

第一，过度美化宋朝。

在政治、经济、社会、文化诸领域，宋朝确实出现了新气象，但唐宋之际的社会变迁毕竟未脱君主专制与地主经济的大框架。误读者却往往抽离大前提，不分时段区域，混淆现象本质，将若干新元素绝对化、普遍化与一贯化，进而作为过度夸饰的支撑性依据，其结果必然有违历史实相。

先说社会经济。有误读者将宋朝说成农民"自由、快乐地生活的朝代"，显然未能细读描绘农民疾苦的大量诗文。宋朝农民对地主的依附关系虽有改善，但官府代表国家对其控制与盘剥并未放松；随着生产力的进步与生产关系的松绑，他们的生活在总体水平上尽管比前代有所提高，但总不能将宋朝绝对美化成"广大民众的黄金时代"。

次说言论环境。宋朝士大夫官僚确有一定的言论自由，那是相对其他专制王朝而言的，但即便宋朝也仅限于政治生态良性运作期。南渡以后，政治生态明显恶化，秦桧在宋高宗的默认下，屡兴文字狱置反对派于死地；韩侂胄以"伪学逆党"倾陷政敌，厉禁道学与道学派，都是众所周知的。误读者不论前提与时段，全面判定宋朝是"没有思想禁区"与"没有文字狱的时代"，显见是大谬不然的。

再说士风名节。新儒学确有砥砺人心之功，也作育出范仲淹、包拯、文天祥等一批士大夫精英。精英有榜样的力量，但士风从来随政风互动。在良好政风下，例如北宋庆历、嘉祐时，士风相对振作，操守自然高扬。政局一旦污浊，虽仍有少数士大夫不为所屈，独秉操守，但秦桧、韩侂胄、史弥远与贾似道专政时，士风窳败，斯文扫地，何来风骨节概可谈，而这些权臣与麇集其麾下者，十之八九不都是士大夫官僚吗！足见笼统断言宋朝是"君子时代"，无疑也是误读。

第二，无关中国模式。

反观过度美化宋朝者，大多是历史爱好者以偏概全、以一驭万的认知性误读；但也有极度美化者径将宋朝政治等同于当下的中国模式，则是有意以历史背书现局的政治性误导。如前所述，宋朝在政治文明上有着长足的进步，但其所有进步都是相对的，而且是在专制政体下展开运作的；皇帝仍是国家最高决策者，祖宗家法下所有顶层设计无不服务于君主专制集权。把宋朝政治误读为现今中国模式的根本失误，就在于有意无意地忽视君主专制这个大制度，而处心积虑地美化某些小制度。

误读之一，宋神宗与宋哲宗时期有新旧党争，有人将其说成"以王安石为偶像的改革党与司马光为偶像的保守党两党轮流执政"，用以论证宋朝已"有共和的因素"。这种说法把古代帝制下两党轮流辅政与近代意义上两党轮流执政混为一谈。一字之差的症结，旨在抹杀民主共和与君主专制在大制度上的本质差异。

误读之二，宋孝宗与宋理宗都以旁支宗室而入继皇位，有人将其曲解为政治上"'谁都可以当皇帝'的开放性"。纵观中国历代王朝，因君主绝嗣而旁支承统的权变做法，并非宋朝独有，如今将其美化成宋朝已具"皇权开放的观念"，实在匪夷所思。君不见，皇权依旧在赵姓皇后代中私相授受，"皇权开放"从何谈起！

误读之三，有人把宋朝对皇权及其决策程序的相对制约，解读作"皇权成为最高公权力的象征"。殊不知宋朝这种相对制约，是最终须以皇帝自觉接受权力制衡为前提的。这也决定了代表皇权的宋朝皇帝不可能像近代立宪制那样彻底虚君化，也就谈不上宋朝"以制度保障了国家公权力最大限度地属于全社会"。

误读之四，更有甚者，有人声称："令全世界疑惑的'中国模式'，其实就是宋朝政治的核心理念：超越利益集团。"说宋朝国家政权已经超越利益集团，是"一个高于各个利益集团的存在"，这不仅缺乏关于国家权力的政治学常识，更经不起宋朝政治诸多史实的有力否证。（参见本书《宋朝能为"中国模式"背书吗》）这种"古为今用"式的误读，与其说唱红了宋朝政治，毋宁说拉黑了"中国模式"。

第三，"崖山之后无中国"吗？

崖山决战事关宋元易代，既是宋朝最终谢幕，也是元朝统一完成。近年以来，"崖山之后无中国"论甚嚣尘上，笔者也在公众讲座上常被问及对此说的看法。

这一说法出于何时何人已难考实。倘若将其置于宋元易代之际或易代之后，折射出南宋覆亡后汉人遗民的故国情怀，应是前述宋朝新儒学表彰民族气节的直接产物。宋元易代作为历史上中国境内国与国之间的战争，由宋入元的宋朝人倡为此说，当时自然有其历史正当性，否则何必表彰民族气节，强调爱国主义！

但时至今日，讨论历史上的中国，就必须立足于今天中国的立场。正如历史学家谭其骧所指出："一定要分清汉族是汉族，中国是中国，中原王朝是中原王朝，这是不同的概念。"要之，中国史应该包括现今中国境内所有政权与民族的历史，既不能等同于汉族史，也不能将历史上中国跟历代中原王朝，尤其跟中原汉族王朝划上简单的等号。中国，作为地理概念、政治概念与文化概念的复合体，其内涵本身就是随着历史的发展而不断变化、不断丰富的。

即以宋朝立国三百余年而论，这一时段的中国不仅指宋朝，还应包括辽、夏、金、蒙，以及相继并存的大理、吐蕃、西辽、回鹘、于阗、黑汗等民族政权在内。当时，宋、辽、夏、金分别将对方视为外国，但各政权之间又无不主张"天下一家"而自称"中国"。元朝修前朝史，三史并列，一视同仁地将宋、辽、金作为中国境内的并列政权，也借此表明元朝自视为中国的当然继承者。准此而论，当下还在尊奉"厓山之后无中国"论，则完全立足于宋朝人的立场，把政治中国的内涵局限于中原王朝，把文化中国的进程终止于宋朝文化，表现出大汉族主义与大宋朝主义的狭隘倾向，既与民族平等观格格不入，也与历史发展观南辕北辙。

"厓山之后无中国"论与后人对宋朝的高估及对元朝的偏见息息相关。倘若理性地把视野放宽到晚唐至元初的大中国范围，宋朝尽管结束了晚唐以来的分裂局面，建立了相对统一的中原王朝（南宋尽管偏安，仍可借其特定含义来指称它），但先与辽、夏，继与金、夏成并存之势，以致有史家称之为"后三国"或"后南北朝"，显然不能视宋朝为大一统王朝。在这一长时段里，宋朝的地位与作用主要凸显在制度文明、物质文明与精神文明等层面。

相比宋朝，元朝在政治制度、社会经济上确有局部性的倒退。但是，元朝继唐朝之后再次成就了中国史上前所未有的大统一，最终完成了宋朝未能达到的统一大业。在元帝国的大平台上，包括汉族、蒙古族在内，境内各民族实现了空前的交流，构成中华民族融合进程的重要时段。而作为少数民族统治的统一王朝，在如何应对不同民族板块的互动关系上，元朝也留下了独特特色的政治遗产。所有这些，本身就为中国内涵添加进前所未有的新成分，成为中国历史不可缺失的大环节。而"崖山之后无中国"论（与此相关联的还有"明亡之后无华夏"论），偏狭地认定中国历史与中华文明随着南宋覆亡而戛然终结，完全无视中国与中华民族都是不断变化的复杂共同体，中华文明也处在不断变化与丰富的复杂过程之中，而元明清三代毫无疑问是中国历史与中华文明的必然延续（这种延续的是非得失虽不妨深长议之，但这种延续不仅是中国历史与中华文明无计回避的命运，而且也汇入了复杂变化的中国内涵）。这种论调，不仅误读了宋朝，也误读了历史中国与当下中国的内在关系，必须理性剖别以正视听。

祖宗家法：在因革两难之间

——读《祖宗之法》

　　"祖宗之法"，也叫"祖宗家法""祖宗法""祖宗之制""祖宗法度""祖宗典制""祖宗故事"等等，在宋代出现频率之高，应用之广，任何对两宋文献稍有涉猎者都会予以关注的。对"祖宗家法"的把握，不仅是理解宋代政治特质的一把管钥，也会引发我们诸多的思考。

　　倘若希望深入了解宋代的祖宗家法，邓小南的《祖宗之法》是最适合细读深思的读物，台湾学者黄宽重推许这部专著"有叙述、有分析、有议论"，决非虚誉。至于作者，则是宋史学开山学者邓广铭先生的女公子，当今中国宋史研究会的掌门人，在学术上可谓是克绍箕裘。

一

　　祖宗之法的提出，与宋人对前代，尤其是李唐政事的反思有关。在唐宋社会转型中，身份性的世族制度彻底解体，非身份性的庶族势力成为主体，社会变动不居，正家之法成为一些士大夫家族借以自保的手段。士大夫的这种治家礼法，日渐进入君臣的视野。《三字经》说"窦燕山，有义方，教五子，名俱扬"，宋太祖称赞燕山窦禹钧的"义方"之一就是"有家法"。史称宋初李昉，"其子孙辈亦皆能守家法"。宋真宗召见其子说："闻卿家尤更雍睦有法，朕继二圣基业，亦如卿家保守门阀。"二圣指宋太祖、宋太宗，也就是所谓祖与宗。真宗之语，让人联想到宋太祖的即位赦书："革故鼎新，皇祚初膺于景命；变家为国，鸿恩宜被于寰区。"太祖此语可从正反两方面去把握：其一，以治家之法治国，施以恩泽。其二，以国为家，视为私产。真宗之语，与太祖一样，都是以家国一体立论的。

后世帝王对其开国祖宗，一般都持有祗畏敬奉的心态，也力图总结并继承他们的治道家法。帝王的"祖宗家法"区别于庶民家法的关键，就在于前者从根本上规定并制约着"国法"的取向与施行。在家国同构的君主政体下，家法族规作为"准法律规范"得到统治者的承认，形成家法补充国法、国法混同家法的独有的历史现象。"祖宗家法"之类说辞尽管宋代最盛行，却非宋代所独有。直到清代，进谏者援引"祖制"为根据，西太后还厉声喝道："我就是祖宗！"

宋代"祖宗家法"是一个内涵复杂层次丰富的命题。曾有学者这样表述：

> 宋朝统治者充分吸收唐、五代弊政的历史教训，为了严密防范文臣、武将、女后、外戚、宗室、宦官等六种人专权独裁，制定出一整套集中政权、兵权、财权、立法与司法权等的"祖宗家法"。（《中国政治制度通史》第六卷《宋代》）

这些相对固定的内容，乃至天子与士大夫共治天下，不杀大臣与言事官等等（即便这些内容，也不是立国之初以条款形式制定出来的，而是"祖宗朝"以后逐步形成的共识），固然是祖宗之法的题中应有之义，但祖宗之法的内涵远不止此。这就容易造成对祖宗之法在理解上的差异，无论宋人还是今人都是如此。实际上，对"祖宗家法"的把握，需要区分不同的时段，区分行动的群体，即便是同一群体甚至同一个人，面对不同时代的社会现实，对"祖宗家法"的认识、阐释也会有所不同。

大臣吕大防在给宋朝第七代皇帝上课时宣讲"推广祖宗家法"，将其内容归纳为八条：事亲之法，事长之法，治内之法，待外戚之法，尚俭之法，勤身之法，尚礼之法，宽仁之法。这里所说八条（中国政治向来擅长归纳出八条或者四项），内容虽然已很丰富，却还是向尚未亲政、不谙治道的哲宗讲授狭义的"祖宗家法"。而宋人论"祖宗家法"，一般都是从广义出发的。高宗曾说："今进累朝《实录》，盖欲尽见祖宗规模，此是朕家法。"孝宗也说："祖宗法度，乃是家法。"将历代祖宗的规模法度都说成"家法"，自是广义上的理解。

倘若深入剖析"祖宗家法"，不难发现它是由一系列做法与说法组合而成；而在诸多做法与说法之间，既有一体两面者，也有相互补充者，还有自相矛盾者；对两者的记载与诠释，既有累积与叠加，也有涂抹与粉饰。自第三代皇帝真宗起，就有一个对"祖宗"形象塑造与"祖宗家法"神圣化的过程。仁宗是第四代皇帝，当时从范仲淹到司马光等名臣从未认为他是祖宗法度的模范继承者；但到了第七代哲宗朝，仁宗已俨然升格为"祖宗家法"的化身，以至范祖禹要求哲宗"专法仁宗"。仁宗还是那个仁宗，但评价则大有轩轾。这就表明，对"祖宗"的认定，也是与时俱进的。

"祖宗家法"虽是列祖列宗决策措施积淀而成，却并不是不加选择都囊括在内的，总是根据某一时期的现实需要进行筛选或塑述的。把仁宗之政"塑述"成祖宗家法，显然与元祐更化抵制王安石兴事变法息息相关。此为塑述例，再举筛选例。仁宗朝石介编《三朝圣政录》，曾记"太祖惑一宫鬟，上朝晏，群臣有言，太祖悟，伺其酣寝刺杀之"。大臣韩琦就说："这种事岂可为万世法？自己沉溺，却怪罪于对象而杀了她，她有什么罪？倘若再有嬖爱，恐怕就不胜其杀了！"坚决删去了《圣政录》里这类事。这则故事说明，宋代士大夫在塑述、筛选"祖宗家法"时，是以"为万世法"的历史责任感作为追求目标的。

总之，"祖宗家法"并不是一种固定具象、条目清晰的实体；而是诸多规定背后起制约作用的一种轨范，一种反映宋代制度文化的精神性内核，反映着一些探求治道的政治群体心目中的一种理念。随着时代推移，尤其是从北宋后期开始，百来年的前规后矩相继纳入了"祖宗家法"的大框架（这个框架从来就不是一成不变的、排他的），使其内容十分驳杂庞大，外延边际也越发模糊。这一提法受到形势变化带来的各种压力，处于不断修正、不断解释、不断更新再造之中。其间有缓进的调整，也有激进的变革；有认真的发掘借鉴，也有借祖宗以自重的托词，乃至阳奉阴违的玩弄。在两宋三百年间，群臣从来没有要求朝廷澄清其实质内涵，而朝廷也无意对此内涵发布权威的解释。这就给后来的奉行者留下了选择的空间，一方面提供了操作执行的灵活度，另一方面也造成了法制政令的混乱性。

二

"祖宗家法"的基本原则虽然奠基于太祖、太宗时期，其核心精神的具体彰显，其内涵的不断扩容，却有一个发展过程。

太祖立国，政治、军事、财政诸方面立法都贯穿一个原则，即以防弊之政，为立国之法。但朱熹评论太祖道："大凡做事底人，多是先其大纲，其他节目可因则因，此方是英雄手段。"太祖正当开国，万事丛集，许多经制未及细化与深入。

太宗大赦诏书声称，"缵绍丕基，恭禀遗训，仰承法度，不敢逾违"，活脱脱一个"按既定方针办"。但太宗的"防弊之政"重在"内患"，所谓"国家无外忧，必有内患。外忧不过边事，皆可豫防。惟奸邪共济，若为内患，深可惧也"。宋代"祖宗家法"主要用来应付内政（或曰内患），其中第二代太宗的作用绝不亚于开国之祖。

然而，把太祖、太宗推行的法度及其精神加以概括提炼，凝聚为"祖宗之法"，并奉为治国纲领的，则是第三代真宗与第四代仁宗，这两朝公认是士大夫思想比较自由开放的年代。那么，"祖宗家法"作为一个政治术语，如何由这两朝的皇帝与士大夫提出，继而被不断阐释与发挥的呢？

邓书指出，恪守"祖宗故事"作为裁断政务的最高原则，自真宗朝起。此说固然不错，因为真宗即位制书就声称："先朝庶政，尽有成规，务在遵行，不敢失坠。"但笔者认为，"祖宗家法"作为成说大行其道，应在仁宗朝，尤其在仁宗亲政（1033）以后。景祐元年（1034），知制诰李淑上书说："太宗皇帝尝谓宰相曰：今四方无虞，与卿等谨守祖宗经制，最为急务。""祖宗经制"即"祖宗家法"，但太宗与太祖平辈，"祖宗"云云，殊为不典。据查，原文出自《续资治通鉴长编》卷二九，当作"与卿等谨守法制"。李淑无心转述之错，足证"祖宗家法"已为说辞。两年后，范仲淹提醒仁宗：今日朝廷恐怕也有人（暗指吕夷简）"坏陛下家法"。"陛下家法"即"祖宗家法"之义，其后便为定说。这一说法的出现，既与北宋中期统治者与士大夫对家法普遍重视有关，也与当时士大夫"以忠事君，以孝事亲"的家国一体观在新情势下重新确立有关（这一观念自晚唐五代以来一度中断）。

三

"家法"而冠以"祖宗"，无非醒示这是先人轨则，具有规范继承者的作用。有一典型事例。据《退斋笔录》，对西夏用兵失利，神宗内批欲斩一转运使，次日问起是否已执行，宰相蔡确道："祖宗以来未有杀士人事，不意自陛下始。"神宗沉吟久之说："可与刺面，发配远恶州军。"大臣章惇说："如此，不如杀之。"问何故，答曰："士可杀，不可辱。"神宗声色俱厉："快意事便一件做不得！"章惇说："如此快意事，不做得也好。"最终，那个转运使既保住了脑袋，也没有刺配。由此可见，"祖宗家法"在相当程度上影响着宋代政治与制度的走向。

士大夫官僚的不同派别，一有政见分歧，总抬出"祖宗家法"说事（用大是大非的道理之争来取代实事求是的事理之争，可以说是中国式政争的最大特色）。庆历新政实则是范仲淹所说的"穷则变，变则通，通则久"，但据欧阳修说，其推行者"亦不敢自出意见，但举祖宗故事"，无非凭借祖宗法的多重含义，使其成为改革可以援引的纲纪与保护伞。然而，针对新政，反改革派也要求仁宗"望酌祖宗旧规，别定可行之制"，打的也是"祖宗之法"的旗号。

在其后的党争中，祭起"祖宗家法"的杀手锏来打击政敌的好戏，也曾一再上演。王安石变法时，司马光就告诫神宗："祖宗法制具在，不须更张以失人心。"旧党不仅以"祖宗法制"否定变法，还把"三不足之说"（天变不足惧，人言不足恤，祖宗之法不足守）强加给王安石。针对"祖宗之法不足守"，王安石指出：

> 至于祖宗之法不足守，则固当如此。且仁宗在位四十年，凡数次修敕。若法一定，子孙当世世守之，则祖宗何故屡自变改？

这在视祖宗之法为立国之本的宋朝，犹如划破阴霾的一道闪电。两者相较，尽管王安石勇于改革，魄力大，见识高；但司马光抓住"祖宗家法"的大纛，反而更得人心。

其后，从哲宗绍圣，直到徽宗后期，在形式上对"祖宗家法"从来是遵循不逾的，而神宗其时也已抬入了"祖宗"的行列。南宋一百五十余年，总体说来了无生气，但历朝君臣标榜"祖宗家法"仍不遗余力，例如南宋第二次削兵权，从宋高宗到主战、主和、主降的各派大臣，无不以"祖宗家法"相鼓噪。

在南宋列帝中，对"祖宗家法"的议论，孝宗或许最多。在他身上也深刻呈现出对"祖宗家法"守与变、因与革处于一种两难的紧张状态。他一方面承认："祖宗法度，乃是家法。熙丰之后不合改变耳。"一方面又指出，"本朝文物法度，远过汉唐，独用兵差为不及"，准备对此有所更革。但宰相龚茂良强词夺理而答非所问："汉唐之乱，或以母后专制，或以权臣擅命，或以诸侯强大，藩镇跋扈，本朝皆无此事。可以见祖宗家法足以维持万世。"迫使孝宗不得不中断讨论。

四

"祖宗家法"，是宋代统治阶层在应对社会政治的现实问题中形成的，但其公认的内容在相当程度上也寄寓着当时士大夫的自身理想，因而并不全是"祖宗"们政治行为、规矩原则的实际总结。也可以说，它是凝聚着宋代统治阶级（包括其历朝君臣）的"集体智慧"。它并不仅仅是一种简单的政治行为与制度设施，甚至也不宜将其简单归结为一代政治的指导方针，而是一种更广泛意义上的思想文化模式。

明清之际的王夫之对宋代在总体上无多好语，但对"祖宗家法"却持两分法。一方面肯定其所起的规范作用，他在《宋论》里指出："即其子孙之令，抑家法为之檠括；即其多士之忠，抑其政教为之薰陶也。"一方面则痛斥赵宋家法的狭隘性："宋本不孤，而孤之者，猜疑之家法也！"

就"祖宗家法"的负面影响而言，在政策与政治层面，"守内虚外"的家法与国势不振，"曲为之制"家法与行政效率的低下，"以文御武"的家法与对外战争中的被动挨打，其间的关联毋庸赘论。而在思想与风气层面，由于把"祖宗家法"置于"不容轻议"的绝对地位，一方面使其成为陈陈相因的套话，另一方面将其推入难以再生的困境。赵宋一朝因循内敛的政风，在严峻的外患内政面前显得无力而无奈，乃至关键时刻无所作为，其深层原因也应与此有关。

总之，"祖宗家法"自其"不容轻议"之日起，就逐渐走向反面。南宋学者叶适、陈亮都对祖宗家法进行过批评与反思，但终于淹没在"自汉唐以来，家法之美，无如我宋"的一片赞扬声中。此即鲁迅所说："大家又唱老调子，和社会没有关系的老调子，一直到宋朝的灭亡。"

宋代士大夫与政治生态

——答《东方早报·上海书评》

宋太祖赵匡胤在太庙"誓碑"中指示子孙"不得杀士大夫及上书言事人",这条一直为后人称道的知识分子政策,宋代究竟执行得如何,宋代知识分子在这把保护伞之下又是怎么做的?上海师范大学人文学院教授虞云国先生治宋史多年,他认为,在古代中国,保证知识分子的生存空间、思想空间和政治空间,对整个政治生态的优化,才是至关重要的。

问:宋太祖立"誓碑"不杀士大夫,是出于什么考虑,这条国策与我们所说的唐宋之际社会变化也有关系吗?

虞云国:我们讨论的"知识分子",中国古代称为士或士大夫。宋太祖誓碑的内容,实质性的有两条:第一条就是优待赵宋所禅代的后周柴氏后人;第二条要求不杀士大夫和上书言事人;第三条告诫他的子孙后代遵守前两条,否则"天必殛之",将受到老天的惩罚。第一条针对他所接收旧政权的后人,对象颇有局限;第二条针对参与新政权的知识分子，则具有全局性意义。

首先，从中唐安史之乱以后，整个天下陷入藩镇割据的局面。按宋太祖说法，五代换了好多个姓，换了十来个皇帝，实际上是武将在操纵政权更迭。这种天下，可以凭借强力争夺，但当更强有力对手出现时，政权就要易主。宋太祖本人也出身于武人，也是通过这种手段建立宋朝的。他当然要考虑赵宋不再成为第六个重蹈覆辙的王朝，为要维护自己政权的长治久安，他痛感必须结束武人政治。

第二，唐宋之际政治格局的最大变化，就是中唐以前贵族政治寿终正寝，君主的地位也有了相应的变化。中唐以后出现了一个非身份性的庶族地主阶级，他们最终取代了退出历史舞台的身份性的门阀地主阶级，成为唐宋变迁以后整个政权的基础。隋唐以后开始实行的科举制，进入宋代后进一步扩大和完善。这种"取士不问家世"的科举制，实际上向整个社会的各个阶层敞开了经由科举取士进入统治圈的可能性。唐宋之际社会变化在社会阶级关系上的直接后果，就是凭借科举制作育出一个相对独立的士大夫阶层。这一阶层形成以后，势必要进入官僚统治圈，表达自己的政治诉求。宋太祖誓碑中所说的"不得杀士大夫及上书言事人"，既是这种社会变化的反映，也进一步在政策上推动着这种变化。

第三，宋太祖的个人因素。赵匡胤虽出身武将，却认识到文化的重要性、士大夫的重要性。他在征南唐时，就专门搜取了大量书籍，用车子拉回营寨。针对周世宗的怪讶发问，赵匡胤说：我身负重任，常恐不能胜任，所以就聚书阅览，"欲广见闻"。建国以后，他就提出"宰相须用读书人"，认识到武力可以夺天下，但绝不能以武力治天下。当然，宋太祖此举也自有统治术的考虑。他对赵普说：五代方镇残虐，人民深受其害，我选派干练文臣百余人，去分治各个大藩，即便他们都是贪官，危害性也抵不上一个武人。文人最多是贪污，而武人一旦作乱，老百姓就要饱受干戈之苦。他显然也是从两害相权取其轻的角度做出抉择的。

以上诸般原因，促使宋太祖在立国之初，就确立了不杀士大夫和上书言事人的统治方针。

问：对这条国策，宋朝历代皇帝的执行情况如何？

虞云国：宋代还有所谓"祖宗家法"，宋人强调其当"为万世法"。在家国同构制下，"祖宗家法"大概可以比拟于当代政治学里的"基本路线""指导思想"。从实际情况看，"祖宗家法"的内涵相当复杂、丰富。一方面，有防范文臣、武将、女后、外戚、宗室、宦官等六种人专权独裁的相关制度规定；另一方面，还有天子"与士大夫共治天下"等不是以制度条文出现的君臣共识。"祖宗家法"的外延也相当模糊，可以随着朝代的推进做出新诠释，添加新内容。

在宋代政治里，还有一个常用术语，叫作"国是"，大体相当于现在所说的某一时期的大计方针。在宋代，国是一旦确立，短期里一般不会轻易改动，直到下轮国是的再确定。祖宗家法，实际上是贯穿两宋的基本路线；而国是，则是某个特定时期的方针。"不杀士大夫和言事上书人"，无疑属于祖宗家法。既然在不同的皇帝、不同的时期，可以有不同的国是，也就是有不同的中心任务与政治生态，基本国策在宋代的执行也是因时而异，因人而异，也就是因皇帝而异的。

在宋仁宗朝，对这一国策执行得相当充分，也比较成功。当时，成都有一个老秀才，给最高地方长官献上一首诗，说："把断剑门烧栈阁，成都别是一乾坤。"那不是鼓动独立吗？即便搁在现在，也得摊上阴谋颠覆国家政权罪。这位长官不敢擅处，先抓起来，再汇报上去。仁宗说：这不是老秀才急着要当官吗！那就给他一个官当当。据说，这个老秀才未受任何处罚，后来却羞愧而死。可见仁宗朝言论环境的自由度。再举一个例子。当时包拯担任谏官，抨击宋仁宗对宠妃的伯父滥授官位，一而再再而三地上书言事，甚至在进谏时把唾沫星子都喷到皇帝的脸上，宋仁宗也都忍受了下来。

到宋神宗朝，一个大事件就是王安石变法。按其前上书言事的自由度，有些士大夫（后人把他们说成旧党，像司马光、文彦博等）对变法提出了种种质疑。在变法体制下，政府往往变得自信而武断。新党就把旧党苏轼以"乌台诗案"打入大牢。这种政治生态，已然不能与仁宗朝相比，也为后来的文字狱和文化专制开了恶劣的先河。反过来，到元祐更化时，旧党执政，以牙还牙，也罗织了"车盖亭诗案"，把新党蔡确流放到了岭南，贬死于当地。

到宋徽宗朝，大搞花石纲，太学生邓肃献诗讽谏，宰相蔡京对徽宗说：你不杀邓肃，恐怕浮言将祸乱天下。徽宗朝政治的污浊，毋须词费，但宋徽宗仍说：这倒是个忠臣。只取消邓肃的学籍，放归田里。由此来看，言论环境虽趋恶化，但徽宗还记得太祖誓碑。到宋钦宗朝，靖康之变前，太学生陈东率开封军民在皇宫前伏阙示威，上书言事。当时宰相李邦彦也对钦宗说，他们"意在生变，不可不治"，企图把陈东等太学生逮捕处死，但最后也没有得逞。

到宋高宗朝，情况大变。南宋一建立，原先伏阙上书的陈东与另一个士子欧阳澈，再次赶到高宗驻跸的南京（今河南商丘）上书，要求仍用抗战派大臣李纲，高宗将他们斩于东市，彻底践踏了太祖定下的祖宗家法。高宗后来百般掩饰，甚至做出追悔之意，把杀陈东和欧阳澈的责任，完全推到当时宰相黄潜善和汪伯彦身上。这也表明，不杀上书言事人的祖宗家法，对他还是构成一定压力的。所以，他后来与秦桧联合专政，尽管滥用威权，打击上书言事的反对派，比如李光、赵鼎、胡铨等等。但不敢再开杀戒，而是不择手段把对手逼入绝境，可见条文还是起点作用的。但问题在于，恶例既开，宁宗朝以降，韩侂胄、史弥远、贾似道等迭相专政，毫无忌讳地或将上书言事的太学生逮捕开除，或将上书言事的士大夫官僚贬官流放。史弥远更以所谓叛逆罪，杀害了反对其专政的原武学生华岳。

南渡以后，这条国策执行情况之所以逆转，其原因可从两方面考察。一方面是外部因素。宋金对峙，确实大大压缩了宋朝的生存空间，这让当时的统治者，在抵御外侮的口号下，打压思想言论上的反对派。但更重要的，专制权力的扩张才是导致这一国策逆转的内在主因。著名宋史学家刘子健把君主政体分为四种运行模式：第一种模式叫作中央控制的模式，就是君主和官僚有限地控制军队和各级地方政府。也许，这种模式对当时君主政体来讲是最理想的。第二种模式叫作宫廷的集权模式，就是皇帝或他的代理人，独立行使中央控制权，官僚士大夫只能例行公事地在旁边赞同。第三种模式是专制的模式，所有的决策，出于皇帝或其代理人独断或共谋，官僚士大夫虽能分享行政权力，但无权参与决策。第四种模式是独裁的模式，君主或其代理人大权独揽，压制甚至镇压持反对意见的朝野知识分子。

宋高宗杀陈东，也许标志着君主政体开始转向专制模式；以绍兴和议为坐标，则意味着进一步转入独裁模式。这种逆转导致了政治生态的总体恶化，士大夫上书言事的空间大受打压，甚至化为乌有。但也应该承认，至少在整体上，即便南宋那些权相独裁时期，尽管实际执行相当糟糕，却也还承认太祖立下的那条家法。

问：宋代的理学对于形塑知识分子的品格起到了什么样的作用？

虞云国：作为宋学的主流，理学之所以在宋代产生，说得大点，是唐宋之际社会变动在思想领域里的必然反映：社会与时代需要有一种维护统治的新思想，知识分子需要有一种与时俱进的价值观与人生观。而作为宋代思想文化的核心，以理学为主体的宋学，对于知识分子性格的形塑作用，主要有这么几个方面：

首先，宋学哺育出宋代知识分子的兼容精神。主要表现在两个方面。一是当时宋学各派，能够做到学统四起而多元并存。神宗时期的洛学、新学与蜀学，南宋中期的朱熹理学、陆九渊心学与浙东学派，学术主张尽管不一，有些问题甚至针锋相对，但都落在同一个政治文化的架构之内，不同学派之间也能够实事求是肯定对方学术的可取之处。二是理学本身能够兼收并蓄，为我所用。宋代重要思想家几乎都有"出入释老"的经历，无论程朱派还是心学派，理学各派都吸收、改造了佛、道关于宇宙论、认识论与方法论的成果，重建新儒学的理论体系。

其次，宋学催生了宋代知识分子的创新思想。在宋学形成过程中，士大夫的思想取一种批判开放的态势。主要表现有两点。一是当时士大夫普遍具有怀疑精神，学术思想界出现了一种疑经思潮。起先怀疑传和注，后来直接怀疑到经文本身。疑经思潮撼动了儒家经典的神圣地位，起到了突破藩篱、解放思想的作用。当时杰出的知识分子从"疑古非圣"发展到"议古拟圣"，与先贤往圣那样，建立起自己的思想体系。可以说，宋代是中国古代历史上，继先秦诸子以后又一个群星璀璨的时代。

二是政治领域的改革思潮。"变风俗、立法度"的改革思潮，在整个两宋始终处于时代的主流。到宋仁宗庆历、嘉祐年间，"世之名士，常患法之不变"，范仲淹的庆历新政，王安石的熙宁变法，都是改革思潮的杰出实践。即便王安石变法的对立面，像司马光、苏轼等人，在思想实质上，也是主张变革的，争论焦点不过是在如何变革上，是方法上的差异。南宋浙东事功学派，仍以政治改革作为其核心思想，即便是朱熹，在他的思想里，也有政治改革的强烈诉求。这种改革思潮，直到南宋末年文天祥那里还能听到呼吁的声音。

再次，宋学培养了宋代知识分子的经世理念。宋代士大夫阶层，对上到社稷安危，下到生民利病，无不抱有舍我其谁的主体认识，并把这种主体认识融入到自己经世济时的建功立业中。正如有的学者所说："无论就思维方式，或行动风格说，宋代士大夫作为一个社会集体，都展现了独特的新面貌。"其中范仲淹堪称是这种理想人格的典范。他的名言"先天下之忧而忧，后天下之乐而乐"，还有张载的"为天地立心，为生民立命，为往圣继绝学，为万世开太平"，都是这种经世理念的最好表述。

复次，宋学锻铸了宋代知识分子的理性态度。理学注重义理之学，比较容易促成理性主义。士大夫们以"理"说"天"，以"理"说"人"，把"天人合一"推到了新高度。理学涉及世界观、自然观、人生观、认识论、方法论等多个层面，在学理上熔铸自然、社会、人生为一体，要求每一个体通过格物致知、内省慎独来发明本心，主张严格的道德自律。通过这种内圣的功夫，来实现外王的理想。所以宋代士大夫的人生态度，总体上比较中庸，比较平和，比较实在。

另外，宋学造就了宋代知识分子的平等意识。唐宋之际阶级结构的变化，生产关系的变化，以及科举制的推进扩大，造成了社会阶层的流动不居与自由竞争，对宋学思想与知识分子形成了冲击。宋学家张载强调，"民吾同胞，物吾与也"，"民胞物与"的平等观念与这一冲击波不无关系。这种平等观，促使当时士大夫认识到士农工商"此四者皆百姓之本业"，换取了一视同仁的视角。反映在朝廷大政上，这种平等观鼓励议论，推崇士大夫"与天子争是非可否"。

最后，宋学凝聚起宋代知识分子的气节观念。史家吕思勉指出："经过宋儒提倡之后，士大夫的气节，确实是远胜于前代。"前代士人不是没有气节观念，但进入宋代，其自觉性大为加强。这里所谓气节，或名节观念，有两层意思。一是指士大夫本人为人处世的风骨气节。比如，理学家主张："有名节，则不枉道以求进。"就是说，你去做官，不能歪曲了原先所追求的道。当时士大夫已有一种共识："刑赏为一时之荣辱，而其权在时君；名义为万世之荣辱，而其权在清议。"这种把当世和后人对自己名节的评价，认为是高过爵禄，甚至超越生命的永恒价值，构建了宋代士大夫名节观的基本层面。二是指民族气节。两宋一直处于北方民族政权的打压之下，民族意识随即高涨，"尊王攘夷"的口号重新提出。到了南宋，这种民族意识便在朝野知识分子中转换为一种普遍的恢复情结与爱国情怀。民族大义在南宋大为凸现，《宋史·忠义传》中死节人数剧增就是明证。知识分子中，民族气节的普遍确立与自觉践行，应该说是宋代、尤其是南宋形成的。这与宋学的推动有极大关系。

问：那么，理学对当时的知识分子有负面的影响吗？

虞云国：宋代理学对知识分子负面的作用，可以从两个方面来看。首先，理学本身具有一种内省性和收敛性，这一特性与南宋以后内外交困的政治形势相结合，就凸现了黄仁宇所说的理学"长于纪律，短于创造性"的缺陷。理学的用意主要是卫道，对有些问题不能不采取守势。吕思勉认为："宋学是不适宜于竞争的，而从11世纪以来，中国的文化却受其指导，那就无怪其要迭遭外侮了。"当然，理学对宋代社会的消极影响，总体来说还不特别严重，因为理学真正成为官学，是在南宋中后期，它的消极影响要到明清时期，才真正严重地呈现出来。

另外，我们知道，理学也称道学，在其学术传播与师生传承的过程中，过分强调道统和门户，总认为自家学说才是一本正经，而别人都是异端邪说。以这种道统观，去处理与其他学派士大夫的关系，就会出现自视甚高、责人太苛的结果。不在自家门户或道统之内的人，往往认为他们不是君子。这样，在理学还没有正式确立为官学以前，就容易激化为类似庆元党禁那样的党争；在理学认定为官学以后，很容易滋生出一批应景的假道学。这是从理学本身来考量。

从外部来看，宋代最高统治者对宋学各派所取的态度，不外乎接受、压制与调和三种选择。宋神宗起用王安石变法，可以视为接受的模式。南宋前期，对王学以及洛学，采取不同程度的压制方式，其极端就是庆元党禁。第三种调和的模式，从宁宗后期起到理宗时期，国家权力把理学确认为官学，吸纳进主流统治思想里。理学官学化以后，在政治权益方面，知识分子似乎争取到一定的话语权，获得了某些自己所追求的东西；但在思想的创新度与开放度上，却饱受官学化胜利后所带来的负面影响，盛极而衰，开始走下坡路。一方面，由于受到主流意识形态的约束与干预，士大夫知识分子在言论自由度上，反而大打折扣；另一方面，由于受到官学优越感的左右，他们也习惯压制思想政治上的不同声音。

问：宋代是市民社会、商品经济开始发展的时期，知识分子又如何能做到独善其身呢？

虞云国：宋代城市化的程度确实比较高。开封、临安的人口都在百万以上，其下还有州府级的次等城市与县镇级的小城镇，基本形成了一个城市化的网络。宋代的商品经济也是很发达的，甚至连知识分子的精神产品，例如书法、绘画乃至于文学作品，也都不同程度地汇入了商品经济的流通渠道。在商品经济大潮的拍击下，宋代知识分子的义利观发生了很大的变化。比如李觏就公开讨论利和欲的合理性，主张"人非利不生"，"欲者人之情"，"而曰不可言，无乃贼人之生，反人之情"！类似的思想，在南宋事功学派叶适和陈亮那儿也有，陈亮与朱熹的王霸义利之争就是由此而起的。

必须强调的是：市民社会、经济大潮与知识分子的独善其身，并不是绝然对立、相互排斥的。由于宋学价值观的确立，尽管其内部也有过王霸义利之争，但即便是强调利欲合理性的那些学者与士人，在讲功利，讲利欲时，也秉持着理性的态度，主张有一种自觉的约束。例如，李觏就认为：利欲应该"不贪不淫"，利欲"言而不以礼，是贪与淫，罪矣"！所以市民社会和经济大潮，并不妨碍宋代知识分子业已确立的人生观和价值观。

我们更为关注的是，在南宋政治环境恶化之际，知识分子还能否

"独善其身"？不可否认，在秦桧、韩侂胄、史弥远与贾似道专政时代，知识分子中也有鲜廉寡耻之徒，钻营进入统治集团的权力体制，迎合当局专制独裁的政治意识。但那些有自己独立价值追求的知识分子，大部分宁愿闲居不仕，也不再入朝为官。宋代有这个条件，哪怕不去担任实职性差遣，还可以领取一份薪水，这是宋代优待士大夫的政策。例如陆游，即便闲居在山阴老家，只要没将他从官簿上除名，其俸入还可以保证最基本的生活水准。也会有一部分士大夫去做官，期待通过自己的入仕，尤其通过提升皇帝的内省功夫，来达成他们内圣外王的政治追求。于是，就有了朱熹那样热衷于当"帝王师"的士大夫学者。当然，一旦连帝王师也当不成，政治污浊彻底碾碎了其"外王"梦，他还可以退出庙堂，疏离政坛，闲居不仕，独善其身地从事自己的学术研究与学派传承。

在政治环境逆转、言论生态恶化的情况下，宋代书院的存在意义不可小觑。书院是独立于官学系统以外的私学系统，没有必要向官方的价值系统投降缴械，这就为思想学问的自由讨论保留了一方净土。尤其是南宋转向以后，绝大部分知识分子作为政治上的反对派，就是通过书院这个阵地，来传播自己的学术思想与价值理念的。所以在这个阶段，以理学为主体的宋学，反而得到了很好的普及与弘扬。在这一传播过程中，特立独行的知识分子也会与主流意识形态发生冲突和斗争，比如庆元党禁时，当政者运用国家权力把理学定为伪学。但当时的国家权力，也还没有采取禁毁书院的极端措施，还是给他们保留了一定的学术空间。

知识分子独善其身，无非要有三个空间：生活空间、学术空间、政治空间。南宋即便在类似庆元党禁那样的黑暗时期，这三个条件也仍然具备。在籍士大夫官僚即便不在朝任职，也能保持起码的生活空间。国家权力没有取缔书院，知识分子仍留有一定的学术空间。国家权力尽管可以流放知识分子中的反对派，但不是在肉体上消灭他们，不杀士大夫与上书言事人的祖宗家法，在为知识分子预留政治空间这点上，还是很重要的。

问：在宋代的政治体制、官僚体制下，知识分子参与政治、"上书言事"起的实际作用有多大？

虞云国：宋代毕竟是君主官僚政治，在君主政体下，对君权的制约也许最能说明问题。在正常情况下，对于君权的制约，上书言事还是起很大作用的。有一个例子，元祐更化时，高太后垂帘听政，曾对当时的言事官说：你们也应体谅朝廷用意，天下事怎么可以全由你们台谏说了算呢，"亦当出自宸衷"。就是说，也让我做点主张吧。由此可见，连高太后垂帘听政的最高决策权，也受到言事官的有力约束。

上书言事对君权的制约主要表现在四个方面：第一，监督君主恪守家法。第二，谏请君主更改诏令。第三，阻止君主内降诏书。宋代颁行诏书，有一个合理的程序。宋徽宗时有所谓"御笔"，但谏止御笔的言事上书不乏其例。第四，抑制女后干政弄权。两宋十八帝，垂帘女后先后有九个，但在君权的移交上，没有造成政局的动荡。宋代也不是绝对没有试图仿效武则天那样的女后，例如真宗刘皇后，但士大夫不断上书言事，一再劝谏警告，终于没有出现女后干政的严重局面。

在正常情况下，士大夫上书言事，在参政议政中确实起过积极作用。主要表现在两方面：一是士大夫官僚，尤其是言事官特别敢说话，不怕撤职，不怕贬官；二是太学生也特别敢讲真话，不怕开除，不怕入狱。宋代有一句谚语——"无官御史台"。太学生还不是官，但可以起到像御史台那样的监察作用。正因如此，即便在南宋权相迭相专权的时代，还是不断有士大夫官僚和太学生上书言事。

这种上书言事，堪称"国家元气"。比如理宗时权相史嵩之，因父亲去世要离职服丧，他希望中止守制，继续专权。太学生群起上言，坚决反对，宋理宗对主管太学的官员徐元杰说：学校虽是正论，但"言之太甚"。徐元杰却强调"正论是国家元气",现在正论就在学校,"要当保养一线之脉"。

不妨再举一例,宋神宗时对西夏用兵失利,神宗准备杀一转运使,宰相蔡确说：祖宗以来,从来没有杀士人的事情,想不到要从陛下开始。宋神宗犹豫好久说：那就刺面发配。大臣章惇说：这还不如把他杀了。士可杀而不可辱,你刺了面不是羞辱他吗？神宗很生气：快意的事情,一件都做不得吗？章惇说：这样的快意事,还是不做为好。这件事充分说明在正常情况下,士大夫上书言事对政治的有力影响。

当然,上书言事的影响力还要取决于两种因素。首先是政治生态的影响。尤其是高宗朝,君主政体转入独裁模式。高宗和秦桧君相联手,采取了两种高压措施：一是把知名的政治反对派,以及有反对派嫌疑的士大夫官僚,全部驱逐出朝廷；二是建立起被后代史家称为"前现代的思想统治手段",完全不让你说话。这种高压政策,导致了两个严重后果：一是绝大多数的士大夫都不再参与政治讨论；一是体制内官僚道德普遍沦丧。在这种情势下,士大夫尽管还有上书言事者,但针对性就相当有限,只能就那些没有政治敏感性的枝节问题隔靴搔痒。

其次是理学内敛自省的负面影响。确有一些士人拘泥古制而昧于政事,正如史家吕思勉毫不客气地批评所说："外有强敌的压迫,最主要的事务,就是富国强兵,而宋儒却不能以全力贯注于此。"他们有些上书言事,不仅没能触及国计民生的大问题,还尽说些言不及义的老调子。在充分肯定宋代知识分子上书言事的积极作用时,也不应将其强调得太过完美,鲁迅指出的现象,唱些"和社会没有关系的老调子",也确实存在的。

问：相比之前的汉唐和之后的明清,宋代的知识分子似乎风骨最盛,这是什么原因造成的？

虞云国：从秦汉到五代,因上书言事致死的士人数以百计。即便在唐代，被杖决朝堂的御史也大有人在。而且，宋代以前上书言事的亢直士人，基本上属于个体行为，不像宋代那样形成一个阶层与群体。明清是黄仁宇所谓的第三帝国，彻底转向独裁。在明代，尽管仍不乏士大夫上书言事，但皇帝通过廷杖可以把你打个半死，或者直接毙命，士大夫官僚的人格尊严扫地以尽。及至清代，士大夫完全沦为汉族奴才。明清两代的政治生态，即便与南宋相比，也已不可同日而语。

宋代知识分子风骨之所以如此之盛，第一个原因就是基本国策的保护伞作用。任何时代，知识分子始终是思想自由的社会主体。陈寅恪推许"天水一朝思想最为自由"，而言论自由是思想自由的必要前提，不开杀戒的基本国策至少营造了相对宽容的政治空间。惟其如此，宋人在指责前代时就说，"待士大夫有礼，莫如本朝"。士大夫官僚完全可以正面与天子争是非曲直，这与宋代"不得杀士大夫及上书言事人"的国策是分不开的。

第二个原因就是相应健全的制度程序。在中国古代，宋代制度建设渐臻成熟，而且在统治思想上已达成共识："天下之法，当与天下共之，有司守之以死，虽天子不得而私也。"宋代"台谏之法，远出前代"，有一整套堪称严密的制度与程序。言事官如果言事称职，有相应的迁转规则，提拔的力度、优待的程度是很高的。反之，如果"言事不合"，对皇帝旨意有所拂逆，一般也不贬谪，平调离职而已。最严重的不过是落一阶官，即少拿一级俸禄。由于宋代制度"未尝深罪言者"，因而"一事过举，议论蜂起，章奏交上，往往以死争之"，这在比较完善的宋代台谏制度下是司空见惯的。

第三个原因就是宋代士大夫阶层的形成及其自觉意识的崛起。宋代是文官政治，士大夫官僚就是中流砥柱，他们的政治要求和社会理想，必然自觉和强烈地投射到君主官僚政体里。尽管当时还是以君主政体为前提，但是士大夫官僚无不把自己看成是天下安危的担当者。范仲淹就说：凡为官者，"公罪不可无，私罪不可有"。这是宋代知识分子风骨要远盛于前代的一个根本原因。

话还得说回来，知识分子和国家政权的关系，始终是皮毛关系。中国知识分子对政治的兴趣历来是浓厚的，但他们的心态和行为，最终取决于现实的政治生态，特别是国家权力的运作状态。尽管总体来看，宋代赖有保护伞的存在，即便在南宋，知识分子的风骨仍相对存在。然而，"毛"毕竟附在国家权力的"皮"上。南宋以后，中国转向内在，政治生态恶化。在这种情况下，士大夫上书言事的实际效应比起北宋来明显衰减，而知识分子风骨在实际上也呈现出不断下降的总体趋势。由此可见，保证知识分子的生存空间、思想空间和政治空间，对整个政治生态的优化，才是至关重要的。

（采访：黄晓峰）

漫谈宋代监察制度

——答《东方早报·上海书评》

　　问：您的《宋代台谏制度研究》收入上海市学术著作出版基金 25 周年精选丛书，已是第三版了。宋代"以立国之纪纲"寄于台谏，是历代最重台谏的王朝，而台谏系统是宋代监察制度最重要的一环。大作对此有详尽的分析，能先谈谈宋代监察制度有哪些重要特点吗？可不可以说，在古代社会的具体情境下，宋代的台谏制度已经做到了极致？

　　虞云国：说到宋代监察制度的特点，我们可以归结为四个方面。

　　第一，就是宋代监察制度开始出现多轨制和多元化的态势。具体来看，中央就有台谏系统和封驳系统，宋史学界有人称之为第一监察系统和第二监察系统。在台谏系统中又分为御史台和谏院两个子系统，实际上这两者是并列的。在地方层面，也体现出多轨制和多元化的状态。比如说在路这个层面，就有监司，具体分设各自独立的三个机构：一个是转运使司，宋人把它叫作漕司；另一个是提点刑狱司，宋人把它叫作宪司；还有提举常平司，宋人把它叫作仓司。这三个司既有行政层面的职能，分别管理一个路的财赋、司法与救济、水利等事务，但同时又负责监督这一路的州县官员，很明显也负有地方监察职能。和监司并行的是帅司，就是安抚使司，既是驻扎地方的最高军事长官，也具有监察的职能。监司和帅司在南宋和北宋都有。北宋路级层面还有一个监察机构，叫作走马承受。从太祖晚年开始设立，到南宋高宗初年才取消，这个机构在北宋时期和帅司的关系有时候隶属于帅司，有时候又独立出来，它的职能按照有关史料来说，是"耳目承受，实司按察"，也有监察职能在里面，实际上是监督各路的帅司长官和州郡官吏，而比较偏重于军事监察。

在府、州的层面，设立了通判。通判这个官衔，名义上是州府的副长官，但有材料清楚表明，州府凡下发有关公文，实施有关政务，都需要通判副署，没有通判的副署是不能正常运作的。知州、知府都要接受通判的监督，有通判敢于公开向州府长官叫板：我是监郡，朝廷命我监督你。有这么一个故事，说是外放一个知州到地方上，有人问他要放到哪里去，他说要到一个有大闸蟹吃、却没有通判的地方，这样就惬意自由了。这个故事很典型地说明，在州府层面也有自己监督的机制。所以说，宋代的监察体制是多轨制和多元化的。

第二，就是宋代监察体制的指向开始多向化和网状化，也就是说监察的对象是全覆盖的。当然，中国古代的监察制度从秦朝设立御史大夫开始，实际上已经有自觉意识在里面，但直到唐代的御史台制度，主要还是直接对皇帝负责，监察百官。到宋代就开始改变了这种单一的指向，可以看到，宋代包括台谏系统在内，它的监察对象是可以指向君主所代表的君权，也可以指向以宰相代表的相权，当然更多是指向一般的行政官员，也就是所谓的百官。另外，虽然以中央监察职能为主要，但对地方也同时具有监察职能。像刚才说的地方的监司、帅司、州府，乃至县级长官都在监察范围之内。反过来，监察机构和监察成员本身也要受到监督，一方面皇帝可以通过有关诏令对所有监察官员实施监控，另一方面中书行政机构，在元丰改制后，也明确申明尚书省有权向皇帝奏报御史失职，实际上，御史也受中书行政权的监督。

这里稍微介绍一下作为第二监察系统的封驳制度。封驳官就是中书省有中书舍人，门下省有给事中，合起来简称"给舍"，"给"即是给事中，"舍"即是中书舍人，两者对皇帝诏令以及其他经过其手的公文与任命进行审查和监督，中书舍人有封缴诏命拒绝起草的权力，给事中有驳还诏命不予通过的权力。在宋代，封驳官对台谏章奏里错误的东西也有封驳权。有这么一段话，"祖宗时，有缴驳台谏章疏不以为嫌者，恐其得于风闻，致朝廷之有过举"。也就是说，第二监察系统对于第一监察系统也有纠督和监察的功能。另外，在台谏系统内部，它本身就构成一个互相监督的网状化系统，比如说，御史台的长官和普通御史之间可以互相监督和弹劾，而御史和谏官之间也可以互相监督和弹劾，台官和台官之间，谏官和谏官之间也可以互相监督。可以说，在宋代监察制度中，实际上完成了多向化和网状化的状态，而且有明确的制度保证。

第三，宋代的监察制度，可以说在中国古代君主官僚政体下，制度的完善和程序的健全达到了前所未有的成熟阶段，这从选任制度、言事制度以及职事回避诸层面都可以看得很清楚。以台谏选任为例，对入选台谏官的官阶限制、出身流品、职事资历与德行才学都有明确的标准；对于推荐台谏官人选的举主，则有君主指定与宰相不预的程序设定；而在台谏官的最终任命上，也有皇帝亲擢的制度规定，包括皇帝召对或召试备选官员，然后择取确定合适人选。总体说来，宋代台谏选任，不但制订了有章可循的完备规则，整个选任过程也构成一个系统程序：侍从荐举——宰执进拟——君主亲擢——中书除授——给舍封驳，以君主为决策中心，环环相扣，互相制维，在当时历史条件下，体现出相当完善的"公其选而重其任"的制度合理性。

第四，宋代监察制度体现了监察权的相对独立，呈现出分权制衡的态势。在宋代，台谏的监察权对于君权来讲，是相对独立的，它在制度层面明确规定，台谏要监察谁，事先不需要向皇帝请示。严格说起来，皇帝也没有权力要求台谏纠弹谁。宋英宗曾对蔡襄不爽，暗示谏官傅尧俞去弹劾。傅尧俞理直气壮地对皇帝说："臣身为谏官，使臣受旨言事，臣不敢。"这就表明，台谏监察权对君权是处于相对独立状态的。

此外，这种对君权的独立，还表现在台谏监察言事后如若皇帝不采纳，他有权辞职来强调这种独立性，可以待罪在家，不去台谏衙门工作，而让皇帝做出选择，到底接受台谏官的监察，还是罢免他们。这点是直到宋代才有的，而且也只有台谏官才有这种特权，它对君权的独立程度已经达到比较高的水准。

另外，台谏的监察权对相权的独立也很清楚，在实施监察前，决不能向宰相请示汇报，一旦有请示汇报，在宋代来说就是"呈身御史""识面台谏"，就为正论所不齿。在宋代，台谏言事时，一般的台谏官员对于长官、同僚也有相对的独立性。唐代中后期，御史台的御史在言事监察之前，一定要向御史台的长官汇报将纠弹什么事情，这样一来势必要受长官的制约。宋代取消了这一规定，对长官来讲，每个台官的言事权都是独立的。台官要监察什么，谏官可能完全不知情，这个台谏要监察什么，其他台谏也完全可能不知道。这样一来，就保证了整个台谏监察权和每个台谏监察权的独立性。

我们可以看到，宋代君主官僚政体将台谏官僚圈引入中枢权力结构，显然出于权力平衡的考量，但由于宋代台谏对君主也有谏诤权，便不只对宰执构成单向的举劾关系，君权也不能超然于其外，于是就形成了君主、宰执、台谏三者之间的相互制衡的态势，从而出现了君权、相权与台谏监察权之间分权制衡的初步格局。

从以上归纳的四个特点，我们可以看出，宋代的监察制度已经达到了中国古代官僚政体下相当完善的程度，说它达到极致也许并不言过其实。

问：在宋代台谏制度的设计中，对君权与相权都有制衡，可是制度的设计与制度的执行不是一回事，那么实际的执行中，最大的困难是什么？

虞云国：宋代的台谏制度，包括整个监察系统在实际运行中，往往出现令人注目而且令人费解的历史表象。我认为这种表象主要体现在两个层面，一个是相对健全完善的制度条文和运作程序不断地被蔑视和破坏，尤其北宋晚期以后，这种现象尤其明显；再一个是宋代监察制度整体运作的轨迹盛衰不定，越到后期，越是衰落。

从制度层面来看，宋代的台谏系统的制度规定和程序设计之间，是有一定漏洞的，比如台谏官的选任和罢免程序。宋代为了确保台谏官不受相权的制约，就制定了如下选拔程序：先由皇帝指定某些侍从官，让他们来推荐合适的台谏人选。这些侍从官是把宰相排除在外的，主要是担心宰相的推荐会使台谏官成为他的代言人。这是制度设计合理的地方，但是在君主专制制度下，君主不可能躬亲万事，总要有行政首脑来代为运作整个官僚机器。因此，这些侍从推荐出台谏官人选后，最终还要集中到宰相为首的中书机构，而后宰相会有一个初拟名单送到皇帝那里，皇帝根据初拟名单进行召对与选择。这个环节完全由皇帝做主，但初拟名单已经体现出宰相的某种倾向，皇帝也知道这里可能会有偏差，所以在亲选台谏官时，有时候也会绕过侍从官推荐这个环节，直接任命某个他认为合适的人来任职。这里实际上牵涉到君主专制政体不可能排除的纠结。皇帝作为最高的君主，直接掌握的官僚信息面毕竟是有限的，所以要选择到合适的、又被皇帝知晓的人选那就更有限了。这种皇帝直接任命的做法叫作直除制，而皇帝在宰相进拟名单选定的做法叫作择取制。对君主选拔台谏官的这两种方式，宋人说过一句很有道理的话："人主以知人为明，人臣以亲擢为重。"但是，在一般情况下，如果不通过进拟、不通过推荐，皇帝直除"知之实深"而能大得人望的台谏官，就很难避免仅凭私意或者偏听不明的成分，也会产生弊病。所以在制度设计中，既要确立宰执不预，又要保留宰执进拟，这是君主专制政体下两难选择中迫不得已的做法，这就形成了制度漏洞。也就是说，相权还是可以染指台谏的任用权和迁罢权，如果相权一旦强大到权相之时，就可以进而掌控整个台谏官的选任与罢免，这样一来台谏也就成为宰相的附庸。

这里最大症结就是刚才所提到的分权制衡结构，君权还没能完全处于三权制衡中单独的一方，而是高居于顶端。也就是说，在整个分权制衡的政治结构里，主要还是靠君主的好谏纳言与个人品德来起作用。因此，如果君主愿意接受台谏监督，分权制衡就会运作得比较正常。如果不愿意接受，他就随时可以从权力制衡的顶端横加干预甚至破坏。台谏官通过呈上章奏或面见皇帝进行监督或谏诤，君主可以不理不睬；或者干脆动用君权将他迁改或罢黜，调离言事官的岗位，让他不再拥有监察权。更有甚者是，对于监察的章奏，君主会宣谕台谏官哪些该讲，哪些不该讲，还会做手脚把奏议的某些部分进行删节，而后进入运作程序。如此一来，君权随时随地可以破坏台谏制度的相关条款。

有人说，宋代在制度设计上给相权开了一个后门，所以相权是导致台谏制度破坏的根本原因，实际上，君权才是起最终决定作用的。君权如果失控、放任或让渡其权力，一旦被相权所攫取或控制，那么相权直接可以通过刚才所说的宰执进拟等程序来破坏监察系统的运作。在南宋，高宗朝秦桧专政、宁宗朝韩侂胄专政、理宗朝史弥远专政以及度宗朝贾似道专政，都有放纵相权、让渡君权的现象存在，所以这些权相才得以把台谏官变成私人鹰犬，这样台谏系统就完全不能按照原先制度设计那样实现良性运作，从而走向衰落。

问：宋代的台谏制度，既有对中央政府的监察，也有对下级地方政府的监察，那么他们对官员的监察，主要关注的是官员的贪腐还是渎职，或者是其他方面的问题？

虞云国：毫无疑问，你说的官员贪腐与渎职，是宋代台谏制度关注的主要层面。这个层面在台谏制度常态运作时是起到很大作用的。我们可以举个例子，绍兴三年，那时候秦桧还没专政，当时有个御史叫常同，此人虽然不杰出，但也不平庸。他担任御史官只有十个月，一共弹劾官员80名，其中宰相4人，侍从16人，大将6人，六部之下的寺监、郎官13人，地方上的监司、帅守26人，一般官员15人。这一时期在整个台谏系统运作中既不是很振作，也不是很衰落的时段，而这个官员也中等素质，这就看出这个制度在监督官员的贪腐渎职方面还是很有成效的。

但要补充的是，台谏监察不仅仅停留在官员发生贪腐和渎职之时，它还会根据宋朝的祖宗家法和制度规定，对整个官僚系统中带有倾向性的问题发出声音。比如在相权运作过程中，未必能够抓到贪腐和渎职的把柄，但是在宋代，只要台谏认为在相权运作中有不妥之处，都可以直接表达监察意见。所以宋代有一种说法："祖宗以来，执政、臣僚苟犯公议，一有台谏论列，则未有得安其位而不去者。"也就是说，只要带有倾向性的问题，台谏官都可以表达对相权的制衡作用。

另外，有时皇帝会任用宦官，这是完全违背祖宗家法的，这种情况下，宦官本身未必贪污渎职，而是制度任用上发生了偏差，宋代台谏官就会运用祖宗家法对皇帝用人的错误倾向实施监察。宋代是重文抑武的，总是担心武将的"枪杆子"会导致政权的不稳定，在这一层面上，包括在南宋初年宋金对峙的情况下，很多台谏官对武将势力的崛起壮大都提出了带有倾向性的意见。所以不光是具体的贪腐渎职层面，而且对整个官僚机器带有倾向性的失误，台谏监察都会提出自己的监督意见。

问：宋代台谏制度中，确立了独立言事的原则，是否说明宋代的顶层设计中，对于监察权的独立有清醒的认识？

虞云国：这是毫无疑问的。自秦始皇统一中国后，中国古代一直是中央集权的君主官僚政体。这个君主官僚政体有一个形成、发展、成熟的过程。到唐宋时期，君主官僚政体在法令制度、官僚制度层面都已经进入了成熟时期。宋代比唐代更进一步，完全可以说，宋代法令制度的完善和健全已经达到了君主官僚政体的高峰。在此情况下，宋人的法制意识相对说来也空前自觉。不妨举一些代表性的议论，比如士大夫官僚说"国朝之治任法"，宋孝宗也说过"本朝家法，远过汉唐"，说明宋代在制度的完善和健全上确实达到了很高的高度。另外，作为最高统治者的君主，对宋代士大夫官僚，尤其对台谏言事官，采取了一种宽容的态度。关于士大夫官僚的言事权力和制度保障，可以从太祖誓碑"不得杀士大夫及上书言事人"上看出来。宋代最高统治者对言事官实行了特别的政策和做法。例如，宋代有皇帝曾说"国家以仁立国，其待士大夫尤过于厚，台谏乃因得言"，也就是说，宋代由于言论环境的宽松，台谏才敢于发表独立的监察意见。宋代君主也自我标榜"崇奖台谏，不罪言者"，在台谏系统运作正常的年代里，几乎从来没有对言事官重罚过。宋代君主也认识到，尽管台谏"所言者未必尽善，所用者未必皆贤，然而借以弹击之权，养其敢言之气"，这也表明了最高统治者对台谏言事权的保护态度。

正是因为宋代君主官僚政体对监察权的独立有相对清醒的认识，我们可以说宋代中枢权力结构上已在制度上有很好的顶层设计。

问：宋代台谏制度中允许"风闻言事"，而且言官可以拒绝透露风闻的来源，这一设计不会导致官员人人自危吗？

虞云国：确实有这样一种倾向。实际上，风闻言事的做法从晋朝开始就有，到宋代，形成了一种比较公认的制度。至于这种方式的缺点，要从古代监察官员获得信息的渠道相对有限加以考虑。当时不像现在传媒比较发达，有网络、纸媒等，所以风闻言事是获取信息的重要来源。

宋代在台谏信息渠道上是有制度保证的，比如有关的公文在运转过程中要向台谏系统及时通报，台谏官也有权向有关机构检索、查阅相关文档。但是公文通报与检阅文档这两个渠道往往是有关政务正在运行或者运行完成之后才能得到，从监察的时效来看往往慢了半拍。风闻言事则是听到有某些倾向性的消息而发言，所以应该从信息渠道的历史背景上以考察与理解。

当然风闻言事也有弊端，容易造成监察权的过度滥用，所以宋代从制度上曾经也想对此有所限制。宋仁宗时，风闻言事只限于朝政得失、民间利害，或闻有异谋及不忠不正不孝不义之人。但这里也存在问题，所谓"四不"是颇有弹性的标准，实际上风闻的界限很难据此加以限定，而且这条规定在后来也没法严格执行。另外，刚才谈到，封驳官对台谏官的监察章奏，如果认为有风闻不实，也有权力封驳，实际上也是有制约力的。所以，在监察制度运作正常的情况下，它的危害并不大，也没有达到人人自危的状态。这与监察官队伍本身的素质和修养也是密切相关的。

但是，一旦监察系统处于被破坏的状态，尤其是相权左右了监察系统时，这时的言事官就堕落成权相打击政敌的鹰犬，风闻言事也成为了台谏官罗织罪名的借口和手段。还有一种情况，就是台谏系统虽遭破坏，但部分台谏官还想保持一定的底线，为了敷衍每月对台谏官的政绩考核，风闻言事就成为其应付交差的信息来源，把一些捕风捉影的事情奏报上去。这样一来，和台谏官有接触的亲朋好友就开始人人自危了，担心在聊天过程中无意谈到的某些事情被风闻而去，以至到南宋光宗之时有民间谚语吐槽说："宁逢恶宾，莫逢故人。"

问：法治与人治之间的困难，直到今天还存在，您所说的宋代台谏制度中的人治问题，与我们现代相比，有多严重？

虞云国：法治和人治的两难困境，一直是中国政治所面临的难题。

东西方文化传统不一样，西方有比较自觉的契约意识，法治观念从古希腊罗马开始就相对完善。他们当然也会有人情，也会有人治，但法治的底线要比我们中国强烈与明晰。相对来说，中国是人情社会，在法治和人治之间往往是用人治软化法治。在中国古代君主官僚政体下，政治制度和法令制度不断趋于健全，这在刚才的回顾中看得很清楚。但是至少迄今为止，中国的人情社会还是始终存在的，这就出现了你所说的所谓困境。

实际上，在宋代台谏制度运作过程中也碰到类似的问题。例如，有一位理学家说过："朝廷立法，不可不严；有司行法，不可不恕。""不可不严"即强调法制的严密性，而"不可不恕"则强调人情和人治的合理性。士大夫官僚也是如此，王安石曾说："人主任恩，人臣守法，君臣之间，义斯两全。"这里的"恩"和"法"就是法治和人情的矛盾，在这种情况下，台谏制度运作中情与法、人治和法治的纠结也一再凸显出来。宋神宗曾给监察御史下过一道诏令，大意说尽管没有法，御史也可以弹劾、监察。南宋理宗与北宋神宗则是两个极端，他对御史台长官说，得放过，且放过。由此看出，这个难题在宋代台谏制度中也始终没有很好地解决。所以说，宋代监察制度中人治与法治的困境，从中国文化角度来讲是一脉相承的，很难说宋代与现在孰轻孰重。但宋代毕竟是君主官僚政体时代，而我们已经进入现代转型的时期。以我之见，一方面要加强法制，包括监察制度的建设，另一方面尤其要培育现代法治意识，认识到法令制度是刚性的，是不能逾越的一条底线，人治与人情只能在法制轨道上延续，而不是超越法制的限阈，这才是现在应该培养的法治理念。

问：宋代的台谏制度与党争密切相关，我们知道，在现代西方民主社会中，议会中的党派之争也相当激烈，这是不可避免的吗？

虞云国：宋代台谏制度成熟以后，它与宋代的党争从来没有断绝过关系，这里有一种必然性。在宋代分权制衡的中枢权力结构中，台谏官代表着监察权，而且在士大夫的心目中，台谏的言论就代表公论。一旦发生党争，党争的双方往往倚重台谏，希望自己的主张得到台谏的支持，即公论的认同。因此，在常态的情况下，例如熙宁变法期间，新党和旧党都在争取台谏的支持；包括后来元祐更化中，也是如此。秦桧专政，为了维持自己的独相局面，就让成为其打手的台谏官排击政敌，保住权益。在庆元党禁中，韩侂胄为首的韩党对以赵汝愚为代表的士大夫官僚也是如此，借助台谏来击败对手。

宋代台谏制度和党争的关系之所以有时会掀起轩然大波，君权所起的主导性取向，仍需要充分的注意。台谏监督也好，发表公论也好，最终能否在政局运转中起作用，说到底还是取决于君主的用舍。而在君主专制政体下，有的君主往往有意采取异论相搅的统治权术，在其可控范围内，让不同的政见互相争论，也容忍台谏支持或反对某一方。在庆元党禁中，韩侂胄之所以能把赵汝愚一派打压下去，就是因为他援引的台谏官最后得到了宋宁宗的全力支持，而倾向赵汝愚一派的台谏官则被皇帝彻底抛弃。

应该看到，宋代台谏和党争的关系，与近现代西方议会之间的党派之争还是有本质上的不同的。宋代的党争是在君主专制政体下，由君主决定是非的党争。在君权失控的状态下，君主往往有意地偏袒某一方，或者无意中把某些决定权让渡给权相。这样就使得宋代的党争往往牵动整个政局，甚至改变历史的走向，其中包括秦桧专政时期与韩侂胄专政时期。由君主一人决定是非，就有可能导致政局的失误。而西方的党争是在近代民主体制下开展的，已经没有了高高在上的君权，它最终取决于选民的意见。议会中的不同党派是持不同舆情的选民选出来的，他们在议会中表达不同的政见，在某种程度上体现出他们当初对选民承诺的政治主张，如果后来的时局演进证明该政党所表达的意见是正确的，选民还会继续投票选择这个党派，反之就会弃之而去。实际上，是选民的选票在某种程度上决定了党派之争的性质，具有所谓程序正义和民意向背的成分在里面。这样一来，两者之间孰优孰劣是一目了然的。进入近代以来，西方的资产阶级民主毕竟要比君主专制政体下的台谏与党争更能够趋利避害。

问：说起监察制度，我们会联想到明代臭名昭著的东厂、西厂和锦衣卫，宋代的台谏制度有没有这种类似监察特务的情形发生？

虞云国：在总体上，宋代的监察制度，包括台谏系统运作的整个过程中，没有出现像明代那种特务政治的情况。但是，宋代也还是有过严重偏差的，我们举几个例子。王安石变法时，新党的御史捕风捉影，从苏轼的诗歌里找出一些诗句，说他在讥讽新法，于是就把他抓进了御史台大牢，罗织了所谓的"乌台诗案"，这是宋代有名的文字狱。到了元祐更化时，旧党以牙还牙，旧党的台谏声称新党前宰相蔡确在《车盖亭》诗里影射垂帘听政的高太后。高太后大怒之下将蔡确贬官岭南，最后死在那里。这两件诗案中，都有台谏官活动其内。在"车盖亭诗案"中，有些旧党台谏参与了罗织，但也有旧党台谏明确持反对态度的。到了秦桧专政时期，台谏官就完全充当他诬陷政敌的打手，秦桧在迫害李光、赵鼎、胡铨、张元幹的时候，就指使台谏爪牙罗织成许多诗案、史案，出现了监察特务的倾向。

明代的东厂、西厂、内行厂、锦衣卫，这些机构是人所熟知的。中国古代王朝中的特务组织，以明代为特盛，历史学家吴晗和丁易都有相关的论著详加论述。关于厂卫的制度属性，在明史研究中，有些学者将其归入司法制度，也有学者将其归入监察制度。我则认为，两者兼具。从职能来讲，厂卫机构很明显也属于明代的监察主体。也可以说，它是兼具司法职能的特殊监察组织，或者是连带监察功能的特殊司法机构。而这两者的结合往往更可怕，也就构成了特务组织具有的特定属性。明代厂卫制度也给出了一个启示：在专制政体下面，监察和特务的界限是很容易模糊起来的，常态的监察机构也有可能滑向特殊的特务机构。1949年以前，蒋介石统治时期的CC派、蓝衣社、中统、军统，何尝没有这种双重职能在呢？

问：您在书中指出："宋代台谏得人，其选任制度的严格完善固然是不可忽略的原因，但士大夫阶层的崛起及其以天下社会为使命，以公道名节为砥砺的自觉意识的形成，更是必须重视的历史条件。"这是说士风在某种程度上比制度设计更重要吗？

虞云国：打个比方说，就是皮和毛的关系，制度是皮，士大夫充任的台谏官就是毛。所谓皮之不存，毛将焉附，这个比喻我觉得还是很恰当的。也就是说，没有宋代台谏制度这个平台，宋代的分权制衡也就不能够有成功的表现。还可以进一步打个比喻，就是主人和皮衣的关系，如果把台谏制度比作一件漂亮皮衣的话，主人则是君主，如果君主很好地保养这件皮衣，这件皮衣会很光鲜、很保暖；反之，如果君主认为皮衣不好，弃之如敝屣，这件皮衣也就不会起作用了。我们还要注意大制度和小制度的关系。君主专制政体是大制度，宋代的台谏制度只是大制度下的小制度，也就是总体和局部的关系。如此一来，宋代台谏制度的最佳运作必须有三个要件：明君、贤相、真台谏。

我们可以发现，两宋能够真正满足这些条件的大概就在仁宗朝，而仁宗朝台谏制度运作也确实最成功。两宋的士大夫，包括其风气，也不能一刀切。总体而论，两宋的士大夫风气还算是比较好的，像范仲淹、欧阳修、王安石、司马光、文天祥等堪为代表。但在具体的士风上也是有转变的，王安石变法之后，士风开始变化；到徽宗中晚期，再有一变；南宋高宗和秦桧专政时期，士风又有一个转向；到光、宁以后士风每况愈下。而在秦桧专政结束到孝宗时期，士风曾一度抬升。

不难发现，宋代士风的变化推移与整个台谏制度运行的盛衰轨迹实际上是同步的。从根本上说，整体士风的振衰起落取决于君主专制政体下的政治生态。政治生态恶化，士风也就处于一种下滑的趋势；而只要君主能自觉认识到台谏系统的重要作用，不仅台谏制度，连同整个士风也会很快振作起来。这一点可以在宋代找到很多例子：秦桧死后，延续到孝宗朝，台谏有一次振作；韩侂胄倒台，台谏又一度振作；史弥远死后，台谏又恢复过正常。这就表明，总体说来，制度平台的关键作用还是不容忽视。这点与上面谈到的人治和法治也是密切相通的。记得1990年代在关于现代中国转型的讨论中，曾经有过"制度决定论"还是"文化决定论"的激辩，实际上也就是另一种人治和法治的关系。在我看来，两者都不能偏废。回到你的问题，制度设计是刚性的，而制度是需要人来执行的。

士大夫的风气，在君主专制政体下，必然随着制度的良性运转或恶性下滑而丕然生变。尽管不能说光宁以后的台谏官员都是相权的附庸或权相的走狗，也会有保持士大夫节概的个别真台谏出现，但总体来讲，台谏官的素质与风气在光宁以后转向庸劣与窳败，这与整个士风的衰颓是息息相关的。归结到士风振衰与制度设计哪个更重要，很显然两者是相辅相成的，好的制度必须有好的士风去推动，糟糕的士风必然使完善的制度也名存实亡，但两者的关系究竟良性循环还是恶性互动，说到底还是取决于君主专政的大制度与大环境，这才是两者的命门所在。

问：如果宋代的台谏制度如此优越，为什么明清时都没有采纳这一制度？

虞云国：这个问题不能简单而论。元代很明显是不设谏院的，明代基本沿用了元代的制度。元代虽不设谏院，没有谏官，但御史台还存在。自明代起御史台改为都察院，都察院下设有各级御史长官和官员，御史系统也还是存在的。尽管名称已变，明代还是将各级都御史称为御史。在地方，十三个布政司也各设十三道监察御史，地方层级的御史也许比宋代中央的御史员额还多。另外在各省都设立了提刑按察司，按察司设立按察使、副使，相当于宋代监司中的宪司，但它更加专职，也更加强化。

除了都察院系统，明代还设立了六科，与尚书六部是相对应的，每一科分别按吏、户、礼、兵、刑、工六部命名，设都给事中、左右给事中、给事中等官员。明代制度规定，六科的给事中执掌侍从、规谏、补阙、拾遗和稽查六部百司之事。规谏、补阙、拾遗相当于前代谏官的职能，稽查六部百司相当于御史的职能。所以从名分来看，好像兼具了宋代侍从、封驳和台谏的职能，但实际上却阉割了宋代封驳官可以监督君主决策的职能。明代给事中不能封，只能驳，但驳的权力也相当有限，而且往往不敢驳。所以尽管名分上似乎保留了谏官的职能，实际上完全抽空了宋代谏官规谏君主的这部分权力，而把重心放在监督六部官员上。如此一来，明代的都察院和六科给事中，实际上就只针对百官，限制君权的那部分基本上归了零。

清代承袭了明代都察院的制度，而后又把六科给事中完全改隶于都察院，这一走势与清代中央专制集权的强化是同步的。回顾历史，唐代御史台和谏院并置，各司其职；宋代台谏合一，两者同时拥有针对君权和行政权的监察职能。到了清代，表面上似乎台谏再度合一，但制衡君权的职能却彻底消失，重新退回监察机构单向指向百官的老路，实际上倒退到唐代以前。很明显，这时的监察制度只对皇帝负责，完全丧失了限制君权的职能，沦为专制皇权的御用工具。

元代是一个很重要的转折期。黄仁宇指出，明清是第三帝国，元代是第二帝国向第三帝国的过渡期，而第三帝国带有强烈的收敛性。刘子健认为，中国古代君主官僚政治从南宋开始就有转向内在的趋势。他们都注意到宋元之际的这一转折。关于元代，我们的思考一直不够深化。元代是蒙古游牧民族入主中原，所以把蒙古旧俗中奴隶主和奴隶之间的落后关系残余也植入进元代政体。关于这点，元史学者周良霄在《皇帝与皇权》中有所论述。元代的君臣关系实际上带有主奴关系的深刻烙印，在这种情况下，取消谏院、不设谏官、废除封驳制度只是一方面的表现而已。元代尽管也标榜，朝廷不设立谏官而御史"职当言路"，似乎御史也有谏官的功能。但只是说说而已，相对于宋代谏官权力的扩容，元代却干脆取消了谏官，两相对照，制度落差之大令人不胜叹息。

明代与元代一体，尽管在制度建设上鼓吹继承唐宋，实际上承袭的却是元制。所以周良霄先生认为，在君臣等同主奴的名分上，尽管明代还有所讳饰而羞于承认，但君尊臣卑的差距却一仍元旧，甚至还超过了元代。朱元璋把《孟子》所讲的"民为贵，社稷次之，君为轻"说成胡诌，还动不动就廷杖朝臣，表明在君尊臣卑方面比元代更厉害。明太祖尽管是农民造反坐了龙庭，但在君权至上方面却绝对是身体力行者，这点上远远不如宋太祖。我们当然不能仅仅归咎于皇帝个人品性，还要探寻更深层次的原因。

唐宋尤其是宋代台谏监察权的上升，与唐宋社会变迁后士绅权力的抬头大有关系。唐宋变迁以后，士大夫阶层开始崛起，在某种程度上代表了地方权益，也有地方分权的趋向，自然要求对传统的皇权有所制约。但士绅权力不是一种完全独立的、自足生长的权力，它只能依附于皇权，通过皇权的认可来实现自身的诉求。所以宋代士大夫在君主官僚政体内占有绝对的权重，就是士绅权入朝的表现；而台谏言事权的加大和提升，也是这种权力的表征。在君主官僚体制的政治生态正常情况下，士绅权力可以借助台谏的监察权表达他们的意愿。在君主专制政体恶化情况下，士绅权力在这一政体中的代表人物也往往与君权同流合污，通过君权的认同或让渡来保护既得的权利。

反观唐宋转型后的社会阶级关系，小农租佃制成为社会经济主体，社会阶级关系变得简单化，就是地主和农民的直接对立，此时的地主阶级就是所谓非身份地主阶级，其代表人物通过科举制进入君主专制政体，成为官僚士大夫群体。同时，中国传统的君权也完成了自身的转型和升级，它又摇身变为非身份地主阶级的权益代表者和保护者。在地主和农民两大阶级对抗中，因为君主专制的强力控制，地方士绅权力始终没能争取到完整的自治权。在这种情况下，士绅只能转而向君权乞求保护，所以明清专制是收敛的、强化的，达到中国君主专制政体的最高峰，这与整个社会阶级的变化是有关的。明清监察制度为什么完全对皇帝负责，而不像宋代那样对君权也有一定的分权制衡趋势，其背后的深层次原因就在于此。

问：近些年来，很多历史学者及爱好者对宋代的评价都很高，有不少人提出宋代已进入近代社会的说法。那么，宋代台谏制度所体现的权力制衡原则，与西方民主社会的三权分立有什么差别？

虞云国：我们讲到宋代时，要注意宋代历史文化的复杂多面性，它的时间跨度长，地域差别也很大，要获取一个总体面相并不容易。不妨仍以台谏制度为例，既要将其条文规定和实际运作区分开来，也要把它在极盛时期和极衰时期区分开来。另外，宋代史料十分丰富，同一个课题，往往正反两方面都能找到充分的史料。例如，王安石变法，肯定的，否定的，都能找到大量的依据，台谏制度也是如此。所以对宋代的总体评价一定要谨慎。

我对宋代的总体评价还是比较高的，但落到宋朝历史的某些方面，还要具体情况具体分析。比如文化层面，两宋文化达到了高峰，整个社会经济发展也是超越前代的。但涉及政治史就比较复杂。一方面要肯定其政治制度，包括法令制度、监察制度，都有前所未见的完善和进步，肯定立国之初宋太祖创建的制度成为政治遗产影响着后代，但也要看到宋代政制与生俱来的负面影响，更要看到它在实际运作中的变异和走样，对台谏制度也应该这么看。

现在确有历史学者和历史爱好者对宋代评价过高，宋史学界已有学者提醒注意这种偏差，呼吁不必过度美化赵宋王朝，对所谓"宋代顶峰论"表示质疑。在宋史学界之外，高估宋代的言论有两种：一种是纯粹的历史爱好者，往往以点代面，以局部论全局，以个例作总论，是相当普遍的倾向。比如有人选了几个小故事，包括台谏的故事，就下全称判断，说宋朝不是专制王朝，还过分强调宋朝分权制衡成功的一面，而完全无视实际运作中的另一侧面。他们往往抓到一点就发议论、抒感慨，说宋代言论自由，思想开放，没有文字狱，其实我们刚才说到是有文字狱的。这实际上不是严格意义的学术研究，作为一种读史杂感，似乎也不必与其过分较真。另一种是把对宋代的高评和当下的"中国模式"联系起来，既违背历史，又歪曲现实。比如有人鼓吹宋朝政治制度的顶层设计已经超越了利益集团，而现代中国俨然在实现宋朝超越利益集团的政治理念，"中国模式"实际上就是宋朝政治的核心理念。这就完全在歪曲历史、误导舆论了。即便以台谏系统的分权制衡而论，一方面应该适当地肯定，另一方面也不能背离君主专制政体的大背景，而将其极度美化。

宋代台谏系统与现代西方三权分立的制度区别也是显而易见的。西方的三权分立是立法、行政、司法三者完全各自独立地行使权力，相互制衡，不存在一方对另一方负责而受制于另一方的状态。三权分立是一个稳定的三方制衡结构，即便西方有些国家是君主政体，比如英国、日本，但君主完全是虚君，并不凌驾于三权之上，君主不参与三权。宋代台谏系统的分权制衡，其任命和罢免是最终受制于君权的，甚至有时还受制于相权，而最终只是对君权负责。所以这种制衡，只有在君权和相权自觉接受制约的状态下，才能够正常发挥功能。关键还在于，君权是这一分权制衡结构唯一的主宰者和操控者，在君主不愿意时，他随时随地可以破坏分权制衡的格局。所以说宋代的制衡结构是不稳定的三角制衡，君权并不是像某些历史爱好者和历史误导者所说的虚君制。

于是，我们的结论也很清楚，在宋代这种分权制衡的结构中，只要有一个既身处其中、又主宰其上的专制君权的存在，就没有办法从根本上解决君权专制与分权制衡的悖论，也就绝无可能由君主专制政体的母腹中成功地孕育和顺利地分娩出近代意义上真正分权制衡的权力结构来。

　　　　　　　　　　　　　　　　　　　　（采访：黄晓峰）

宋代的流言与管控

——读《宋代信息传播与管控：以流言为中心的考察》

庚子正月，被迫宅居，在疫情与流言的胶着对峙中读毕网购的《宋代信息传播与管控：以流言为中心的考察》（方燕著，中华书局 2019年；下称《流言》，仅标页码），从宋史角度试对这部新著略作评介。

进入新世纪以来，信息传播与管控日渐成为宋史研究的热点，邓小南教授就多次主持过唐宋时期乃至更长时段的信息渠道的讨论会与工作坊。当然，正如《流言》所说，以往研究较多关注体制性信息渠道的传播与管控问题，"对非正式渠道信息传播的支配和管理的研究则较为忽略"，尤其对牵涉"民众集合行为、官民互动、区域活动"的流言现象及其"与社会文化心理的关系，缺乏较为深入细致的分析揭示"。（47 页）流言是任何社会、任何时代都存在的一种社会现象，其特定的指向性、受众的广泛性、交流的匿名性、传播的变异性，既让听闻者不知所措，更令主政者深觉棘手。著者自述撰旨说，希望为处于转型期的当今社会，就"流言的认识、预防、消解和控制提供宝贵的历史借鉴"。（48 页）

除去绪论与结语，全书分为六章，首章论述宋代信息传播与政府规制，其后五章依次探讨了宋代流言的生发语境以及与政治经济、军事、边疆治理、灾异的关系。也许受制于《宋代信息传播与管控》主书名，就阅读感而言，第一章所论信息的外延略嫌宽泛，倘若适度简略既往研究相对深入的官方信息的职能机构、传播形式与管控规制等内容，直接聚焦于副书名《以流言为中心的考察》，也许更能凸显主旨。

毫无疑问，流言与谣言都属信息范畴。著者提醒，"学界对流言、谣言的界定不一，且无明确区分"，该书之所以使用"流言"这一中性概念，理由基于"一是今人在使用谣言时词性色彩更具贬义，二是流言部分与事实相联系"，这是可取的。但其接着将"流言"解释为"一种经由私下的或公开的渠道所传播的有关人与事的未经证实的、**不确切**的信息"（8页，加黑为引者标示），窃以为"不确切"三字有欠精准，正如究竟哪一主体据何标准有权判处谣言一样，判断流言的"不确切"存在着同样的问题，故宜改为"不知确切"，庶几符合定义中性原则。本文也将在中性原则下讨论该书论及的宋代流言与政治应对。

一

《流言》给人最深印象之一便是史实搜罗的充实详备，这与宋代传世史料因印刷术普及在数量上几乎超过其前文献总和是密切相关的。然而，一个时代的流言力度及其频度，与社会历史之间必有错综微妙的互动关系。考察宋代流言，自应将唐宋之际的社会转型纳入视野。这一转型在诸多方面或直接或间接地构成了宋代流言的历史背景，在流言的生成主体、传播方式与互动形态上呈现出时代的新特点。

首先，宋代承认士农工商"四者皆百姓之本业"（《嘉定赤城志·天台令郑至道谕俗七篇》），社会各阶层之间呈现出相对平等的趋势。阶级结构的深层变化导致包括流言在内的发声权也渐趋对等，相比其前其后的专制王朝，宋代舆情环境与思想管控相对宽松（当然也应区分不同时段的明显差异），尽管作为社会中坚与帝国精英的官僚士大夫阶层仍是引领舆论的主体阶层，但农民、手工业者与商人毕竟较之前代在法律上也拥有了发声权，同样可能成为流言生成的主体之一，将自己的好恶评判适时转化为流言而播扬于世，并经由文字史料记录在案。相对于前代流言往往聚焦于朝野上层，反映底层诉求的政治流言一般在社会大变动时才浮出水面，宋代流言更凸现其日常社会的众生相，也更具有社会史价值。

其次，宋代社会展现出前所未有的流动性。在农业、手工业与商业诸领域，各阶层的劳动者通过契约合同确立主雇之间的劳动关系，期满以后都有权利双向选择而自主去留；士农工商之间的阶级流动也是时有所见的社会现象。选任制度驱使全国官员或赴任地方，或述职京师而仆仆于道路，科考制度定期催生了学子士人的定向流动，城市经济的繁荣与商贸行为的活跃引发了行商走贩的频密流动。在前近代的传统社会里，这种社会流动的空前加强对流言的生成频度与传播速率都带来了不容低估的影响。

再次，随着社会经济的不断发展，宋代流言在扩散渠道与传播手段上都鲜明凸现了时代特点。借助印刷术的普及，流言凭借着印刷纸媒而广为流传，例如，书肆发行的野史小说大受朝野官民的青睐，仿效邸报的民间小报也试水印刷手段。在城市经济与市民文化的助推下，瓦舍勾栏、茶楼酒肆不啻是八方流言的交换平台，这些平台上敷演的说话、诨话、演唱、杂剧、影戏等市民文艺也成为流言的演绎手段与传播渠道。而在人流密集的城门通衢与人员流动的旅舍馆驿，无名揭帖与匿名题壁也是流言的常见形态。

最后，作为中原政权，宋朝在外部始终面对着北方强敌压境的严峻局面。北宋前期有宋辽战争，中期有宋夏战争，晚期有燕山之役与宋金战争，等等，而整个南宋更是处在战时体制的阴云笼罩之下。尖锐的南北对峙，惨烈的民族战争，令朝野臣民长期处于焦虑惶惑乃至忧惧恐慌的心态中。而紧张的处境与不安的心态中对生存安全的渴望正是流言滋生最合适的温床。诚如《流言》第四章表明，军事流言之多正是宋代异于其他朝代的特点之一。

宋代流言的时代特点向统治者提出了治国理政的新课题，《流言》对其成功与失败两方面都有充分的揭示。

二

在政治文明上，宋朝较之前代确有进步，但毕竟仍是君主官僚体制，在评价其舆情环境相对宽松时，既应把握好尺度，更应区分不同时段政治生态的差异，考察宋代流言与政治的关系尤其如此。宋朝一般以疏导、利用与管制等多管齐下来应对政治流言。

先说疏导。在君主官僚体制下，最高统治者一般也冀望及时掌握准确全面的信息资源，借以有效运转统治机器，规避滋生不利流言。宋朝中枢获取信息资源的方式可分常态渠道与非常态渠道。常态渠道即由各层级官僚申报相关信息。但作为信息申报的第一问责人，各级官员出于粉饰太平、迎合上司、维护政绩、推卸责任等仕途考量，往往会弱化甚至堵塞正常渠道的信息反馈。《流言》以灾情为例，将地方官报灾失实分为缓报、谎报、瞒报、不报等常见形式。（142 页）这些申报失实的类型，不只限于灾情应对，也是任何专制政体下官僚系统司空见惯的常态。宋朝在非常态渠道上设计了另一套程序，以期避免常态渠道的梗阻壅塞，最终导致流言惑众而危及政权安全。宋朝允许吏民在理由充分与信息真实的前提下有权直诉与越诉。直诉分拦邀御驾（即拦阻皇帝车驾上告御状）、挝登闻鼓（赴京师登闻鼓院与登闻检院击鼓告状）与投书瓯函（即投送举报信）等方式；越诉即在逐级上诉的常规之外允许越级投诉。（143—146 页）在制度规定上，非常态渠道尽管为覆盆之冤的小民越级上告保留了权利，但据史料所见，虽偶有其例，却不宜过分渲染其成效。宋代应对流言的疏导之策，关键取决于两点。一是具体官员的吏治优劣。为政有德，正常渠道的信息反馈基本上及时有效；反之，正常渠道也会形同虚设。二是不同时段的政治生态。倘以北宋为例，政治生态相对清明的宋仁宗庆历、嘉祐时段（1041—1063），流言信息的反馈上达显然不能与宋徽宗政和、宣和时段（1111—1125）相提并论而混为一谈。

次说利用。在信息尚不透明与公开的情势下，流言具有两面性。一方面，鉴于流言往往成为公众表明态度、评价与诉求的舆情形式，统治集团在清醒之际也深知"苟民心既得，则异议自消"（苏辙《三论分别邪正札子》），从而倾听流言，掌握舆情，审察民心，改善政治。在健全官吏信息申报制的同时，宋朝特许专司监察之责的台谏官拥有"风闻言事"之权，用意即在于此。所谓"风闻"，既指允许监察官员采择流言作为纠劾依据，也包括鼓励他们将流言上达中枢，"欲广采纳以补阙政"（《宋史·吕诲传》）。拙著《宋代台谏制度研究》曾论及风闻言事的利弊得失，关键仍取决于政治生态清明与否。另一方面，流言也总被最高统治者用为诱导公众情绪、意愿与倾向的政治手腕，以便勾兑兜售其政治预谋。宋太祖为黄袍加身而授意编造"点检作天子""契丹入寇"与"日下复有一日"等政治流言，以陈桥兵变一举夺得了赵家天下。宋真宗为强化皇位正统性，闹腾了长达十四年的天书事件，以致"一国君臣如病狂"，正如著者所说，"实际上是一场有预谋、有准备、由君臣精心策划和导演的流言闹剧"。（419 页）

再说管制。《流言》引英国学者戴维·巴特勒所说，"没有一个政府——无论它是民主的还是专制的，能允许大众媒介免受某种形式的规定或限制而自由发展"（2 页），不言而喻，宋朝的管控当然是专制集权式的。整个宋代将卜筮相命、天文图谶等民间印刷物一概列为禁书，如有印版刻石一律追缴，"当官弃毁"；宋徽宗后期，类似规定也适用于秘密结社的"明教之人所念经文及绘画佛像"。（131—132 页）及至秦桧专政，为绍兴体制而扼杀异议，借国家权力来厉禁私史，诬之为"邪谋伪说"，独裁体制更倒行逆施地钳制舆情与整肃流言。（参见拙著《南渡君臣》中《秦桧专政形象的自型塑与被型塑》）

宋朝对官方邸报必先行预审再颁定本，牢牢攥住公共信息发布权，不仅朝政机密，包括议论时政与事涉灾异，凡"被统治者视为敏感的或负面的信息一律受到官方的严格限制"。（128—129页）宋朝管制官办邸报颇见成效，对民间小报却十分头疼。小报所载多为邸报未报之事，由邸吏"或得于省院之漏泄，或得于街市之剽闻"，日书一纸，飞报远近，甚至公然绕街叫卖。小报消息，事后复验，"或然或不然"。南宋孝宗朝起，朝廷屡颁告赏，厉行禁绝，但终宋之世，小报却禁而不止。无论官民，"皆以小报为先而以朝报为常"。（134—136页）由此可以推论两点：其一，经过严格过滤的邸报（即朝报）已远不能满足官僚士大夫的日常信息需求，足见宋朝舆情虽称宽松，公共信息发布机制仍不健全与透明。其二，小报信息真伪相杂，确具流言性质，却已然成为合法渠道之外最重要的信息源之一。这些固然都是流言型小报屡禁不绝的主要原因，另一方面也说明宋朝专制集权毕竟仍属前近代形态，尚未臻于无所不用其极的地步。

三

学界普遍认为，随着士大夫阶层的形成及其自觉意识的崛起，结合新儒学"以天下为己任"的主导思想，宋代已形成了一种"公议"，在政治生活中起着制约皇权、伸张正气的积极作用。惟其如此，官僚士大夫才理直气壮地告诫皇帝："公议，国家之精神。"（《历代名臣奏议》卷一五二，牟子才《因灾异进对札子》）

《流言》则将公议分为两类，即传播士人之间的士大夫公议与传播民间底层的民众公议，不仅都"体现的是民意民欲"，而且都采取口头传播方式。（105 页）结合两宋历史，公议也是流言的特殊形态，在我看来，还有如下特点。其一，无论何种公议，一方面可能吸纳了此前的流言成分，一方面也可能成为此后的流言内容。其二，两种公议的界阈并非绝对封闭，士大夫公议中合理融入民众公议的因素，民众公议中接地气地再现士大夫公议的内涵，在宋代也都不乏其例。其三，在政治生态正常时期，民众公议也能经由士大夫官僚奏禀君主，作为集权政体治国理政的信息参考；在政治生态恶化时期，即便士大夫公议也无可能上达朝廷，而被专权者或政敌斥为蛊惑人心的政治谣言。其四，在宋代政治史中，两种公议的强弱曲线，存在着此消彼长的代换现象：政治清明时段，士大夫公议的有效峰值趋高，而民众公议的有效峰值趋低；而政治生态逆转时段，士大夫公议渐趋销声匿迹，民众公议却取而代之。南宋淳祐十二年（1252），牟子才提醒宋理宗说，"天下有道，公议在朝廷；天下无道，公议在草茅"（《历代名臣奏议》卷三一二《论阴浊之症有类宣和者五事疏》），揭示的正是这一现象。

《流言》将民众公议归入信息的民间传播而区分为语言传播与非语言传播（非语言传播与民众公议关系不大，此不具论），语言传播下再分民间文学艺术、优词乐语与民谣谚语等诸种形态。（109—121 页）优词乐语实际上也属民间文学艺术的范畴，故民众公议的传播方式主要是民间文艺与民谣谚语。相对说来，宋代传世谣谚远较民间文艺丰富，在作为民众公议的流言研究上成果也更丰硕。这一研究，除了《流言》，值得一提的还有《两宋谣谚与社会研究》（赵瑶丹著，中国社会科学出版社 2015 年，下称《谣谚》）。两书都将政治谣谚作为政治流言与民众公议的特殊形态，探讨其与宋代政治的互动关系。

政治谣谚是民间底层参与政治监督、表达民众公议的特殊舆情形式。有研究者指出，政治谣谚一般呈现"三级增长"的态势：第一级是讽喻式，以戏谑讽刺为特征，但仍包含善意规劝的成分；第二级是否定式，对原讽喻对象已不抱幻想而代之以敌视态度；第三级是行为式，底层民众已无法忍受，而采用"宣传行动的方式"（转引自《谣谚》367页）。鉴于上引两书主要是以逻辑框架展开的，这里且以政治生态逆转的北宋晚期为例，来探讨政治谣谚作为民众公议参与政治的表现方式。

宋徽宗即位不久，便以宫廷集权模式取代了其前权力相对制衡、运转尚称有效的中央控制模式，其政治统治"却是灾难性的"（刘子健《中国转向内在》72页）。宋徽宗集团为强化集权模式，士大夫官僚精英被驱逐出朝，至迟政和初年起，刚直敢谏的官僚士大夫连正常参政的信息渠道也已名存实亡，士大夫公议更无从谈起。与此成为对照，作为民众公议的时政谣谚却空前活跃，以政治流言的特殊形态评骘时局，抨击朝政。

政和元年（1111），蔡京再相，童贯大用，天下传开了"打破筒（童），泼了菜（蔡），便是人间好世界"的谣谚，表达了民众公议对"二人卒乱天下"忧心如捣。政和三年，何执中趋附蔡京进位右相，约略同时高俅也升任殿帅，京城童谣纷纷传唱："杀了穜蒿割了菜，吃了羔儿荷叶在。""穜蒿"喻指童贯，"菜"仍指蔡京，"羔儿"谐音"高二"（即高家排行老二的高俅），"荷叶"喻指何执中。谣谚中"打""泼""杀""割""吃"等动词爱憎分明，却仍出以谐音戏谑的讽刺方式。

而到宣和元年（1119），王黼与蔡京并相，朝政更加污浊，"卖官鬻爵，至有定价"，民谣直斥："三千索，直秘阁；五百贯，擢通判。"（《曲洧旧闻》）据《老学庵笔记》，次年杭州知州客席上竟"有服金带者数十人，皆朱勔家奴也"，就有民谣唱道："金腰带，银腰带，赵家世界朱家坏。"最后一句似乎还为"赵家世界"惋惜，殊不知朱勔大兴花石纲逼反方腊，奉行的恰是赵官家的御笔。宣和五年，宋徽宗借"收复"燕山而大搞庆典，京师传唱开两首民谣。其一云："喜则喜，得入手；愁则愁，不长久。忻则忻，我两个厮守。怕则怕，人来破斗。"其二云:"臻蓬蓬,外头花花里头空。但看明年正二月,满城不见主人翁。"政治谣谚表达出明确否定的民众公议:不仅侥幸人手的燕京势"不长久",连东京城明年也将"不见主人翁"。诚如《流言》对此所论:"宋王朝已被掏空的内里又岂是表面的繁华能够掩藏得住的。"(52页)

靖康元年(1126)初,金军兵临城下,刚即位的宋钦宗屡下求言诏,但金兵北撤形势缓解后,便将河东等地抗金防务置之脑后,浑不顾金帅完颜宗望(二太子)可能再次南侵,却急于立太子,同时追究其前伏阙进谏请诛"六贼"的太学生领袖陈东,不久东京城内传开了"十不管"谣语,最后两不管即"不管河东,却管陈东;不管二太子,却管立太子"。对朝廷"复沮抑言者",打压言论空间,便有谣语怒斥:"城门闭,言路开。城门开,言路闭。"宋徽宗朝的年号钱在靖康改元后继续流通,但靖康、建炎间(1126—1130),虔州市上拒用宣和与政和的年号钱,称为"上皇无道钱"(《鸡肋编》卷下)。将徽宗年号钱与"上皇无道"直接挂钩,把宋徽宗钉在"无道"的耻辱柱上。

北宋有过"人奏风谣受圣知"的承平期,无论奉命出使,还是任职州县,官员都有责任采择民谣、体恤舆情,所谓"风谣随处采,民瘼尽心求。报国机钤密,供吟景象幽"(王禹偁《赠采访使阁门穆舍人》);"令尹求民瘼,行行听路谣"(许广渊《和徐令南新道中》)。及至政、宣之际,宋徽宗治下的政治生态极度恶化,言路闭塞,正气不张,"士人知朝廷意,亦不复上书"(《三朝北盟会编》卷九六)。而政治谣谚作为民众公议即便近在京城咫尺,最高统治集团不是闭目塞听,就是置若罔闻。

相比宋代"祖宗盛时,以宽闳博大养士气"(《真文忠公文集·戊辰四月上殿奏札二》),宋徽宗集团在应对朝野公议与政治流言上是彻底失败的。这一转变的深刻教训与不幸结局,正如宋史名家刘子健所指出:一切缘于"徽宗开始滥用皇权,最终导致北宋的悲剧性灭亡"(《中国转向内在》72页)。

当病夫坐上龙庭

——读《宋代皇帝的疾病、医疗与政治》

一

1976 年 6 月，中共中央公告，毛泽东因"年事已高且工作繁忙"不再会见外国来访人士。这条简短的消息引发了国人普遍的猜测与巨大的担忧：再伟大的领袖也有老、病这道坎。五年以后，国门打开之初，有一本《病夫治国》畅销读书界。该书考察了 26 位现代领袖如何在疾病状态下治理国家的，无非试图证明："如果这些政治家身体健康的话，某些决定将是不同的。"（324 页）

《病夫治国》说得不错，"任何一位医生都可以和医学专栏作家或历史学家一样，对更好地认识历史事件做出自己的贡献"。（324 页）但倘若落实到中国古代史领域，问题却不乐观："史学家大都不懂中医医理，而中医也不懂如何搜集和使用古代医学史料。"（王曾瑜《丝毫编》623 页）然而，《病夫治国》大陆初版 30 年后，一位有医学背景的史学博士，在导师启发她阅读该书之后，豁然憬悟："病夫治国现象，在医疗条件相当发达的现代尚且存在，更何况医疗水平相对不高的宋代。"（1页）于是，发心在宋史领域完成对疾病史与政治史的交叉研究，便有了这部《宋代皇帝的疾病、医疗与政治》。（史冷歌著，河北大学出版社，2013年版；下称《皇帝病》）她发挥了自身横跨医学、历史两大学科的专业优势，"除了利用中医学理论对宋代皇帝病症进行排比分析，还特别重视利用现代西医学的成就，如内科学、外科学、心理学、精神病学、医学免疫学、医学统计学等理论进行论析"，（10页）从皇帝的疾病联系到对政治的影响，为历史研究添加了一个解释层面，令人有耳目一新之感。

尽管有了合适的研究者，史料采集仍是最大的考验。历代皇帝的疾病与医案，从来是宫廷顶级机密。宋高宗就曾下诏，凡是御用的汤药医方，"不许传录出外"。清代虽也如此，但宫廷医案基本存档，民国以后便渐为史家所用。反观宋代，不仅未见有皇家医案传世，甚至缺乏精准的记载，现有的片段也都附着于政治史料，而且往往讳饰失实。有鉴于此，著者通过对全部文献的搜罗考证，一网打尽了宋代君主的疾病史料，采取"倒过来做"的思路，即凭借政治史料的片言只语，再借助现代医理来反推或判断其病症真相。为了让研究拥有更坚实的基础与更广阔的视野，著者还统计了中国历史上皇帝的寿命、疾病与死因，并据《宋史》立传人物统计出宋代上层男性的平均寿命。

二

《皇帝病》对有生卒年可考的310位中国皇帝进行了统计，主要有如下结论：其一，自杀与他杀等非疾病死亡的100人，因病死亡的210人，各占总数的32.26%与67.74%。其二，在皇帝常见病中，排在首位的是中毒（包括丹药中毒、酒精中毒、春药中毒等），脑血管疾病与精神疾病分列第二与第三。其三，不计自杀或他杀的100位皇帝，病故皇帝的平均寿命接近 48 岁。其四，从平均寿命的朝代曲线来看，秦汉皇帝最低，仅 34 岁；逐步上升到隋唐的 44 岁；宋辽金君主 48 岁，与历代皇帝寿命均值相当，达到第一高峰期；元明有所下降，甚至低于隋唐的均值；清代攀上了最高峰值，平均 53 岁。

　　总体而论，宋帝群体的个体素质与文化修养，在历代算是排位靠前的。但从疾病遗传学来说，上天对天水赵氏却并不眷宠。宋代皇帝的平均寿命为 49.76 岁，明显低于当时上层男性的寿命均值 64.47 岁。难怪有论者撰文时，取了个抓人眼球的标题——《被疾病拖垮的王朝：大宋》（《休闲读品·天下》2010 年第 3 辑，李寻、李海洋）。

　　现代医学界定的疾病，不仅指有病理变化的器质性疾病，还包括与精神因素相关的功能性疾病，乃至在心理、智力、性格上失常的病症。在赵宋皇族的遗传基因中，脑血管疾病与精神性疾病是挥之不去的二竖。北宋真宗、仁宗、英宗与神宗，连续四代都有脑血管病的严重症状：中风引起言语蹇涩，失语不言，甚至不省人事。南宋高宗晚年也有脑血管疾病，虽然那是在他当太上皇以后。宋光宗似乎也有类似症状。《皇帝病》认为，宋代皇族多属 A 型性格，其自我要求严苛、脾气急躁的个性最易导致冠状动脉粥样硬化性心脏病；急躁性格也往往诱发血压升高，大大增加心脑血管病的发病几率。（90、93 页）

　　在论及宋代君主精神性疾病时，《皇帝病》指出，自雍熙北伐失败，两宋诸帝先后恐辽、恐夏、恐金、恐蒙元，可谓一脉相承，既形成了心理定势，也影响到性格遗传，这与宋代皇帝的精神病主打恐惧症是互为因果的。但也有学者认为，狂躁症与忧郁症（即恐惧症）实为赵宋宗室精神性疾病的不同表现。狂躁症主要症状是"小不如意就狂怒异常，以致杀人放火。而且是间断发作，不发作时头脑清醒"。［刘洪涛《从赵宋宗室的家族病释"烛影斧声"之谜》，《南开学报》（哲学社会科学版）1989 年第 6 期］有一则史料也曾引发过笔者的联想。史载，宋太祖"惑一宫鬟，上朝晏，群臣有言，太祖悟，伺其酣寝刺杀之"。

这种暴戾之举，与赵匡胤一贯为人大相悖逆，泄露出他身上也有狂躁杀人的隐性病灶。

作为印证，还有宋太宗长子赵元佐的"狂疾"。他突然听闻叔父赵廷美被其父迫害致死，"遂发狂，至以小过操挺刃伤侍人"，后一度好转，但有一次其父没让他出席重阳诸王宴，便"发忿，被酒，夜纵火焚宫"。他在真宗朝病情稳定，活到了仁宗初年。考察太祖与太宗后裔，这种"狂疾"一再呈现显性状态：太祖之孙赵从说"射杀亲事官"，禁闭别宅竟自到而亡；太宗曾孙赵宗说也酷虐地"坑杀女仆"，闭锁幽死。

当然，在同一精神病者也会出现狂躁与抑郁交替发作的"双相障碍"。最明显的就是宋光宗，先是忧惧成疾，禅位后或嗔骂，或恸哭，竟至抡臂怒殴自己的皇后，显然属于狂躁症，最后成为"疯皇"。

除了困扰赵氏宗室的两大遗传病，宁宗与度宗的低智商也是心照不宣的宫廷秘密。宋宁宗有消化功能紊乱症，关注饮食宜忌自是人之常情，但怪诞之举却令人啼笑皆非。他用白纸为底、青纸为边，让人糊了两扇屏风，其上分书"少饮酒，怕吐"与"少食生冷，怕痛"。每次巡行后宫，就命两个小宦官各扛屏风前导开路，到达后正面竖好，有劝酒食者，就手指屏风示意。作为堂堂大国之君，竟不能应对金朝使者的入见礼仪，"阴以宦者代答"，其治国能力不言而喻。晚宋周密毫不客气地认定，"宁宗不慧而讷于言"。《皇帝病》判断，"宋宁宗为鲁钝型精神发育迟滞，相当于轻度的精神发育不全"。（53页）

宋度宗是宋理宗的亲侄，《宋史》说他"资识内慧，七岁始言，言必合度"，完全是虚饰之言。据《癸辛杂识》，度宗出生后"手足皆软弱，至七岁始能言"，分明是发育不良，智力呆滞，长到七岁还不会说话，恰恰证明他的语言发育能力远比正常儿迟缓。但宋理宗绝后，为不让皇位转入远支宗室，竟伪称神人托梦："此十年太平天子也。"宋度宗21岁立为皇太子，理宗为其创造了最好的教育条件，他也"终日手不释卷"，不可谓不用功。但每次请安时，理宗总问他日课，"答之是，则赐坐赐茶；否则为之反复剖析；又不通，则继以怒，明日须更复讲"。玩味这段为尊者讳的记录，不难读出背后的事实：度宗的智商实在不敢恭维，致使其皇帝大伯子不得不"反复剖析"，甚至"继以怒"。《皇帝病》据"以其母贱，遂服坠胎之药"的史料，认为在围生期内，"许多药物都可导致胎儿精神发育迟滞"，度宗较之宁宗，"精神发育迟滞更为严重"。（53 页）

在两宋诸帝中，宋高宗活到 81 岁，最称高寿。但建炎三年（1129），他在扬州行宫白昼行床第之欢，突接金军奔袭的战报，惊吓之下，立马阳痿，时年 23 岁。其后，他为恢复性功能而"垂意药石事"，服用御医王继先开出的仙灵脾（即淫羊藿）。研究者认为，该药方虽有补肾壮阳的"伟哥"性能，但"应有互不协调的成分，使宋高宗无药则不能行房，服药却不能生育"。（王曾瑜《丝毫编》288 页）他碰上了循环性悖论：不重振雄风便不能生仔，要重振雄风则必须服药，但服药行房就无法生仔。性功能障碍与不育症伴困扰其终生，他终于绝了后。

《皇帝病》探讨了宋代君主的致病原因，归结为遗传因素、环境因素、生活方式、性格因素等。明人朱国祯说："疾病多起于酒色，而帝王为尤甚。"在酒色诱惑前，宋代皇帝也多未有例外。

先说嗜酒。宋太祖"杯酒释兵权"的故事与斧声烛影前夕的兄弟酣饮，都与嗜酒有关。宋真宗"饮量无敌"，爱以巨觥召绰号"李万回"的侍读拼酒。宋光宗为太子时，嗜酒癖好就名声在外，即位后更是"宫中宴饮，稍失节度"，李皇后也好这一口，宋宁宗的鲁钝或是受胎时酒精中毒所致。宋理宗"饮宴过度"，以致时人以"天地醉经纶"讥之。宋度宗"既立，耽于酒色"。

再说纵欲。宋仁宗亲政之初，尚、杨二美人有宠，每夜侍寝，"体为之弊"，"临朝则多羸形倦色"，完全打不起精神。他晚年中风，也与隆冬腊月宠幸宫婢时中了风寒有关，终至一病不起。宋哲宗 25 岁撒手人寰前，小便中旋下白物，御医诊断为"精液不禁，又多滑泄"。《皇帝病》认为，这种滑精症状"与其年少时过多亲近女色密切相关"。（58 页）宋徽宗后宫妃嫔数以万计，还别有"性趣"，"五七日必御一处女"，他禅位后放出的宫女竟多达六千余人。宋高宗"好色如父"，还道貌岸然声称"性不喜与妇人久处"。扬州之变后，他倚赖壮阳药继续纵情声色。直到做了太上皇，还召入孙女辈的美女供其泄欲。他死后，一次就放出四十九人。宋理宗沉迷女色，对宫嫔"泛赐无节"，晚年为满足色欲，还把官妓召入宫中。宋度宗在东宫时便"以好内闻"。凡"御幸"的宫嫔，按宋制次日就应登录谢恩，他即位后，居然"谢恩者一日三十余人"，纵欲之甚，怕也破了纪录。

纵观宋帝的症状与病因，凸显出君主专制的非人性，也即黄宗羲所激烈抨击的："其既得之也，敲剥天下之骨髓，离散天下之子女，以奉我一人之淫乐，视为当然。"

三

除了禅让、政变或易代，君主专制具有终身制与世袭制两大特点，而君权的独一无二性规定了皇帝实行一人的独裁，即所谓"乾纲独断""在予一人"。君主政体的命运必然是一人决定天下治乱，也就难怪其治下臣民总期盼能遇上圣君与明主。然而，在世袭制下，圣君明主首先可遇而不可求，即便有幸遇上，也未必确保终其一生的任何决策都是伟大、英明与正确的。倘若结合疾病的论题，不仅君主个人的思想、气质、才略与能力，他本身的心理、性格、健康与智力，也都维系其帝国的安危兴衰，决定其子民的休戚祸福。终身制与世袭制注定了君权的不可分割性与不可转让性，但由于君主的健康原因，君权异化的历史困局却一再重现。皇帝疾病时的君权异化，主要表现为病夫治国、后妃干政、近幸得势、权臣擅朝、传承危机等乱象，而且往往诸症并发。最著名的就是白痴晋惠帝与悍后贾南风胡作非为，新老外戚争权，激成"八王之乱"，西晋短命而终，天下生灵涂炭。宋代皇帝疾病的负面影响虽未如此之甚，但仍具有君主专政的共性，各种症状如出一辙。

其一，病夫治国。

自天禧三年（1019）起，宋真宗数度中风，几至"不豫"（皇帝病危专用词）。临死那年，再次中风，宰相无奈朝见于寝殿，他已失语，对上奏只能"额首数四"，表示赞同。仁宗、英宗与神宗的晚年，这种因严重中风而不能理政的局面一再重演。而宋神宗对西夏仓促用兵终致惨败，与其"切于求治"而"速致太平"的急躁性格也是息息相关的。哲宗晚年，"疾势未退"，"脉气微弱"，竟至不能正常会见宰执与接待辽使。

南宋中期后，迂劣之君接二连三，因病误国几成常态。宋光宗以精神病者而君临天下达两年半之久，昏政不断，乱局频现。他召回了初政时亲自放逐的"大恶近习"陈源，发还抄没的家产，让其重当宦官班头。自发病后，他怀疑宗戚大臣的讣报都在诓骗自己，四川统帅死了半年，他认定还活着而拒绝派新帅。宋光宗疑惧与妄想太上皇宋孝宗要废黜或加害于他，拒绝前往朝见，一再酿成过宫风波。太上皇去世，他作为儿子竟拒绝出主大丧，酿成人伦闹剧。

作为唯一的皇二代，宋宁宗理所当然地承继皇统，史官说他"临朝渊默寡言，于事少所可否"，行事堪称痴骏。他明知东宫老师陈傅良是好人，问今何在，权臣韩侂胄唯恐其起用，托言"台谏曾论其心术不正"，他便不复召用。殿前司属官华岳反对史弥远专政，被逮捕入狱，拟定斩首。复奏时，宁宗久闻其直名，想留他一命，史弥远奏称"那就与减一等"，宁宗不知斩首减一等是杖毙，竟表示同意。史弥远上下其手，将华岳活活杖死。

其二，后妃干政。

祖宗家法对宋代后妃乱政有防范作用，但君主身染顽疾，却为其开启方便之门。宋真宗后期深为脑血管病所苦，刘皇后警悟干练，趁机"预政于内"。他让皇太子协理朝政，却依旧"事皆决于后，中外以为忧"。宋真宗死后，刘皇后干脆走向前台，以皇太后临朝达12年之久。

宋光宗患上精神病，也给李皇后乱政开了绿灯。她不仅让家庙逾制，"卫兵多于太庙"，还大肆推恩，连娘家门客都补了官。李皇后还挑唆光宗与太上皇的关系，为过宫事件推波助澜。如果说刘皇后预政，后人还不乏好评，悍后李凤娘干政则让绍熙秕政雪上加霜。

宋宁宗先天颟顸，杨皇后与史弥远遂得以内外呼应，策划政变。她代拟御笔，拘押了大臣韩侂胄。宋宁宗得知消息，打算追回韩侂胄，她以死威胁，迫令就范。杨皇后在诛韩中起了关键的作用，也导致了史弥远的长期专政。

宋度宗沉溺酒色而不问朝政，与宋宁宗相比一蟹不如一蟹。他宠幸一大批嫔妃，昭仪王秋儿最受亲近，"批答画闻"，"皆出其手"，连批答文书的大权也拱手交出。

其三，近幸得势。

北宋徽宗，南宋高宗、孝宗、光宗与理宗，都有近幸弄臣恃恩获宠，而高宗朝的城狐社鼠尤其猖獗，与其寡人之疾大有干系。他自扬州惊变，性病便成心病。约此前后，世代为医的王继先成为御用医官，他"喜诣佞，善亵狎"，不久就以"用药有功""实有奇效"而让龙心大悦，其拿手戏无非为这位好色之君配制壮阳药。服药以后，宫闱勾当自然少不得贴身内侍，宦官张去为也因缘际会，大获高宗的青睐。秦桧欲擅权而未固宠时，还要巴结王继先在高宗左右打点。史称：

　　　　继先遭遇绍兴中，富与贵冠绝人臣，诸路大帅承顺下风，莫敢忏。其权势之盛与秦桧相埒，张去为以下尤不足道。而通关节，肆诛求，强夺妇女，侵渔财利，则桧所未尝为也。

当时人说，宋高宗把国事托付秦桧，家事托付张去为，身子托付王继先。绍兴和议前，有御史弹劾王继先与秦桧，宋高宗力挺道："桧，国之司命；继先，朕之司命。"有了这把保护伞，他更无所忌惮，"中外之士莫敢议者三十年"。

其四，权臣擅朝。

自宋徽宗后，宋朝逐渐转向内在。南宋四大权相，秦桧另作别论，其他三人终成不可撼动之势，都与皇帝的疾病密不可分。宋宁宗材质迂痴，胶柱鼓瑟地认定"台谏者，公论之自出"，还自诩这是"法祖宗"。他认识不到，台谏如受操纵，公朝执法也会沦为私门吠犬。韩侂胄掂出他的斤两，在与赵汝愚的党争中，"首借台谏以钳制上下"，对他必谓"台谏公论，不可不听"。宋宁宗不识贤愚，莫辨正邪，支持韩党，打击赵汝愚、朱熹等正直的士大夫群体，放任韩侂胄一手锻铸了庆元党禁。宋宁宗如此资质，却还经常绕过决策程序，内出御笔，乱下指挥，其后不久，御笔也落为韩侂胄的囊中之物。凭借着私用台谏与假借御笔，韩侂胄顺畅地走通了权臣之路。

其后，韩侂胄草率北伐，终致大败，朝臣史弥远与内廷杨皇后联手诛韩。宋宁宗不仅不可能抓住契机，收回权柄，反而"一侂胄死，一侂胄生"，硬是以自己的驽钝无能目送史弥远再坐权相的交椅。在韩与史先后专权的三十年里，他对权臣唯唯诺诺，对朝政无所可否，"大臣进拟，不过画可"。可以断言，"南宋灭亡的种种症状，早在宋宁宗后期就基本具备了"。（拙著《宋光宗 宋宁宗》）

宋理宗晚年，贾似道虽已崛起，但未成权相之势。度宗即位后，为抬高身价，要挟朝廷，贾似道一边撂下挑子返回故里，一边教唆亲信谎报蒙古大军南下。宋度宗弱智低能，大惊失色，亲笔草诏，恳请他回朝主政，将军国大事一股脑儿交其处分。贾似道入朝，度宗不顾人君之尊，竟向其答拜，还呼其"师相"以示尊崇。其后，贾似道一再故伎重演而屡试不爽，度宗甚至哭泣流涕，下拜挽留，权相之位终于不可动摇。权相贾似道与愚君宋度宗的关系，完全是韩侂胄、史弥远与宋宁宗关系的升级版。

其五，传承危局。

家天下是君主制的本质，世袭制则是确保家天下的前提。然而，至高无上的皇位，自君主制形成以来，始终是各种力量逐鹿问鼎的禁脔。宋代汲取了前代教训，确立了祖宗家法，有效防范大臣、武将、女后、外戚、宗室、宦官等各种势力的专权独裁。然而，前文已述，在皇帝缠绵病榻时，祖宗家法往往形同虚设。而皇帝病危淹滞之际，由于君主自身原因，加上权臣与女后的干预，也会催生皇位危机。

君权的巨大诱惑，让宋代多位皇帝即便痼疾缠身，依旧死不放手。宋英宗直到病重失语时，对请立皇子的臣下奏议，仍然老大不快。弥留之际，重臣韩琦递上纸笔，请"早立皇太子，以安众心"，这才写下"立大王为皇太子"。韩琦请他亲笔注明名字，他吃力添加了"颍王顼"三字。唯恐变生不测，韩琦提醒赵顼"朝夕勿离上左右"，皇位这才顺利传给了宋神宗赵顼。

宋哲宗晚年夙疴不起，他明明没有儿子，却始终不立储君。撒手人寰后，向太后听政断事，确定在神宗诸子中遴选新君。她否定了宰相章惇先后提出的两个人选，认为端王最合适，章惇以为端王轻佻，不宜君天下。太后强调先帝就是让他继位，究竟是哲宗遗言，还是她自作主张，谁都不得而知。于是端王继位，他就是将北宋王朝推向靖康之变的宋徽宗。

绍熙末年，宋光宗的精神病越发厉害，宰相奏请立储，他先是斥骂"储位一建，就会取代我"，继而御批"历事岁久，念欲退闲"，却不表态究竟立储，还是禅位，令宰执无所适从。太上皇驾崩，他拒绝出主大丧，政局变乱迫在眉睫。万不得已，在太皇太后吴氏（宋高宗皇后）赞同下，才拥立了宋宁宗。为了遮丑，还将这次皇位传承危机标榜成"绍熙内禅"。

在位君主宿疾在身仍不立储，自然容易伏下传位危机，但即便预立了储君，在老皇帝淹病滞疾之际，皇位之争仍会在内廷外朝暗流涌动。宋太宗在高梁河之战中箭染疾年年必发，至道元年（995）更见严重，为防诸子日后争位，便册立第三子赵元侃为皇太子。两年后，太宗病危，李皇后打算谋立其长子赵元佐（即前文论及的精神病患者），宦官王继恩与外朝参知政事李昌龄、翰林学士胡旦结成了拥立赵元佐的联盟，有意隔开皇太子与宋太宗。重臣吕端入宫探疾，见太子不在，便密派亲信让他即刻进宫。太宗撒手，李皇后主张"立嗣以长，顺理成章"，吕端反驳道："先帝立太子，正为今天。岂容另有异议！"在吕端的坚持下，奉皇太子登位，他就是宋真宗。

宋神宗病笃，其同母弟雍王赵颢有觊觎皇位的迹象，与异母弟曹王赵頵经常出入宫禁，甚至要求留宿大内。神宗"疾不能言，但怒目之而已"。宰相王珪、蔡确与朝臣邢恕也与二王暗通声气。宋神宗忧虑长子年仅10岁，担心身后"皇位须得长君继为之"，尽管打算自立皇太子，却已说不出话，写不成文。临死前四天，宰执在病榻前奏立其长子为皇太子（即宋哲宗），他只能"闻言首肯泣下"。这才使夺位之战大局砥定。

北宋重臣恪守祖宗家法，多次化解了皇位危机。及至南宋，权相替代重臣，传承危局在中后期一再重现。而宋宁宗病危之际，权相史弥远李代桃僵，最让人扼腕叹息。宋宁宗膝下无子，晚年立太祖十世孙赵竑为皇子，自以为就算完成了国本大计。他的昏昧在于，分不清皇子与皇太子的根本区别：皇太子是唯一的皇位继承人，而皇子不是唯一的，未必就是当然的储君。得知赵竑不满自己专断朝政，史弥远别有用心提议为宁宗已故堂弟沂王立嗣，推荐了太祖另一位十世孙赵贵诚。眼看宋宁宗病得危在旦夕，史弥远矫诏改立赵贵诚为宁宗皇子，赐名赵昀，让他的地位与赵竑在伯仲之间。然后，一边宣召赵昀入宫，一边胁迫宁宗杨皇后配合其废立。安排停当，这才宣赵竑上朝，听预先炮制的“遗诏”，宣布赵昀即皇帝位，他就是宋理宗。史弥远从此完全拿捏住新君，继续稳坐他的权相，继而赵竑迫害致死，南宋历史进一步跌入了深渊。

史弥远利用宋宁宗智力驽骀，出于一己的权欲，将其玩弄于股掌之间，甚至敢冒天下之大不韪，偷梁换柱，变易储君。就皇帝疾病影响政局而言，这也许是两宋史上最怵目惊心的案例，而凸显的却是君主专制与生俱来的制度弊病。这一先天弊病的症结在于，既然君主专政的历史命运最终取决于君主一人，如果这“在予一人”沉疴不起，王朝的前途就可能岌岌乎危哉！

四

在《政治秩序的起源》里，美国学者弗朗西斯·福山指出：倘以现代政治学而论，“政治问责给制度的适应性变迁提供了一个和平的路径。”然而，在他看来，“在王朝阶段，中国的政治体系始终无法解决一个问题，即‘坏皇帝’的问题。”（转引自刘瑜《重新带回国家：重读福山（下）》，2014 年 7 月 13 日《东方早报·上海书评》）对他的“坏皇帝”概念，不妨作广义的理解，即既指政治品质，也指治国才能，当然，还指本文重点讨论的健康状况。他以为，中国政治传统始终是“国家能力过强”而“政治问责不足”。结合中国史上的君主政体来说，也就意味着皇帝所代表的君权掌控着超强的国家能力，但对其政治问责机制却明显薄弱。平心而论，在王朝阶段，宋朝的问责机制也许堪称完善。但这种相对完善的问责机制毕竟受制于君主专制政体，一旦出现了“坏皇帝”，问责机制也往往一筹莫展。

仍举宋光宗为例，他以精神病患者君临天下，危象频生，乱局已成，朝臣叶适建议宰相留正"播告"皇帝病状，免得"臣下轻议君父"，留正回答："上实有疾，然讳言疾，日御朝自如，兹所以为疾也。且人臣无自以疾名上身之理。"这番话揭示了君主专制荒谬绝伦的那一侧面：有病的"坏皇帝"倘若讳疾忌医，而且感觉良好，自以为是没病的"好皇帝"；人臣也就决无说出"皇帝有病"的道理，惟有共演一出中国版的《皇帝的新衣》。叶适问责宰相，蕴含了宋代制度的合理成分；但留正不敢也不可能最终彻底问责"坏皇帝"，却代表了君主专政下最真实的臣民心态，这种心态正是专制政体的必然产物。归根结底，之所以会出现有病的"坏皇帝"，症结就在于，集世袭制与终身制于一体的君主专制本身就是一个有病的体制，是应该被历史淘汰的坏体制。

《皇帝病》提及一个概念，即"专制主义中央集权的等级授职制"。（207 页）这一制度，说到底，就是对上级长官而不是对下属百姓负责，对最高领袖而不是对全体国民负责。在这种体制下，百姓与国民也就只能寄希望于领袖与长官，期盼他们既英明又健康。

即便君主专制已从历史前台退隐，民主制度沛然成为时代主流，但国家领导人的身体健康与精神状况仍然事关国家权力的正常运作，依旧是现代公民关注的大事。《病夫治国》指出："对国家领导人身体和精神状况的研究不再只是一种好奇心，一种公民或哲学利益的表现，这一研究成为所有公民的合法自卫问题。"所谓"所有公民的合法自卫"，就是指他们对直接民选的领袖应该拥有其健康知情权，以彻底杜绝"病夫治国"现象的重演与失控。惟其如此，该书作者提出了"健康监督"的命题："在执政过程中所应该实行的健康监督乃是议会监督的正常发展，目的是尽可能地避免民主制度的混乱及其向专制形式或多或少的偏离"，对公民来说，"经常显得不足的政治报导应该由健康报导来补充"。（332 页）

帝都，气象不只是气象

——读《北宋开封气象编年史》

　　谁说中国艺术家欠缺想象力？北京芭蕾舞团早在 2009 年就创排了《霾》，以雾霾为隐喻，通过舞蹈语言展现了当下人们的生存状态。

　　岁暮年初，在包括京城的东部地区持续"厚德载物【雾】""十面埋【霾】伏"的日子里，你开卷读到："气象变化及其对生态系统的影响，业已成为人类社会 21 世纪面临的最大威胁。"也许以为这是一部当代气象学新著的开卷语。据《北宋开封气象编年史》（程民生著，人民出版社 2012 年；下称《编年史》）著者自陈，他"力图复原北宋开封府在 168 年间每年、可能的话乃至每月、每日的气象状况，以便探讨其变化规律与社会影响"。环衬上的题词，意味悠长：

　　　　在古代，气象不只是气象

　　　　更是天象——那是上天的旨意

　　　　在北宋，开封不只是开封

　　　　更是京师——那是国家的心脏

于是

开封上空的那颗雨滴

就有了历史意义

就有了全国影响

彰显着

历史气象学的

蝴蝶效应

　　显而易见，《编年史》力图以历史气象学为切入点，"钻进北宋历史的树干，掏取出气象的历史年轮"（《导言》10页）。但这本书部头较大，引征繁富，非专业读者恐怕少有耐心读至终卷。笔者不贤识小，且就着《编年史》的量杯，汲取大宋皇都的若干雨雪，略窥北宋历史上那些发人深思的"蝴蝶效应"。

一

　　清楚记得1976年，那年是农历闰八月，民间就有"龙抬头"必有大灾的谣传。短短半年，周恩来、朱德先后去世。7月28日传来了唐山大地震的恶耗，谣言汹汹，更是不胫而走，以至"四人帮"帮刊在评论洪秀全《地震诏》时，也间接承认"反革命分子趁机造谣惑众，妄图扰乱和动摇人心"（《学习与批判》1976年第9期《地转实为新地兆》）。

　　科学昌明的现代尚且如此，这也许能帮助后人理解古代的天象流言。北宋立国就是在天象示变的流言中启幕的。建隆元年（960）正月初一，时任后周殿前都点检的赵匡胤率大军北征之时，只见开封上空"日下复有一日"，"点检为天子"的谣言甚嚣尘上（《编年史》未列这条天象，或出于其时北宋尚未立国的考虑，但仍有必要提及）。于是，就有陈桥兵变、宋禅周祚的故事。开宝九年（976）十月那个雪夜，斧声烛影，宋太宗夺得皇位。天下没有不透风的墙，其后北宋民间传说，每年这天太祖忌辰，"必有雨雪风洌之变"，谣言折射出市井里巷对宋太宗得位不正的民心向背。

谣言之所以与气象有割不断的关系，缘于中国古代根深蒂固的"天人感应论"。即便在伟大的马克思主义者那里，也能发现这种印记。1976 年，新华社报导了 3 月 8 日吉林市郊天雨陨石，其中最大一块竟达 1 770 公斤，为当时世界之最。据称，毛泽东听读完电讯，凝望天际，沉思许久说：

> 中国有一派学说，叫做"天人感应"。说的是人间有甚么大的变动，大自然就会有所表示，给人们预报一下，吉有吉兆，凶有凶兆。比如，天上掉下大石头（流星），就是要死人了。（转引自史云、李丹慧《中华人民共和国史》第八卷《难以继续的"继续革命"：从批林到批邓》，648 页，香港中文大学出版社 2008 年）

在上古中国，天有两种意义，一指与地相对的自然的天空，一指有人格意志的上帝。对天的崇拜派生出两个政治命题：一是天子把君权说成上天授予的，因得道于天而代天理民；二是倘若人君有违天命，有人格意志的上帝首先通过自然的天象发出谴责性预警，最终根据其是否修德从善，决定君权的与夺。

在中国古代，这种天象示警的现象可以简称为"天谴论"，不失为一种制约君权滥用的准宗教因素，让他们不敢肆意妄为。面对自然灾害，天象异常，在传统中国，少有帝王敢于公然宣称自己是"和尚打伞，无法无天"。大多数君主面不仅都会像宋仁宗那样，说些"百姓何罪，责在朕躬，敢不就畏贬损，以答天谴"的话头，而且还会下诏罪己，损膳避殿（即减损常膳的质与量，不升正殿听理朝政）。

在专制政体下，天谴论还为臣民谏正君主预留出一定的空间。借天变示警而直言进谏的情况，在《编年史》中也不乏其例。当然，这种谏言能否起效，最终仍取决于所谓君德。北宋真宗为神道设教而劳民伤财，封禅泰山（祭天大礼）以后，准备再祀汾阴（祭地大礼）。大中祥符三年（1010）十二月，开封炸响冬雷，朝臣孙奭援引天象上奏谏止："天戒丁宁，陛下未悟，此其不可。"宋真宗我行我素，但至少没有为难进谏者。宋徽宗则另样作派。宣和元年（1119）夏天，京城暴雨大水，"几冒入城隅，高至五七丈"，"积水之来，自都城以西，漫为巨浸"，李纲试图挽救繁荣表象下危机四伏的大宋王朝，劝宋徽宗"上畏天戒，招来谠言"，以开放言路来刷新朝政。谁知皇帝不买账，不仅把责任全推到"有司失职，堤防不修"上，还把李纲贬出京城，给个远小处的差遣。按照宋史学家刘子健的说法，北宋徽宗朝的君主政体已转入专制（autocracy）模式，专制而昏聩的道君皇帝堵死了天谴论预留给臣民的谏诤空间。

二

以现代眼光而论，诚如著者所说，"气象解释与现实政治牵扯一起，完全是一种口实"（112页），但在传统中国，由于"天人感应"论深入人心，气象与朝政确乎难分难解。这种剪不断、理还乱的纠葛，其作用的正负面究竟如何，不能一概而论。

当下"正能量"渐成流行语，就先说其正面效应。正因为"天人之交，不啻影响"，面对重大灾变与异常天象，在下"罪己诏"同时，皇帝总还下求言诏，命内外臣僚上书言事，内容涉及"时政阙失及当世之利病可以佐元元者"，还往往恳请上书者"悉心以陈，毋有所讳"。这类因天变而求言的诏书，不仅见诸《编年史》，历朝历代也都连篇累牍的。对这种求言诏，后人有理由指责：不仅是连措辞行文都有定式的官样文章，而且究竟有多少实效也值得怀疑。然而，在非民选的专制政体下，既然一般臣民绝无可能谋求更顺畅有效的言论通道，天变求言的方式，对关切生民利病的士大夫官僚来说，不管怎样，总不失为是一个普遍进言的机会，对当政者"广修人事以应天灾"，也或多或少有所提醒。例如，咸平六年（1003）十一月京师暴雷震，司天监进言："国家发号布德，未及黎庶。"时正酝酿改元大赦事宜，宋真宗闻言，当即让宰相"采民病，悉除之"。大中祥符九年（1016）秋季，蝗旱交作，有朝臣上书说，"蝗旱由大臣子弟恣横所致"，用现在的话说，旱象蝗灾都是超级官二代无法无天造成的。宋真宗随即下诏"以警在位"，至少让官二代作威作福不至过甚。

出于对天的崇拜，"敬天保民"自西周以来就成为有道人君的治国典则，在天象异常、灾变严重时，尤其必须躬行体恤。在许多年份的盛夏酷暑与严冬奇寒时，《编年史》都有给在京工匠放假三日的著录。例如，天禧元年（1017），京师大雪奇寒，"人多冻死，路有僵尸"，开封府便采取了三项措施：京城工匠全部停工，施粥贫民，掩埋死者；减价出卖官炭150万斤，供市民烤火取暖。尽管这些措施成效有限，但毕竟是出于人道的国家行为。

对于气象灾变与官员罢黜的纠葛，问题似乎更复杂微妙。在文过饰非的宋太宗那里，表现得尤其充分。太平兴国六年（981），开封府自春至夏连续大旱，宋太宗认为是狱讼有冤感应天象，故而亲决疑案。恰有一个叫李承信的官员，因买进烂葱而笞挞菜农，致其病创而死。太宗认定旱灾应验此案，将其弃市，成为有宋一代唯一因气象异常而重判死刑的官吏。官员滥刑，固然可恶，但论法是否当死，仍有可议之处；而太宗拿其顶缸以应天变的急切用心，却灼然可见。

按照天谴论，宰相也是灾变示警的对象。自西汉以降，因天象异常与灾变严重而兜揽职责乃至丢掉相位的不乏其人，北宋也有贾昌朝、夏竦、蔡确与蔡京等宰执为之罢政的例子。淳化四年（993）秋，京师大雨两月不止，史载："往来浮罌筏以济，垒至庐舍多坏，民有压死者，物价涌贵，近旬秋稼多败，流移甚众。陈、颍、宋、亳间，盗贼群起，商旅不行。"宋太宗把责任都推给了李昉、贾黄中与李沆等宰执大臣："卿等盈车受俸，岂知野有饿殍乎？"根据天谴论，燮理阴阳，辅相之职，宋太宗当然有喝斥宰执的权，李昉他们也只有"惭惧拜伏"的份。但天谴论的终极指向还是天子（他才是君主政体货真价实的第一责任人），宋太宗指斥李昉为首的宰执班子，实有推卸责任之嫌。在这点上，宋仁宗远比乃祖来得大度而有道。皇祐四年（1052）冬季亢旱无雪，宰相庞籍表示阴阳不理，自求辞相让贤，宋仁宗却揽下了第一责任人的过失，安抚辅臣们："是朕诚不能感天，而惠不能及民，非卿等之过也！"在应对天谴上，宋仁宗还多次与宰执相约，"共修政事，以答天戒"，算得上仁厚的君主。

既然天谴论有宰相引咎辞位的惯例，在朝局政争中便往往用作排击政敌的杀手锏，朝政的走向由此平添气象的变数。但这把杀手锏，在君相关系与两党权争中都是一把双刃剑。元祐元年（1086）正月，天下大旱已接连四月，旧党侍御史刘挚连珠炮似地弹劾新党宰相蔡确，说天灾乃"奸邪所召"，蔡确"位居上相，正任其责"，借气象异常促使垂帘听政的高太后罢黜新党，推进更化。在群臣进攻下，蔡确去位，司马光拜相。史载，宣布之日，天下微雨，号称"司马雨"。刘挚还说："不出旬日三得雨，都城近尺，而畿甸尤为沛然。"对照苏辙的说法，"虽稍得雨，终未沾洽"，把"终未沾洽"的雨量说成"尤为沛然"，刘挚显然为党争需要而夸大其词。

三

在极端气象与重大灾害上，北宋君主的登场作秀，不禁让冷眼读史者掩卷失笑。乾德二年（964）十二月，开封府大雪，宋太祖在讲武殿设毡帐视政，忽然对左右说："我穿得这样厚实，尚觉体寒，出征西蜀的将帅冲风冒雪，何以堪处！"当即解下自家的紫貂裘帽，命驿骑快递给征蜀统帅王全斌。且不说太祖一袭紫貂裘帽，不能让西征将帅遍裹皇恩的温暖；他有失周虑处还有，开封府大雪，西蜀却未必同此凉热。淳化元年（990），连续四月不雨，东京民众大饥，宋太宗"蔬食祈雨"，把肉食改为蔬食，大作其秀。宋仁宗还算靠谱，庆历三年（1043）春夏连旱，他对宰相说："比欲下诏罪己，撤乐减膳，又恐近于崇饰虚名；不若夙夜精心，密祷为佳尔。"不过，作秀与诚心也真不易拿捏准。还是宋仁宗，嘉祐元年（1056）岁初暴雪成灾，他光着脚丫夙夜达旦伫立内廷向天祈祷雪霁，这种"跣祷于天"的自虐行为，让他又跌回"近于崇饰"的囧途。

中国历代君主政体一再印证着王朝衰减律，越到晚期，越要借作秀来掩饰，包括借气象作秀。北宋宣和七年（1125）十月，入冬数度下雪，这种气象原本寻常。宋徽宗偏说是瑞雪，在宫中设宴庆贺，马屁文人纷纷歌功颂德：

> 九衢歌舞醉为乡，共庆飞霙报岁穰。
> 花趁小春飘宴席，天回和气入雕觞。

十一月，密雪初霁，臣下又献诗说：

> 喜色生春临魏阙，恩书掣电过幽都。
> 愿将上帝居歆意，写作宣和吉礼图。

其时，下距金军铁骑第一次兵临开封城下还不到两个月。

时隔仅仅一年，靖康元年（1126）闰十一月，金骑再次南牧，攻陷了开封城。大雪奇寒，天灾与战乱交并而至，宋徽宗与钦宗父子乞和求降而不可得。据亲历者回忆："二十五日城陷，至十二月、正月尽，皆大风雪，连日不止，略无少异。天道竟何如哉！"（《三朝北盟会编》卷九八）最高统治者这才想起了天谴论，下诏承认："风雪大寒，小民阙乏柴薪，多致冻馁，皆朕不德所致。"宋钦宗允许京师军民樵采皇家园林艮岳上的竹木，民众哄抢踩踏，死者千余，万岁山上的亭榭楼馆顿时被抢拆一空。不仅民脂民膏堆垒起来的艮岳，连北宋倾力经营了168年的东京繁华也瞬间消逝，犹如梦幻。宋徽宗君臣在吹嘘那幅《宣和吉礼图》时，做梦都不会想到一年后"风雪大寒"中的靖康之难。也许有感于这种近乎残忍的巨大反差，《编年史》在描述这年天象时融注进了伤悼与悲悯：

> 降雪不止，一片肃杀，开封成了冰窟雪窖般的囹圄，抹平了所有的棱角和颜色，也抹平了所有的辉煌和崇高。（363 页）
> 漫天飞舞的大雪就像纸钱，为瑟瑟发抖的东京丧落哀悼。（367 页）

展卷至此，除了悼亡，还有感悟：所有表象的繁荣与涂饰的辉煌，都是不足倚恃的，在不期而至的致命一击面前，转眼都将夷为废墟。

四

自竺可桢开创中国历史时期气象研究的新范式以来，这一领域并不缺少"史学工作者的历史关注"，但为一个皇朝的都城编撰断代气象史，无疑具有开拓性价值（听说，著者还拟续编《南宋临安气象编年史》与元明清三代《北京气象编年史》，跂予望之）。乍看书名，让人错以为这是资料性的工具书（也确有这一功用），著者在《总论》中自述深意：

具有牵一发而动全身作用的开封气象，在北宋的历史上空咳唾风云，牵动着全国的敏感神经，也牵动着北宋的历史变化。每逢重大气象事件，常会产生较大的社会影响，或多或少地改善或改变政治、经济以及人民生活，这使我们感受到历史变化的复杂与微妙。（422页）

　　北宋开封的旱涝雨雪是自然气象，而由此带来历史变化的复杂微妙，则是人间现象。时至今日，我们当然不会再去信奉什么天谴论，但是否仍应三思《编年史》的告诫："看的是天，想的是地！"

大宋史视野下的民族关系

当下讨论宋代民族关系，首先必须摒弃宋朝中心论与大汉族主义的偏见，而应将其置于大宋史视野下与唐宋变迁的长过程中作双重思考。

以大宋史而论，在宋朝立国三百余年间，中国一词绝不仅仅指宋朝，还应包括辽、夏、金、蒙，以及相继并存的大理、吐蕃、西辽、回鹘、于阗、黑汗等民族政权在内（宋朝还有与境内少数民族的关系，此不具论）。当时，宋、辽、夏、金与蒙元政权，无不视对方为外国，但又无不主张"天下一家"而自称"中国"。宋朝先与辽、夏，后与金、夏成鼎足之势，不仅在疆域一统方面，前不能比汉、唐，后不能比明、清，在军事角逐中也基本上没占过上风，故而将这一时段称为所谓"后三国"或"后南北朝"的分裂时期，也自有其理由。倘若把视野放宽到现今中国版图来省察，相对于宋朝，辽、金、西夏都已不再是周边附属性的民族政权，而是在政治、军事、经济诸方面都能与之长期抗衡的对等的少数民族王朝。

自内藤湖南主张"中国中世和近世的大转变出现在唐宋之际"

（《概括的唐宋时代观》），经其弟子宫崎市定充分阐发，针对宋朝汉族政权与其他民族政权的并峙格局，他强调："宋代以后出现了一种特别的形式，就是彼此有强烈的自觉和意识的国民主义相互对立。"（《东洋的近世》）他所说的"国民主义"，类似近代国家形成后的民族主义。两者之间尽管仍有区别，但吕思勉认为，孔子"尊王攘夷"说已首揭中国最早"民族主义鲜明的旗帜"（《中国民族精神发展之我见》），故不妨借以论事。质言之，民族主义的空前自觉，构成大宋史时段民族关系的鲜明底色。

宋朝境内民族主义在政治领域的突出表现，就是重新高扬"尊王攘夷"的大纛，并注入新内涵，宫崎称之为"汉民族国民主义的意识形态"。这与北方民族政权的环伺紧逼，以致宋朝一再面临存亡继绝的现实威胁息息相关。而新儒学的形成与确立，则构成其民族主义新内涵的思想资源。宋儒强调"四夷不服，中国不尊"（欧阳修《本论》），以期"尊君父，讨乱贼，辟邪说，正人心"（胡安国《春秋传序》），确立民族自信，力图夷不乱华，进而用夏变夷，维护政治文化的大一统。推及与诸民族政权的外交关系上，宋朝在军事失利委曲求和时，宁可接受巨额岁币的苛刻条件，而拒绝沿用中原汉族王朝曾采取的和亲政策。

这一民族主义基调在各个文化领域都有不同凡响的回声，而南宋的回声远比北宋高亢。《春秋》学因发挥"尊王攘夷"大义而再度跃居显学，士大夫论兵也成为风尚，不啻是民族主义主旋律在经学与军事学上的折光。诗词散文等主流文学，都各有爱国主义基色构成绵延不绝的作家与作品序列，"表白了他们这种久而不变、隐而未申的爱国心"（钱钟书《宋诗选注序》）。这种民族主义也融入进市民文艺的叙事性作品。从说话敷演杨家将抗辽故事（余嘉锡《杨家将故事考信录》），到说话人直白呼吁，"中原之境土未复，君父之大仇未报，国家之大耻不能雪，此忠臣义士之所以扼腕"（《大宋宣和遗事》），都不难触摸到下层民众中民族主义的炽热温度。在宋学鼓吹下，民族大义逐渐成为全民共识，"尽忠报国""杀身成仁""舍生取义"已是上至将相下至士庶普遍认同的道德规范。

民族主义自觉并不限于宋朝汉族政权内部。在大宋史范围内，契丹、党项、女真、蒙古等与宋并峙的民族政权，一方面吸收其先进文化制度，另一方面却自觉坚持统治民族的主体意识。契丹始终以北面官系统作为主导性"国制"，西夏立国礼乐衣冠"悉用蕃书胡礼"；金世宗"大定之治"时强调女真本位的各种举措，都是众所周知的。与此同时，金亡之际，金朝将帅履践"金国大臣，惟当金国境内死"的信念（《金史·移剌蒲阿传》），拒绝失节降敌，也印证了少数民族政权对民族气节的接纳与认同。

今人在重新评价民族战争与统一大业的复杂关系时，自应秉持民族平等的价值观。两宋存续期间，与辽、夏、金及蒙元之间的民族战争几乎伴随始终，而宋初攻辽、金灭北宋、建炎南渡、元灭南宋等时段的民族战争尤其酷烈，带来的破坏也毋庸讳言。对大宋史时段所有民族战争，一方面既要放在历史条件下评断每次战争各方的是非曲折，另一方面也应从中华民族通过长期冲突与融合方始形成的历史大趋势中去再度衡估。元朝再次完成一统大业，无疑是大宋史时段各民族冲突与诸政权互动的历史性结局。在这一长过程中，确实时断时续地伴随着血与火的民族战争，但也应看到，相关政权达到地缘政治相对均势的和平时期，各民族与各政权之间通过榷场贸易、使团聘问与其他民间途径，推进着相互间经济、文化等领域的交流与融合，而宋朝的制度文明、物质文明与精神文明在其中起着主导性作用。反观再次走向大一统的历史进程，展现的正是这种似不和谐却又命定的双重变奏。这样，就不至于因肯定统一而对宋朝长期而顽强的抗战不以为然。正是有赖于这种抵抗战争，最大程度保卫了宋朝先进的社会经济，相对弱化了骑马民族政权的原始野蛮性，相应减轻了大统一进程中的社会破坏力度。而类似文天祥为代表的民族气节与忽必烈所成就的统一大业之间的历史悖论，也可以各有

其值得肯定的地位。（详参拙文《试论十至十三世纪中国境内诸政权的互动》）

由此审察近年民间不绝于耳的"厓山之后无中国"论，其偏颇正在于自囿于宋朝汉人的立场，把政治中国的内涵局限于中原汉族王朝，把文化中国的进程终止于宋朝文化，偏执着大汉族主义与大宋朝主义的狭隘倾向；却完全无视中国与中华民族都是与时俱进的复杂共同体，中华文明也处在不断变化与丰富的曲折过程中。（详参张邦炜《应当怎样看待宋元易代》）

总之，从大宋史视野对两宋时段（960—1279）错综复杂的民族关系进行理性的思考，对于当下的我们如何正确全面地认识在历史长过程中形成的中国与中华民族，无疑都会有启示与助益。

宋朝能为"中国模式"背书吗

——评《超越利益集团》

　　2009 年 3 月，《中国不高兴》上市一月，销量突破 60 万册。有评论说，这是"民族主义者给出的答案"。（见《中国谁在不高兴》2 页，花城出版社 2009 年）我不是民族主义者，没兴趣追风去读这本奇书。作为《不高兴》五作者之一的刘仰，同年 5 月还有独著的《中国没有榜样》行世。仅隔两年，他又推出《超越利益集团》（下称《超越》），副题作《对宋朝史无前例的狠毒解剖》。据其自称，乃有感于"中国要为世界树立一个榜样"，算是对前书"后续的解答"。（321 页）这次，他昭告天下，终于找到了榜样："中国模式"已"为世界树立一个榜样"，而这样的"中国模式"早在宋朝已经形成，只不过被尘世隔绝了 900 年，"等待我们将其唤醒"。（324 页）该书有孔庆东等一干名人倾情推荐，封底广告揄扬"它是伟大时代的'满江红'，它打破'西方中心论'，重拾流逝的胆识与智慧，构建中国新的崛起"。司马南的荐语更不吝赞词：

这样一本书，口水文章是堆不起来的。不吃功夫，不费判断，不蕴精神，不着眼于纠正对宋朝的集体误读，不试图古为今用投射当代，要么写不出来，要么写出来不值得读。

作为宋史研究从业者，孤陋寡闻，今年才知有这样一帖关乎专业的"宋史引药"（该书封面广告语），赶紧找来拜读。对于宋代文明，包括其制度文化，笔者自忖也算一个"歌德"派，但读到《超越》对宋朝史无前例的赞词，而且都大胆落脚在"中国模式"上，却让人舌挢而不能下，期期以为不可。《超越》在痛击西方中心论时，频发石破天惊之论，例如，"西方近一百年来的民主，也只是向宋朝政治理念的靠拢而已"；"从政治公开化的角度，当今美国比宋朝也不见得透明多少"。（61、62页）笔者对西方历史与现状所知有限，不拟置论，只从宋朝政治与历史切入，观瞻一下《超越》究有何等的功夫、如何的判断与怎样的精神。

功夫：讹误的史实

宋史研究，史料浩繁，时段漫长，确实"吃功夫"。但既然志在"纠正对宋朝的集体误读"，史实查考的基本功必不可少。把卷阅罢，不得不指出，《超越》全书史实讹误时有所见，有的还属常识范围。限于篇幅，略举数例。

其一，系年差错。

《超越》说："赵匡胤对亡国之君李煜、孟昶、钱俶等加以善待。"（298页）赵匡胤对亡国之君还算善待，但钱俶作为国君决定"吴越归地"，是在赵匡胤死后第三年，即公元978年，其时已是宋太宗太平兴国三年。这点，一查《中国历史纪年表》便知，决不会出错的。

《超越》还说："一个名叫郑侠的小吏，将自己在城门看到的饥民百态画了一幅画，呈给了皇帝。第二天，宋神宗免去了王安石的职位。"（222页）查核两者是否仅隔一天，虽较上例麻烦，但北宋编年史《续资治通鉴长编》卷二五二交代得一清二楚，郑侠上书献《流民图》是熙宁七年（1074）四月庚午（三日），王安石首次罢相为四月丙戌（十九日），并非次日，而是相差半月之多。

其二，概念误解。

《超越》指出："在京城做官的叫'京官'，有资格参加朝会的叫'朝官'。"（31页）这是以唐朝京朝官误读宋制。宋朝的京官与朝官不是以在京城做官与有资格朝会来划分的，而是对文臣官阶高低的等级划定。具体说来，元丰改制前，文臣本官阶在将作主簿等以上至秘书郎共五阶为京官，以太子中允等以上至太师为朝官；元丰改制后，寄禄官阶在承务郎以上至宣德郎共五阶为京官，以通直郎以上至开府仪同三司为朝官；政和改定武臣阶官，以承信郎（此前为三班借职）以上至从义郎为京官，以修武郎（此前为内殿崇班）以上至太尉为朝官。因而，宋朝京官有相当部分并不在京师任官；而在京任职的京官也有参与朝会的可能，这从《宋史·职官志》所载升朝合班之制列有京官官阶可为佐证。

《超越》认为：宋真宗为快死的宦官"求的是一个节度使，也就是一个军权"。（67页）这一说法，对唐宋两朝节度使的实质性变化缺乏基本的了解。自宋初削夺节度使实权，节度使便与军权切割，主要成为武臣（对宋朝的武臣也不能望文生义认为与兵权有着必然的联系）的高级荣衔，恩数同于执政，用以寄禄，俸禄高于宰相。宋朝也有宗室、文臣授与节度使的。

《超越》还说："辛弃疾的诗中也有'烽火扬州路'，这里的'路'并不完全是地方行政区划和地方政府建制，而是具有较强的分区监察的性质。"（142页）宋朝在州府之上设有监察性质的路，但无论北宋还是南宋，都没有以扬州命名的路分，两宋扬州所在，都属淮南东路。关键在于，作者没有读懂辛弃疾这句词所指为何。这句词出于《永遇乐·京口北固山怀古》（准确说来，"这句诗"应作"这句词"，两者体制毕竟有别），据邓广铭《稼轩词编年笺证》考证作于 1205 年，全句为"四十三年，望中犹记，烽火扬州路"。而四十三年前恰是金主完颜亮南侵在瓜洲折戟不久，也是辛弃疾从山东聚兵抗金率众南渡的年份，显见辛词所说"烽火扬州路"，乃是回顾当年扬州这一带的烽火年月，与监察路分没有关系，作者显然望文生义。

其三，唐突古人。

《超越》前言说："张择端在南宋建立 18 年后去世。"关于张择端的资料，目前所见仅《清明上河图》后金人张著的跋文："翰林张择端，字正道，东武人也。幼读书，游学于京师。后习绘事，本工其界画，尤嗜于舟车、市桥、郭径，别成家数也。按，向氏《评论图画记》云：《西湖争标图》《清明上河图》选入神品，藏者宜宝之。"从中根本无法考定其生卒年。百度百科"张择端"一条虽标其生卒为 1085—1145，却不知所据？但作为纠正"集体误读"的大著作，总不能仰赖百度检索吧！更何况百度百科这条之下的人物生平，也说"后世有关《清明上河图》及作者的依据皆源于这 71 个字"，其中绝无卒年信息。不知作者是否另有所据。

更有甚者，《超越》还痛斥张择端与蔡京沆瀣一气，"以各自的方式描绘了歌舞升平的画面"，指责《清明上河图》"粉饰太平"。（226 页）不知作者是否读到过如下研究：

> 画家在下笔时，并没有忘记封建社会里极其严重的贫富对立，特意在图中的一处显眼位置，画了一个乞丐；虽然这种画面不多，却有深刻的社会内容和寓意。……他并不只在绘出东京的繁荣，同时，也用犀利的画笔，刺到了宋廷的痛处。如果人们不仔细观察画面、咀嚼其中的真味，那对画面不会有深刻体会，其所作解释也恐难符合作者原意。（周宝珠《清明上河图与清明上河学》124、127 页，河南大学出版社 1997 年）

《超越》为画面的繁华所迷惑，不作仔细观察，就妄下断语，既没有真正读懂这幅名画，更让大画家佛头着粪。同时也让人怀疑他对宋朝政治的解读，也同此例，既未咀嚼真味，难有深刻体会。

其四，自作解人。

《超越》主张："在我看来，将中国的法律称之为'中华法系'更加合适。"（156页）殊不知，法学界向来把"中国法系"也称为"中华法系"。上海辞书出版社1984年版《法学词典》增订本"法系"条指出："一般把各国法律分为五大法系，即中国法系（又称中华法系）、印度法系、阿拉伯法系（又称伊斯兰法系）、大陆法系（又称罗马法系或民法法系）、英吉利法系（又称普通法系、英美法系）。"（601页）

《超越》认定："在儒家学说占据主要地位的历史上，中国没有发生过对于所谓思想异端的排斥或镇压。"（118页）这一全称判断缺乏对中国历史的基本了解。试问，宋朝以前有三武一宗的灭佛运动，北魏太武帝、北周武帝、唐武宗与后周世宗，难道都不是"儒家学说占据主要地位"吗？即便南宋宁宗朝，韩侂胄罗织庆元党禁，难道不是对"思想异端的排斥或镇压"吗？

一部广告"力笔投射当下，读之觫然汗出"的著作，细节如此，倒真让人"读之觫然汗出"。细节决定成败。历史建构的准确性一旦无从坐实，再高明的伟义宏论势必失去了征信度。

判断：背谬的理路

辩解者也许会说，这些细节舛误不过疵钉之疵，未见得妨碍《超越》判断的精准与议论的深刻。然而，翻开《超越》，隔三岔五就能读到自相矛盾的议论，牵强附会的解释，似是而非的结论。且举其荦荦大者为证。

其一，逻辑混乱。

《超越》前言强调："中央集权的政府对自身的超利益要求，使得政府比较容易做到公平公正，而不容易在利益集团之间，或者因为自身的利益集团化，而发生政策倾斜。"中央集权与公平公正之间并没有必然的对应关系。相反，在中国历史上，中央集权由于权力高度集中，一旦"政策倾斜"，有失公平公正的破坏力度总是更为酷烈，姑且不说近现代，秦末、汉末、隋末与明末的历史，读史者耳熟能详，毋庸在此喋喋饶舌。

《超越》还认为："郡县制使得每个人都拥有土地，使得土地拥有权分散化，限制了中间层势力的过度膨胀。"（18页）众所周知，郡县制属于政治制度的范畴，而"土地拥有权分散化"则是经济制度，尤其是土地制度的运作结果，两者之间也没有必然的因果关系，作者在形式逻辑上犯了不能推出的错误。在历史逻辑上，"百代都行秦政制"，秦朝以降实行郡县制，但在秦汉之际短暂的小土地拥有分散化以后，土地兼并渐趋酷烈，东汉与两晋南朝的世族庄园与明清两朝的皇庄，土地拥有权都呈现高度集中化趋势。

其二，偷换概念。

《超越》断言：宋朝"政府本身就是超越利益集团之上，因此，由这样一个公正的政府来行使司法权力，本身就是司法公正、司法独立的体现"。（158页）这里，作者偷换了司法公正与司法独立的概念内涵。前引《法学词典》"司法独立"条指出："司法权由司法机关独立行使，不受其他任何机关或个人的干涉。……司法独立的核心是法官审判独立。来源于三权分立学说。"既然司法独立出现在近代三权分立以后，而宋朝地方审判都是州县行政长官代行审判权，中央虽有刑部、审刑院与大理寺等司法机构，审判仍不具独立性。总之，无论在历史时序上，还是在制度实践上，宋朝都不存在近代意义的司法独立。你可以强调宋朝政府行使司法权不失司法公正（也要具体而论），但不能说宋朝业已司法独立。

《超越》宣称："以军队来说，中国自宋朝以后，就没有'皇家军队'这样的概念，而只有国家军队。"（22页）国家军队也是近代国家的产物，即军队不专属于特定人士拥有，无政党派系分别，属于一国全体人民所拥有，全国军队皆受国家的编组，尊重军令与政令的统一，这既是维持国家安定的关键基础，也是民主国家的判断指标之一。宋朝军队尽管不以"皇家"两字命名，但北宋有"殿前司"，南宋初年相继有"御营军"与"殿前司军"，绍兴和议后十支屯驻大军都冠以"御前诸军"的称号，这里的"御营""殿前"与"御前"，都是货真价实的"皇家"内涵，哪里说得上是近代意义的国家军队呢？

《超越》立论，偷换概念是常用手法。例如，为论证宋朝的平民社会接续现代社会形态，先是声言："宋朝是中国历史上平民化最彻底的朝代，因而也是与现代社会形态最接近的朝代。"（4页）继而鼓吹：在相当长的历史时期里，"中国的政府差不多就是所知世界里的'世界政府'，中国百姓也是这个可知世界的'世界公民'"。（273页）其所玩弄的依然是将平民社会偷换概念成公民社会的故伎。

其三，偷换论题。

在论及最高权力开放时，《超越》宣示："最高权力对全社会开放，今天已是世界的共识，而中国人早就在实践这一原则了。"（6页）作者在另一处重申："即便是平民当总统、当首相这件事，在中国古代也早就实现了。"（195页）当今世界的最高权力开放，是指每个公民都享有通过选举担任国家领袖的权利。而在中国传统政治下，最高权力当然是指皇帝。《超越》所说中国古代平民当总统、当首相，姑且视之为对皇帝、宰相的设譬。汉初确有"布衣将相之局"，宋朝也有平民科举入仕而最终位拜宰相之例，但前者是在鼎革逐鹿之际，"立功以取将相"，后者则出于皇权的任命，与当今世界以公民票选方式开放最高权力的共识，都是风马牛不相及的两码子事。

为了曲证宋朝已有"皇权开放的观念"，《超越》援引宋孝宗与宋高宗、宋理宗与宋宁宗血缘疏远作为论据，继而信口雌黄："对于今天来说，宋朝对于皇帝血缘的宽松，也从另一侧面体现了'谁都可以当皇帝'的开放性。"（13、14页）首先，宋高宗与宋宁宗都在绝嗣以后才不得不选立别支宗室的，乃君主世袭制迫不得已的权变，纵然血缘疏远，始终限于赵姓宗室，哪里具有"谁都可以当皇帝"的开放性！其次，最终选谁继统，决定权仍取决于前代君主，不仅宋高宗选立宋孝宗如此，即便史弥远以政变手段李代桃僵拥立宋理宗，也仍须矫诏假托宋宁宗旨意。再次，笔者还可补充一例，宋理宗再绝后代，明知其唯一的亲侄发育不良，智力平庸，却还把他吹成"资识内慧"，立为嗣君，无非既不想让皇位的肥水流入外人田，更生怕传位远支宗室，会整个儿动摇自己因政变继统的合法性。总而言之，将这种前代君主选立别支宗室的方式，与现代最高权力开放的票选方式混为一谈，偷换论题完全到了发昏章第十一的地步。

其四，强词诡辩。

《超越》在否定程序正义与程序民主时，祭出的就是强词夺理的诡辩术。作者说："中国古代政治关心实质正义超过关注程序正义。因为，程序正义不是目的，实质正义才是根本。程序正义的存在，无非是为实质正义服务的。"姑且认同这一判断并无大错，但提请注意的是，"关心实质正义超过关注程序正义"，决非绝不关注程序正义。但作者紧接上文就谩骂道："仅仅关注程序正义，常常会成为实质邪恶的工具。"（94页）这里，他先把中国古代政治关注程序正义的意识不及关注实质正义强，进而曲解为"仅仅关注程序正义"；然后，未经论证，就将其诬为"实质邪恶"（即实质不正义），从而全盘否定程序正义。

再看《超越》结论所说："'程序正义'从根本上说，只能是'实质正义'的手段之一。同理，如果只把'程序民主'当成目的，那是本末倒置。"（320页）提请注意的是，关注"程序民主"者从来没有如作者强加于人的那样，"把'程序民主'当成目的"。程序民主与实质民主，推而广之，程序正义与实质正义，都不是《超越》所曲解的本末关系，而是手段与目的、条件与结果的对应关系。《超越》先是自承两者是手段与目的之关系，而后偷梁换柱成本与末的关系，再理直气壮地以崇本黜末来痛斥"本末倒置"，进而否定程序民主与程序正义。"程序民主"与"程序正义"是通往"实质民主"与"实质正义"最起码的充要条件，如果连"程序民主"与"程序正义"都不能实行，斥之为"邪恶"，连"程序民主"与"程序正义"都不能兑现，又怎么能以制度与程序来确保"实质民主"与"实质正义"的阳光普照人间呢？

《超越》洋洋三十余万言，基本上以这种逻辑混乱、价值悖谬的判断杂凑而成，而后再将这些谬误的判断牵强附会地归总到宋朝政治已经超越利益集团的结论上。

误读：宋朝超越了利益集团？

所谓利益集团，是指社会经济活动中利用权力和垄断取得巨额利益，并形成相对稳定的一种群体。那么，宋朝政治是否已经完全超越了利益集团呢？征诸宋朝全部历史，答案是否定的。

《超越》尽管一再强调，宋朝"皇权则成为最高公权力的象征"（55 页），却又不得不承认，"像宋朝那样，赵姓皇帝用了很多办法限制皇帝集团的特殊利益，但它毕竟还是有特殊利益存在"（197 页）。不妨就以宋神宗即位时一组数据为例：

> 京师百官月俸四万余缗，诸军十一万余缗，宗室七万余缗，其生日婚嫁，丧葬及岁时补洗、杂赐与四季衣不在焉。（《宋会要辑稿·帝系四》，参见《超越》105 页）

倘若加上其他赏赐，当时京师主要支出中，宗室开支远超其中的三分之一，这还不算以皇帝为首的皇室日常开支。宋朝对宗室权利确有所限制，也有五服以外远支宗室类同平民的记载。但皇族近支却始终享有特权，有研究指出，即便宋神宗所谓宗室改革，也"未敢触动宗室既得利益的主要部分，而且裁节以后往往复旧"。（汪圣铎《宋朝宗室制度研究》）就在改革宗室措施颁布次年，宋神宗还特别拨赐其先帝宋英宗生父濮王宅每年五千贯特别开支。《超越》对此辩解说："对于皇亲这一最大的利益集团，宋朝既保障其特权，也限制其权力。"（32 页）这完全是自相矛盾的似是而非之论。（这类经不起追诘的议论，《超越》几乎随处可见。）既然"保障其特权"，就说明宋朝皇权没有超越皇亲利益集团；至于"限制其权力"，无非宋朝政权"对各个利益集团之间的平衡"。皇帝及其近支皇族构成的皇帝集团正是最大的既得利益集团，宋朝政治何尝超越了这一利益集团！

宋朝这种公权私化，并不仅限于皇帝集团，还包括政治生态恶化期的权相利益集团。《超越》也承认，王安石之前的宋朝，是解决权力制约、防止公权私化"最好的时代"（92 页）；其后，"正常的制度约束皇帝的方式渐渐失效，皇帝权力膨胀，公权私化日益严重，制约力量更多靠皇帝自身的修养。因而，操控皇帝等于变相掌握皇帝的权力。既然皇帝权力失去制度制约，同理，操控皇帝的宰相权力也就同样失去了制约"（90 页）。正如作者所看到的，"宋徽宗时期就是政治利益集团化的一个重要阶段"（272 页）；"南宋时的权相在经济问题上也几乎个个都不干净，秦桧、韩侂胄、史弥远等人，个个都有万亩良田"，"都有严重的利益集团色彩"。（246、252 页）这就证明，宋朝政治尽管有权力制约的初步尝试，但君主专制政体这一紧箍咒不砸碎，就绝无可能彻底解决这一问题；而君权的滥用与失控，必然导致公权私化，出现私权力挟持绑架公权力的败局乱象。从根本上说，皇权作为公权力是不可倚赖的，宋朝政治既没有也不可能真正超越利益集团。

《超越》不恰当地夸大科举制的作用，认为"宋朝官员队伍的开放性，决定了国家公权力的开放性"，却无视在专制政体下，科举制在选拔官员上那点开放性，在皇权滥用或受权相利益集团操控时，完全可以丧失殆尽。《超越》征引宋诗"满朝朱紫贵，都是读书人"，以知识分子科举入仕来佐证宋朝"国家公权力的开放性"，乍看起来似无不可（尽管科举制向平民士人的开放与国家公权力的开放，仍具有不同的本质属性）。但权相史弥远专政时，一次相府开筵，杂剧助兴，有演员扮士人上场，念完那两句诗，另一优人就说："非也！满朝朱紫贵，都是四明人。"尖锐揭露了籍贯四明的史弥远利益集团早已权力固化的政局现状。《超越》尽管看到了秦桧、韩侂胄、史弥远、贾似道等权相公权私化，"以操纵皇帝为能事"，形成了宋朝政治无法超越的利益集团，却依旧视而不见地一味鼓吹：宋朝"以制度保障了国家公权力最大限度地属于全社会，而不属于任何一个特殊的利益集团"；"皇帝对官员的录用、任免，也应看成是社会公权力在发挥作用"。（54、55页）

那么，倘如《超越》所言："当宋朝的政治自身也出现利益集团化的时候，社会矛盾就会激化，化解难度就很大。"（272页）制约力量其时何在呢？翻遍全书，依次似有如下选项。一是如上所云"更多靠皇帝自身的修养"。（90页）但连皇帝自身修养也无济于事，完全被利益集团操控时，该怎么办？二是让民众相信"换一个好的官员，就会回到正道"（121页）；"好官的出现并不是小概率事件"（161页）。且不说政治生态全面恶化下，好官的出现屡验不爽总是小概率；即便有一两个好官，也不可能挽狂澜于既倒，让政局重回正道；更何况，倘如《超越》承认，像宋高宗与秦桧君臣那样"垄断朝政，一群宵小随声附和，异议者均被排斥、打击"（304页），其时又该怎么办？三是最后一招"老百姓造反就是最直接的全民公决"（6页），"中国古代社会不得不采取换一个皇帝的方式，以摆脱已经严重阶级化的皇帝集团"（197页）。

不知道《超越》是否往深里追诘过这些问题，也不知道如上选项是否作者开出的处方？如果是的话，宋朝亡于外敌，代之而起的元朝是老百姓造反公决推翻的，换上平民出身的朱皇帝，他创立的明朝在经历晚明体制性腐败，最终在老百姓造反公决与外敌的双重打击下寿终正寝。按《超越》说法，元明清三朝"中央政府的执政理念无法真正做到'天下为公'"（147页），一蟹不如一蟹，在专制的道路上越走越远，更遑论超越利益集团了。如果不是，那么试问，面对秦桧、韩侂胄、史弥远、贾似道这样"以操纵皇帝为能事"的公权私化局面一再重现，不正说明，君主专制政体面对的是无解的死结吗！百来年的南宋史，究竟给出过哪条路径，令其复归超越利益集团的正道呢？

投射：宋朝政治与中国模式

平心而论，宋朝的物质文明、精神文明，包括制度文化在内，与其前后的王朝相比，确有不少值得肯定的进步因素。表现之一，即如《超越》所肯定的，"与今天相比，宋朝的言论自由程度有过之而无不及"。（138页）然而，宋朝毕竟还是君主专制政体，即便有平衡与制约各利益集团的制度尝试与历史实践，君主皇权必然命定地最终居于这些制度与实践的主宰地位，唯一的指望，就是君主个人的贤明公正（即《超越》所说"皇帝自身的修养"）。但在世袭君主制下，贤君明主的概率绝无可能百分之百，皇权的滥用与失控纵能避免于一事、一时或一朝，却不可能历朝诸帝代代如此。这是君主专制政体下历史施于君主皇权无计消解的魔咒，也是仅仅依靠皇权自身运动无法跳出的磁场。

在这种专制政体的大背景下，《超越》仅凭宋朝那些"人君者，要当以天下为公""天下者，天下之天下，非一人之私有"之类的奏议，就轻率认定"这种言论放在今天，差不多等于'主权在民'的意思"（66页），奢谈宋朝"政权不属于任何利益集团，也不是各个利益集团之间的平衡、较量，而是一个高于各个利益集团的存在"（95页）。试问，在儒学主流确立后，哪朝哪代的仁人君子不是以"天下为公"来规约人君与皇权，哪朝哪代的专制君主不自我标榜"天下为公"？但包括宋朝在内，又有哪朝哪代的专制政体完全超越了利益集团，真正实现了"天下为公"？

《超越》却把仁人君子的理想追求与专制政体的传统政治混为一谈，并把这种传统政治誉为"中国的民主"，还将其与欧洲现代民主一较短长：

> 中国传统政治的民主就是由一个道德群体居高临下地调控各个利益集团。欧洲的民主更多靠民众自己往上冲，由于实力的悬殊，民众冲山头的成效并不显著。而中国的民主是由一群人代表民众利益，高屋建瓴地对山下各个利益集团的阵地实行俯冲。由于这个群体掌握了普通民众不具有的权力，因此，效果非常明显。(98页)

我们还是暂不置论欧洲的民主，只说"中国传统政治的民主"。《超越》所说的"道德群体"，其构成无非作为皇权象征的君主，与皇权录用的好官队伍。说白了，就是让明君与清官这样"一群人代表民众利益"，充当"不具有的权力"的普通民众的救世主。这种价值理念，与"五四"以来的现代民主谬之何止千里！

《超越》所论如果仅限于宋朝政治，不妨视其为戏说历史的一家之言。问题在于，作者心心念念把宋朝政治投射到"中国模式"上。该书结尾处还引用陈寅恪那段名言："华夏民族之文化，历数千载之演进，造极于赵宋之世。后渐衰微，终必振复。譬诸冬季之树木，虽已凋落，而本根未死，阳春气暖，萌芽日长，及至盛夏，枝叶扶疏，亭亭如车盖，又可庇荫百十人矣。"然后大发妙论道：

> 陈寅恪先生所言的"阳春气暖，萌芽日长"，在我看来就相

当于毛泽东带领中国人民缔造了一个新中国。毛泽东领导的新中国，在较大程度上实践了宋朝超利益集团政治的理念。……"中国模式"，实际上也是陈寅恪先生"终必振复"的应验。令全世界疑惑的"中国模式"，其实就是宋朝政治的核心理念：超越利益集团。（319页）

陈寅恪所说华夏文化造极于赵宋，乃说宋代文化是中国古代的巅峰，而他断言的"终必振复"，也绝非振复以后的华夏文化就是简单回归宋朝或止步宋朝不再前行。这一理念在他的《冯友兰〈中国哲学史〉下册审查报告》里有明确无误的表述："其真能于思想上自成系统，有所创获者，必须一方面吸收输入外来之学说，一方面不忘本来民族之地位。"《超越》对陈寅恪思想胶柱鼓瑟，断章取义，还拉他来唱红毛泽东缔造的新中国，为"中国模式"站台，真不知道该书作者是否知晓陈寅恪的价值取向，是否读过并读懂《陈寅恪晚年诗文释证》与《陈寅恪最后二十年》。《超越》谬托知己，陈寅恪地下有知，也许只能为自己的思想被歪曲为"入时眉样"而苦笑不已。

行文至此，一声叹息。这样一本完全以口水文章堆起来的书，虽然写了出来，却不下功夫，胡作判断，既无理路，遑论精神，还用世心切，"古为今用投射当代"，完全辜负了司马南的热情荐语。

实际上，对"中国模式"，主流媒体早就从道路自信、理论自信与制度自信上一锤定音，完全没有必要像《超越》那样，强拉宋朝政治来为其背书。这还不如作者那本《中国没有榜样》，尽管霸道，尚有自信："中国无榜样，便是榜样。"而《超越》煞费苦心的历史背书，不仅向读者传达了一个"被误解的宋朝"，更在某种程度上矮化乃至抹黑了"中国模式"。这种写作动机与实际效果的荒谬悖离，恐怕也是作者始料不及的吧！

我的《水浒》寻宋之旅

从《水浒》阅读到《水浒》随笔

我对古典文学与中国历史的兴趣，启蒙于《水浒传》与《三国演义》。没上小学前，每天晚饭后，与父亲守着收音机，津津有味地听苏州评话《水浒》或《三国》，成为儿时温馨的记忆。离家不远有家老虎灶，附设的茶座每天下午有说书艺人讲扬州评话"武十回"之类，多次在那里蹭听过白书。上小学后，偶有小钱，放学没事也光顾过小人书摊，一套《水浒》连环画就这样看完的。记得最后是《梁山泊英雄排座次》，显然是据简本画的。

好几年后才读七十一回本《水浒传》，也许早知根底，感动的劲儿似乎赶不上看小人书时节。"文革"接近尾声，正在中学代语文课，赶上评《水浒》运动，奉校方之命，在校广播室给初中生讲过《水浒传》梗概。说来荒唐，他们连《水浒》都没读过，怎么"评《水浒》，批宋江"呢？说来也惭愧，我对《水浒》当时也没有一己之见。

过了一年，"文革"结束，再过一年，高考恢复，我有幸进入历史专业，对宋史感兴趣，才知道宋江起事轰轰烈烈，靠谱的史料十分有限。对历史上宋江是否投降，是否打过方腊，当年有一波争论，文章也多浏览过。大学阶段通读了《宋史》，大三写了第一篇宋史论文。而后留校，再读研究生，专业仍是宋史，却从未回到《水浒传》上来。

世纪之交，陆灏先生把《万象》杂志办得风生水起，也发过我几篇宋史随笔。有一次，他建议我以《金瓶梅》为主题，将小说与历史穿插着写点随笔。在专业学习中，我对陈寅恪的诗文证史法心折不已，颇有学步之想，一经说动，有点跃跃欲试。但《金瓶梅》仅取《水浒》片断借尸还魂，故事虽说宋代，作者却是明人，社会背景与语言名物也都植根于明代。倘把历史与小说串起来写，到底以宋为准，还是以明为准，抑或兼顾两个朝代，如此而为，效果碍难理想，行文势必缠夹，况且我对明史仅具常识，遂主张改从《水浒传》切入。蒙他首肯，在《万象》上开写《水浒》随笔，这才重回儿时留恋的《水浒传》，读写结合，断续至今。

我写《水浒》随笔的思路与原则

在文史学界，《水浒传》成果汗牛充栋。我虽酷嗜古典文学，毕竟缺乏中文专业训练，倘若再从文学史研究与文学鉴赏下笔，绝无优势可言。以史学考证而论，继余嘉锡《宋江三十六人考实》，施展的余地也已逼仄有限。我必须首先解决的问题，是写什么与怎么写。

建炎南渡后，勾栏说书就讲开了宋江故事。孙立、杨志、鲁智深与武松等好汉已在"说话"里崭露头角，长篇话本《宣和遗事》也略具《水浒传》的雏形。宋元之际，龚圣与撰《宋江三十六人赞》，与今本《水浒传》三十六天罡星，角色出入仅数人而已。入元之后，杂剧也敷演梁山故事，现存《水浒》杂剧，大部分情节汇入了其后成型的长篇话本。元明之际，对其前《水浒传》话本有过一次汇总性整理（整理者是否施耐庵迄未有定论），百回本主干已基本完型（一百二十回本征田虎、讨王庆部分迟至明代才补入）。今传百回本《水浒传》对宋代特定现象颇有"宋时""故宋"等解释性交代，显然是元代说话人口吻，也是这次汇总整理时清理未尽的残骸遗蜕；反观元代的类似交代，百回本《水浒传》未见留痕，这也确证《水浒传》是宋元两代说话人的集体创作。

作为话本小说，创作当然有夸张失实处，尤其在叙述战争情状与描写道术魔幻时，但大部分叙事的场景与细节必以宋代社会的尘世光影与生活风俗为依据。一般说来，文学的读法定位《水浒传》乃是艺术虚构的可能性存在；而社会史的读法将其作为了解北宋晚期历史的社会史料，从而获得比官修《宋史》有关记载更具体的细节认识，就像恩格斯把《人间喜剧》当作"巴黎上流社会的卓越的现实主义历史"来读那样。

但社会史读法仍有开拓的空间，那就是将《水浒传》里场景与细节的文学性描述作为宋代社会的形象史料。小说必有虚构，但所有虚构都跳不出作品形成时代的历史真实（举例来说，电脑行世前，艺术虚构绝无可能对其有逼真的描述）。这种阅读取径，能把文学叙事的小说文本转化为历史研究的社会史料，进而既对《水浒传》，也对宋代社会生活的理解，双双开辟全新的视角。

一旦打通历史学的读法与社会史的读法以及文学的读法，在《水浒传》的再阅读中，经过细心梳理与认真发掘，就能发现两宋诸多的制度礼仪与风俗名物，在小说里都有不经意的细节遗存，足以将这些文学叙事转化为具体而微的社会史料，倘若再取其他文献对勘互证，不仅《水浒》研究可以另辟蹊径，随笔写作也能别开生面。我的《水浒》随笔，就是由这一思路催发的。

当然，在研究与写作中仍应充分考虑元代的因素。一方面，元朝立国虽不及百年，蒙古族统治对政治制度与社会生活都投下了不容忽视的影响；另一方面，在古代生活的慢节奏下，只要谨慎剔除蒙古族习俗的浸染，元代社会的生活习俗在基本面上与南宋相去并不太远。借助专业训练，在移用宋元文献与对读《水浒传》之际，那些延续性与非延续性的部分还是能严格区分的。

类似的阅读思路与随笔作法，邓云乡先生在《红楼梦》研究里已着先鞭，其代表作即《红楼风俗谈》。我写《水浒》随笔时，不敢高攀陈寅恪的诗文证史法，却不时以邓云乡说《红楼》作为范本。我的随笔写作，一是主要着眼于《水浒传》里的风俗名物；二是以《水浒传》叙事为切入点，与我搜罗所及的其他文献对照印证。之所以有意选择风俗名物，无非宋史学界虽有研究，但一是颇有空白而有待深入；二是其成果表述过于学术化，难为一般读者所喜闻乐见。作为宋史学者，仍有用武之地。我期盼每篇随笔，能为读者开启一扇窥望宋代社会的户牖；也奢望集腋成裘，形成规模效应，构筑起一条巡礼的长廊，在整体上对了解宋代社会有所帮助。

在取用史料与小说互证时，我定下一条总原则：以宋代记载为主料，兼及元代文献，而基本排斥明代史料（除非其追记或考证宋元史事）。在史料类别上，既有四部分类里属于史部的著作，也涉猎子部里笔记轶闻与类书谱录等典籍，还特别关注集部的文学性史料，包括诗歌（宋元诗词、元代散曲等）、小说（学界有定论的宋元话本）与戏曲（现存元杂剧与宋元南戏）。我欣喜地发现，文学性史料对风俗名物的形象描述，无论数量，还是质量，往往是其他史料难以企及而无法取代的。

《水浒》寻宋之旅的甘苦与体悟

历时二十年《水浒》寻宋，我犹如身在旅途，频见杂花生树而欣然有得，遭逢柳暗花明而喜不自禁。

有评论说我的《水浒》随笔，"各种史料和掌故信手拈来，考证又不失趣味"。信手拈来真不敢当，都是孜孜矻矻博览穷搜，才收入囊中为我所用的。在素材积累中，我追求多多益善，来者不拒；讲究众体兼备，不拘一格。但下笔为文时，为别择最合用的原材料，挑剔近乎苛刻，再精心剪裁与刻意琢磨，尽可能打造成一件精致的工艺品。例如《太平歌》那篇，我在元杂剧里不仅查到对货郎唱词的细节叙述，而且找到卖糖果小贩的吟唱片段，便把臂入林与读者共享其顿挫婉转的悠扬与回肠荡气的酣畅，从而对燕青唱的"货郎歌"能有感性的认知。

　　也有评论说，在我的所有著作里，《水浒寻宋》读起来最轻松。我也得坦承，实际写作却并不轻松。为了每篇随笔呈献一份相对完整的知识，我深感绝不比写一篇论文来得容易。先从《水浒传》里选定风俗名物，再去处理缤纷杂陈的囊中材料，而后将落英碎玉拼缀成绚烂可观的画卷，都得花一番匠心。以《一枝花》为例，先以蔡庆的绰号切入，叙述唐宋男子的簪花风俗与梁山好汉的相关例证；接着以男女戴花的审美需求引出花卉种植业，进入农业范围；然后延伸到鲜花销售，涉足商业流通；续说纸花绢花的制造、营销，推及手工业；再说莳花业与制花业之间的竞争，最后回到元代男子仍然簪花上来，整篇文章一气呵成，读来不失轻快之感，但落笔之前谋篇布局却是苦心经营的。

　　为适宜大众阅读，随笔虽出以通俗形式，但内容往往牵涉到具体而微的名物考索。这种考索虽具学术性，但普通读者应一目了然。我在《打火》里全面梳理了宋元打火的各种方式，大体分为旅客自带食材自打火，旅客委托店家代购食材自打火，旅客取用店家食材自打火，店家提供食材为旅客代理打火等诸种情况，以及打火与住店之间费用结算的诸种情况（只住店不打火，既住店也打火等等），都引据《水浒传》说得一清二楚。这类考证，有的亲力亲为，有的借鉴前人。但前人成果有时也会有争议，必须或结合文献再审正误，或考察实物才下判断。例如，有食品史学者据考古图册中河南新密打虎亭汉墓石刻，指认有舀大豆准备倒进石磨的图像，鉴于酿酒工序不用石磨，认定其为制作豆腐的汉代图证。后有研究者提出异议，认为所指石磨只是放置圆台上的圆盆，整幅石刻恰是《酿酒备酒图》。究竟何说为是？我在《水浒乱弹》出版后，借某次赴会之机特往打虎亭汉墓踏勘，经仔细辨认，确认并非石磨而是圆盆，应即酿酒时盛米所用，与豆腐生产的磨豆工序了无关系，坐实此前判断确然无误："豆腐发明于汉代说，至今还没有文献与实物的证据。"

《水浒寻宋》是我写得很用心的一本书。如何让随笔雅俗共赏，此中甘苦，如鱼饮水，冷暖自知。

为了让读者读得有趣，首先必须写得有趣。在叙事议论上，我尽可能处理得轻快诙谐些。例如《铁扇子》那篇，证实了宋朝仍是团扇与折扇的并行时代，再回到宋清绰号"铁扇子"，下结语说："既然是铁铸的，便不会是收放自如的折叠扇，而只能是形制固定的团扇。足下以为如何？"追加了一句诘问，文章便波俏而谐趣。在选材上，我也尽量追求幽默感。《钱塘潮》篇末引用俗词形容被狂潮打得精湿的观潮客：

> 头巾如洗，斗把衣裳去挤。下浦桥边，一似奈何池畔，裸体披头似鬼。入城里，烘好衣裳，犹问几时起水？

然后戏谑地指出，这些看客落水鬼似地烘好衣服，第一句仍问：潮汛什么时候来的？"对钱塘潮的痴狂，真可令人一噱。"想必读者披阅至此也会莞尔。

有些高头讲章式的史著往往行之无文，私心颇不以为然，有心尝试着把《水浒》随笔写得有点美感。恰到好处地点缀诗词曲中名篇佳句，行文油然而生水灵之感。《一枝花》讲鲜花销售，我引蒋捷《卖花人》词云：

担子挑春虽小，白白红红都好。卖过巷东家，巷西家。

帘外一声声叫，帘里丫鬟入报。问道买梅花，买桃花？

其中有人物，有动作，有色彩，有对话，有场景，读者仿佛目睹了一幅城市风俗的水墨白描画。

《水浒寻宋》的改版与配图

十余年前，我的《水浒》随笔曾结集出版过。这次全面改版，一是增加了《客店》《打火》《气毬》《圆社》《戒石》《神算子》等多篇新作，还收入了有关《水浒传》的书评。二是改进旧版篇目统编的不足，将全书归为《读法篇》《地名篇》《市肆篇》《游艺篇》《器物篇》《风俗篇》《规制篇》与《人物篇》八类。《读法篇》为总体性导读，中间六篇写社会风俗百态，最后的《人物篇》殿以李师师、高俅两大名人与梁山人物的结局分析，多侧面地展现了宋代社会生活的历史长卷。三是在订正旧版个别讹误的同时，借助新的积累与研究对部分旧作颇有增补或改写。四是插图旧貌换新颜，力图超越一般的图文配。

既然是历史随笔，在打造图文本时，就应追求历史感与审美性的统一与融合。故除封面借用中国画大家戴敦邦先生惠允的"清风寨宋江看花灯"外，主要取资于宋元绘画与明代版画，选择标准主要考虑以下几点。

首先，插图应有美文阅读之余的美感享受。晚明陈洪绶的《水浒叶子》在近代以前《水浒》人物画中最具神韵，匹配随笔中相继登场的梁山好汉自然最为相宜。明代杨定见刊本与容与堂刊本《忠义水浒传》的版画是这部小说插图的翘楚，画面若与随笔叙事契合，自应优先入选。宋元是中国画的高峰期，我将数十巨册《宋画全集》与《元画全集》（浙江大学出版社）全部翻查一过，仔细寻找与各篇随笔相得益彰的宋元画作。《客店》配了刘松年《四景山水图》的"冬景",描绘雪霁清晨旅客离开客店重登旅程的场景,既赏心悦目,又熨帖切题。《圆社》以马远《蹴鞠图》做插图,画中一人起脚踢毬高至半空,在场众人仰望赞叹,与随笔描述的足球运动也称绝配。

其次,插图作为形象史料应能印证随笔叙事。《神算子》阐明了算筹与算盘共存并用于宋元之际,其时成书的《新编对相四言》各有"算子"与"算盘"示意图,最宜用为图证;将题为至大三年(1310)王振鹏的《货郎图》作为《神算子》插图,乃是图中货郎担上已有算盘插架叫卖,足证已进入千家万户。

再次,插图应能补足文字表述不够清晰的细节。行文解释叉手礼令人难有直观印象,插入《韩熙载夜宴图》并提醒读者辨识图中僧人叉手示敬的形象,就不难明白如何叉手施礼了。书中选载了《梁山图》《登州府境图》与《东京城图》等历史地图,有助于了解梁山泊、沙门岛与樊楼等具体方位;宋元足球的球门与排阵,文字叙述费尽口舌仍难达意,一看采用《事林广记》里《筑球球门》的示意图,读者自然恍然大悟。

寻觅最佳插图的过程,让我领略了"众里寻他千百度"的滋味。两宋度牒的实物照片久觅而不得,后在参观应县木塔时偶见陈列照里赫然有辽朝度牒,虽非宋物,仍有"踏破铁鞋无觅处,得来全不费工夫"的快意,立马拍摄收藏,插入新版《水浒寻宋》。

希望我在《水浒》寻宋之旅上的所见所闻,能为广大的读者带来分享的愉悦。

对谈南宋史（黄宽重、虞云国）

　　尽管近年来在公众历史领域涌现出一批"宋粉"，向读者呈现出宋代的经济、文化、社会等诸多细节和片段，但在历史学界，专业学者也不得不承认，长期以来在南宋史中很多细节，甚至是某些关键问题尤待进一步梳理和探讨。有鉴于此，宋史学界近年以来形成共识并提倡深化南宋史研究，2019 年 11 月 2—3 日，北京大学人文社会科学研究院、商务印书馆举办"菊生学术论坛"邀请学者共聚一堂探讨南宋史研究新的可能性。借此机会，《上海书评》特邀台湾长庚大学黄宽重先生与上海师范大学虞云国教授进行了一场对谈。

　　黄宽重先生长期在南宋史领域耕耘，对南宋的军事边防、士大夫政治、家族社会等议题都深有研究，今年还出版了新著《艺文中的政治：南宋士大夫的文化活动与人际关系》（台湾商务印书馆 2019 年，简体中文版也将由北京大学出版社出版）。而近年来虞云国教授也在南宋研究上投注了大量精力，先后出版了《南宋行暮：宋光宗宋宁宗时代》（上海人民出版社 2018 年）、《南渡君臣：宋高宗及其时代》（上海人民出版社 2019 年），试图对南宋史做一通贯性的考察和阐释。这次对谈中，两位教授从前辈刘子健先生的宋史研究谈起，既谈到了南宋研究中史料搜集与解读等技术性问题，也谈到了绍兴和议、权相政治、君臣关系、科举与荐举、士人与基层社会等南宋史领域重要而具体的议题，相信这篇对谈无论是对一般读者还是对研究者，都颇具启发。

　　虞教授多次在著作中提到刘子健先生的研究，并在新书《南渡君臣》中表示要向刘子健先生表达敬意，可以先请两位谈谈刘子健先生的宋史研究吗？

　　黄宽重：1985—1986年我去普林斯顿大学，刘子健先生是我的接待教授，我与他有比较长期的交往。在这之前，他的著作已经在台湾广泛流行，我们认识宋代，尤其是南宋，就是从刘子健先生的著作开始的。虽然有人觉得，刘子健先生早期的一些著作放到今天来看不够完备，但要知道他对于宋史的看法是二十世纪六十年代陆续发展出来的，经过五十几年，宋史学界对南宋的了解，从宏观议题上来讲，大概还在他的视野范围内。所以，虞教授说要向其致敬，我很认同。而且，据我了解，刘子健先生是在很复杂的心情下写这些论著的——当时美国要打越战，他是积极的反战人士，他焦虑的是，一旦美国取得越战胜利，那么，中国会面对怎样的情形？所以，当时他写这些论著的时候，概念多，而一些实证工作本来是要作为长期研究的，后来因为他关心的议题一直在转变，所以我们没能看到他对于一些具体问题的思考。

　　背海立国、包容政治和转向内在，刘子健先生的这三个思考对于理解南宋很关键，虞教授对于转向内在有深入的思考，我先从我的角度对背海立国和包容政治做点说明。

　　现在我们对南宋有很多批评，认为其面对北方民族妥协软弱。而从"背海立国"的论点来看，我们要思考的是，从南宋立国的形势看，面对北方的压力，南宋初期对外怎么建构防御系统，对内如何深化政治统治。其实南宋建构了以守为基础的很重要的防御体系以及辅助边防的水陆联防，从这一点说，南宋的防御策略是成功的。另一方面，南宋面对海洋、利用海洋，在经济、外交等领域都有重要发展，虽然说陆上丝路到海上丝路的转变从北宋就开始了，但不能忽视市舶司在南宋的发展。在历史上，王朝力量有强有弱，那么，弱势王朝如何生存发展，这也是值得我们去了解和思考的。我们看南宋史不能忽略这两点对后世的影响。

关于包容政治，过去也有很多负面评价。在我的理解中，南宋的包容政治是皇帝利用各种力量，既让宰相发挥权力，同时利用言官协调、牵制，它对政敌不是用杀害生命的极端手段，而是让他离开京城。一些士人官僚的死亡多是路途中病死或其他原因。在一定程度上，这种震慑会让中层士大夫思考，在仕途上他可能不会从一而终。我觉得思考包容政治有两个面向，一个是这种政治运作的推动是缓和的，有变的部分，在这个过程中因为彼此包容而不会走向极端。我有一个看法——当然这可以讨论和批评——面对新兴强敌，南宋和北宋有很大的不同。北宋联金灭辽之后富极而衰，我称之为"崩溃"，而南宋一开始就面对强敌，戒慎恐惧地处理生存问题，可以说是"瘫痪"，瘫痪和崩溃有不同的意涵。有种看法以为，蒙古进来以后，彻底摧毁了传统农业社会；其实，元朝建立以后，社会力量还是存在的，社会运作还是延续南宋的路线。从这个角度看，我们评估历史可以有不同的思考方式。这是我读刘子健论著的一个体会。包括他对言官的了解，对武官群体在南宋统治中地位的思考。把这些串联起来，是他观察南宋史时很值得我们借鉴、思考，甚至做出某种修正的一个思路。转向内在是虞教授阐发特别有力量的地方。

虞云国：刘子健的宋史学有两个特点。第一个特点是有大视野——目前我们还没有超越他，我借用他的理论解释南宋史也是基于这个考虑。另外，他对具体问题的思考时有一种闪光的、很准确的把握。第二个特点是，刘子健先生的大视野背后寄托着作为海外中国学者的故国情怀，这在《中国转向内在》的结尾部分表现得尤其强烈，但他的关怀又不是直白的言说，而是通过史学来表达的。前者从学理角度我要向他致敬，后者从人文价值的角度我要向他学习。

黄先生刚才讲，刘子健先生整个理论框架中三点最重要：背海立国、包容政治和转向内在。确定这个对谈以后，我也在考虑，怎么把三者做一个准确的、又是统一的理解和阐释，我想谈谈我的想法。

第一，背海立国在某种程度上也构成我在《南渡君臣》中说的绍兴体制和转向内在的外部大环境与立国的社会经济基础。第二，北宋也是面向海洋的，但南、北宋确有明显差异。基于南宋立国的形势，西北方向的物质交流被隔绝了。从军事上讲，一个结果就是南宋的战马来源都成问题。北宋不管怎么样战马有来源，而南宋要把极少数的战马配给最需要的将领，这也影响到南宋先是与金朝，继而与蒙古作战时的军事装备状况。相对的，在对外交流上，南宋倾其全力推动海上丝绸之路。第三，要把背海立国放在两宋经济重心南移的大视野中。建炎南渡以后，这个南移的趋势已经不可逆转，讲南方经济、江南文化都与这个背景大有关系。正是基于这样的社会经济基础，南宋才能以中国现有版图中最富庶的地区来支撑对金、对蒙古的抗争，这样把握是不是符合刘子健先生的想法？

关于包容政治，我有疑问要请教黄先生，刘子健先生"包容政治"是什么时候提出的？

黄宽重：这是六十年代发表在香港的文章。

虞云国：我注意到，刘子健先生谈包容政治涉及整个宋代。我曾对这点有过困惑，以为北宋更符合包容政治，南宋好像很难吻合。转向内在说是刘子健先生在1989年提出的，也就是说这是他晚年的思想，现在不知道、也不便猜测，他晚年思想是不是完全推翻了前期思想，我思考的是，怎么把两者结合起来做贯通性的解释。

北宋和南宋差异相当大，北宋的包容可以涵容各种反对意见，甚至相当激烈的反对意见，而南宋有其特殊的立国背景，如我主张的从宋高宗立国到绍兴和议以后形成的绍兴体制。尽管我将绍兴体制定义为君主极权体制，但这种体制毕竟还是前近代的，并没有全盘颠覆北宋的祖宗家法，而是在祖宗家法的大框架下如何玩弄权术手段。因此，我也基本同意黄先生看法，南宋没有用很激烈的手段处理政敌和反对派——当然南宋初期有点特殊，在政权确立过程中采取过极端措施。但是杀陈东、杀欧阳澈对宋高宗来说，始终是个污点，所以他后来把责任都推到黄潜善与汪伯彦身上去了，这说明他还是不敢冒祖宗家法之大不韪的。

我认为，分阶段理解南宋的包容政治，可以把南宋史说得更透彻一点。一方面要考虑君主个人的做法，因为君主官僚政体下，君主的治国主张在某种程度上总是起决定性作用的；另一方面南宋出现了权相政治，还要从不同权相的角度去考虑其阶段性差异。比如，从君主的角度看，宋孝宗继承绍兴体制，但在言论上相对宽松，可以讲包容政治体现得比较充分。而从权相的角度看，不同的权相以及同一个权相的不同阶段表现也有不同。秦桧专政前期在整肃政敌上手段相当激烈。史弥远则对外显示包容，对内固守权力，但他也任用作为反对派的理学名臣，之后又通过娴熟的政治手腕使其不能发声。韩侂胄是个粗人，到嘉泰年间（1201—1204）对原先反对派也表现出相对的宽容。

至于转向内在说，《中国转向内在》的副标题是《两宋之际的文化内向》，我想大趋势确实如此。但在转向内在过程中恐怕还要具体问题具体分析，比如经济上，两宋延续着对外开放的路子，整个南宋海上丝绸之路越来越繁荣，直到南宋灭亡前还在持续中。所以，要具体问题具体讨论才能既不滥用转向内在说，又能用它来解释整个南宋史。

具体分析转向内在的过程，还是要强调不同君主的不同情况。宋孝宗整体上继承了绍兴体制君主极权的方面，但在具体政策层面又有包容的表现，他可以听取容忍不同意见，这就对思想文化的发展产生了积极作用。思考中国传统政治，君主的因素必须放到极其重要的地位上，某种程度上，一个君主决定了一个时代的政治文化。

过去南宋史研究比较被学界所忽视，这种局面是如何形成的？怎么看待近年倡导南宋史研究的学术意义？

黄宽重：简单地说，学界对南宋的忽视有两个因素。一是政治环境造成的。清末以来人们追寻的是汉唐盛世，想要摆脱历史上弱势的时代，我们对魏晋南北朝、对五代、对南宋了解不足都与此心态有关。即便是研究南宋，像邓广铭先生那一代学者，他们重视对理学、对爱国历史人物的表彰等等，除此之外，好像看不到对南宋其他方面的进一步探讨。但反过来讲，学界长时期研究北宋，现在来看南宋，大家依稀觉得从北宋到南宋有继承又有创新，那什么是继承，什么是创新，现在还没梳理清楚。现在开始进入南宋史的研究也是一头雾水，这是我们过去重视北宋而忽视南宋造成的困境。

另外，我们传统上了解任何一个朝代，习惯以建国和制度建立以后就代表这个朝代了，比如谈汉代就对汉武帝、光武帝了解多一些，唐代就到玄宗一代，宋代基本上也是如此。我们对哲宗的了解是后来才有进一步的提升。用这种方式来理解一个朝代，显然不足。南宋面对强大敌人超过一百五十年，它的努力，我们却视而不见。

另外，国外学者讲唐宋变革，就谈到北宋，以为到北宋就完成了变革。实际上我不太同意这个看法，因为变革的领域是多方面的，有些变革进程到南宋还没有结束，而我们对南宋的很多方面认识还不够，所以，唐宋变革谈到北宋还比较清楚，后面很多问题就不知道怎么再讨论下去。西方学界现在讲元明转型，同样因为对南宋的历史了解不够，所以现在还停留在口号上。过去有人以为一些东西是从明朝开始的，也是因为对宋到元之间的连续性了解不足。在这种情况下，我觉得要重新认识南宋。刘子健先生也提到，南宋立基江南以经济利益所创造的立国条件和南宋一百多年来所奠定的深厚的社会文化基础，对中国传统影响深远。如果我们不了解南宋，那么对这一段历史的社会文化与中国士人传统的联系就只能视而不见，没办法深入而发展性地去看待。也因为不够了解南宋，宋到元之间的历史认识存在断裂。了解南宋有助于了解宋与后代历史的关系，以及唐宋变革论中的某一些讨论，乃至于北宋与南宋之间继承、创新的东西到底是什么？我觉得这是一个有意义的历史课题。

除了政治环境的因素之外，另一个对南宋了解不足的因素是资料。在台湾，我们有一个理解说，汉唐的研究者可以是通史的专家，但到宋代以后，都是朝代史的专家。因为相关的资料、议题范围很广，学者一旦进入，恐怕一辈子都难以跳脱出来。

宋代最主要的编年史资料就是《续资治通鉴长编》，但是南宋以后就没有这么重要的、有丰富内涵的编年性史料，更多的是文集、地方志，还有笔记小说等，这些都是个人或者地方性的资料，对那个时代的历史只是一个片面的呈现。所以透过个人性的资料去了解这个时代，就相对辛苦——因为资料性质限制了视野的宽广度，这也是让很多人裹足不前的原因。再加上南宋资料的版本也有很大的问题，除了各种家刻本、不同时代刻本的丰富度不同，还有被删减的情况，不同版本的文字内涵也有差异，尤其《四库全书》一度被认为是了解中国传统最重要的典籍库，但是它带有很强烈的民族意识，南宋偏偏有很多问题都涉及金、蒙古，这些内容就很容易被改掉。再来，南宋士人关怀的面向非常广，包括道教、佛教、民间宗教都被纳入到他们的视野，变成他们书写的内容，可是《四库全书》基本以儒家为主，其中一些非儒家东西就被删掉了。所以，这让我们理解南宋的时候，更多地被局限在儒学、道学中。二十世纪七十年代以前，大陆和台湾利用史料都很不方便，想要找一本比较好的南宋文集并不容易，搜集不同版本是一件很辛苦的事情。现在整个大环境不一样了，数位化、点校本、不同版本都陆续出来，所以资料的使用上比以前方便多了，同时学术界之间的交流也方便多了。所以，现在进入南宋史研究有一个很好的条件与机缘。

虞云国：像黄先生说的，南宋既是北宋的延续，而在某种程度上又是二次立国。这个二次立国的情况比东汉与西汉的差异恐怕还更大些。这么一来，在某种程度上，思考宋高宗的立国和宋太祖的立国，其形势完全不一样，这也导致各自后面的体制有很大差异。这是南宋史研究的一个立足点。

海外中国学家里有大视野的，除了刘子健先生，还有黄仁宇先生。黄仁宇讲，秦汉是第一帝国，唐宋是第二帝国，明清是第三帝国，元代是个过渡。如果按照刘子健先生"转向内在"说，第二帝国向第三帝国的过渡恐怕就不是元代才开始，从南宋就在陆续过渡中。这也给我们提出了新的思考：要把南宋史纳入到中国传统帝国转换这么一个视野里去考察。再者，宋史学界常引用严复一句话，大意说，我们现在所有的人心政俗十有八九都是宋代造成的。我认为在某种程度上，恐怕来自南宋的，比出于北宋的要更多一些，这既包括政治文化，也包括日常的社会生活层面和知识分子的精神世界。

而且，正因为史料的特殊性，南宋的拼图到现在还不能说拼得很清晰完整，还有相当的空间，其中若明若暗的地方太多了。这既是南宋史的问题所在，也是吸引力所在。还应注意到，21 世纪以来南宋史专题论著出了很多，一般能够考虑到的专题史领域几乎都有专著问世。但我仍有一个困惑，这些对于了解南宋当然都有帮助，但除了专题的梳理外，如何对南宋史做出一个通贯性的解释？这恐怕也是我们面临的任务，也是南宋史研究重要性的另一课题。

讲到史料问题，如何在史料的拓展和深耕上努力，这对研究南宋史的学者提出了很高的要求。相对来说，高宗朝的史料比较丰硕，因为有李心传的《建炎以来系年要录》；但高宗朝秦桧专政，很多史料都经过他的改动、洗白甚至完全湮灭。因此，即便李心传书有两百卷，以此研究高宗朝还是有问题。当然，《三朝北盟会编》也是相当重要的基本史料，可供了解宋辽金的关系，包括建炎南渡以后的情况。但就像黄先生说的，这以后就没有一部通贯到底的史料，即便有一些编年体史书，篇幅也都有限。宋孝宗也许是高宗以外南宋最重要的皇帝，但这一期的编年史料就相当少，新点校的《中兴两朝纲目备要》虽有孝宗朝的内容，却也显得单薄。所以，现在对孝宗的认识还停留在面上。我写了《南宋行暮》与《南渡君臣》，有人问是不是还写孝宗，我就考虑到材料不那么集中好找，至少要把孝宗朝所有在朝官员的文集梳理一遍，才有发言权，这个工作量是挺大的。

另一方面，从史料绝对量来看，南宋肯定超过北宋。它的形式不像编年体那么完整，但从占比来说，南宋文集恐怕比北宋文集要多一倍以上，体量也大得多。还有笔记小说、地方志，都比北宋更多。所以史料的总量并不少，问题是处理有难度。也就是说，要做南宋史的整合性拼图的话，对学者功力和毅力是严峻的考验。既然史料是多元化的——有文集、笔记，文集里有奏议、表启、书信、墓志铭、神道碑，还有新出土的碑志等等，如何把多元化的史料不断拓展和深耕，就是重要问题。

我还想补充一点，除了比较容易注意到的史书体裁外，在拓展层面，还有必要关注诗词。《全宋诗》《全宋词》有很多材料，有些直接关系到南宋史拼图的局部与细节，有的则涉及恶劣政治生态下历史人物最隐秘幽深的复杂心态。另外，像话本小说，那些还没整理影印出版的摩崖碑刻等等，甚至许多书法绘画作品，都能在某些侧面深化对历史拼图的细节发掘。所以，在史料的深耕和拓展上要用多元、开放的眼光，让各种材料供你的历史拼图驱遣与服务。

黄宽重：开拓南宋史研究要广泛利用资料，认识到史料的多元价值。

政治生态是宋史研究中的一个重要议题，请两位教授谈谈对南宋政治变动与政治生态的认识。

黄宽重：我以往的研究都是在一个个具体的问题上思考政治问题，对政治变动的理解不够深。后来我写孙应时的时候发现，如果你要了解南宋的人物事迹而不了解政治变动，是一个很危险的事。政治变动在南宋非常频繁，如果研究一个人物，对其发言的时间与当时的政治变动、政治生态没有足够清晰的把握，就会产生错误的判断。政治变动除了带来人事波动外，宋代的官僚体制背后牵动一个群体，一个宰相上来了，一班人就跟着上来了。这个群体的变动要从政治变动去理解的，而官僚群体的变动又会牵动各种人际关系，以及人物评价。

我有一篇谈到研究南宋政治史三个视角的文章，就谈到对政局变动有比较清晰的认识后，随之就会看到一些东西，比如政局变动与死者谥号的关系。宋朝高官逝世以后，通常都会有谥号，但并不是理所当然且马上就能获得谥号。李纲是南宋缔造初期的宰相，可是绍兴十年他去世之后，并没有马上获得谥号，一直到高宗逝世以后，孝宗时才给李纲谥号。这是为什么？其实都与政治变动、政治避讳有关。秦桧时文字狱影响了大家对时事意见的表达，他们公开表达意见和私下沟通的用词就不同，而且，死者的墓志铭一次又一次的修改，刊刻时还可能有变动，都与政治变动有关。

第二，政治变动带来人际关系的变化，同时使人的关系多元化。在这种情况下，南宋的士人、士人文化或士人政治不是一个集团，而是一个变动的群体，人与人之间的关系相对松散。我在考察庆元党禁和孙应时等人的遭遇时，就觉得以前太过强调政治集团的对立性，而且视其为一以贯之的对立。其实，这个认识是需要修正的。在南宋的政治生态中，当然有人是坚持个人理念做抗争的，但还有一些士人是在困苦的乡村环境中挣扎成长起来的，我们不能期待这些人在政治斗争中做出怎样的牺牲，所以我是抱着比较宽松的立场去看待和评价他们，而不是用朱夫子的道德意识去评价他们。

虞云国：我在这次会议上提出绍兴体制和南宋模式的问题，还是把政治变动局限在中枢权力结构的层面上。这个变动对整个南宋政治文化，尤其高宗朝的政治文化当然有直接影响，这是毫无疑问的。这一体制的建立过程中，譬如军权的收夺、舆论的控制，包括话语权的操控和政治的整肃，还有一些庆典之类来正面烘托这个体制的合理性。

也有学者指出，这个体制是不是影响整个南宋？我想恐怕这是要具体考虑的。比如说绍兴体制，和议是这个体制的核心问题，但宋孝宗明显是试图推翻和议的，包括韩侂胄——不管他的具体动机是什么——宋孝宗曾想对和议进行调整，但最后失败了。

我认为，既然中枢权力结构是君主官僚政体最关键的层面，那么势必或强或弱地影响了整个南宋的，比如战时体制，从宋高宗确立起就一直延续到南宋末年，这一体制的影响实际上是存在始终的。

另外，主张绍兴体制影响整个南宋，但它的影响在不同问题上又有不同的表现。比如说韩侂胄搞庆元党禁，不管自觉还是不自觉，实际上还是一以贯之地受到这一体制影响的。在中国传统政治中，某种体制一旦确立，就会自觉或不自觉地形成一种路径依赖。具体到君主，宋孝宗强化君权是没问题的，只是表现方式有其独特的一面——为了防止像秦桧这样的权相再度出现，宋孝宗就频繁更换宰相，宰相作用遭到削弱，那么整个官僚机器怎样有效地运转呢？他就用近臣，近臣不行，再用宦官。

中枢权力结构中最重要的是皇帝和宰相的关系，君主和权相之间的权力边界到底应该怎么去定位？这就要对每一对君相的每个时段做具体讨论。所以，我认为宋高宗的君权从来没有削弱，他允许秦桧在前台表现，想做的事情通过秦桧去做，做好了，我默认，出事了，你宰相承担后果。而宋孝宗则是虚化了宰相的权力，君权独揽，所以宋孝宗时期的宰相没一个特别出色的。

我在《南宋行暮》《南渡君臣》里说，整个南宋权相专政年代那么长，君权和相权的关系呈现出不同的样态。像宋宁宗、宋度宗，完全把君权无奈地让渡给权相去执行，宋宁宗时期的韩侂胄、后来取而代之的史弥远都是如此，宋宁宗没有多大的理政能力，就干脆默认宰相行使这个权力，这时的君权和相权是合二为一的，是相权代行君权。

有学者提出，这是不是虚君制？这个说法是值得商榷。无论君权是主动地钦定与授予，还是无奈地默认与让渡，君权始终存在。君主有能力的话，或者外部政治条件允许的话，君权马上就会凸显出来，比如端平更化。宋理宗不傻，史弥远死了之后，一方面维护他——因为否定史弥远专权也就否定了自己继统的合法性与正当性，另一方面主持更化，君权马上就体现出来了，于是有了端平、淳祐时期的所谓更化。所以，实际上并不存在虚君制，关键是君主本人的能力如何，这才是实质所在。

再者，南宋权相权力那么大，为什么没出现直接取代君权改朝换代的情况，前辈学者也已提到过，就是由宋太祖确立的、对宰相权力的制度性限制，在南宋也还一直发生着作用。另外，从北宋中后期开始，逐渐形成的新儒家的价值观，特别是名节观，对士大夫的文化影响相当深远。权相即便权力再大，也深知不能取君主而代之，否则将成为万古的名教罪人。最关键的，好像也是刘子健先生说的，经过中唐以后的社会变迁，地方性的大族和地方性的军队已不复存在，权相至多追求权力的扩张和家族利益的丰厚，而不可能取君主而代之。哪怕皇帝能力再弱，也要供起来。但这不能用"虚君"来概括，这与西方的虚君制有本质的差别。

对政治生态的认知在南宋相当复杂。如果用绍兴体制来概括这种专制极权，大体是没错的，但要把君主和权相的个人因素及其阶段性差异放在政治生态的具体变化过程中去把脉才能把得精准。像韩侂胄搞庆元党禁，初期很厉害，后来逐渐松弛，恐怕他的内心世界里还有点反悔，当然没有充分表现出来；史弥远就更圆滑，所以我说权相专政的本质没变，只是不同阶段的烈度有起伏波动。另外，这种专制主要对官僚士大夫的精英阶层起作用，对疏离体制的一般士人影响不大，对普通民众也许更是波澜不惊。这是考察前近代专制极权时必须把握的时代差别。

当然还要强调一点，在整个政治生态恶化或者说是转向内向的前提下，人是具体的，他在具体环境中会有具体的选择，就要仔细甄别史料。举例来说，《宋史·杨万里传》说传主如何和韩侂胄作斗争，但你去看杨万里那些书信，他和韩侂胄手下干将京镗关系就很好。为什么？因为他两个儿子在官场，关系搞坏了，就会殃及儿子的仕途。细读文集，就要在这些问题上下功夫。一方面，我们应该赞扬坚持正面价值观的士大夫，但对恶劣政治生态下做出某些无奈选择的，只要没有突破价值操守的底线，还是应该多给予理解和同情。这样，历史研究才会有温度。

政治生态对中枢权力层面影响最大，对一般士大夫的士风、学风的影响也不可否认。正因为这样，刘子健先生才把它视为政治文化的转向内在。从政风来看，南宋政风明显不如北宋刚健，但只要小气候转暖，就像刘子健先生说，中国士大夫始终是热衷于政治的，始终是有家国情怀的，就敢于出来抗争。庆元党禁前，彭龟年就很敢讲话，因为赵汝愚执政一度出现了所谓"小元祐"局面，但政治生态恶化后就另作别论了。政治生态对学风当然也有影响，大气候不行，说真话都得小心翼翼，学术创造也就大成问题。总之，谈政治生态也不能笼而统之，要作具体分析。只有全面了解整个绍兴体制下的政治生态，才会把历史拼图还原得更趋真实。

黄宽重：我再补充一点。其实从皇帝的作为和形象，也可以了解南宋的某些政治生态。一般研究历史，大概对宋理宗的评价不如宋孝宗，但其实理宗和孝宗这两个皇帝，都还蛮真诚地面对现实，跟大臣的互动也非常频繁。比如胡铨、周必大等人常常有机会跟皇帝夜对，从他们留下记录看，孝宗时代的臣僚对孝宗都极度的称赞。宋理宗也有很多机会跟臣僚谈论，可是那些道学家都直接批评。

我觉得，相对于光宗、度宗，理宗和孝宗都是面对朝政并试图解决问题的皇帝。可是宋孝宗因为他一手塑造"孝"的形象，背后又有太上皇的压力，所以那些臣子其实是透过称赞他来表示对皇权的某种更实质的维护和尊崇。而宋理宗，因为他的继位过程有争议，所以理宗、史弥远都被批评，尤其是济王死掉以后，要不要为济王立后嗣，在朝廷上引起很大的争议。从理宗的角度来看，他不愿立济王的后嗣，也有自己的考虑，他期待自己有小孩，但道学独尊以后，道学家对理宗的批评都非常直接。这背后可以看到理宗和孝宗的即位和塑造形象的过程，引发臣僚的不同评价。

其实，理宗是相当务实敦厚的皇帝，从历史上看，理宗面对的局面比孝宗复杂得多——从金到蒙古，从和到战，情势多变，他都尽心处理。如当蒙古从大理侧攻广西时，负责广西防务的李曾伯在《可斋杂稿》保留了142通他直接上奏理宗的文章，从中可以看到理宗的各项指示及战略都让我没办法想象——理宗曾被塑造成亲近女色又迷信的帝王。

所以，孝宗、理宗两位皇帝的形象跟他们的继承过程和当时整个政治生态、环境有关系。理宗要克服的问题很多，最迫切的是蒙古兴起以后如何强化国防，他任用能解决问题的宰相，可是操持舆论的道学家看重的是道德标准，于是不断批评宰执，理宗也继孝宗之后不断更换宰执，是更换宰执最频繁的时期；但两者的背景完全不同——孝宗频繁换宰执是为了强化自己的权力，理宗却招来理学家不断的批评。在我看来，理宗很辛苦。

我还想补充的一点是，南宋科举考试中士大夫所塑造的忠君的传统。这些宰执都是在这样的传统中培养起来的，所以他们只能代理，但不敢僭越，更无法取代。

虞云国：因此，理宗的端平、淳祐期间问题很复杂，就像你刚才说的情况，这些大臣都很积极地发挥他们的主张。

黄宽重：所以，我觉得如果深一层去看，为什么会出现贾似道？为什么贾似道需要去笼络这些士大夫？其背后的因素值得探讨。

刚才老师提到宋代的文集、地方志等形式的史料，其实这也与宋代社会的移动有关，请老师谈谈对南宋移动社会和知识结构的思考。

黄宽重：我觉得这个议题可以开启一个新的研究方向。以往我们对中国史的了解一直都停留在农业社会是安土重迁的。确实一直到民国时期都是这样。但是我觉得还是有相对性的变化，宋以前变动比较少，宋以后整个社会有比较大的改变，改变的原因包括社会经济的发展，尤其是贸易（境内贸易、海外贸易、边境贸易等）、商业的蓬勃发展，还有科举考试的关系，读书、考试就要离开家乡到陌生的地方，这样的人群在南宋是非常多的。就官员而言，宋代规定官员不能在一个地方久任，还要避籍、避亲，所以频繁调动；军队、武官也是这样。除此之外，还有四方游走的江湖诗人等等。流动的人接触到陌生的环境，看到与家乡不同的东西，他就会记录下来。各种讲花、讲茶叶的谱牒，印刷成小册子贩卖或分送给朋友、流传到异地，这些谱牒形成各具专业的知识系统。多元的知识透过移动环境开始建立，新知不断涌现、汇总。这些类目繁多的出版品，加上各种文集、丛书和学术专著都是各类知识的汇流，这种现象与影响，同样值得研究。

你看像《朱子语录》，在他生前就开始印，之后又有很多流传。我在刘宰的《漫塘集》中看到朋友送他《朱子语录》，他也转送给朋友。朱子逝世后不久，士人之间就对朱子有评价，并且互相交流，形成一个知识交换的系统。南宋的知识交换，远超乎我们之前的了解。南宋出现的很多对新知识的汇总，甚至变成一门学问，这是一个很重要的起点，也是延伸到元明的一个重要基础。所以元明以后的出版或者文化活动并不是那时才开始的，其实与南宋江南的政治社会环境有关。

但如果要谈南宋文化层面的发展，首先摆脱不了科举。科举让很多人求知、受教育，又免不了涉及经济——没有一个相对富裕的环境，不可能有那么多人去考试，不可能有出版印刷事业的发展。汇总这些方面的知识，才能够对南宋的了解更全面，尤其是对南宋中晚期的评价，这方面实在值得做进一步的梳理。

虞云国：除了科举导致的社会移动以外，我想在大背景上，唐宋的社会变迁还是深刻的，原先的阶层固化被打破了，士农工商从社会身份角度来看都是平等的。整个宋代，尤其南宋商品经济的繁盛让社会流动成为必要，城镇的发展则为这种移动提供了可能。我在写《水浒》随笔时就特别写到客店。

南宋士人回归乡里，在基层秩序方面颇有作为，这也是宋史研究一个挺重要的问题，两位教授是不是能谈谈对这个问题的思考。

黄宽重：这个问题我不是那么直接落到真正的乡村，但是南宋士人对基层乡里社会的经营和关注值得我们去了解、认识。我们知道朱熹首办民间社仓，类似这样的乡里活动，多是士人回归乡里以后所推动的。就像孙应时在家乡虽扮演不了什么大角色，但乡里人之间的各种纠纷，他也帮助化解；还有乡里之间的互助组织，比如乡里人要去考试需要经费，除了有钱人资助外，还有很多名为"义约"的互助系统来支持。地方士人形成一个互助、自助的力量，彰显地方意识、地方荣耀的观念在南宋越来越清晰。以往我们在地方上常看到的是先贤祠，但南宋出现了乡贤祠，这就是地方社会成长的标志。还有就是比较密集地书写、出版地方志，这也是塑造地方意识很重要的方式。

南宋时期国家处境艰难，朝廷要广筹财源以应军需，财政中央化明显，而地方政府承担巨大财政压力，难以推动具体建设。此时起到弥补地方财政窘困的一端是地方富豪与士人。从这个角度来看，南宋刚好也是宋代政治的一个转折。从北宋起中央政府一直要深入基层，可是到南宋以后，地方力量却趁中央财政收紧的时候，在地方开始扮演重要角色。所以，南宋地方力量的成长有它的发展背景，在这个过程中，多方人物是一起参与的。这种现象同样值得我们去梳理，我比较看重的是人在这个地方的角色。简单归纳起来，我认为士人在南宋开始形成一个地方的中坚力量。士人所形塑的社会力和文化力都不容忽略。

虞云国： 讨论到乡村基层秩序的建构过程，是否可以从两个变化或者两个背景上去考虑。一个是唐宋社会变化以后，国家如何通过乡里制度等行政层面的设计来重新建构基层社会的秩序；另一个是中唐以后原先的大族退出历史舞台后，地主和科举士人成为重新建构家族制度的主导力量。宋代家族选族长，一般选做过官的，其次再选读过书的，选尊长者。我们说士绅社会也好，乡村社会也好，至少南宋已逐渐往这个方向发展，成为一种社会的、文化的引领性力量。而在宋代，总体说来，这种引领是比较良性的——当然恶性例子也有，但主要是良性的，包括社会救济、乡里互助等等。当时整个新儒家、理学刚刚建立，还有生命活力，士大夫的初心确实起了很好的推动作用。

另外，我想补充的是，如果把绍兴体制下政治生态的总体恶化也考量进去，可以称之为种豆得瓜。一些士人本来就有经济基础，又读过书，当他不愿再为朝廷服务时，朝廷拿他也没办法，这些士人就沉入基层社会去实现他的理想。刘宰就可能属于这种情况。

正是这些人逐渐成为乡里基层社会的领导力量，社会矛盾也好，民众危难也好，通过他们的发话、他们的指导、他们的筹划，往往能得到比较妥善的解决。还有地方教育也是如此。而社会乡村基层秩序的相对稳定，反过来也为南宋政权的稳定奠定了最基本的、最深厚的基础。否则很难设想，南宋政权为什么长时期存在，而且社会动乱这么少。

过去的刻板印象中，好像南宋理学昌盛但对社会有禁锢之感，但另一方面，从文集等资料中看到的南宋社会、文化又很多元。两位教授怎么看待南宋思想学术的内向和创新？

虞云国：刚才讲到刘子健先生的内向说，认为整个南宋的思想学术也在内向化，我认为他强调的是主流文化，就是以经学为核心的主流文化，这大体没错，但落到具体问题上还要具体分析。南宋毕竟是前近代的专制体制，还没有封杀民间书院，仍保留了一个学术空间。从绍兴时期到孝宗时期，理学家利用书院的空间，使之成为最后完型的推动期。孝宗时期政治生态相对宽容也使这个阶段的思想学术成为整个宋代第二个高峰期。朱熹、张栻、陆九渊、吕祖谦等等，他们思想的成型基本上都在孝宗时期。

在这一过程中，除了前面强调每个皇帝会决定他特定的政治生态外，学术发展本身也有它内在的理路。像浙东事功学派，非要通过当地具体的社会实践才会形成特有的思想体系，这与南宋社会经济的发展催生功利思想的成熟是有关系的。另外，在理学发展中，程朱是一条主线，大程子到陆九渊是另一条心学主线，从思想发展角度来看，程朱这条线势必要经过与心学的交锋、完善才能达到最后的集大成。这些学术内部发展的动力，也要考虑进去。

另外，疏离于士大夫精英文化的其他文化领域在南宋的发展势头也相当良好，比如科学技术里的数学，指南针与印刷术的普及，火药武器的完善，还有工艺美术，等等。但整体表现上确实不及北宋那么气象阔大，绘画上就有"马半边""夏一角"之说，外部环境的逼仄导致这么一种内向的绘画风格。

说到唐宋社会变化，很多领域的变革是并不同步的。比如文学艺术里的戏曲和小说，中国的长篇小说要到元明之际才出现，它酝酿发展的前提条件是什么呢？是宋代话本。只有大量的短篇话本累积到一定阶段才形成长篇小说丰富的素材。戏曲也是这样，宋代杂剧就是插科打诨的小品，这样小品多了以后也会对整个戏曲发生影响。后来随着市民文化欣赏趣味的勃兴，南戏在温州地方出现了，而后又与金元杂剧汇流入明代戏曲。要说整个唐宋变迁的话，到元明之际，文学艺术领域的小说戏曲才最后完成转型。这些都要把它考虑到文化变迁的过程中去。

黄宽重：我也想补充一点，南宋理学发展的多元化，我们也需要了解，庆元党禁表面上是封闭伤害，却也是理学向下扎根并且跟新的势力结合、创造新的理学兴起的契机。我们需要对这个过程有所了解，不然好像理学既被整肃压制，却在理宗时突然迸发出来。其中的脉络实宜重新思考。

这次南宋史会议上，信息传递是一个主要议题，请谈谈对这个议题的思考。

黄宽重：这是邓小南教授和我一直看重的。我们以前做历史研究没有从这个角度去思考，因此制度面上的东西就显得静态，但如果加上信息的视角，可以看到动态的发展。

信息传递在南宋有其特点。第一，南宋在对外军事方面压力特别大，加上战情势丕变，所以比任何一个朝代都要敏感且重视，军事情报系统在南宋非常重要。第二，信息的传递在政治上的重要性。南宋朝廷所有的人事与重要法规的变动都向外公告，就是邸报，这是知识分子通信中所关注的重要内容。中央朝廷起起伏伏的人事变动、政令的更新发布，都会触发地方上官员或士人的敏感神经，一有朝廷的消息，他们之间就会通信、讨论。我觉得这部分其实可以开展新的研究路径。

虞云国：我补充一点，就是南宋整个政治生态有时候其变化频率相当高，各个不同群体，包括在朝、在野的官僚与士大夫，都希望通过信息往来进一步证实或者补充邸报以外的东西，他们通过这些信息渠道在朋友圈里传播消息、吸收消息，然后做出自己的判断和应对。

黄宽重：我从孙应时跟他朋友的联络就看到很多现象。孙应时从四川返乡路过临安的时候，刚好光宗要逊位，他听到朋友的消息就写信给远在四川的长官丘崈，说我们很期待你回朝，但又说这个话不宜讲得太清楚。你看基层的官员到临安就可以听到各种朝廷变动的消息，透过通信传递出去。所以如果没有从信息传递的角度去理解的话，就对书信内容缺乏现实感觉。

南宋历史人物，特别是忠臣权相的形象与评价是一般读者特别有兴趣的话题，请两位教授谈谈对南宋人物的评价。

虞云国：我先说一下对四大权相的评价。现在好像写翻案文章，甚至翻案著作的人还是不少。这可从两方面看，一是学术讨论当然应该是多元的，另外就是在评价过程中也还有方法论的问题，还要注意如何从史学出发和价值观问题。

先说秦桧，蔡涵墨那本著作当然有可取的地方，比如说复原了秦桧和道学的关系，这个面相还原得很好，但在对秦桧的整体评价上，方法论上却有可以商量的地方。第一个，解构主义方法过于滥用以后，就会把很多东西消解于无形，导致历史永远讲不清楚。第二个，因为从解构主义出发，有时候就会混淆史学叙事和文学叙事之间的差别。在史料处理上，我们当然要注意小说笔记和墓志铭传记之间的差别，那么在叙事上也要区分史学叙事和文学叙事的差异。第三个，他对某些文本处理的观念，也是有问题的，这表现在两个方面：首先他认为秦桧的很多资料已经被洗白了或者流失了，所以秦桧的真相永远不可能再现，这就过于绝对。史料总会通过种种方式，或多或少地流传下来。历史学家就是在流传下来的各种史料里尽可能地拼缀、复原历史的实相。其次，他对史料的错误理解是：最早的史料是最接近真实的，这个观念大有问题。秦桧在世时的记载和秦桧死后高宗相对放宽言禁时出现的口传史料，哪种更可靠？如果认定前者更可靠，这就值得商榷。口传史料，包括后来追忆的史料里，当然可能会有些记忆错误，但把这些剥离以后，恐怕在某种程度上要比前者更可靠。最后，中国人研究中国历史，对中国专制主义的感同身受，海外学者毕竟没有这种感觉。

秦桧这个人物有其复杂性。对秦桧的评价，一分为二地看，客观上他对绍兴和议的推动作用，应该加以承认。问题在于推动和议过程中，有一些是作为宰相、作为政治家应该去努力争取的东西，秦桧出于私利而弃之不顾，历史就要追责了。比如最后与金军的柘皋之战，宋方是有能力进行集团作战，以便取得更多的谈判筹码，但秦桧与高宗出于既定的求和方针，只要金军撤回淮河以北就不再打了，这是值得追究责任的。另外，绍兴和议确立后，他为了维护这个体制，动用整个政权力量来整肃与迫害反对派，这对南宋士气的不振是起恶劣作用的。我赞同黄先生说过的，宋高宗也好，秦桧也好，杀岳飞还不是最大的问题，把整个知识分子的锐气都给打掉了，这才是大问题。

关于韩侂胄。我刚出版《宋光宗 宋宁宗》以后，有前辈学者跟我说过一句话：你要知道，韩侂胄问题上有些记载是因为他倒了没有人为他辩护，有一些是叠加上去的污水。这一说法有一定的道理。目前对韩侂胄和赵汝愚的纷争，也有人提出不同看法，我认为是可以进一步讨论的；他在后期实际上也确有改弦更张的意向，但严重的后果已经酿成。总体上，我对韩侂胄是批评否定为主；但只要有史料、有理据理，对他的某些方面再作梳理重作评价也是学术发展的正常现象。

史弥远这个人物黄先生最有研究，我谈一下粗浅的看法。外事宽容，内有城府，我用这八个字来概括他。王夫之说他，"自利之私与利国之情，交萦于衷，而利国者不如其自利"，这个评价基本上是成立的。但也得承认，在嘉定政治中，他对于宋金防务还是有所措置的，包括后来涌现一大批抗击蒙元的战将，都是出自赵方、孟宗政手下，而这两个人与史弥远在朝政上是有交集的，那至少史弥远在这方面还值得肯定，但他在处置李全问题上是有点摇摆不定的。

关于贾似道，他前期有过不俗的政绩，局部打仗也有他的能力，不像后世所说仅靠着贾贵妃的裙带关系上去的。近年有位文学史学者写了一本《贾似道及其文学交游研究》，讲贾似道的政治活动和文学交游，她有一个总体看法，南宋灭亡就像黄先生说的是瘫痪，到最后拖着拖着就该死了，你不能把该死的责任最后全部压到贾似道身上。这个评价是可以接受的。但贾似道后期也确有问题，既然大权在握，在宋蒙抗争上有些该做的没做，这就导致南宋的命数没能在他任上拖得更长一点。

总之，对这些权相，还是要客观地、实事求是地去评价他们。

黄宽重：史弥远，我觉得是还可以研究的。在我看来，嘉定时期和理宗即位以后，他在政策上的伸缩和他对蒙、金的政策上的转变，都是值得再评估。诚如你所说的，嘉定时期他用包容政治想调整韩侂胄执政比较对立激烈的政策，但他对道学也不是一下就平反的，而是逐步调整，有一个过渡期，我觉得在旧的问题上再梳理，是一个好的现象。

以前研究宋史或者对宋史不够了解的人，通常都觉得嘉定以后的南宋完全不可取。从史弥远开始，南宋就坏了；南宋灭亡，贾似道要负头等责任，第二就是史弥远。我觉得这样的历史人物评价固然是一端，但不是了解南宋中晚期的一个正常的现象。南宋中晚期绝对不是如一般人所说贪污腐败、战祸连绵、民生涂炭这样简单的印象。其实，南宋到中晚期，第一，宋金宋蒙的战争是一个局部战争，不是全面开展的战争，它的破坏性不如后世所想象的那么严重。虽爆发战争，江南社会并没有受到大的影响，这和北宋灭亡与南宋初年是有差异的。第二，我们也可以看到包括新建学校、各种水利设施，还有经济活动、文化的多样发展，以及各种养生、医疗活动形成风气，如果不是在一个经济还相当充裕的时代，不会有这种多元的发展。南宋晚期，都城临安各方面的活动都很蓬勃。所以，评价它绝对不能只从一个角度出发。我认为，如果从南宋对后代的文化影响而论，不能遗漏嘉定以后的多元发展。孝宗朝只是兴盛的一个"苗"，后面的成长和多元的发展其实是嘉定时期给了它们很多很多有利的因素。简单地说，现在应该是我们重新梳理南宋中晚期各种研究面相的时候，不要被以往很单一的价值观所限制。

虞云国：这个我也有所思考，开禧北伐对南宋财政经济是很大的伤害，但当时出现的会子危机到嘉定时期就有所好转——当然到贾似道时期又不行了。在这些方面，已有研究确实还有所不够。也就是说，在经济方面，在宋金防务方面，史弥远到底有哪些地方值得肯定，恐怕还要根据深入的研究做出客观的评价。

但是有一点，在评价他对于当时的社会经济，包括对外战争的正面作用时，史弥远专政时期整个政治生态还是有它负面的影响。所以，要把这些正负面评价在整个历史叙事中把握好"度"。

黄宽重：因为他看到韩侂胄因战而死，而且死的下场很惨，所以他紧守和议这个立场，即使金朝局势已经变动了，他还不敢轻易变动，这个政策自然引起内部包括道学家在内的很大的批判。那时候蒙古兴起造成华北的瘫痪，不少南宋人士认为这是恢复的好时机，但是他面对很多种交织复杂的情形，包括李全起来以后，怎么利用和分化他们，他却举棋不定。他以为和议体制要持续下去，担心政策转变会危及整个政权。

科举之外，在官员的升迁上荐举制度也起了很重要的作用，在这次南宋史会议上也多有讨论。请两位谈谈这个问题。

黄宽重：以往研究过度强调科举对士人的影响。科举当然是可以改变个人命运和家族的地位的。但是我们长期忽略士人在往上爬的过程有一层一层的筛选制度。在宋代，这个筛选是透过荐举制度完成的。比如地方的基层官僚任期到了要考核，要升官，需要五封推荐信，其中三封是你的直属长官证明你的能力，这样经过很多种程序才能够上一个台阶。所以能上去的人相对少，很多人因此长期停留在选人的阶段，这也造成士人回归乡里经营地方的一个重要基础。

科举考试关乎士人前途，机遇也是一个重要因素，运气好才能考上。而荐举制度除了个人能干以外，还要看人脉关系。然而人际关系却不是突然间就可以建立的，长期互动还要取得信任。相对而言，高层官僚的子弟更有优势，但对一般人来讲，人脉是要长期、多面向去经营的，它可能是建立在同学、同僚、同乡、同年等多方面的。南宋士人很重视这些关系，他们建立关系的形式也很多，诸如诗词唱和、文物古玩的交流等途径，来塑造某种身份认同。这种认同强化了某一些人际关系，有利于他们的仕途升迁。但培养文化文学艺术方面的才能，也是化解政治变动、对立的一种软性的东西。所以当我们研究南宋一些很刚性的议题的同时，也不要忘记文化在其间扮演的角色。文化交流和人际关系，在了解南宋的政治文化生态的时候，也是一个值得观察并且再进一步去讨论的方向。

以往，学界探讨制度方面的成果相当丰硕，但是制度下面，影响政治过程的因素和环节仍有很多值得再讨论的空间，所以南宋还是一个值得学界同仁深耕的时代。

虞云国：我补充两句。以往讲科举制时，往往过多强调考取进士以后马上就能释褐做官了，北宋前期有过这种现象，但越到后来，尤其南宋以后，这种情况越来越少。黄先生提出要重视选人到京官这个大坎上荐举人、荐举制的重要性，这对研究科举制也好，研究士人社会也好，研究某个具体的读书人也好，都是很关键的。这里还可以加个视角，就是在经营人脉的过程中，历史是有相似性的，出身高官的子弟不必招呼，其他官员都争相做你的荐举人，而贫寒子弟就很困难，像孙应时这样的人就只能在底层苦苦挣扎。再加上整个南宋绍兴体制的延续性，政治生态变动不居，人脉经营不能是单向度的，你现在是上级，我巴结你，万一哪个政治风浪一来你下去了我怎么办，这就决定了经营人脉要广种薄收，才能确保他的进阶之途。这样，才可能真切把握宋代底层官僚的生存实态。

另外，荐举制是影响已入仕途的下层官员的晋升之道。由于机会稀少，大量赋闲待缺的士人一等就是好多年，待缺的时间比做官的时间还长，这么一来他们就有大量时间，一是从事地方社会秩序的重建工作，二是从事仕途以外的文化活动——一方面也是继续经营人脉关系，另一方面客观上推动了各种文化事业的发展，同时也影响到整个南宋士大夫的生活状态，像赏书画、玩金石、造园林、著谱录、写笔记等等，这种生活常态和文化追求影响到整个南宋文化。这些退居士大夫官员的生活方式又明显传染到元代和明代的士人。从这个角度看，讲南宋文化影响八百年也可备一说。

（整理：于淑娟）